曲阜师范大学科研基金资助项目
曲阜师范大学高层次人才引进项目

中华优秀传统文化
传承发展研究

刘星 ◎ 著

中国社会科学出版社

图书在版编目（CIP）数据

中华优秀传统文化传承发展研究/刘星著. —北京：中国社会科学出版社，2024.1
ISBN 978-7-5227-3116-2

Ⅰ.①中… Ⅱ.①刘… Ⅲ.①中华文化—研究 Ⅳ.①K203

中国国家版本馆 CIP 数据核字（2024）第 041602 号

出 版 人	赵剑英
责任编辑	戴玉龙
责任校对	周晓东
责任印制	王 超

出　　版	中国社会科学出版社
社　　址	北京鼓楼西大街甲 158 号
邮　　编	100720
网　　址	http://www.csspw.cn
发 行 部	010-84083685
门 市 部	010-84029450
经　　销	新华书店及其他书店
印　　刷	北京明恒达印务有限公司
装　　订	廊坊市广阳区广增装订厂
版　　次	2024 年 1 月第 1 版
印　　次	2024 年 1 月第 1 次印刷
开　　本	710×1000　1/16
印　　张	20.5
字　　数	336 千字
定　　价	118.00 元

凡购买中国社会科学出版社图书，如有质量问题请与本社营销中心联系调换
电话：010-84083683
版权所有　侵权必究

前　言

"要讲清楚中华优秀传统文化的历史渊源、发展脉络、基本走向，讲清楚中华文化的独特创造、价值理念、鲜明特色，增强文化自信和价值观自信。要认真汲取中华优秀传统文化的思想精华和道德精髓，大力弘扬以爱国主义为核心的民族精神和以改革创新为核心的时代精神，深入挖掘和阐发中华优秀传统文化讲仁爱、重民本、守诚信、崇正义、尚和合、求大同的时代价值，使中华优秀传统文化成为涵养社会主义核心价值观的重要源泉。要处理好继承和创造性发展的关系，重点做好创造性转化和创新性发展。"[①] 习近平总书记旨在强调要深入挖掘中华优秀传统文化"讲仁爱""重民本""守诚信""崇正义""尚和合"以及"求大同"的时代价值，使其成为涵养社会主义核心价值观的重要源泉。本书对这六个层面的深入研究具有重要价值。

中华优秀传统文化的传承与发展有其独有的特点，其最大魅力不仅可以容纳新经典的出现，而且也容许不同诠释内容的同时存在。经典诠释不是封闭的、教条式的，而是以人为本、以道德价值为中心，这充分体现了中华优秀传统文化的特色，也能给读者以极大的想象空间和解读余地。中华优秀传统文化既没有限定接受者的立场、方式与方法，也没有规定其特定的释读规范，中华优秀传统文化需要释读者根据各自的学术背景提供改变其精神理路、发挥其独特的释读空间，在薪火相传中不断寓含、嵌入自己的创见。中华优秀传统文化传承发展研究不仅仅属于历史，而且属于现代，它可以促进传统精神资源的创造性诠释与转化，为中华民族现代文明提供重要的文化滋养。

华夏族群在五千年的历史演进过程中，中华民族各族同胞在交往、交流、交融中形成了自己独特的生存体验、宇宙观念、行为方式、价值

---

① 习近平：《习近平谈治国理政》，外文出版社2014年版，第164页。

系统，凝结成极其宝贵的、独到的哲学智慧。如何挖掘中华优秀传统文化彰显其现代价值？如何对我们所拥有的知识进行创新？应该说，知识创新是主体开展一切创新活动的根本，将知识做好创造性转化和创新性发展，使之适应现代社会的发展，从而为中国式现代化服务，是传承和发展中华优秀传统文化的不懈追求。如何走近经典，领略中华优秀传统文化的魅力，与古代智者、圣人、先知进行平等的心灵交流与思想对话，并让其迸发出磅礴力量，是传承发展中华优秀传统文化的使命与责任。

本书基本内容分为七章，绪论部分对中华优秀传统文化的基本概况进行简要论述；第一章到第六章，重在从"讲仁爱""重民本""守诚信""崇正义""尚和合""求大同"六个层面进行详细阐发；第七章重在对中华优秀传统文化传承发展的现代价值进行总结与升华。本书把涉及中华优秀传统文化的中国智慧、核心理念与价值追求等内容，结合其现代价值与治国理政思想进行系统论述，对中华优秀传统文化的传承与发展具有重要意义。中华优秀传统文化是有生命的学问，儒、释、道诸家不仅有着迥然各异的理想境界与终极信念，更重要的是能够将中华优秀传统文化转化为个人的身体力行与躬行实践，所有这些都在"讲仁爱""重民本""守诚信""崇正义""尚和合""求大同"六个层面中得以具体呈现。中华优秀传统文化是一个开放包容的、交融互摄的、有机联系的、和谐统一的整体。五千年历史演进过程中，中华优秀传统文化所涵泳的真、善、美价值，彰显着崇高的精神意韵，对社会主义核心价值观的培育以及中华民族现代文明构建提供重要滋养。

目 录

绪 论 ······················· 1
    第一节　中华优秀传统文化的基本内涵 ············· 1
    第二节　中华优秀传统文化的发展脉络 ············· 12
    第三节　中华优秀传统文化的突出特性 ············· 20

第一章　讲仁爱：中华优秀传统文化涵具的核心力量 ········· 43
    第一节　"与命与仁"的文化传统与观念结构 ········· 44
    第二节　"为仁由己"的道德诉求 ··············· 54
    第三节　"仁爱尊亲"的孝道思想 ··············· 64
    第四节　"仁政德治"的治国理政之道 ············· 71
    第五节　"讲仁爱"的现代价值 ················· 76

第二章　守诚信：中华优秀传统文化彰显的做人准则 ········ 82
    第一节　"守诚信"的释义与历史演变 ············· 82
    第二节　"守诚信"的基本内涵 ················· 89
    第三节　"守诚信"的现代价值 ················· 107

第三章　重民本：中华优秀传统文化崇尚的价值追求 ········ 116
    第一节　"重民本"的理论基础 ················· 116
    第二节　民本思想的演变与发展 ················ 124
    第三节　"重民本"的现代价值 ················· 132

第四章　崇正义：中华优秀传统文化恪守的道德原则 ········ 152
    第一节　"崇正义"的形成背景与理论建构 ·········· 152

第二节 "崇正义"思想的基本原则 …………………………… 168
　　第三节 "崇正义"的基本内容 ………………………………… 176
　　第四节 "崇正义"的现代价值 ………………………………… 184

第五章 尚和合：中华优秀文化蕴涵的独特品质 …………………… 198
　　第一节 "尚和合"思想的文本解读 …………………………… 198
　　第二节 "尚和合"的主要内容 ………………………………… 208
　　第三节 "尚和合"思想的当代价值 …………………………… 227

第六章 求大同：中华优秀传统文化追求的社会理想 …………… 237
　　第一节 "讲大同"的概念以及文本演变 ……………………… 237
　　第二节 儒、道、墨家对大同理想的解读 ……………………… 243
　　第三节 大同思想的主要内容 …………………………………… 249
　　第四节 "讲大同"思想的现代价值 …………………………… 257

第七章 传承与发展中华优秀传统文化的现代价值 ……………… 269
　　第一节 弘扬和发展中华优秀传统文化的四个维度 …………… 269
　　第二节 中华优秀传统文化与马克思主义中国化的契合 ……… 283

结　论 ……………………………………………………………… 296

参考文献 …………………………………………………………… 301

后　记 ……………………………………………………………… 321

绪　论

中华优秀传统文化历经五千年的传承与发展，悠远绵长、历久而弥新。经过勤劳、勇敢的中国人一代代的接续与传承，不断焕发出新的活力与生机。"对中国人民和中华民族的优秀文化和光荣历史，要加大正面宣传力度，通过学校教育、理论研究、历史研究、影视作品、文学作品等多种方式，加强爱国主义、集体主义、社会主义教育，引导我国人民树立和坚持正确的历史观、民族观、国家观、文化观，增强做中国人的骨气和底气。"[①] 因此，对"中华民族的优秀文化和光荣历史"进行宣传、继承与创新对民族复兴具有重要意义。中华优秀传统文化犹如一条蜿蜒起伏于神州大地上的丝带，是中华民族生生不息的血脉，也是连接着中国人赖以生存的物质、精神、艺术、知识等多种要素的纽带，经过历史的沉淀、时间的洗涤以及勤劳、勇敢的中国人民的不断赓续演进，积淀了具有中国本土特性的思想理念与价值理念，对生活在中华大地上的中国人产生潜移默化的影响。中华优秀传统文化凝聚了中华民族蓬勃奋进的精神力量，汇集了神州大地独具民族特色的精神血脉，形成了中华民族多元一体的格局。正是得益于中华优秀传统文化的重要滋养，才成就了我们伟大的中华民族，而这种文化已经融入每一个中国人的血脉之中，成为中华民族屹立于世界民族之林最优秀的文化基因，也成为中华民族生生不息的内生性动力。

第一节　中华优秀传统文化的基本内涵

文化作为一个国家、一个民族的灵魂，其兴衰成败、优劣好坏决定了

[①] 习近平：《论党的宣传思想工作》，中央文献出版社2020年版，第50—51页。

一个国家和民族的命运。任何一个国家和民族的发展都离不开对其本国、本民族文化的培育，都离不开对其文化的重塑与革故鼎新。当下中国正朝着更加本土化的方向发展，特别是近几十年来，中华优秀传统文化研究正在从边缘重返主流，诚如王学典先生所言："传统文化、特别是儒学要想走向世界，必须和自由主义这个占主流地位的思想流派展开深度对话，同时必须根据自己的基本原则去创造出一种高于自由主义的生活方式。"[①] 在这里，王学典先生旨在对中华优秀传统文化与西方自由主义进行比较，也就是说，中华优秀传统文化不是一个封闭的系统，必须走出国门，奔向世界，与世界上其他文化形式、生活方式进行深度对话才有出路，才有我们更美好的未来。我们不仅要继承和发展中国古代优秀文化成分的"昨天"，还要创新和转化好中国特色社会主义先进文化的"今天"，更要展望和憧憬中华优秀传统文化的"明天"。中华优秀传统文化"体现着中华民族世世代代在生产生活中形成和传承的世界观、人生观、价值观、审美观等，其中最核心的内容已经成为中华民族最基本的文化基因"[②]。我们要将社会主义核心价值观以及社会主义先进文化作为重要指引，传承好、发展好中华优秀传统文化，在此之前，首先要澄清、界定好几个重要概念。

一 文化的基本界定

关于文化的概念问题，众说纷纭、莫衷一是，到目前为止，还没有形成一个真正能被公认的、约定俗成的有关"文化"概念确切而准确的定义。人类传统观念认为，它是一种能够深刻影响其行为方式与思维模式的社会现象。同时，文化又是一种历史现象，是人类社会在其发展的历史过程中积淀下来的重要财富。更确切地说，文化是凝结在物质之中又游离于物质之外的，能够被传承和传播的国家或民族的价值观念、生活方式、行为规范、文化艺术与科学技术等诸要素的总和，它是人类社会中人与人之间进行相互交往、相互交流以及相互交融中被普遍认可的能够传承与发展的一种意识形态，是对客观世界中理性思维、正确认识、经验判断的升华与深化。

---

① 王学典：《中国向何处去：人文社会科学的近期走向》，《清华大学学报（哲学社会科学版）》2016 年第 2 期。

② 习近平：《论党的宣传思想工作》，中央文献出版社 2020 年版，第 82 页。

(一) 文化的内涵

人类从野蛮到文明，靠的是文化的力量，是文化的进步促进了社会的发展，文化是人类摆脱蒙昧与野蛮的重要标志。"'文明'兼容物质创造和精神创造的双重意义，接近于今天人们通常理解的广义文化。中国与埃及、巴比伦、印度共称四大'文明古国'而不称'文化古国'，原因正在这里。"① 应该说，文化与文明具有关联性。文化滋养了人的个性与气质，更赋予人们价值评判的依据，是崇高还是渺小，是伟大抑或是卑微，所有这些都是文化驱动力作用的结果。文化作为人类社会客观存在的社会现象，具有与人类本身同样悠久的历史，一部人类社会发展史就是一部人类创造自己文化的历史，它以不同的方式折射出人们生活的方方面面，不同程度地与其所创造的文化发生着千丝万缕的联系。在人类历史发展过程中，"文"与"化"具有不同的发展向度，在各自发展、演进、创造过程中最后合二为一，最终统称为"文化"。诚如习近平总书记所言："要加强战略谋划，对外既要展现中华民族五千多年的悠久文明，又要传播当代中国蓬勃发展的多彩文化，以德服人，以礼服人，以文服人，加强情感认同。"②

一般而言，"文化"是与"自然""质朴"以及"野蛮"等反映社会现实的概念相应而言的，"文化"即"人化"或"人类化"的结果，作为最尊崇的"人"，在自然界中居于"主体"地位，而"自然界"则从属于"客体"地位，人与自然是一对矛盾，在人类漫长的实践过程中处于彼此相生相克的对立统一的关系。文化是对人类生活的如实反映，是人类社会活动最直接的表达，更是对人类演进发展的活的记录，也是在漫长久远的发展过程中，经过生产、生活中的社会实践所形成历史的、厚重的沉积，更是人们对美好生活的向往以及个体解放与个体需要的客观要求并内化为人类崇高的理想和美好的愿望。所有这些，都是人们在历史长河中沉淀下来的更为高级的精神生活。

人类社会的发展是人们认识自然、征服自然，不断思考并反省的过程，是人的精神世界得以生发、承托的重要载体。文化包含了人们一定的思想和理论，来自人们对伦理、道德和秩序的认定与遵循，是人们生

---

① 张岱年、方克立主编：《中国文化概论》，北京师范大学出版社2004年版，第2页。
② 中共中央文献研究室：《习近平关于社会主义文化建设论述摘编》，中央文献出版社2017年版，第215页。

存生活的方式方法与基本准则。思想是灵魂的载体，在思想的承载下，灵魂便有了可以栖息、安定的居所；同样，灵魂如果没有文化的依托，后果也是不可想象的，因而更需要思想和理论的支撑。思想和理论是文化的核心，任何一种文化都包含有一种思想、理论以及生存的方式和方法。应该说，文化具有更为宽泛的内容，其中包括物质文化、制度文化和精神文化等不同的观念形态，它不是单纯的独立于外物的内心世界，而是以物质为载体的观念世界。文化离不开各种重要的关系，诸如离不开人与人的关系、人与自然的关系，更离不开人与社会、与政治、与经济等方面的关系。

中国文化的发展与未来是我们最为关注的问题。梁漱溟先生在《东西文化及其哲学》一书中谈道："我们虽不能说现在经济将由如何步骤而得改正，但其必得改正则无疑，且非甚远之事。改正成功什么样子，我们也不便随意设想，但其要必归于合理，以社会为本位，分配为本位是一定的，这样一来就致人类文化要有一根本变革，由第一路向改变为第二路向，亦即由西洋态度改变为中国态度。"[①] 最后，梁漱溟先生得出结论："总之，世界未来文化就是中国文化的复兴，有似希腊文化在近世的复兴那样。"[②] 从梁先生这两句话不难看出，中国文化具有旺盛的生命力，世界未来文化的出路是要靠中国文化的蝶变、要靠中国文化的复兴。

（二）文化概念的演变

应该说，文化在不同语境下被赋予了截然不同的含义与内容，"文化作为人类社会的现实存在，具有与人类本身同样古老的历史"[③]。文化既是一种人类社会的特有现象，又是一种历史现象。文化是有别于政治、经济、科技等领域并超然于物质之外的精神活动的产物，是人类实践活动映射到人脑的产物。"文化"并不是一个舶来词，在中国汉语惯用语中也早已有之。儒家六经的《易》有这样的记载："刚柔交错，天文也。文

[①] 梁漱溟：《东西文化及其哲学》，上海世纪出版集团2006年版，第158页。注："文化三路向说"是梁漱溟先生在《东西文化及其哲学》中提出的观点，是其将唯识学、西方生命哲学及中国传统儒家思想结合在一起后提出的系统的文化观。他认为各民族的生活方式不同，在生活中解决问题的方法不同，因而分别走上了不同的道路，也就是三种生活路向。他反对普适性的文化价值理论，强调民族文化的特殊性，强调中国文化的独特性，指出中国传统文化走着一条既不同于西方文化，也不同于印度文化的路数。

[②] 梁漱溟：《东西文化及其哲学》，上海世纪出版集团2006年版，第187页。

[③] 张岱年、方克立主编：《中国文化概论》，北京师范大学出版社2004年版，第3页。

明以止，人文也。观乎天文，以察时变；观乎人文，以化成天下。"①《周易》这句话是告诫当政者既要明察天文并遵循天地运行的客观规律，又要认识辨别时节、时令的变化；要注重伦理道德的修养，要用老百姓喜闻乐见、愿意接受的思想教化并推广于天下。这也正是《道德经》所谓"人法地，地法天，天法道，道法自然"②的重要内涵。换言之，就是要依循人文教化，使天下遵从于儒家所谓的"仁""礼"，从而达成儒家最重要的这两个核心价值的统一。到了西汉，刘向将"文"与"化"二字合二为一，联为一词。他在《汉书·说苑·指武》中说："圣人之治天下也，先文德而后武力。凡武之兴，为不服也。文化不改，然后加诛。"同时，他在《汉书·文选·补之诗》中又有"文化内辑，武功外悠"的说法。自此以后，"文化"的概念开始与天造地设的"自然"相对举，也与无教化的"质朴"与"野蛮"等词相区别。

但是随着时间推移与世事变迁，"文化"的内涵与外延被赋予更为丰富而精彩的内容。"文化"从理论意义上讲，不少学者作了狭义、广义和中义的分别：狭义的文化具有社会意识形态的内容，其中包括政治、经济、法律、道德、哲学、文学、艺术、伦理与宗教等社会意识的各种形式；广义的文化是指人类社会在漫长的发展过程中创造的物质财富和精神财富的总和；而中义的文化介于广义文化与狭义文化之间的交叉地带，其中包括人们的衣食住行等与物质生活、社会关系相结合的一种文化，诸如服饰文化、饮食文化、建筑艺术、言谈举止、伦理关系、人际关系以及日用品文化等。也一如张岱年、方克立在《中国文化概论》一书中总结的："凡是超本能的、人类有意识地作用于自然界和社会的一切活动及其结果，都属于文化；或者说，'自然的人化'即是文化。"③

由此可见，"文化"具有多重属性，其内涵与外延都具有非常宽泛的内容，在学术界也是"仁者见仁，智者见智"，不同学者有着自己不同的见解，众说纷纭、莫衷一是。但是，无论从何种视角、何种层面来定义"文化"，它都会有一个共性的、更为深层次的有关"文化"的普遍性的内涵。总之，文化是人类在实践活动中创造的，是人类实践活动的产物，

---

① 《周易》，杨天才译注，中华书局2011年版，第592页。
② 《老子》，饶尚宽译注，中华书局2013年版，第66页。
③ 张岱年、方克立主编：《中国文化概论》，北京师范大学出版社2004年版，第4页。

文化为人类社会所特有，是人类社会创造的物质财富与精神财富的总和，也是人类社会区别于自然界的重要标志。

（三）马克思关于"文化"的界定

在马恩经典著作中，并没有发现关于"文化"概念更为直接的界定。马克思对"经济""阶级"等问题做了较为系统的论述，相比较而言，马克思有关"文化"内容的阐述远远少于这两个重要概念。当然，在马恩经典著作中也曾提及过"文化"一词，但其含义很显然并不是对今天所谓的"文化"概念，而是特指与"野蛮"相对应的"文明"概念，马克思在《资本论》中提及个人劳动与生产资料时谈道："所谓必不可少的需要的范围，和满足这些需要的方式一样，本身是历史的产物，因此多半取决于一个国家的文化水平，其中主要取决于自由工人阶级是在什么条件下形成的，从而它有哪些习惯和生活要求。"[1] 另外，马克思在对剩余价值理论进行分析时强调："在文化初期，已经取得的劳动生产力很低，但是需要也很低，需要是同满足需要的手段一同发展的，并且是依靠这些手段发展的。"[2] 这里所谓的"文化水平""文化初期"等概念的阐释自然是对文明的界定。当然，对于"文化"概念没有更多论述的原因还在于其更加关注于对意识形态与上层建筑的高度关注："马克思如果不是极度重视，也是极度关注的。他关于文化地位和功能的思想大多包含在对意识形态和上层建筑的论述中。"[3]

二 中华优秀传统文化

中华民族经过五千多年的历史演进，是由 56 个民族共同缔造的伟大的民族，我们的民族具有悠久的历史、灿烂的文化以及英雄的人民。全国各族人民在长期生产和生活实践中，在与大自然的相生、相克、相伴中，在认识世界和改造世界过程中，创造、发展起来的，是无比光辉灿烂的中华优秀传统文化。在开启全面建设社会主义现代化国家新征程中，党和国家的基本方针是要增强文化自觉和坚定文化自信，高度重视中华优秀传统文化传承发展工作。"党的十九大着重强调了要深入挖掘中华优秀传统文化蕴含的思想观念、人文精神、道德规范，结合时代要求继承创新，培育和践行社会主义核心价值观是推动中华优秀传统文化创造性

---

[1] 《马克思恩格斯选集》第 2 卷，人民出版社 1995 年版，第 173 页。
[2] 《马克思恩格斯选集》第 2 卷，人民出版社 1995 年版，第 218 页。
[3] 赵金平：《雷蒙·威廉斯共同文化思想研究》，黑龙江人民出版社 2016 年版，第 49 页。

转化、创新性发展的重要方面。"① 所谓的"中华传统文化"又称"中国传统文化",是素有"四大文明古国"之称的中国在全国各族人民共同努力下创造的、对人类社会具有伟大贡献的文化。所谓"中华优秀传统文化",实际上就是中国各民族共同的文化,这里所讲的"中国",既是地理概念,也是文化概念,她是整个中华儿女共同创造的精神母体,是我们赖以生存的精神家园。"要重视中华传统文化研究,继承和发扬中华优秀传统文化。实现中华民族伟大复兴的中国梦,必须要有中国精神,而中国精神必须在坚持社会主义核心价值体系的前提下,积极深入中华民族历久弥新的精神世界,把长期以来我们民族形成的积极向上和向善的思想文化充分继承和弘扬起来,使之为培育和践行社会主义核心价值观服务,为建设社会主义先进文化服务,为党和国家事业发展服务。"②

(一)"中华优秀传统文化"的概念界定

中华优秀传统文化就是中华民族孕育和发展起来,能够促进社会发展、适应时代潮流的先进的文化。关于中华优秀传统文化的概念界定,多年以来,学术界展开过诸多讨论和论争,总而言之,我们应该坚持以马克思主义为指导,坚持以辩证唯物主义和历史唯物主义为指导,去辩证地、一分为二地进行批判继承与发展,进而发展好、创新好、弘扬好这一宝贵的文化遗产。所谓"中华优秀传统文化"是一个集合性和复合性极强的名词性概念,是中华文明历经五千多年历史演进汇集而成,是指居住在中国地域内的中华民族及其祖先创造的、为中华民族世世代代继承发展的、能够反映中华民族的民族特质与民族风貌的民族文化。"中国传统文化是我们的先辈传承下来的丰厚遗产,曾长期处于世界领先的地位。传统文化是历史的结晶,但它并不只是博物馆里的陈列品,而是有着活的生命。"③ 所谓"中华优秀传统文化"就是"中华传统文化"的"优秀"部分,是劳动人民在长期的生产、生活、实践过程中创造的思想文化与观念形态的总和。其主要特质是具有鲜明的民族特色、博大精深且历史悠久,因此其重要性不言而喻。对于中国共产党这一百年大党来说,"中国共产党要在世界文化大潮中保持其先进性,就要在走向世界、

---

① 谢伟铭:《儒家道德观念的传承与发展》,《中国哲学史》2019年第6期。
② 习近平:《论党的宣传思想工作》,中央文献出版社2020年版,第89页。
③ 张岱年、方克立主编:《中国文化概论》,北京师范大学出版社2004年版,第7页。

扩大开放、建设和谐世界的过程中把弘扬民族传统文化摆在关系民族振兴的战略位置"。① 中华优秀传统文化是中华民族在长期的历史发展中积淀下来的、具有重要价值的精神性的存在，只有真正弄明白中华优秀传统文化的内涵与外延，才能更好地理解、领会中华优秀传统文化的精华。

中华优秀传统文化经历了从孕育、奠基、统一、裂变以及定型发展等几个不同的发展阶段。中华优秀传统文化是中华民族在五千多年历史演进中发展而来的，它充分展示了中华民族以及在中国地域上生活的一群勤劳、善良、勇敢的人们在与自然界相处过程中形成的生存智慧与处世哲学。正因如此，它成就了四大文明古国之一的中国，也使中国成为世界上唯一一个没有文明中断的国家。关于如何界定"中华优秀传统文化"问题，必须考虑到其本土原创、民族特色、历史沿革等诸多要素。在历史传承发展过程中，中华优秀传统文化不断发展、演进，取得了无比辉煌的成就，为中华文明乃至全人类文明都做出了无比巨大的贡献。

中华优秀传统文化的外延非常广泛，诸如语言文字、道德规范、诗词歌赋、民俗节日以及音乐曲艺等都归属于中华优秀传统文化的范畴。中华优秀传统文化是中华民族发展史上各民族创造的一切优秀文明成果的总和，是由各民族人民在历史实践中创造的，而后哲学家、思想家们进行系统化、理论化的概括提炼，形成以儒、释、道三家为主体，兼具各家各派以及各民族地区文化思想、精神观念的精华，是一种积极向上、催人奋进，对社会发展、民族振兴具有重要指引性、统领性的，具有正能量和巨大发展潜能的文化形式。传承和发展中华优秀传统文化要以马克思主义为指导，要明晰马克思主义对中华优秀传统文化具有的统摄性作用。马克思主义是我们一切工作的行动指南和立身之本，而中华优秀传统文化则是精神家园和命脉滋养，二者互为需要、不可分割，因此，要避免二者的割裂和对立，只有对马克思主义与中华优秀传统文化进行有机融合，才能为社会主义现代化建设提供精神动力与智力支持。

"没有高度的文化自信，没有文化的繁荣兴盛，就没有中华民族伟大复兴。"② 中华优秀传统文化是在几千年的历史演进中孕育发展起来的一种文化形态，它承载着中华民族生生不息的内在张力和最深沉的精神追

---

① 穆占劳：《论中国传统文化中的"和合"思想》，《理论前沿》2008年第3期。
② 习近平：《论党的宣传思想工作》，中央文献出版社2020年版，第10页。

求,是勤劳、善良、勇敢的中华民族独具的精神标识,为中华民族的伟大复兴提供了最丰厚的文化滋养。"我们讲传承再造,并不是对传统民族文化全盘接受和吸收,而是秉持扬弃态度,坚持'古为今用、推陈出新''取其精华、去其糟粕'"①的基本原则,只有这样才能实现中华优秀传统文化的创造性转化和创造性发展。中华优秀传统文化的核心理念可以归纳为:"天人之学;诚实守信;厚德载物;以民为本;道法自然;居安思危;自强不息;仁者爱人;尊师重道;和而不同;日新月异;天下大同。"② 应该说,中华优秀传统文化既包括"己欲立而立人,己欲达而达人"③的立己达人的关爱,也包括林则徐的"苟利生死国家以,岂因祸福避趋之"(林则徐:《赴戍登程口占示家人二首》)的深沉炽热的家国情怀;既包括以爱国主义为核心的"位卑未敢忘忧国,事定犹须待阖棺"(陆游:《病起书怀》)地对祖国统一的无限渴望,也包括"长城万里今犹在,不见当年秦始皇"(清·张英:《家书》)的正心笃志和崇德尚善的崇高人格追求。中华优秀传统文化以经史典籍、礼仪制度、文学艺术与社交媒介等多种形式为载体,淋漓尽致、生动鲜活地呈现了中华民族的独特优势以及超凡脱俗的精神气度,彰显了中华民族悠久灿烂的文化,促进了中华文明的延续和发展,对世界文明发展与人类社会的进步做出了杰出贡献。

(二) 中华优秀传统文化的基本内涵

魏徵在《谏太宗十思疏》中有云:"求木之长者,必固其根本;欲流之远者,必浚其泉源,"是指树木要生长,就一定要稳固其根系;想要让流水流得更远,就一定要疏通其源泉。推而广之,中华民族要想实现其伟大复兴,就必须要溯源我们本土性的中华优秀传统文化根源。值得一提的是,1840年鸦片战争以来,中国开始一步一步沦为半殖民地半封建社会的深渊,清代"西学中源"思想的出现也是时人遭遇西方强势文化,内心深处又不愿放弃自己固有本土文化的无可奈何回应而已,"西学中源"思想不愿接受西方"被视为一个独特的'发明',其思想源头在中国早已有之,是国人坚守本国传统,从而对外来文化的一种应激性的心理

---

① 赵建华:《社会主义核心价值观与中华优秀传统的传承》,河北美术出版社2016年版,第109页。
② 张岂之主编:《中华优秀传统文化核心理念读本》,学习出版社2012年版。
③ 《论语》,张燕婴译注,中华书局2011年版,第112页。

排斥"。① 应该说，这种现象也是中国人自我文化认同的一种方式。中华优秀传统文化历史悠久，内涵丰富，其中蕴含着丰富的"道德准则""思想观念""哲学理念""教化思想"以及"人文精神"等，成为中华民族最宝贵的精神财富。其中儒家关于"厚德载物""民胞物与""天下为公""世界大同"等思想；道家关于"道法自然""齐物平等""刚柔并济""天人合一"等思想；佛家关于"心性和谐""自性清净""众生平等""慈悲为怀"等思想；其他诸家以及具有共性的思想诸如"革故鼎新""与时俱进""知行合一""躬行实践""以诚待人""讲信修睦""求同存异"等，所有这些都是中华民族沉淀下来的思想宝库，拥有丰富的内涵与诉求，其所涵具的永恒性价值不会随着时间的推移而湮灭，而是会随着时代的发展不断迸发出巨大能量，激励并引导着一代又一代中国人成人成己、修身成仁、建功立业。

"当代既要继承中国传统，同时也需要改造传统，再造传统，发展传统。马克思主义与中国传统文化，特别是与儒家文化终究属于不同时代、具有不同社会功能的文化。儒家文化以及老子、庄子等思想家，都是两千多年以前的。马克思主义与中国传统文化结合，不可能没有矛盾，不可能绝对一致。因此才存在取其精华、去其糟粕的问题。我们决不应该有这种观念，凡是传统都不能变，祖宗之理都是天经地义的。如果这样看待传统，传统不仅不是助力，反而是大大的阻力。"② 因此，中华优秀传统文化是极具生命力的文化，是中国人守候的精神家园，虽跨越数千年，但仍一脉相承、绵延至今，彰显其旺盛的生命力。当今时代，推进中国式现代化就必须以马克思主义思想为指导，从中华优秀传统文化资源中汲取养分。

中华优秀传统文化具有高超的哲学智慧，我们可以看到，习近平总书记的诸多讲话内容都能在中华传统文化典籍中找寻到出处，经常引经据典，往往能够一句话切中要害。譬如，习近平总书记在十八届中央纪委第三次全体会议上的讲话中曾经引用北宋程颢、程颐的一句话表明自己的观点：《二程集·河南程氏遗书·卷第十一》有言曰："一心可以丧邦，一心可以兴邦，只在公私之间尔。"引用这句话，是要告诫领导干部

---

① 刘溪：《道统、治统与科技——康熙皇帝与西方科学》，人民出版社2021年版，第150页。
② 陈先达：《文化自信——做理想信念坚定的中国人》，吉林人民出版社2017年版，第27页。

要以身作则、身正为范。党员干部时刻面临着"公"与"私"的考验。"公""私"二字正是衡量党性强弱的标尺和基本标准。如果党员把手中掌握的公权力当成"特权",利用公共资源为个人、为自己利益集团谋取私利;不能够做到公私分明、秉公用权,失去最起码的为政操守、违背最基本的政治道德,就一定会遭到党和人民的唾弃。作为党员干部,只有一心为公,事事出于公心,一切以人民利益为重,为国家前途命运着想,才能有正确的是非观、义利观、权力观、事业观。只有做到这些,才能够做一个坦坦荡荡、光明正大、堂堂正正的人;作为人民的公仆,就能做到公私分明、先公后私,继而公而忘私、大公无私。这些真知灼见在中国特色社会主义现代化建设中闪耀出耀眼的光芒,这也是源自中华优秀传统文化中所包含的真理与智慧。

另外,中华优秀传统文化中还有诸多言简意赅的名言警句,诸如:"大邦者下流,天下之牝,天下之交也。牝常以静胜牡,以静为下。故大邦以下小邦,则取小邦;小邦以下大邦,则取大邦。故或下以取,或下而取。大邦不过欲兼畜人,小邦不过欲入事人。夫两者各得所欲,大者宜为下。"[①] 这里是说,大国要像居于江河下游那样,处在天下雌柔的位置,使天下百川河流交汇。雌柔常以安静守定而胜过雄强,这是因为它居于柔下的缘故。所以,大国对小国谦下忍让,就可以取得小国的信任和依赖;小国对大国谦下忍让,就可以见容于大国。所以,或者大国对小国谦让而取得小国的信任,或者小国对大国谦让而见容于大国。大国不要过分想统治小国,小国不要过分想顺从大国,两方面各得所欲求的,大国特别应该谦下忍让。当然韩非子在《韩非子·亡徵第十五》中也有"国小而不处卑,弱小而不畏强,无礼而侮大邻,贪愎而拙交者,可亡也"的说法。这就是说,如果一个弱小的国家不能正确认识自我,不去考量自己的处境,遇到强者不知道放低姿态,本身力量有限却硬是要挑战军事强国,夜郎自大而不自知,刚愎自用而不自重,一味地自私和贪婪,必然招致国家的倾覆。韩非子这句话在当下复杂的世界局势中也同样具有特别重要的借鉴意义。所有这些,都是中华优秀传统文化给予我们今人的教训与启迪。习近平总书记正是认识到中华优秀传统文化所涵具的无穷魅力以及对当今社会具有的积极作用,于是他结合我国具体实

[①] 《老子》,饶尚宽译注,中华书局2016年版,第154页。

际提出了"推进中华优秀传统文化的创造性转化、创新性发展"的重要命题,只有让中华优秀传统文化深度融入当今社会、融入社会主义现代化才有出路。"中华传统文化与现代文化的交流,实质上是一次历史和现实的对话。在这一对话中,对抗与交融、矛盾与协调、桎梏与动因彼此交织,两者的关系呈现出复杂化和多元化特性。"[1]

十九届六中全会会议公报中强调:"以习近平为主要代表的中国共产党人,坚持把马克思主义基本原理同中国具体实际相结合,同中华优秀传统文化相结合……从新的实际出发,创立了习近平新时代中国特色社会主义思想。"[2] 坚定中国特色社会主义文化自信,就要以马克思主义思想为指导,不断汲取、吸收作为本土性思想资源的智慧,"努力实现传统文化的创造性转化、创新性发展"。[3]

中华优秀传统文化就是中华民族文化的精粹,是中华民族精神的主轴和最可贵的精神财富。中华优秀传统文化的传承与发展,要坚持"古为今用、推陈出新"的原则并挖掘其育人功能和现实价值。中国特色社会主义文化建设坚持以马克思主义思想为指导,凸显其涵具的全面性、传承性和民族性等主要特质,对中华优秀传统文化进行创造性转化和创新性发展起到积极作用。

第二节 中华优秀传统文化的发展脉络

追根溯源,探寻中华优秀传统文化的发展脉络,需要从历史视角予以考察和研究。早在远古时期,生活在中华大地上勤劳、勇敢的先民们用他们的智慧和汗水点燃了中华优秀传统文化的火种,伴随着朝代的更迭和时代的转换让各族人民在文化的交流与碰撞中互相学习、取长补短、彼此借鉴,在不断地丰富发展中创造了辉煌灿烂的中华优秀传统文化。在中国历史上,中华文化具有海纳百川、有容乃大、兼容并蓄的开放胸

---

[1] 商志晓、万光侠、王增福:《中华传统文化弘扬与现代化发展研究》,中国社会科学出版社2021年版,第37页。

[2] 《中国共产党第十九届中央委员会第六次全体会议文件汇编》,人民出版社2021年版,第10页。

[3] 习近平:《习近平谈治国理政》(第二卷),外文出版社2017年版,第313页。

襟，吸收、汲取诸如佛家等外来文化之精华，去除其消极的成分，生活在华夏大地上的各族人民在交往、交流、交融中展现出中华民族超强的向心力与包容力。中华优秀传统文化以大江奔腾般的恢宏气势引领中华民族奋勇向前，又似涓涓细流一般，源远流长地滋润着每一个中国人的心田。因此，深入研究并弘扬中华优秀传统文化具有重要意义和时代价值。

一　中国的远古文明：孕育开创期

在中国古代神话传说中，远古时期的盘古头上发出太阳之光芒，手握石斧和木把，傲视一切，立于天地之间、劈开混沌未开的天地①，创造了人类发展的新纪元。四千多年前，以炎、黄二帝为代表的原始氏族部落经过不断地征战与融合，发展成为今天的华夏民族，炎帝和黄帝作为中原部落的首领，被认为是中华民族的人文始祖。所有这些传说经过古代文人的文字加工体现在古代典籍之中，譬如《史记》就是从黄帝开篇叙述中华历史的序幕。《史记》中援引陈继儒的观点："此论本纪所以自首黄帝之意，盖《尚书》独载尧以来，而《史记》始黄帝。《史记》之所据者，《五帝德》《帝系姓》也，乃儒者或不传之书也。然迁以所涉历验之风教而近是。参之《春秋》《国语》，而所表见为不虚。"② 所有这些证据都确凿地说明黄帝、炎帝在中国历史上确有其人，炎、黄二帝开启了中华优秀传统文化的先河。

在有文字记载之前的远古时期，通过考古发掘的证物来看，广袤、辽阔、富饶的神州大地是人类产生的最重要的起源地之一。从170万年左右开始的云南元谋人、陕西蓝田人，再到北京的山顶洞人，构成了一个完整的从猿到人的演进发展的轨迹，中华古代文明、中华优秀传统文化就是在这样一个漫长的发展过程中逐渐萌生并壮大起来。从北京猿人掌握火的使用开始，到仰韶文化半坡遗址遗留的原始先民们农作、狩猎、制陶、彩绘等活动的痕迹来看，都无比细腻地体现了人类取得了巨大的

---

① 说明：还有一个更能说明问题的例证，那就是云南沧源岩画。据专家考证，这幅岩画为两万年前原始人的作品，岩画的内容是：一人头上发出太阳之光芒，左手握一石斧，右手拿一木把，两腿直立傲视一切。这种形象与盘古立于天地之间，用斧头劈开混沌开天辟地的传说正相契合。至于人首所呈现的太阳之状，则是反映了原始先民对太阳神的崇拜。据此，盘古神话信仰在两万年前就已诞生。

② （汉）司马迁：《史汉文统·史记统》，商务印书馆2019年版，第11页。

进步和发展。中国远古时期的文化从萌芽到发展，再到后来的发展壮大，从而孕育出辉煌灿烂的中华文明，成为中华优秀传统文化的重要开端。

二　古代历史的演进：繁荣兴盛期

尧舜禹禅让制之后，大禹建立中国历史上第一个王朝夏朝，王位世袭制从而代替禅让制。夏王朝的建立标志着中国进入奴隶社会，古老的中国进入了中华传统文化产生和发展的奴隶社会的全新时期。目前发现的商周甲骨文、金文的文字记载佐证了这一时期人们以"天""天帝"为主体的信仰体系，"宗法""礼制"为代表的社会规范，以及以"阴阳""五行"学说为代表的具有初步理性逻辑的归纳方法与抽象思维。从中华民族的形成过程来看，夏、商、周时期无论从人口分布上，还是从国家版图上都远远小于其他朝代，充其量也只是中原的一隅。直至西周晚期，周王室衰微并逐渐走向解体，从而迎来了中国历史上的大变革、大动荡的春秋和战国时代。中国古代的春秋时期，社会急剧变革，现实与理想的失衡激发了士族阶层知识分子要求改变现状的努力，从而激发了他们的想象力和创造力，他们凭借着丰富的生活阅历和多元的文化素材，创造了气象恢宏、影响深远的思想文化，从而形成了百家争鸣、繁荣鼎盛的局面，产生了包括儒、墨、道、名、法、阴阳、纵横、农、兵、杂在内的凡此种种的思想流派，但是随着社会的发展，春秋五霸逐鹿中原、战国七雄傲视华夏大地，真正能够被统治者认可、对中国历史产生重要而深远影响的学派还是倡导"仁""礼"为核心的儒家，以及"道法自然"为核心的道家，以"变法图强""奖励耕战"为核心的法家，以及以"兼相爱、交相利"为核心的墨家等。我们先人们创造的中华优秀传统文明对世界文明的发展都具有重要意义，共同推进了古代人们对宇宙、自然、人类社会等"天人关系"的思考，在这一过程中各家各派思想相互交锋与激荡，从而诞生了重要的价值理念、教育思想、道德伦理、政治主张等丰富的思想内容，而这些思想观念又成为中华优秀传统文化发展的源头活水。

春秋战国时期，社会处于大分裂时期，各民族之间交往、交流、交融日益密切，战国时期赵武灵王的"胡服骑射"就是文化互鉴与融合的重要例证。从汉代开始，佛教文化传入中国，毫无疑问，佛教思想带有明显的外来文化的特征，传入中国后，不管是官方还是民间都对外来文化采取极为审慎的态度，于是在翻译佛经、注解佛经的过程中，经文中或多或少地掺杂了中华传统文化的内容，不同程度地对其进行了本土化、中国化的改造。

公元前221年，第一个统一的多民族王朝秦王朝建立，标志着中国历史进入了"书同文、车同轨、行同伦"的新阶段。秦朝是我国历史上第一个中央集权的封建国家，为了加强中央集权统治，秦始皇使用了一系列巩固统治的政策。政治上，他将国家权力集于一身，废除分封制，推行郡县制，颁行秦律；经济上，他统一货币与度量衡；军事上，他抗击匈奴，修筑万里长城，开凿灵渠；文化上，他统一文字，焚书坑儒，统一车轨，修筑驰道，肃清社会道德风气。这一系列措施，"加强了华夏大地各民族之间一衣带水的联系，使民族交流更加密切"。① 其中如秦律、皇帝制度等被后世统治者所继承，直到1911年辛亥革命爆发，封建制度才彻底退出历史舞台。到了汉代，中华文化在集权统一的政治体制下，得到全方位的丰富发展。思想方面，两汉经学推动了儒学的发展，在董仲舒提出"以德治国"的主张以及他向汉武帝建议的"罢黜百家，独尊儒术"，使得改造后的儒家思想成为统治者认可并奉为圭臬的官方哲学，儒家思想在当时的社会环境下得到了全方位的提升。在汉代之后的两千余年的漫长封建社会发展中，虽然曾有一度反复，但是儒学占据的统治地位已经成为一个不争的事实。汉代史学著作《史记》《汉书》《七略》等为我们追溯历史，探寻古代思想与智慧提供了丰富的史料，也是中华优秀传统文化发展过程中沉淀下来的重要成果之一。同样还有其他重要的文学作品，诸如辞藻华美、气势恢宏的《吊屈原赋》《子虚赋》等汉赋佳作；语言质朴、广为流传的《孔雀东南飞》《十五从军征》等乐府民歌；文采飞扬、鞭辟入里的《过秦论》《说苑》等汉代散文等。这些中华优秀传统文化作品蕴含丰富、思想深邃、意境辽远，堪称中华优秀传统文化的瑰宝。同时，汉代的科学技术、雕刻艺术、建筑艺术等均取得极为辉煌的成就，增加了中华优秀传统文化的内容，提升了中华民族的文化自信。

随着东汉的土崩瓦解，中国历史进入又一个大动荡时期——历时四百余年的三国两晋南北朝分裂割据时期，虽然有西晋近五十年短暂的统

---

① 常怀林编著：《中国善良慢品善文化》，北京工业大学出版社2012年版，第55页。

一，但总体上表现为"天下大乱，国家分裂"①的局面。这是一个重要的分裂割据时期，汉代形成的"独尊儒术"的局面被打破，特别是受西汉董仲舒推行的儒学神学化的影响，最终导致儒学跌下神坛，人们开始重新审视人生理想与社会发展，政治思想呈现出多元化发展的趋势，以《老子》《庄子》《周易》为代表的"三玄"思想甚嚣尘上，吸收、融合了儒家思想、道家思想与玄学思想应运而生。应该说，代表着"道"的玄学思想超越了伦理道德和政治主张的范畴，逐渐发展为以探索人生理想、崇尚思辨、探寻宇宙本质为主要内容的研究路向，对中华优秀传统文化的思想风格产生了较大影响，这是继春秋战国之后又一个充斥着分裂与战乱的时代。一方面，北方劳动人民南迁推动了南方经济的发展，客观上促进了文化与思想的交流与解放，带动了不同民族之间的民族融合；另一方面，"周边地区的少数民族入主中原，南北政权长期的对峙与战争"②，南北方文化存在一定的抵触情绪，同时，外来的佛教思想与本土的道教思想异军突起，为中华优秀传统思想的融合和发展提供了重要的文化营养，不断展现出前所未有的神韵与风采。总的来看，这一时期的儒家思想统治地位有所松动，这一时期的中华文化呈现出儒、佛、道三家并立的文化格局。

隋唐时期，国力更加强盛、社会思想高度开放，是中华传统文化传承演进的鼎盛时期。中华优秀传统文化对异质文化始终保持了高度的融通性。可以说，中华优秀传统文化所涵具的开放性、包容性的宽广胸怀不断将外来文化进行吸收并融化其中，才使中华优秀传统文化呈现出更加丰富多彩、气象万千的豪迈气概。此时的佛教在不断东传的过程中，加之统治者的干预，使得其日趋本土化，产生了天台宗、法相宗、华严宗等宗派，特别是受到具有实在论中国人的广泛赞同基础上创立的禅宗思想日益深入民心，对中华优秀传统思想的发展产生了重大影响，成为古代中外文化交流的重要标志。因此，唐代的中华传统文化思想呈现出多姿多彩的新面貌，形成了兼容并蓄、星汉灿烂、百花齐放的宏大气派和繁荣景象。

经过五代十国的分裂与割据，宋朝的建立实现了局部统一，与辽、

---

① 《中国政治思想史》编写组：《中国政治思想史》，人民出版社2012年版，第160页。
② 《中国政治思想史》编写组：《中国政治思想史》，人民出版社2012年版，第160页。

西夏等游牧民族形成对峙格局。在哲学思想领域，理学的形成与发展成了宋明时期的重要标志，理学思想积极吸收佛教的诸多观念并逐渐发展壮大，扭转了隋唐儒学不及佛学的不利形势。南宋理学大师朱熹推崇"天理"的绝对性，主张"存天理、灭人欲"，与心学的陆九渊产生激烈的论辩，这就是鹅湖之会的"朱陆之争"，朱熹强调通过"正心""诚意""修身"的道德自觉，摒弃个人欲求以通达至人的理想人格的价值实现。这些带有"禁欲主义"色彩的理念，对于中华民族养成注重人格气节、道德情操、历史使命，以及注重社会责任的文化性格起到极大作用。

三 封建社会的没落：由盛转衰期

明清时期，人口众多、疆域辽阔、国家统一、多民族共同进步，使大一统的集权国家得到进一步巩固和发展。同时，明清统治者为了强化君权，管理地方和中央官吏、更注重对老百姓的安抚，致使君主权力进一步加强其至走向绝对化的趋势，在这种高压统治情况下，专制思想禁锢着文化的发展，形成了以王阳明"致良知""心即理""明德亲民"为核心的政治思想以及张居正"振纪纲""禁私学"为核心的加强中央集权的政治思想。物极必反，当专制思想发展到一定程度的时候，便激起了诸如李贽的"童心"说、"圣人之治"的政治思想，他个性鲜明地站在反儒学、反正统的政治主张上。随着明末清初社会剧变的加剧，催生了以黄宗羲主张以"天下之法"取代"一家之法"以及"天下为主君为客"的反专制的政治思想；以顾炎武为代表的对"私天下"君主专制制度的猛烈批判；以王夫之为代表的对"公天下"的憧憬以及对"宽以养民"民本思想的神往。另外，唐甄、戴震等站在反专制政治思想的一面，中国政治思想的转型产生了一定的启蒙作用，对当时的官方文化——程朱理学，发起挑战，反对文字狱等思想文化专制，批判锋芒直指专制君主，为当时的社会注入了经世致用、极具活力的实用主义风气。

特别是明清时期，封建君主专制下的中国社会逐渐从鼎盛走向衰落，出现了资本主义的萌芽。随着社会生产力的发展，生产关系出现微妙的变化，社会变革的呼声越来越强烈。在文化方面，这一时期集中出现蔚为大观的成就，诸如明成祖的《永乐大典》、清圣祖的《康熙字典》、乾隆的《四库全书》、李时珍的《本草纲目》、徐光启的《农政全书》、方以智的《物理小识》、宋应星的《天工开物》以及徐霞客的《徐霞客游记》等都标志着经过数千年积淀日趋成熟的中华传统文化进入历史性集大成的重要阶段。受到落后的物质生产方式和社会制度的制约，历经数千年发展的传统文化最终还是随着封建社会皇权统治的衰落而衰落，当政的统治者和上层知识分子仍然沉醉于历史上曾经取得的辉煌，不能也不愿意接受残酷的现实。殊不知，以英国为首的老牌资本主义强国已经悄然完成了从工场手工业向机器大工业过渡的阶段，开始了以机器取代人力，以大规模工厂化生产取代个体工场手工生产为特点的工业革命。在这样的背景下，鸦片战争的爆发，西方列强用坚船利炮打开中国的大门，古老中国开始亦步亦趋地、被动地接受西方奴役的命运，拉开了中国近百年屈辱史的序幕。

追溯历史文化发展的脉络，我们能够深切认识到：中华民族的精神血脉薪火相传，具有生生不息的强大生命力；优秀的思想价值理念已经融入每个中华儿女的内心深处，成为其共同守卫的精神家园；中华优秀传统文化虽然一度遭到西方侵略者的无情打击，但其根脉依然存在，其葆有的旺盛生命力增强了民族文化自觉与自信，也为世界文明增添了宝贵的财富。中华优秀传统文化在其漫长的历史长河中经历过异质文化的侵入和发展的低谷，但始终是兼收并蓄、开放包容，这种现象的产生与地理环境及文化特性有密切联系，贯穿中华文明的始终。中华优秀传统文化穿越千年的历史演进，使得我们要更加深刻地认识自我，更加珍惜当下取得的历史性成就，更加坚定地沿着中国特色社会主义道路不断前行。

四　近代的沧桑巨变：复兴崛起期

明清时期，古老的中国由盛转衰，中华传统文化开启了一段前所未有的、在衰落中探寻蜕变与重生的曲折复兴历程。这条中华文化复兴之路百转千回、磨难重重，直到1921年中国共产党的成立，才终于迎来了峰回路转的一天，中华传统文化的复兴才重新清晰、明确起来。经过近百年的艰苦奋斗，中国共产党带领全国各族人民实现了民族解放，实现了思想文化领域的独立自主的局面。进入新的发展时期，深入研究我国文化建设的新形势、新要求，总结我国文化改革发展的丰富实践和宝贵经验，研究部署深化文化体制改革、推动社会主义文化大发展大繁荣，进一步兴起社会主义文化建设的新高潮，为中华民族伟大复兴中国梦的实现具有重大而深远的意义。中华优秀传统文化已经成为中国特色社会主义文化的沃土，必将重新绽放出举世瞩目的绚丽光彩。

经历了鸦片战争的惨痛失败，中国开始一步步沦为半殖民地半封建社会。在这之前，中华传统文化开始了以儒家文化为核心，同时蕴含道家和佛家思想内容的近代化发展，历史悠久、博大精深，正是这种对古代文化的自信，使我们一直处在长时期的辉煌之中，而鸦片战争的失败，又让我们从故步自封走向徘徊恍惚，又由徘徊恍惚逐步坠入万丈深渊。李鸿章所谓的"数千年未有之大变局"指的是以"康乾盛世"为分水岭，中国由强变弱，由备受万国景仰的天朝上国发展到任由西方列强肆意欺凌的局面。近代以来，自从中国所遭受的政治剧变开始，先后经历了以反对清朝封建统治和外国资本主义侵略为使命的"太平天国"运动；以挽救清朝统治进行的"自强求富""富国强兵"为目标进行自救的洋务运动；以谋求制度层面变革，希望中国走上君主立宪的现代化道路的维新变法运动；以及以旨在推翻清朝专制帝制、建立共和政体的辛亥革命等，所有这些努力，均未能让中国摆脱西方帝国主义的侵略，都没有让中国走向独立自主的现代化发展道路。

1915年，以《新青年》杂志的诞生为标志，一场由陈独秀、李大钊等新一代无产阶级知识分子发起的声势浩大、影响深远的新文化运动应运而生，掀起了反对封建专制主义及其解除思想桎梏的启蒙思潮的先声。1919年5月，五四运动的爆发为新的革命力量、革命文化以及革命斗争登上历史舞台创造了有利的条件。1921年7月，中国共产党成立，此后不久便毅然开始了带领全国人民争取民族独立与民族解放的革命任务，把复兴中华优秀传统文化作为其矢志不渝的历史使命。虽然其中经历太多的曲折，但是中国共产党一直是中华优秀传统文化的建设者、传承者、弘扬者以及践行者，在中国共产党领导全国人民进行中国革命、建设和改革的过程中，坚定地以马克思主义思想为指导，充分认识到中国的基本国情，不断学习并深刻总结历史经验教训，将从中华优秀传统文化中汲取养料，不断推动中华优秀传统文化的当代化和现代化作为目标，这是因为中华民族的先人们早就向往人们的物质生活充实无忧、道德境界充分升华的大同理想世界。

当前，党中央把中华优秀传统文化的传承与发展放在突出重要位置，加强对优秀传统文化的保护，不断对之进行阐释和弘扬，推动其创新性发展和创造性转化。"没有文明的继承和发展，没有文化的弘扬和繁荣，就没有中国梦的实现。"[1] 在经济全球化浪潮中不断变化的世界局势中，中国主导的"一带一路"倡议以及构建"人类命运共同体"的努力，就是对中华优秀传统文化中"和合"思想、大同思想的继承和发展。因此，中华优秀传统文化一定会为实现中华民族伟大复兴的中国梦提供精神养料，为推进中国式现代化贡献智慧和力量。

应该说，中华优秀传统文化并不是各个时代文化的叠加与积累，而是作为一个不断演进的整体，其优秀的特质的传承与发展，并且随着时代的发展不断赋予其新的内容，是连续性、流动性的客观存在，其自身所涵具历史性、民族性与时代性的辩证统一。中华优秀传统文化之所以优秀，是因为它在不断批判、摒弃消极部分，又在不断传承和弘扬积极成分的基础上发展起来，是紧密联系着过去、立足于当下，又在不断展望未来的一个有机整体。中华优秀传统文化历经形成、发展、繁荣、兴盛、衰落，又再次回到繁荣、兴盛的过程。中国共产党矢志不渝地传承与弘扬中华优秀传统文化，其文化作为中华民族精神的"根"与"魂"将在中国特色社会主义文化建设中发挥重要作用，也将会在国际舞台上彰显其无穷的魅力，必将助力中华民族走向伟大复兴。

第三节 中华优秀传统文化的突出特性

中国是四大文明古国中唯一一个传承至今而没有中断文明的国家，所以中华优秀传统文化也就自然而然地成为当今世界历史最悠久的文化之一。站在传承与发展中华优秀传统文化的视角，结合习近平总书记对中华优秀传统文化的系列论断与重要阐述，着眼于中国人民实现中华民族伟大复兴中国梦的现实诉求，需要对中华优秀传统文化的基本特征进行系统总结与阐发。中华优秀传统文化是一种德智统一、以德摄政的文化形式，带有一种本土性、民族性、普遍性价值取向的特质。中华优秀传统文化的基本特征不仅决定了中国人的文化人格，而且决定了中华传统文化的独特形式。概言之，中华优秀传统文化具有突出的连续性、突出

---

[1] 中共中央文献研究室：《习近平关于社会主义文化建设论述摘编》，中央文献出版社2017年版，第5页。

的创新性、突出的统一性、突出的包容性、突出的和平性等重要特性。

一 中华优秀传统文化具有突出的连续性

中华优秀传统文化是中华民族的瑰宝,是中华文明几千年来赖以生存的沃土,为推进中国式现代化凝心聚力、提振精神的重要支撑。中华民族创造了博大精深的优秀文化,璀璨而瑰丽,闪耀着智慧的光辉,为人类文明进步与社会发展做出了不可磨灭的重要贡献。中华民族五千多年的历史演进中,融汇了众多民族地区的文化、思想和智慧,建构了以儒家学派为主体的中华优秀传统文化思想体系,形成了中华民族特有的信仰追求、价值取向、高尚品质、文明准则、思维方式和生活方式等。经过千百年的锤炼,世代相传,汇集成博大精深、底蕴深厚的,具有鲜明民族特色的中华优秀传统文化,这是中华民族的重要精神财富,是支撑中华民族生生不息的"脊梁"。

中华民族创造了博大精深的中华文化,为人类文明进步做出了不可磨灭的贡献。儒家思想的"仁者爱人"、道家思想的"道法自然"、墨家思想的"兼爱非攻"以及佛家思想的"慈悲为怀"等都对当下的个人的道德修养、社会的风气塑造、国家的治国理政等都发挥着重要作用。弘扬和发展中华优秀传统文化,处理好传承与创新的关系,推动中华优秀传统文化的创造性转化、创新性发展,同时也是保持中华优秀传统文化生生不息的重要保证。中华文明历来强调人与自然的和谐关系,儒家思想重视"民胞物与",道家注重"道法自然",其实都是对"天人合一"思想的重要诠释,是尊重自然、顺应自然,与自然相处的"人与自然和谐共生"的表现。把天、地、人和谐共处于世界之中,这就是老子所谓"人法地,地法天,天法道,道法自然"[①]的道理,天之道是"始万物",地之道是"生万物",人之道是"成万物"。《道德经》对习近平总书记影响很大,他对《道德经》情有独钟,经常引用老子的"圣人无常心,以百姓心为心"[②],可见这句话在习近平心目中的分量。老子认为要成为一个圣人,就要胸怀天下,不能只顾及自己的利益,始终把百姓之心当成自己的心,把百姓的意志当成自己的意志。"以百姓心为心"成为习近平治国理政思想的重要行动指南,对其思想触动甚大,其所谓的"人民

---

① 《老子》,饶尚宽译注,中华书局2013年版,第66页。
② 《老子》,饶尚宽译注,中华书局2013年版,第124页。

对美好生活的向往，就是我们的奋斗目标"以及"以人民为中心"的思想都是对"以百姓心为心"的最好诠释。

中华优秀传统文化历经五千年发展依然具有旺盛的生命力，也是我们始终未曾断绝的文化血脉，更是我们的力量之源。应该说，中华优秀传统文化之所以涵具着生生不息的内生力，一方面得益于中国半封闭状态的地域环境，中华优秀传统文化与外部世界的联系具有一定的选择性，具体呈现出相对独立的特点。另一方面，中国作为一个幅员辽阔的大国，自给自足的农耕经济给我们文化的发展提供了一个连续性、稳定性的基础，在这样的情况下，中华文化稳定性、包容性的特点相对明显，还接续了其推陈出新、前后承接的特点，总体呈现出多元一体的特征。因此，中华优秀传统文化本身就具有独立的、自成体系的逻辑演化规律。中华优秀传统文化在长期的历史发展过程中，积淀了共同的生活习惯、共同的性格特点、共同的民族心理以及共同的伦理观念等，所有这些都是中华优秀传统文化成为博大精深、无与伦比的思想宝藏的重要原因。

中华优秀传统文化葆有的延续性和旺盛生命力源自于其优秀的文化基因，是各民族人民长期交往、交流、交融过程中形成的强大向心力和凝聚力。纵观中华民族五千年发展的历史，中华优秀传统文化具有巨大的包容性，能够兼收并蓄地吸收一切外来文明成果，能够对周边文化产生重要的辐射作用。以儒家思想为例，在中国历史上，儒家学说初步形成于公元前5世纪左右的春秋时期，孔子作为创始人做出了巨大贡献。之后的几百年中，历经子思、孟子、荀子等人的发展，日趋成熟。到了汉代，汉武帝采纳董仲舒"罢黜百家、独尊儒术"的建议，儒家学说成为国家官方意识形态，儒家思想进入全盛时期。受此影响，儒家学说被远播到日本、越南、朝鲜、新加坡等地区并成为当地的官方学说，儒家思想深入到传播地区人们的内心深处并融入人们的日常生活之中。具体表现在这些东南亚国家虽然与中国保持着相对的独立性，但是却把中国历代王朝成熟的国家制度、政治思想、文化形态以及价值观念等进行借鉴与移植，客观上促进了儒家的传承与发展。中华民族文化在与周边文化进行碰撞交流的过程中取长补短，不断补益其优秀成分，不同程度地改造着异质文化，形成了自己强大的文化基因。

以佛教思想为例，佛教思想在两汉之际传入中国，经过魏晋、隋唐的发展，佛教思想得到了具有实在论中国人的广泛认同，使禅宗思想得到了长足发展，甚至变为中国式的佛教思想。同时，佛教思想博大精深的理论体系又被宋明理学以周敦颐、二程以及朱熹等大儒的消融与吸收，最终完成了儒家哲学的融合，成了中华优秀传统文化的重要组成部分。中国历史上不乏分裂或者王朝更迭的乱世，诸如春秋战国时期、三国两晋南北朝时期，但是大分裂时期也预示着大的融合与发展，挑战与机遇并存，大分裂时期也往往是民族和文化取得更大突破的时期。无论是东晋十六国的混乱状态，还是北宋和南宋的分裂对峙，抑或是蒙元南下、清军入关，都极大地促进了民族与文化的融合，最终都自觉或不自觉地融入中华传统文化之中。

自古以来，全国各族人民在中华优秀传统文化的滋养下，中华儿女对国家和民族的热爱愈加深沉与厚重。因此，中华优秀传统文化的传承与发展不是一个封闭的、僵化的、静止的文化系统，而是一种具有顺应时代变化、适应社会发展的开放包容的动态文化。"要使中华民族最基本的文化基因与当代文化相适应、与现代社会相协调，以人们喜闻乐见、具有广泛参与性的方式推广开来，把跨越时空、超越国度、富有永恒魅力、具有当代价值的文化精神弘扬起来，把继承传统优秀文化又弘扬时代精神、立足本国又面向世界的当代中国文化创新成果传播出去。"[①] 每每中华传统文化与外来文化碰撞的时刻都是其自身寻找机会，寻求发展的重要契机，从而形成了今天多元互补、兼收并蓄的优秀文化形态。"要系统梳理传统文化资源，让收藏在禁宫里的文物、陈列在广阔大地上的遗产、书写在古籍里的文字都活起来。"[②] 中华优秀传统文化不仅在多元文化的碰撞中展现出鲜明的主体意识，同时在各民族交流互动中实现其自我革新与发展，更彰显出中华民族多元一体的吸引力和亲和力，也正是中华优秀传统文化保持旺盛生命力的根本所在。

二 中华优秀传统文化具有突出的包容性

中华优秀传统文化是一个开放性、包容性、兼容性极强的文化体系。中华优秀传统文化在其孕育与发展过程中，同外来文化不断交流融合，形成了以儒家、道家、佛家为主流，融合各民族地区诸多优秀的文化成

[①] 中共中央文献研究室：《习近平关于社会主义文化建设论述摘编》，中央文献出版社2017年版，第201页。

[②] 中共中央文献研究室：《习近平关于社会主义文化建设论述摘编》，中央文献出版社2017年版，第201页。

分的多元文化，让中华优秀传统文化呈现出多姿多彩、多样性与共通性并存的特点。一个国家、一个民族的文化，承载着生活在这片土地上的世世代代的人们所创造的物质财富和精神财富的总和，既呈现出其民族性的特质，也凸显了中华优秀传统文化兼容性与开放性的特点，无论是西汉的"文景之治"，还是唐代的"贞观之治""开元盛世"，甚或是清朝的"康乾盛世"，无不体现了中华民族盛世局面中所呈现的高度开放性和包容性的特质。也正如王维笔下所谓"九天阊阖开宫殿，万国衣冠拜冕旒"的盛世容颜，这就是"海纳百川，有容乃大"的兼容并蓄、博采众长的特点。中华优秀传统文化以其开放的胸襟和宽容的态度吸收和借鉴外来文化，成为世界上唯一一个从未间断又极具开放性的传承的文化形式。

中华优秀传统文化是中华民族精神的最核心的部分，是中华民族生生不息的丰富的文化滋养，也是其历经数千年发展的最深厚的文化积淀。"经济上实行对外开放的方针，是正确的，要长期坚持。对外文化交流也要长期发展。"[1] 这也体现了中华优秀传统文化最重要的价值在于其涵具的开放性与兼容性的特质。更多的是基于具有实在论心态的中国人的特点，中华优秀传统文化在传承与发展过程中非常重视与每个个体息息相关的物质生命的价值，在日常生活与价值追求中更为强调人们现实物用方面的重要性。《易经》所谓"一阴一阳之谓道，继之者善也，成之者性也"。[2] 这里是指阴阳两性是生生不息、相反相生的一对矛盾，处在永不停息的运转之中，是宇宙万事万物盛衰存亡的根本所在，这就是"道"的规定性。接续"阴阳"之道的规律产生万物就是"善"，成就万事万物的就是"天命之性"，也就是其"道德"价值的含义，也是中华优秀传统文化具有的开放性和兼容性的重要表现。如果把"阴"代表着事物本身不成熟、不完善的方面的话，那么"阳"则代表着事物本身积极性的、具有优势的方面，事物不断的运动发展，阴阳相互作用，从不成熟、不完善的阶段向着更为积极的、更为完善方面发展。中华优秀传统文化蕴含中华文化的精髓中"合"与"分"的统一，既要充分认识人与自然之间存在的差异并进行调节，这就是得顺应于天，呈现出深厚之德并滋养

---

[1] 《邓小平文选》第三卷，人民出版社 1994 年版，第 43 页。
[2] 《周易》，郭彧译注，中华书局 2006 年版，第 360 页。

万物，又要相信人的主观能动性，相信主体可以把握客体，从而让天下万物一致，最终通达和谐的澄明之境。中华优秀传统文化也正是充分汲取融合各家各派思想的精华，呈现出开放、兼收并蓄的特征，融合外来文化的有利因素，才使得中华民族彰显着旺盛的生命力，有容乃大、绵延而不绝。

"文化的进步需要开放的态度，自我封闭是没有前途的，必须注意世界文化的先进成就，努力汲取世界文化的先进成就。"[1] 中华优秀传统文化的开放性还表现在以本土性资源为载体，积极吸收世界其他各民族、各地区一切优秀的文明成果。因此，传承和发展中华优秀传统文化，要坚持以本土性的文化资源为主体，以我为主，为我所用，不断开展多种形式的对外文化交流，博采世界各国文化之长，广泛汲取营养来发展自己。邓小平指出："我们要向资本主义发达国家学习先进的科学、技术、经营管理方法以及其他一切对我们有益的知识和文化，闭关自守、故步自封是愚蠢的。"[2] 不仅要学习西方的科学技术，更要积极地吸收世界各国创造的优秀文化成分，取长补短、补益自己。也诚如改革开放的缔造者邓小平指出的："社会主义要赢得与资本主义相比较的优势，就必须大胆吸收和借鉴人类社会创造的一切文明成果，吸收和借鉴当今世界各国包括资本主义发达国家的一切反映现代社会化生产规律的先进经营方式、管理方法。"[3]

中华优秀传统文化兼容并包的开放性还表现在对外来思想的扬弃上，开放性不是要对外来文化全盘接收，而是有选择地吸收和扬弃。"要完善人文交流机制，创新人文交流方式，发挥各地区各部门各方面作用，综合运用大众传播、群体传播、人际传播等多种方式展示中华文化魅力。"[4] 改革开放以来，在中国特色社会主义现代化建设工程中，也正是改革开放包容性的特质，开启了人们思想解放的潮流，人们的思想普遍表现为独立性、选择性与差异性的特点。与此同时，市场经济的发展也诱发西方思想消极成分的滋生，诸如享乐主义、拜金主义以及极端个人主义等

---

[1] 张岱年：《张岱年全集》第6卷，河北人民出版社1996年版，第262页。
[2] 《邓小平文选》第三卷，人民出版社1994年版，第44页。
[3] 《邓小平文选》第三卷，人民出版社1994年版，第373页。
[4] 中共中央文献研究室：《习近平关于社会主义文化建设论述摘编》，中央文献出版社2017年版，第202页。

兴起，各种腐朽文化思想、错误思潮沉渣泛起，不利于社会主义现代化建设。基于历史与现实等多种原因的影响，社会上还出现了一些带有迷信、愚昧、颓废、庸俗等色彩的落后文化，严重阻碍了人们精神世界的澄明以及社会主义现代化事业的发展。在这样的情况下，就需要我们同腐朽思想作坚决的斗争，邓小平同志提出："我们要有计划、有选择地引进资本主义国家的先进技术和其他对我们有益的东西，但是我们决不学习和引进资本主义制度，决不学习和引进各种丑恶颓废的东西。"① 我们学习和借鉴西方国家先进的科学与技术以及积极的、有价值的思想成分，汲取外来文化精华来补益其不足，使中华民族的优秀文化传统更加绚烂夺目。中国特色社会主义文化建设需要客观地、正确地认识并辩证地把握中华优秀传统文化、革命文化和社会主义先进文化三者之间的关系，让这些优秀文化资源彰显时代价值并在新的实践基础上进行不断地发展与创新，从而建设和发展当代的中国先进文化。

事实胜于雄辩。纵观人类社会的文明发展史，任何一个民族要想发展与壮大，都需要坚持正确的指导思想，立足"本来"，吸收"外来"，汲取人类一切优秀文化成果，才会更富有活力和魅力，才能始终保持旺盛的生命力。中华优秀传统文化要弘扬社会主义核心价值观的主旋律，提倡各民族地区文化的多样化，坚持百家争鸣、百花齐放的方针。邓小平指出："任何一个民族、一个国家，都需要学习别的民族、别的国家的长处。"② 要立足于本土文化，积极吸收外来文化的优秀成果。传承中华传统文化就是要对之进行批判地继承与发展，而不是颂古非今，要秉承古为今用、洋为中用的目的，对外来文化进行借鉴与吸取，不是照抄照搬，要博采众长，才能达到推陈出新、继往开来的效果。在不断学习和接收外来文化滋养的基础上，繁荣中华优秀传统文化，达到与世界文化发展同步，汇聚成人类文明的汪洋大海。

中华优秀传统文化的包容性还体现其经世致用的务实性。"经世致用"一词就是"经世"与"致用"的联合，其思想的核心内核与精神旨趣由来已久，源远流长。"经世"一词最早见于"春秋经世先王之志，圣人议而不辩"。③ 而"致用"一词顾名思义就是要符合现实社会的需要，

---

① 《邓小平文选》第二卷，人民出版社1994年版，第168页。
② 《邓小平文选》第二卷，人民出版社1994年版，第91页。
③ 《庄子》，孙通海译注，中华书局2016年版，第40页。

要为我们的当下社会服务。学习中华优秀传统文化思想就需要彰显其"经世致用"的基本原则。中华优秀传统文化要以本土的儒家思想、道家思想为核心以及本土化的儒家思想为主体，又不断吸收、融合其他各民族地区文化的优秀成分，才形成了互融互通、包容开放、多元一体的文化格局。随着社会实践不断地发展与丰富，中华优秀传统文化对社会发展与国家治理都能提供重要借鉴并发挥重要作用。中华优秀传统文化本身不是一个僵死的教条，要站在发展的、经世致用的立场来看待，要用全新的、系统的思维来审视本土的儒家、道家与其他各家各派学说间的融合与发展，只有这样才能深刻理解和掌握中华优秀传统文化思想的精髓并使其在社会主义现代化建设中发挥重要作用，切实推进中华优秀传统在政治建设、经济建设、文化建设、社会建设与生态文明建设中所起到的催化剂、助力器的作用，以达到经世致用的效果。

传承与发展中华优秀传统文化，就要充分发掘优秀传统文化在几千年的厚重积淀中曾经起到的先锋模范作用。历史上有许多的仁人志士都是我们学习的榜样。无论是对胸怀"先天下之忧而忧，后天下之乐而乐"政治抱负的范仲淹，"位卑未敢忘忧国，事定犹须待阖棺"心忧国家社稷的陆游，"苟利国家生死以，岂因祸福避趋之"舍弃小我、成就大我的林则徐，还是"富贵不能淫，贫贱不能移，威武不能屈"葆有大丈夫胸怀与"养吾浩然之气"的孟子，以及"人生自古谁无死，留取丹心照汗青"践行了"鞠躬尽瘁，死而后已"献身精神的文天祥，甚或是"我将无我，不负人民"的习近平总书记等，其背后所张扬的高风亮节，都汇聚着中华优秀传统文化的精华，它们在新的时代熠熠生辉，闪烁着耀眼的光芒。所有这些都突显了其经世致用的特点，正是对中华优秀传统文化现代价值的重要诠释。

梁济在遗书《敬告世人书·戊午年第壹》中说道："吾国数千年先圣之诗礼纲常，吾家先祖先父先母之遗传与教训，幼年所闻以对于世道有责任为主义，此主义深印于吾脑中，即以此主义为本位，故不容不殉。……效忠于一家一姓之义狭，效忠于世界之义广。"[①] 这是梁漱溟父亲梁济先生听闻二战中欧之战消息后所做出无可奈何的"自戕"——令人难以名状的遗憾选择。但宁肯"死于义"，也不愿意苟且偷生。这对当

---

① 梁济：《梁巨川遗书》，黄曙辉编校，华东师范大学出版社2008年版，第51页。

时来说是最为稀缺的品行,当然这也是中华优秀传统文化对儒家文人对后人产生的最振聋发聩的影响。

传承与发展中华优秀传统文化,既要通晓"常"的道理,又能体悟"变"的道理,此之谓"通常见变"。中华优秀传统文化,尤其是作为其核心的儒家、道家思想文化的形成和发展,它们经历了诸多重要发展的历史时期,积淀着中华民族生生息息、厚德载物等最深层的精神追求,代表着中华民族之所以能够历经风雨洗礼,仍然能够屹立在世界东方的原因,是最具特色的精神标识。社会主义核心价值观从个人层面(爱国、敬业、诚信、友善)、社会层面(自由、平等、公正、法治)和国家层面(富强、民主、文明、和谐)进行了具体的阐发。社会主义核心价值观,就个人层面而言,实际上爱国、敬业、诚信、友善的标准是我们每一个个体都应该做到的,这是个人目标。从社会层面来看,自由、平等、公正、法治又是处理人和人之间、人和集体之间关系最重要的行动指南。从国家层面来说,要建设一个富强、民主、文明、和谐的国家,就需要我们每一个人的共同努力。

我们的核心价值观也是针对这三个层面进行的概括和总结,反映了每个层面最核心的价值要求。因此,要对中华优秀传统文化的继承与弘扬,进而对之进行发展与升华,要充分弘扬社会主义核心价值观的这三个层面,其中最核心的就是必须立足中华优秀传统文化,彰显那些最能体现时代精神,最能体现与时俱进的思想精华,然后根据社会现实需要,发挥其经世致用的一面,要观察传统文化的变化,在变化中寻求其不变的精神追求和精神标识,"要向世界宣传推介我国优秀文化艺术,让国外民众在审美过程中感受魅力,加深对中华文化的认识和理解"。[①] 把能够跨越时空、超越国界、富有永恒魅力的中华优秀传统文化思想内核与具有当代价值的文化精神进行有机融合并大力弘扬与发展。

"经世"一词的含义十分广阔,几经流转变迁,在明末时期同"致用"结合在一起成为重要的社会思潮并被广泛使用,这并非偶然的现象。应该说,中华传统文化自古就有"经世致用""通经致用"的传统。清代的庄存于、刘逢禄开其端,经过龚自珍、魏源的发展,再到康有为、梁

[①] 中共中央文献研究室:《习近平关于社会主义文化建设论述摘编》,中央文献出版社2017年版,第207页。

启超等深化，把传统文化"通经致用"的学风发扬光大。特别是康有为，他不仅是近代今文经学的集大成者，而且把儒学引入现代，推动了儒学现代化，无愧为定于一尊的现代新儒学的鼻祖。近百年来，面对列强的坚船利炮，道德说教软弱无力。中国人要想迈入近代世界，就必须充分利用儒家经典，并贯之以西方先进的科学与文化，进行"通经致用"的有益尝试；不能一味固守着心灵之家，因为一味地固守，便无法真正迈入现代社会，也无法实现中国的现代化，对于中国人而言，如何能够做到"不至于丧失心灵之家而成为异乡人是中国学人下一个百年或者两个百年里必须完成的使命"。[①] 因此，经世致用思想是中华传统文化最重要的价值指向之一。一方面，我们既要关注精神境界和价值追求的"道"的层面，同时，我们更要强调制度建设、方针政策等具体治理之"器"的层面。中华优秀传统文化突显的"经世致用"思想，涵具着注重实用和实践的理念，以及家国情怀和社会担当精神，即使是当今社会，这种重视现实关照的"通经致用"思想依然难能可贵，具有重要的现实意义。

中华优秀传统文化的"经世致用"的价值指向，既是其思想理论自身发展演进所催生的结果，同时也紧跟时代背景，同社会发展与治国理政思想密切相关。"经世"与"致用"合用，更加强调中华传统文化对"经世"路径的侧重，同时又对其中所蕴含的社会功用、现实实践以及实用性、技术性内涵进行凸显。作为中华优秀传统文化的重要思想理念，我们要充分挖掘其"经世致用"思想的丰富内涵，继承其合理内核，努力做到知行合一、道技合一，要把我们远大理想抱负与锲而不舍的奋斗精神进行密切结合，既要志存高远，敢为天下先，又要脚踏实地，从点滴做起，从现在做起，把"经世致用"思想贯穿到以"人民为中心"的社会主义现代化建设之中去。将个人的价值追求与国家社会的责任进行完美统一，为实现中华民族的伟大复兴和中国梦的实现提供精神动力和智力支持。

中华优秀传统文化具有"经世致用"精神以及文化再生的功能。其重要作用在于：我们处在磨难之中能意志坚定、志存高远，以中华优秀传统文化中"士不可不弘毅，任重而道远"[②]的智慧来鞭策自己，努力使

---

① 刘星：《康有为今文经学的"通经致用"思想》，《自然辩证法研究》2016年第2期。
② 朱熹：《四书章句集注》，中华书局2011年版，第100页。

自己的践行与理想相统一。面对义利选择的时候，我们应该有"行一不义，杀一不辜，而得天下，皆不为也"①的义利观，应该秉持刚毅持正、不畏强权、舍生取义的信念。要有顽强反抗的精神，一如"欲悲闻鬼叫，我哭豺狼笑，洒泪祭雄杰，扬眉剑出鞘"②的侠肝义胆。有为人民谋幸福与安康，为国家谋富强和独立，为世界谋和平与大同，与逆潮流而动的势力血战到底的勇气。要有愈战愈勇，百折不挠的勇气，"发愤忘食，乐以忘忧，不知老之将至云尔"的百折不挠、发愤忘忧的恒心和为了实现崇高的理想，选择坚强以经纶天下之事的决心，等等。中华优秀传统文化极具再生功能，一方面，中华优秀传统文化具有旺盛的生命力，能够不断自我修复、自我更新、自我发展，能够与时俱进去适应现实发展的要求。另一方面，要深入挖掘并探求中华优秀传统文化中讲仁爱、重民本、守诚信、崇正义、尚和合、求大同的重要时代价值，这种时代价值正是中华文化乃至世界文化所需要的核心内涵，一定会为其发展提供更重要的文化滋养。中华优秀传统文化具有重要的"经世致用"功能。诸如，《周易》的"易穷则变，变则通，通则久"③与此有异曲同工之妙，事物一旦发展到一定阶段就需要进行改变，只有"求变"才会有通达的可能，只有通达了才能够保持长久。《周易》的这句话意在表明，当事物发展遭遇不顺的时候，只有寻求变通，进行变革和革命，才能改变现状。

《论语·尧曰》一章有言："不知命，无以为君子也"④，李汝珍在《镜花缘》第六回中写道："尽人事以听天命。"意思是说人情事理和个人的努力要顺应自然发展的规律。中华民族以应天时、尽地利的农耕方式作为载体传承发展了中华优秀传统文化，形成了一种立足实际、勤劳务实、安土乐天的朴素、可贵的务实性思想作风，积淀了审时度势、与时俱进的"经世致用"的价值取向和"大人不华，君子务实"的人格追求。

---

① 朱熹：《四书章句集注》，中华书局2011年版，第218页。
② 这是一首《欲悲闻鬼叫》又名《扬眉剑出鞘》，这是一首纪念周恩来、表达抗击四人帮情怀的诗词，收录于《天安门诗抄》。这是山西的一位青年（后经证实此人为王立山）在"四五运动"时期匿名张贴在人民英雄纪念碑上的一首诗词。后来这首《欲悲闻鬼叫》成了一首广泛流传的反抗黑暗势力的诗句。后来《扬眉剑出鞘》传遍全国，成了全国老少皆知的名句，在"四五运动"中发挥了战斗号角的作用。
③ 《周易》，郭彧译注，中华书局2006年版，第381页。
④ 朱熹：《四书章句集注》，中华书局2011年版，第181页。

孔子有言道："三人行,必有我师焉。择其善者而从之,其不善者而改之。"① 也正体现了与时俱进、审时度势的价值指向。

以"经世致用"为导向,中华优秀传统文化具有鲜明的实践指向性。春秋时期,孔子创立儒家学派,孔子提出"子不语怪、力、乱、神"②,"未能事人,焉能事鬼"③,"知之为知之,不知为不知,是知也"④ 以及"未知生,焉知死"⑤ 等主张,都反映了孔子尊重客观现实,实事求是以及对现实生活的恪守。只有应时而为、应运而生才有出路,才有未来;文化要服务于实现社会稳定,以天下大治为目标才能有更好的发展。中华优秀传统文化一直聚焦在以"经世致用"为核心的价值追求上,真正实现张载先生的"为天地立心,为生民立命,为往圣继绝学,为万世开太平"四句诀的真正价值。因此,"经世致用"的务实性始终贯穿于中华优秀传统文化之中。

三 中华优秀传统文化具有突出的创新性

《周易》有云:"革,去故也;鼎,取新也。"⑥ 这里的"革"就是要去除旧的;"鼎"就是重建新的。此后演化为成语"革故鼎新",多用来求变才能发展或者预示着重大的社会变革。"革故鼎新"是中华优秀传统文化延续几千年仍保持其旺盛生命力的最核心的内驱动力。中华民族上下五千年的历史演进中,循春夏秋冬之规律、观朝夕昼夜运行之流转、察万物生长之化育,面对"逝者如斯夫,不舍昼夜"⑦ 的沧桑变化,中华民族的先民对于浩瀚的宇宙有着更为深刻的理解,不仅要"道法自然",遵循自然发展变化的规律,更要追求"苟日新,日日新,又日新"⑧ 的奋进精神,以及"人心惟危,道心惟微,唯精唯一,允执厥中"⑨ 的不偏不倚的方法论原则以及符合中正之道的处事态度。正是这样的价值指向,中华优秀传统文化逐步形成了与时俱进、勇于自我革新的创新精神,在

---

① 《论语》,张燕婴译注,中华书局2011年版,第126页。
② 《论语》,张燕婴译注,中华书局2011年版,第126页。
③ 《论语》,张燕婴译注,中华书局2011年版,第208页。
④ 《论语》,张燕婴译注,中华书局2011年版,第25页。
⑤ 《论语》,张燕婴译注,中华书局2011年版,第208页。
⑥ 《周易》,郭彧译注,中华书局2006年版,第422页。
⑦ 朱熹:《四书章句集注》,中华书局2011年版,第108页。
⑧ 朱熹:《四书章句集注》,中华书局2011年版,第6页。
⑨ 《尚书》,王世舜、王翠叶译注,中华书局2012年版,第361页。

不断发展过程中，将其融合在中华传统文化的主流之中。甚至在少数民族问鼎中原的历史时期，中华优秀传统文化亦未尝中断。印度佛教的传入起始于汉代，它的传入无疑对以儒家思想为主导地位的中华文明来说，不啻为巨大的冲击。但是儒家思想以及中华优秀传统文化以海纳百川、革故鼎新的胸怀，对之进行包容接纳、融合吸收，最后得到具有实在论的中国人的广泛赞同之下，使禅宗思想成为中国文化的一部分。尤其是宋明理学，更是促成了儒家与佛家的合流，其本质上正是中华传统文化既自我发展又革故鼎新的集中展现。中华优秀传统文化所葆有的这种勇于变革、开拓进取的创造精神，激励了一代又一代的中华儿女在苦难中坚守、在危机中奋起、在前进中求变。这就是《周易》所谓"天行健，君子以自强不息"[①]，"地势坤，君子以厚德载物"[②]的重要内涵，在推进中华传统文化与民族历史变化的沧桑巨变中砥砺前行。

当今时代，面对百年未有之大变局，中华优秀传统文化革故鼎新的创造性不仅能够在中华民族伟大复兴的征程中开启新的发展局面，还能为世界和全人类发展提供文化滋养。中华民族在长期的历史演进和价值选择中，形成了充分体现中国人民价值取向和行为准则的传统文化。对当代中国而言，"传承、弘扬并创新中华优秀传统文化，对于全面建设社会主义现代化国家、实现中华民族伟大复兴意义重大"[③]。

中华优秀传统文化在漫长的历史演进中沉淀了具有不断革新、与时俱进的精神品质，正是其不断地调节、丰富和发展，才成就了今天中华优秀传统文化的辉煌。中华优秀传统文化的定力、韧性以及不断吸纳外来文化的特质，同时代表了中华民族坚韧不屈、有容乃大、自强不息的民族品格。革新、创新是中华传统文化的优秀基因，这个优秀基因推动了中华优秀传统文化不断吸纳支流、变动不居，宛如滚滚不尽的江河不断汇聚、不断趋向成熟和完善。在经济上，党的十一届三中全会确定了改革开放的基本国策，改革开放以来四十几年的发展，中国发生了翻天覆地的变化，取得了举世瞩目的成就，一跃而成为世界第二大经济体。在政治上，中国作为负责任的大国，反对单边主义和世界霸权，在和平

---

① 庞树生：《易经易读》，线装书局2008年版，第1页。
② 庞树生：《易经易读》，线装书局2008年版，第5页。
③ 商志晓、万光侠、王增福：《中华传统文化弘扬与现代化发展研究》，中国社会科学出版社2021年版，第625页。

发展的道路上突飞猛进，受到世界大多数国家的认可和赞誉。在文化上，我们以马克思主义为指导，坚定不移地走中国特色社会主义道路，进行中国特色社会主义文化建设，以适应时代发展，这是一个带有战略性、全局性的重大目标。社会主义文化建设要以科技自主创新为引领，着力进行独立自主的文化创新。一味复古或者否定传统文化、试图全盘西化的图谋，都会导致中华民族丧失文化自主创新的可能，都是没有前途和极其危险的。对待中华传统文化应该采取自立自信的态度，以分析、开放的胸怀对之进行传承与发展。对传统文化而言，既不妄自尊大，也不妄自菲薄。继承和弘扬中华优秀传统文化的精华，吸收西方国家以及人类其他文明的优秀成果，确立文化自主意识与文化创新精神，以一种自觉、自为的态度去创造属于我们自己的，具有本土性、时代性和前瞻性的文化样态，这是中国人一代又一代人的梦想所在，也是中华文明复兴的关键所在。

四 中华优秀传统文化具有突出的统一性

首先，中华优秀传统文化的统一性表现在"重人事""轻神灵"等方面。中华优秀传统文化更为关注人之为人的个体性的存在，《论语》有云："厩焚。子退朝，曰：'伤人乎？不问马。'"[1] 这里突显了孔子对"人"的尊重。《孟子》一书也有很经典的句子："行一不义，杀一不辜，而得天下，皆不为也。"[2] 孟子这句话的含义深远，对于当下的世界局势具有重要意义，就仅凭他所谓的即使让他得到"天下"，如果其代价是"干一件不义的事情，杀一个无辜的人"，这样的"天下"他也是不要的，这样的事情他也是不会做的，所以，孟子这种境界对于后世来说，是无人能够撼动的。在这里孔子和孟子所要关照的都是"人"的问题。再多的财产都不能与"人"的生命相提并论，而孟子则是要表明再具有吸引力的"天下"也不能和"人"的生命，与"义"相提并论。对于中国古代的至圣与亚圣来说，他们所关注的都是"民本""以人为中心"的基本宗旨，正是这种思想的渊源造就了中华优秀传统文化独特的文化特质，更彰显了中华优秀传统文化的人文精神。

中华优秀传统文化具有鲜明的"重人轻神"的倾向。在中国远古时

---

[1] 朱熹：《四书章句集注》，中华书局2011年版，第115页。
[2] 朱熹：《四书章句集注》，中华书局2011年版，第218页。

期乃至殷商时期，人们还存在着对天命鬼神的绝对崇拜和敬畏，但是进入西周之后，随着宗法道德观念的确立，人们就逐步淡化了神学观念，特别是春秋时期的孔子对"人"的尊重就能说明这个问题，其学生季路关于生死的问题，孔子的回答是"未能事人，焉能事鬼？"① 以及"未知生，焉知死？"② 通过孔子的回答，我们可以看出孔子对于生死问题的回答以及对于生死问题的态度则举重而若轻，巧妙地将鬼神与生死等比较玄远而幽冥的问题转移到对待人生世事的态度上。中国文化的重要价值关照则是把目光盯在现实人生上，着力追求社会安定，强调人生幸福的重要面向。孔子的这个态度，使儒家学说最终形成了实用理性的特色，更体现了中国古代哲学以及中华传统文化所涵具的人文特质。在周代以后的历史中，王权始终是高于神权的存在。同时，鉴于殷商灭亡的历史教训，"重民轻神"的民本思想自周代开始兴起，特别是到了战国时期，孟子与齐宣王的对话可以看到孟子对"民本"的重视："民为贵，社稷次之，君为轻。是故得乎丘民而为天子，得乎天子为诸侯，得乎诸侯为大夫。诸侯危社稷，则变置。牺牲既成，粢盛既洁，祭祀以时，然而旱干水溢，则变置社稷。"③ 孟子认为对一个国家而言，老百姓才是重中之重，国家社稷次之，而君王则又在百姓和国家社稷之后。这里突显的是孟子"以民为本"的思想，这既是中国古代文化中的优良传统，也是其人文主义关怀的重要表现。人类一旦进入文明社会，建立国家，那么统治者如何处理与民众的关系，就会成为一个至关重要的问题。对于如何管理天下问题，不管是儒家、道家、墨家以及《左传》《国语》《管子》等著作中，都不同程度地蕴含着"民为邦本"的思想。如《老子》中就有"爱民治国，能无为乎？"④ 的主张，老子又明确宣称："圣人无常心，以百姓为心。"⑤ 从先秦著作中可以看出，民本思想已成为当时的一种时代思潮，相比较而言，儒家所代表的民本思想最强烈，也最为集中。

在传统思想中长期处于核心地位的儒学，把关注的焦点集中于现实中人的存在。在儒家经典中，《左传·昭公十八年》讲到："天道远，人

---

① 朱熹：《四书章句集注》，中华书局 2011 年版，第 119 页。
② 朱熹：《四书章句集注》，中华书局 2011 年版，第 119 页。
③ 朱熹：《四书章句集注》，中华书局 2011 年版，第 344 页。
④ 陈鼓应：《老子今注今译》，商务印书馆 2009 年版，第 108 页。
⑤ 陈鼓应：《老子今注今译》，商务印书馆 2009 年版，第 252 页。

道迩,非所及也,何以知之?"① 以及"敬鬼神而远之"②的表述都旨在表明天道幽远和人道切近,二者并不相关。这里重在强调人的价值、人的力量和生命的意义,展现出以人为本、重人道轻神道的人本主义思想倾向。中华传统文化主要从人与人的关系角度出发,确立了人们的行为准则和道德规范,进而开始追求人的完善、人的理想以及人与自然的和谐共处并寻求人的发展,体现出明显的人本主义精神。在中国古代的神话中,其主人翁大多数都是以人为主的,譬如,"大禹治水""后羿射日"以及"夸父逐日"等神话,其目的都是要宣扬人定胜天、人是世界的主宰等,展示的是人的力量和价值。

在中华传统文化的价值取向中,如何实现对人生价值的崇高追求是重要的内容之一。这一追求既展现出鲜明的非宗教性,更多展现的是人文主义的思想倾向。在中华传统文化和思想理念中,"灵魂不朽""天堂永生"等西方宗教观念价值,并非中华民族推崇和向往的目标,相反,现世崇高的人生理想、人生价值更加受到尊重,诸如:"士不可以不弘毅,任重而道远。仁以为己任,不亦重乎?死而后已,不亦远乎?"③这就是说作为一个士人,一个君子,必须要有宏大的志向和坚毅的品质。

中华民族的先贤智者受中华传统文化的影响,基本主张要把内在道德修养和外在的社会践履进行有机结合,从而通达"内圣外王""内外双修"的崇高境界,达到如王阳明立德、立功、立言的最高境界,从而成就理想的君子人格。客观地说,中华传统文化的落脚点在于人的主体性,特别注重人的实践和主观能动性的发挥。这种关注主体价值的精神广泛存在于中华传统文化之中。儒家还倡导积极入世的道德实践以及对内在超越的精神诉求,"贤哉,回也!一箪食,一瓢饮,在陋巷,人不堪其忧,回也不改其乐。贤哉,回也!"④这种臻美的境界,也是孔子为什么如此钟爱这个爱徒的根本原因。孔子在与弟子谈论"各言其志"的时候,孔子最后得出结论:"老者安之,朋友信之,少者怀之。"⑤他的志向就是使老年人能得以安养,使朋友之间相互信任,使年轻人对未来怀有希望。

---

① 郭丹译:《左传》(下册),中华书局2014年版,第882页。
② 朱熹:《四书章句集注》,中华书局2011年版,第87页。
③ 朱熹:《四书章句集注》,中华书局2011年版,第100页。
④ 朱熹:《四书章句集注》,中华书局2011年版,第85页。
⑤ 朱熹:《四书章句集注》,中华书局2011年版,第81页。

其实这才是人之为人最崇高的人生目标。这种肯定人的价值的理念与对美好理想社会的向往，更多的是对"人"的终极关怀，更加激发人们的主体意识，增强以天下为己任的社会责任感和激励探索真理精神的作用，促进了中华优秀传统文化的繁荣与发展，推动了当代社会的不断进步，体现了对人文精神的终极关怀。

其次，中华优秀传统文化统一性还具有崇德尚善的伦理性。中华优秀传统文化是一种重视人伦，以伦理道德教化为基本目标的伦理型文化，具有浓厚的崇德尚善、修己达人的道德色彩，这就是所谓"己欲立而立人，己欲达而达人"[①] 的为人之学。这里孔子要表达的是仁爱之人，作为一个人应该不断地提升自己，让自己具备帮助他人的能力，并且乐于帮助需要帮助的人。如果能够做到"乐于助人"，也就做到"仁"了。

纵观整个中国文化发展的历史，几乎各家各派的学说都把引人向善的道德伦理放在突出重要的位置。在经典儒家著作中表现得尤为明显，《尚书》提出"克明俊德，以亲九族。九族既睦，平章百姓。百姓昭明，协和万邦"。[②] 就是要彰显自己崇高的品德，使本族人能够崇德尚善、亲和团结。一个人明事理，道德情操高尚，就可以影响一个家族，让自己的家族和睦，家族和睦就会使一方百姓受到影响，百姓团结一心，就会让国家协和一致，国家兴旺。类似的提法还有很多，诸如，"皇天无亲，惟德是辅。民心无常，惟惠是怀"[③] 的意思是说，上天是公平的，上天无亲无疏，只辅助有德行的人；而老百姓心中也没有常主，只怀念那些有仁爱之心的人。在古代社会，"明德"作为重要的道德规范贯穿于社会生活的方方面面，中华优秀传统文化处处绽放着伦理道德思想的光彩。先秦儒家学派高度强调道德的践行，《大学》有云："古之欲明明德于天下者，先治其国；欲治其国者，先齐其家；欲齐其家者，先修其身；欲修其身者，先正其心；欲正其心者，先诚其意；欲诚其意者，先致其知，致知在格物。"[④] 这里突出体现了个人自觉性和主动性在自我道德修养中起到重要作用。如孔子所谓的"德之不修，学之不讲，闻义不能徙，不

[①] 朱熹：《四书章句集注》，中华书局2011年版，第89页。
[②] 《尚书》，王世舜、王翠叶译注，中华书局2012年版，第5—6页。
[③] 《尚书》，王世舜、王翠叶译注，中华书局2012年版，第462页。
[④] 朱熹：《四书章句集注》，中华书局2011年版，第5页。

善不能改，是吾忧也"。① 生活在春秋乱世之中，面对世风日下的社会，孔子表达了自己最大的忧虑，其实这也是孔子指出对于个人修养提出的四条建议：勤奋为学、择善而为、多行义举、知错就改，只有切实加强道德培养，才能促使我们不断进步，实现个人的自我完善与发展。

中华优秀传统文化还具有崇德尚善的特征，其中蕴含着丰富的内涵并对"修德"进行了规定，如："弟子入则孝，出则弟，谨而信，泛爱众而亲仁。行有余力，则以学文。"② 这就是说在父母身边时就要孝顺，出门在外就要敬爱师长、说话谨慎、言而有信，与身边人交往能友爱相处，亲近仁爱，做一个仁德之人，然后才是学有余力的时候刻苦学习文化知识。这就是说，修德是根本，学习知识和做学问是修德之后的事情，更凸显"修德"的重要性。孟子曰："尽其心者，知其性也。知其性，则知天矣。存其心，养其性，所以事天也。"③ 孟子认为只有充分深入思考才能通晓人的本性，要保持心灵的思考，进而达到涵养本性的目的，最终通达"行有不得者，皆反求诸己，其身正而天下归之"④ 的至高境界。孟子进一步指出，人之所以与禽兽不同的根本原因是人满足温饱之后会学礼而守德，而动物不会，只有对德性等道德的追求，才能成就"富贵不能淫，贫贱不能移，威武不能屈"⑤ 的大丈夫品格，应该说，孟子的君子人格对于我们当下社会形成崇德风气和向善品格都有重要意义。荀子的"涂之人可以为禹"⑥，以及孟子"人皆可以为尧舜"⑦ 等提法基本上都表明一个意思，都属于伦理思想范畴。尧、舜、禹都是古代的圣人，荀子在这里讲到的"涂"与"途"是一个意思，亦即"道路"，只要人们加强道德修养、一心向善，都可以成为圣人。因此，这些思想虽然表达方式不同，但其表达的意蕴都是一致的，都在推崇德性的作用，重视对道德的培养。

道家思想的"上善若水"这一命题就是注重对德性的追寻。"上善若水。水善利万物而不争，处众人之所恶，故几于道。居善地，心善渊，

---

① 朱熹：《四书章句集注》，中华书局2011年版，第90—91页。
② 朱熹：《四书章句集注》，中华书局2011年版，第50页。
③ 朱熹：《四书章句集注》，中华书局2011年版，第327页。
④ 朱熹：《四书章句集注》，中华书局2011年版，第260页。
⑤ 朱熹：《四书章句集注》，中华书局2011年版，第248页。
⑥ 《荀子》，张觉译注，上海古籍出版社2012年版，第345页。
⑦ 朱熹：《四书章句集注》，中华书局2011年版，第317页。

与善仁，言善信，政善治，事善能，动善时。夫唯不争，故无尤。"① 老子认为世间善行的最高境界就好像水一样。水能滋润万物而不与万物争锋，停留在不显眼的、众人觉察不到的地方，所以"水"更接近于"道"。一个人能够善于选择善的处所而居，心胸宽阔并保持沉静的状态，待人真诚、友爱、无私，在为人处世方面能够恪守信用、做事有条不紊，能够把握时机、尽其所能。这样的人正是因为与世无争，所以才不会招致怨恨，减少过失。应该说正是老子的"上善若水"彰显了中华传统文化所葆有的伦理性价值。

庄子在《秋水》中指出："井蛙不可语于海者，拘于虚也；夏虫不可语于冰者，笃于时也；曲士不可语于道者，束于教也。"② 庄子认为井底之蛙受狭小居所的限制，不可以与之谈论大海的事情；认为只生活在夏天的虫子因受时令的制约，不可与之谈论冰雪的事情；认为见识浅陋之人，因为受其眼界、格局、教养等因素的限制，亦不可与之谈论道德等问题。可以说，这是战国中期作为著名思想家、哲学家和文学家的庄子通过"河伯和海若"的对话给予我们的人生智慧。虽身处逆境仍恪守浩然之正气，这种谦虚谨慎、虚怀若谷的人生态度对于后世知识分子的人格养成具有重要意义。

因此，儒、道作为中华民族本土性思想资源，在两千多年漫长的发展过程中，对于铸就中华民族的民族品格方面都发挥着重要作用，同时，中华优秀传统文化中的儒家思想与马克思主义有着根本的契合性。"在马克思那里，哲学变成了人的存在方式的历史展现及其完成。在马克思看来，沉溺于理论的'象牙塔'，则意味着对现实的逃避。这也恰恰是马克思主义哲学之所以能够同儒学会通的深层原因。"③ 基于其对道德践履的重视，恪守"仁、义、礼、忠、孝、悌、信"等儒家道德要求，不断完善自我，以实现君子人格为追求目标，儒家思想得到了不断地发展和完善，成为治理国家和教化民众最重要的思想来源。就人与人之间的关系而言，中华传统文化强调的是要有仁爱之心。无论是"己欲立而立人，

---

① 陈鼓应：《老子今注今译》，商务印书馆 2009 年版，第 102 页。
② 《庄子》，孙通海译注，中华书局 2016 年版，第 246 页。
③ 何中华：《从梁漱溟思想看儒家精神特质——兼论马克思主义与儒学之会通》，《山东社会科学》2015 年第 11 期。

己欲达而达人"①,"己所不欲,勿施于人"②,还是"故人不独亲其亲,不独子其子,使老有所终,壮有所用,幼有所长,矜寡孤独废疾者皆有所养"③,抑或是"老吾老,以及人之老;幼吾幼,以及人之幼"④,所有这些都成为中华优秀传统文化极具深远意义的道德信条。因此,不管是道家还是儒家,伦理道德原则和安身立命的行为规范,对于巩固"家国同构""家国一体"的政治体制格局的形成都发挥着极为重要的作用,推动了中华优秀传统文化的发展,巩固了中华民族生生不息的精神血脉。

五 中华优秀传统文化具有突出的和平性

中华优秀传统文化是各民族人民共同孕育和创造的,在其发展演变过程中不断推陈出新、历经风雨依然历久而弥新,其发展演变的过程承载着"民族性""和平性"的特质,是中华优秀传统文化发展过程中的一种内生性、本土性的文化资源,镌刻着独特的民族基因,铭记着中华民族的兴衰成败历史。"民族性""和平性"是中华民族优秀传统文化的最大特点。中华优秀传统文化是中华民族在漫长的历史岁月中形成的,是各民族人民勤劳、智慧的结晶,它以一种无形的、潜移默化的方式融入中国人的血脉之中,反映了华夏民族的文化素养和开拓进取精神。民族性是长期的历史发展与变革中一直保留的基本特征,"民族性""和平性"也是中华优秀传统文化在历史长河中既历经岁月洗礼又能够延绵不断的最大优势。

中国是一个统一的多民族国家,中华优秀传统文化在传承发展过程中,经过与各民族之间的交往、交流、交融,形成了独具民族特色的文化形式,为中华优秀传统文化的形成和发展做出了不可磨灭的贡献。中华民族之所以历经磨难而不衰,就是因为中华优秀传统文化能够把中国各民族人民紧紧团结在一起,为中华民族攻坚克难聚合了巨大力量,成为中华民族大团结最强大的精神支撑,是中华民族的根与魂。

中华民族的文化认同是民族团结之本,党的民族工作必须以铸牢中华民族共同体意识为主线,要"以史为鉴、开创未来,必须加强中华儿

---

① 朱熹:《四书章句集注》,中华书局2011年版,第89页。
② 朱熹:《四书章句集注》,中华书局2011年版,第126页。
③ 《礼记》(上),胡平生、张萌译注,中华书局2017年版,第419页。
④ 朱熹:《四书章句集注》,中华书局2011年版,第195页。

女大团结"。① 作为统一的多民族国家的中国,在全面融入世界的同时,我们的社会发展也发生了巨大而深刻的变化,"前景十分光明,挑战也十分严峻"。② 近代以来,中华民族遭遇"数千年未有之变局",中华民族团结一心、同仇敌忾,对团结国内各族人民对外抗击强权,起到了精神和纽带的作用。全国各族人民只有同心同德,在纷繁复杂的世界局势中,要防范国内分裂势力的破坏,抵御国外敌对势力的渗透、破坏,助推中华民族的伟大复兴。

要不断挖掘中华传统文化的优秀成分,摒弃不适应时代发展的落后成分,增强社会主义文化自信,进而才能传承和发展好中华优秀传统文化。树立正确的文化观就是要传承中华优秀传统文化,深刻认识到中华优秀传统文化在各民族文化中的统摄性地位,为建设中国特色社会主义文化指明方向。中华优秀传统文化作为各民族文化的集大成者,在漫长的历史发展长河中,引领各民族文化取长补短、互鉴融通,各民族文化之间也相互学习、相互尊重,成为世界文化宝库中璀璨的明珠,在推动各民族文化创新发展、传承交融过程中发挥着领头羊的重要作用。我们要传承和发扬中华优秀传统文化,牢固树立正确的文化观,共同构筑中华民族共有精神家园。在中华优秀文化的滋养和浇灌下,中华文化焕发出勃勃生机,放射出耀眼的时代光芒。中华传统文化培育了一代又一代为国为民的仁人志士,古代有林则徐的"苟利国家生死以,岂因祸福避趋之"的舍己为民、不屈不挠的民族气节;近代有董必武"只有精忠能报国,更无乐土可为家"的精忠报国、舍小家为大家的身先士卒;当前,有习近平总书记"我将无我,不负人民"鞠躬尽瘁的为民胸怀。中华优秀文化为铸牢中华民族共同体意识提供了厚重的文化滋养,崇尚和平、勤劳勇敢、团结友爱、自强不息的中国人民是中华优秀传统文化的创造者和传承者,伟大的民族文化塑造了以爱国主义为核心的精神力量,是全国各族人民共建美好家园的精神支柱,也是我们国家保持长治久安政治局面的根本保证。树立正确的文化观就是要在马克思主义思想指导下树立对中华优秀传统文化的高度认同。

---

① 习近平:《在庆祝中国共产党成立100周年大会上的讲话》,人民出版社2021年版,第18页。

② 习近平:《决胜全面建成小康社会夺取新时代中国特色社会主义伟大胜利——在中国共产党第十九次全国代表大会上的报告》,《人民日报》2017年10月28日第1版。

构筑各民族共有精神家园是推进中华民族共同体建设的重要文化基础。中华民族共同体意识凸显了统一的多民族国家所共有的历史记忆、精神文化、共同责任、共同命运以及共同价值等特质。只有铸牢中华民族共同体意识才能切实有效推进党的民族工作的开展,应对"各种争议、质疑和防范化解重大风险"①,为推进中华民族共同体建设指明前进的方向。当前党的民族理论要"强化情感依恋、建立尊重信任"②,以实现各民族团结互助、共同繁荣为目标,探索更为恰当的民族地区发展路径。

"中华文化是56个民族文化的集大成"③,是全国各族人民群众创造、传承的共同文化形式,同时也是维系我国民族大团结和国家统一的精神纽带。坚定中国共产党的领导,开展意识形态领域的反分裂斗争,"把民族团结进步创建全面深入持久开展起来"④,维护各民族群众之间的沟通与交流,构筑各民族共有精神家园,为推进中华民族共同体建设奠定坚实的文化基础。

中国作为四大文明古国之一,中华优秀传统文化历史悠久且从未中断,各个民族都为孕育、创造、丰富、发展中华灿烂文化做出了应有的贡献。当今世界竞争激烈,作为中华民族软实力的中华传统文化力量越来越成为国家和民族综合实力和综合国力的象征,要把这个国家和民族的"'根'与'魂'守护好、发展好"⑤,因为它是我们民族的脊梁与灵魂。全国各族人民要以中华优秀传统文化为纽带,凝聚各民族力量,共建精神家园,促进高度认同,为中华文化营造一个团结友爱的文化氛围。

尊重各民族文化,铸牢中华民族共同体意识任重道远,需要集中全国各族人民的智慧,充分考虑不同民族的具体实际,尤其是要尊重各民族地区独特的文化特点,要尊重各民族地区社会成员的生活方式、价值观念、思维方式,坚定对中华文化的高度认同,以"厚重的历史文化唤

---

① 张琳:《深化民族团结进步教育须着力把握的三个维度》,《贵州民族研究》2019年第12期。
② 陈纪、章烁晨:《家国情怀与铸牢中华民族共同体意识》,《西北民族研究》2021年第3期。
③ 金炳镐:《当前民族理论研究应关注的问题》,《黑龙江民族丛刊》2017年第1期。
④ 习近平:《习近平谈治国理政》第三卷,外文出版社2020年版,第301页。
⑤ 方堃、明珠:《多民族文化共生与铸牢中华民族共同体意识》,《河南师范大学学报(哲学社会科学版)》2020年第5期。

醒民族记忆"①，探求文化认同的方式、探索文化认同的路径、弘扬文化精神的价值，铸牢中华民族共同体意识。

中华优秀传统文化是一个具有明确地域属性的民族文化。"中华"是"中国"和"华夏"的合称。中华优秀传统文化是中华民族在数千年发展历程中形成、创造、发展并保留在中华民族中间具有稳定形态的文化样态。它是中华民族的思想精粹，是中华民族全体成员共同的心理归属和价值认同的基础，也是我们进行新的文化创造的前提，这个文化是具有民族意义的文化。因此，中华优秀传统文化就是中华民族文化，它是56个民族在漫长的历史长河中共同创造的，极具民族特色，而且具有丰富内涵和外延的综合概念，彼此既相对独立又互为一体，"民族性""和平性"是中华优秀传统文化的重要特征。

---

① 青觉：《弘扬中华民族精神铸牢中华民族共同体意识》，《红旗文稿》2021年第5期。

第一章　讲仁爱：中华优秀传统文化涵具的核心力量

随着工业化时代和人工智能时代的到来，人类社会面临前所未有的生存危机，"良好的社会文化氛围需要安全可靠的人工智能产品来支撑，可信赖的道德智能体又需要相应的文化与社会环境来推动"①，诸如生态危机、道德危机以及人类异化危机等，要去除人类生存所面临的诸多困境，就要重新审视并思考人与人、人与自然、人与社会的关系。"研究孔子、研究儒学，是认识中国人的民族特性、认识当今中国人精神世界历史来由的一个重要途径。"② 中国式现代化必须重塑以人为本的核心价值理念，所谓西方的文娱文化、商业文化并不具有普遍性，而中华优秀传统文化中的仁爱、民本、诚信、正义、和合以及大同等思想不仅具有高度概括性，同时也具有极强的时代性与人类共同性，对中国特色社会主义和谐社会建设具有重要作用，对人类社会可持续发展具有重要意义。

"讲仁爱"是中华优秀传统文化的核心理念之一，中华民族自古以来就十分重视对"仁"的追求并将其视为一种重要的道德准则。"以'仁'为核心的儒家德性精神是涵养公民社会主义核心价值观的重要源泉，为当前培育社会主义核心价值观提供了丰厚滋养。"③ 儒家思想的核心是"仁"与"礼"，而"仁"居于主导地位，是其思想的核心，没有"仁"就谈不上真正的"礼"。"仁"是"礼"的内在精神，"礼"是道德规范中的重要内容，是"仁"的有益补充及其具体表现形式。"仁者爱人"最

---

① 赵磊：《人工智能恐惧及其存在语境》，《西南民族大学学报》（人文社会科学版）2021年第11期。
② 习近平：《论党的宣传思想工作》，中央文献出版社2020年版，第82页。
③ 梁红军：《儒家德性精神与社会主义核心价值观涵养》，《深圳大学学报》（人文社会科学版）2015年第3期。

早出现在《论语》之中,"樊迟问仁。子曰:'爱人。'"① 孔子这里对"仁"的解释就是"爱别人",到了孟子,他又进行了更为出色的发挥:"仁者爱人,有礼者敬人。爱人者人恒爱之;敬人者人恒敬之。"② 孟子认为所谓的"仁者"就是满怀爱意、充满慈爱之心的人,不仅如此,孟子还泛指那些拥有大智慧、散发着人格魅力的善良人。在现实社会中,譬如我们国家的公务员选拔方面,就是要选拔仁德之士为社会服务,"我们要坚持德才兼备、以德为先,坚持五湖四海、任人唯贤,坚持事业为上、公道正派,坚决防止和纠正选人用人上的不正之风"。③ 其实这就是对"德"的重视与践行,就是对"仁"的弘扬与发展。"仁者爱人"思想在中华民族五千多年的演进史中,对中国社会发展以及人们道德人格的养成都发挥着极为重要的导向作用,个人与家庭视域中的"仁爱",国家与社会层面中的"仁政"等至今仍具有重要的现实意义。

第一节 "与命与仁"的文化传统与观念结构

"子罕言利与命与仁。"④ 孔子生活在春秋晚期,于他而言,他很少主动谈论功利问题,却极为推崇天命,并肯定仁德的力量。可以说"与命与仁"是中华优秀传统文化的精髓所在。在孔子以前的夏商周三代,人们对世界的认识是一个逐渐深化并发展的过程。殷商人心目中的最高主宰者是"帝",而西周人心目中的最高主宰者则为"天"。及至春秋时期,"天"的主宰地位遭到怀疑,致使其神的色彩日渐淡化。

一 对"天""命"的规定性

在郑国执政的士大夫子产有言曰:"天道远,人道迩,非所及也。"⑤ 子产认为天道的范围太大,是人力所不能逆转的上天主宰,诸如行星的碰撞、生老病死的更替一样,都是客观的、不以人的意志为转移的客观存在。而"人道"者,就是人与人之间的各种规则,诸如人心、人性的

---

① 朱熹:《四书章句集注》,中华书局2011年版,第131页。
② 朱熹:《四书章句集注》,中华书局2011年版,第278页。
③ 习近平:《习近平谈治国理政》第二卷,外文出版社2017年版,第45页。
④ 朱熹:《四书章句集注》,中华书局2011年版,第104页。
⑤ 《左传》,郭丹译,中华书局2014年版,第882页。

规则等是可以领悟的。这里子产重在表达他对"天道""人道"的一种无可奈何的喟叹——为人处世的不确定性以及感应天命的艰难。《道德经》有:"人法地,地法天,天法道,道法自然。"老子用递推的方法向人们阐释了何为"道法自然"的原则,天、地、人才能按照各自的自然规律运行,相安无事。老子这里"道"与子产"天道"也是基本相通的。孔子和子产、老子一样对自然之"天道"一直存有敬畏之心。孔子本人高尚的人格之所以成为后世文人的榜样,正是基于他实事求是,尊重客观事物的态度。对于孔子创立的本土性儒学而言,"儒家不是宗教,只以人文的方式来处理这一问题,表现得更为平实,更为合理。这可能是儒家对人类文化最大的贡献之一"。[①] 从这个特定视角可以看到孔子对"天道"的坚守,同时对儒学是否是宗教这一争论有一种更清晰的认识,但并不妨碍我们对孔子"天""命"的理解。

孔子所谓的"自然之天"凸显的是其对道德价值的终极关怀,如孔子所谓的"天生德于予,桓魋其如予何?"[②] 对于这句话,我们可以看到孔子面对来自外部的威胁,他淡然自若,表现得也相对豁达。这也是习近平总书记谈到的"无私才能无畏,无畏才敢担当"[③] 的具体内涵。孔子认为,自己怀仁行德,自有上天护佑,即便是"桓魋"这样的坏人,面对正义、仁德的力量也是无可奈何的。孔子的这句话看似不合逻辑,实则蕴含着深刻的哲理,他真正要表达的是"仁者无畏"的真谛。所谓"仁者",是有着崇高的道德情操,具有博大情怀的善者,他们悲天悯人、泛爱大众,其为人处世、处处点点都是着眼于大局,是为了大多数人谋利益的高尚者。为了民众与他人利益,宁肯牺牲生命的"仁者",所到之处都会受到群众的衷心拥戴,而这样的"仁者"往往都会逢凶化吉、遇难呈祥。所以说,孔子不仅是个"仁者",更是一个"智者",他深谙其中的道理,从而能做到面对一切艰难险阻时都坦然自若、无所畏惧。这是孔子对于"仁"的坚守所葆有的宗教般的庄严性。应该说,"不是儒家要走向宗教,恰恰相反,而是宗教最终可能要走向类似儒家所代表的这种人文精神。这可能是儒家对于人类文化最大的贡献之一"。[④]

---

① 杨泽波:《从德福关系看儒家的人文特质》,《中国社会科学》2010年第4期。
② 朱熹:《四书章句集注》,中华书局2011年版,第195页。
③ 习近平:《习近平谈治国理政》,外文出版社2014年版,第416页。
④ 杨泽波:《从德福关系看儒家的人文特质》,《中国社会科学》2010年第4期。

"与命与仁"具有重要的现代价值。人们一旦离开了互爱互助,社会便无以维系,更谈不上发展。传说中的"三皇五帝",可以说是原始社会"仁爱"精神最恰当的代表,诸如"正义原则(正当性原则、适宜性原则)则源于仁爱之中的超越差等之爱的一体之仁"①,可见"仁爱"的重要性。"仁爱"思想在中华优秀传统文化的诸多领域得到了淋漓尽致的体现。儒家思想十分重视人的重要作用,主张"性善论",凸显人与人之间和谐相处、友爱互助的重要作用。"中国传统文化特别是儒家关于'命运'的观念,一方面既肯定历史的必然性,一方面则又承认偶然性的存在,从而为容纳人的能动作为保留了'地盘'。因此,儒家对历史的审视是双重的,它既讲究历史的定数,又注重历史的道德含义,毋宁说,体现着真与善的统一。"② 应该说,中华优秀传统文化在传承与发展的过程中,要从"天""命"的视角挖掘"仁爱"的传统文化底蕴具有重要意义。

"道之将行也与?命也。道之将废也与?命也。公伯寮其如命何!"③ 这里孔子主要阐发"命"的因果报应。如果"道"能够得到推行,那是"天命"决定的;如果"道"不能得到推行,也是"天命"决定的,暗指公伯寮也不能把"天命"怎么样的。从这段话中,我们可以体会到孔子所谓"命"的基本内涵。依孔子的说法,其所主张的"道"之不行,既不取决于自己,也不取决于公伯寮,而是取决于客观"命"的使然,这里显然带有宿命论的倾向。因为受制于认识自然、改造自然能力的局限,把事情的成败归咎于"时命"也是可以理解的。孔子当然相信自己的主张是正确的甚至是确定的,然而其所倡导的"道"的能否推行却受制于未可被认识的"命"。

后世儒家学者认为,人的一生有时会遇到时命不济的状况,而孔子周游列国,却没有把自己的"道"推行出去,就是面临的这种窘境。《史

---

① 黄玉顺:《荀子的社会正义理论》,《社会科学研究》2012年第3期。
② 何中华:《马克思与孔夫子——一个历史的相遇》,中国人民大学出版社2021年版,第240页。
③ 公伯寮,姓公伯名寮,字子周,是鲁国人,他跟子路同在季氏家做家臣。季氏是鲁国三家之一,势力最大。有的说公伯寮是孔子的弟子,譬如说《史记·仲尼弟子列传》,还有马融的批注也是这么说,但是《孔子家语·弟子解》里并没有提到公伯寮。有的古注就认为公伯寮不是孔子弟子。根据马融的批注就是说公伯寮品行不好,经常进谗言毁谤孔子的得以门生子路。参见朱熹《四书章句集注》,中华书局2011年版,第148页。

记·孔子世家》中有言曰:"美哉水,洋洋夫!丘之不济此,命也夫!"孔子这种无奈之慨叹与孔子在晚年的"甚矣吾衰也!久矣吾不复梦见周公"① 以及"凤鸟不至,河不出图,吾已矣夫"② 等如出一辙;这正是《论语·宪问》所谓"知其不可而为之"最终极的表达,更显露了孔子面对时命不济状况无可奈何的悲怆感。然而,在孔子看来,这种状况的出现是暂时的、偶然的,他所推行的"道"终将大行于天下,这正是儒家积极有为的态度,也正是我们今天所要践行的:"为人民谋幸福,为民族谋复兴"的现实表达。因此,我们最终要达到的目标就是"为世界谋大同",而这个大同正是当时孔子所信仰的、所坚守的"道",而这个"道"具有终极的、支配性的意义。

因此,"天""道"被赋予了道德的、价值的品格,便具有了公正、正义的内涵,其终极支配"仁"的地位是确定的、不可逆转的。这里的"天命"和"时命"在某种意义上又有着微妙的区别。这里的"天命"便具有了客观的、不以人的意志为转移的内在规定性,而"时命"则具有盲目性、随意性的特征。换言之,意味着"天命"成为人的价值信念的终极源头,也正是孔子所要彰显的更重要的"命"的价值所在。因此,孔子之后的儒家学者大多把"天命"作为构建其理论的源头,即谓"天命之谓性,率性之谓道,修道之谓教"。③ 这里的"天"赋予的是人的本性,要遵循本性行事便是"道",把"道"加以修正并大力推广才是"教化"。在孔子看来,生活在时命不济的年代是不可以不承认、不接受外在条件的限制的,这是一种理智的态度,也就是孔子称之为"不知命,无以为君子也"。④ 当然,孔子所谓的"时命"并没有发展到"天命"的程度,但是孔子的"时命"也并不意味着消极等待、放弃努力,甚至甘愿受命。孔子所有努力都是其坚信的"仁",只有践行"行仁之道"并建构其"仁学"体系才有意义。

二 仁爱他人与"与命与仁"

所谓仁爱他人既包括"仁爱"自己的亲人,也包括"仁爱"除亲人之外所有的人。但是仁爱他人决不能仅仅停留在"仁爱亲人"狭隘的层

---

① 朱熹:《四书章句集注》,中华书局2011年版,第91页。
② 朱熹:《四书章句集注》,中华书局2011年版,第106页。
③ 朱熹:《四书章句集注》,中华书局2011年版,第19页。
④ 朱熹:《四书章句集注》,中华书局2011年版,第181页。

面，而是应该超越血缘和血亲的限制，去善待、去仁爱身边的所有人，与他人友善相处，最终通达《弟子规》所谓"泛爱众，而亲仁"的境界。仁爱他人，使"与命与仁"思想得到进一步发展，同时也是这一思想在内容上的提升与升华。

第一，仁爱亲人，就是爱自己的亲人，也可以通俗地理解为"孝亲"。"孝"在我国最早的汉字文献资料《殷商甲骨卜辞》中已经存在。《孝经》将其界定为："天之经也，地之义也，人之行也。"① 孔子认为"孝"是人的道德根本，是人之为人最本真、最根本的品质，这就是"夫孝，德之本也，教之所由生也。"②《孔子家语》有云："树欲静而风不停，子欲养而亲不待。往而不来者，年也；不可再见者，亲也。"③ 这里是说树想要静止，风却不停地摇动其枝叶。树是客观事物，风是不断流逝的时间，比喻时间的流逝是不随个人意愿而停止的。这个典故多用于感叹作为人子希望尽孝双亲时，父母却已经亡故，以此来比喻痛失双亲的无奈，反映出"百善孝为先"的重孝观念。"探究儒家孝道的原生精神，揭示孝道的精神结构及维度，能够为个体的价值定位及境界提升提供动力，有助于个体道德及社会伦理的建构与彰显。"④

孔子认为一切教化也都是以"孝"衍生而来。众所周知，孔子十分重视"孝悌"之义："三年无改于父之道，可谓孝矣。"⑤ 因此在"仁爱"理念中，他提出孩子在家必须要孝顺父母，在外要顺从兄长。"其为人也孝弟，而好犯上者，鲜矣；不好犯上，而好作乱者，未之有也。君子务本，本立而道生。孝弟也者，其为仁之本与！"⑥ 这就是孔子所谓"孝悌"的基本主张。

中华优秀传统文化是一种"伦理道德"型文化，而血缘、血亲关系是这种文化发展的基础因素。孔子一直强调孝敬父母的重要性："父母之年，不可不知也。一则以喜，一则以惧。"⑦ 孔子这里谈到的"孝"天然地成为其"仁爱"的思想核心与理论根基。孟子提出的"孝子之至，莫

---

① 《礼记孝经》，胡平生、陈美兰译注，中华书局 2016 年版，第 276 页。
② 《礼记孝经》，胡平生、陈美兰译注，中华书局 2016 年版，第 276 页。
③ 《孔子家语》，王国轩、王秀梅译注，中华书局 2016 年版，第 53 页。
④ 卞丽娟、王康宁：《儒家孝道的原生精神探微》，《山东社会科学》2018 年第 4 期。
⑤ 朱熹：《四书章句集注》，中华书局 2011 年版，第 72 页。
⑥ 朱熹：《四书章句集注》，中华书局 2011 年版，第 50 页。
⑦ 朱熹：《四书章句集注》，中华书局 2011 年版，第 72 页。

大乎尊亲；尊亲之至，莫大乎以天下养"①，旨在表明"孝"的终点就是没有比父母更重要的尽孝的对象，就是"天下"拿来用以奉养父母都是应该的。这里强调仁爱的基础在于"事亲""尊亲"，也是一个人最高的道德表现。当然，孔子倡导的"泛爱"也是有顺序、有层次的爱，即父子顺序、兄弟顺序、夫妇顺序，这种顺序决定了儒家的仁爱思想是"有差序之爱"。当然，先秦墨子对"孝"也有自己的理解，"今若国之与国之相攻，家之与家之相篡，人之与人之相贼，君臣不惠忠，父子不慈孝，兄弟不和调，此则天下之害也"。② 在这里，墨子所要关注的重点是"非攻"的重要性以及因战争而导致的一系列社会问题的简单枚举。但是墨子也提到"父子不慈孝，兄弟不和调"也是最重要的"天下之害"，这里就涉及"孝""悌"问题与儒家的契合问题，也就是说在"孝悌"问题上儒家与墨家具有更多的相通之处。夷子有云："之则以为爱无差等，施由亲始。"③ 这里孟子正是对墨子"爱无差等"的批判，孟子认为墨家虽然主张爱是没有差别和等级的，但是在对这种爱的实施上还是应该从孝敬父母开始，同时也体现了儒家的"仁者爱人"，并不是爱一切人。在奴隶社会、封建社会初期，奴隶并不是被当作"人"看待的。相对于墨家的"爱无差别"则彰显了一种更加文明、更为人性化的方式，较之于儒家的"爱有差等"则更进了一步。

第二，仁爱他人的范围。"爱他人"主要是指仁爱，要超越血缘和家庭的界限，不仅是对有血缘关系的家人心存爱心，对待社会上没有血缘关系的人也要秉持爱心，主要体现在执政者要坚持仁政，关心百姓的生活，这是儒家文化中民本思想的重要体现。孟子对"爱亲人"与"爱他人"问题上有过明确的界定："老吾老以及人之老，幼吾幼以及人之幼。"④ 孟子从尊敬自家的长辈，进而推广到尊敬别人家的长辈；爱护自家子女，从而推广到爱护别人家的子女。提示人们在赡养孝敬自己长辈、抚育自己孩子的时候要推己及人，不要忘记与自己没有血缘关系的别人家的老人与小孩，这是儒家所谓仁爱他人最生动的写照。孔子最大的志

---

① 朱熹：《四书章句集注》，中华书局 2011 年版，第 286 页。
② 《墨子译注》，张永祥、肖霞译注，上海古籍出版社 2016 年版，第 124 页。
③ 朱熹：《四书章句集注》，中华书局 2011 年版，第 244 页。
④ 朱熹：《四书章句集注》，中华书局 2011 年版，第 195 页。

向是"老者安之,朋友信之,少者怀之"。① 孔子以"仁""信"来审视其弟子们的志向,从而抛出自己为安"老者"、为信"朋友"、为怀"少者"的博大胸怀。因此,孔子的这句话既可以作为人们生活的志向和修养的目标,也可以作为统治者施行仁政的具体要求。通过孔子的愿望,我们能够读出其仁爱他人的观点和主张。因此,儒家的道德主张对当下社会具有重要意义,"儒家道德观念在今天依然涵养着我们的民族精神、引领着社会风尚,并且为新时期构筑中国精神、凝心聚力提供道德滋养"。②

《论语》中有孔子与其弟子自贡的一段精彩对白:"子贡问曰:'有一言而可以终身行之者乎?'子曰:'其恕乎!己所不欲,勿施于人。'"③ 在这里"己所不欲,勿施于人"④ 顾名思义,其含义就是自己不想做的事情也不愿意强加给别人。这句话阐述了人与人交往的核心准则,在客观上适应了人与人、人与社会之间的复杂关系。在对待别人的问题上,不仅让老者安度晚年、朋友格外信任、少者会心生感怀,还有一点就是要学会理解别人、宽恕别人,这就是孔子所谓的"恕"。另外,"己所不欲,勿施于人"与"己欲立而立人,己欲达而达人"⑤ 的含义具有重要的契合之处。后者旨在阐明自己想要站稳,也能扶起摔倒的人;自己想要腾达,也能帮助别人、博施济众。要调适自己与他人的关系,仁爱他人、与人为善,与人友好相处。中华优秀传统文化中"与命与仁"就是要重视国与国之间的"仁爱",目前我们国家推行的"一带一路"倡议,虽然遭到西方国家的抵制,但是其确确实实惠及了周边国家,"亲仁善邻,国之宝也"。⑥ 就是对睦邻友好关系的最好写照:与仁者亲近、与邻邦友好相处就是国家之间交往的基本准则。这句话习近平总书记也曾经引用过,也是有别于西方的霸权主义、单边主义最重要的区别。应该说,终极关怀尤为重要,讨论这个问题在很大程度上离不开孔子、离不开儒家思想,"孔子因'德命'受挫而形成'时命'观,'时命'观挑战了'以德配

---

① 朱熹:《四书章句集注》,中华书局2011年版,第81页。
② 谢伟铭:《儒家道德观念的传承与发展》,《中国哲学史》2019年第6期。
③ 朱熹:《四书章句集注》,中华书局2011年版,第155页。
④ 朱熹:《四书章句集注》,中华书局2011年版,第126页。
⑤ 朱熹:《四书章句集注》,中华书局2011年版,第89页。
⑥ 《左传》,郭丹译,中华书局2014年版。第22页。

天'的思想,这需要更为本源的终极观来应对"。① 向内修德凝道的"内圣"的"仁德"以及向外践行"外王"的"仁道",内外兼修的践行便获得了充沛丰盈的生命价值。挖掘儒家思想"与命与仁"思想的内涵,无论是个人角度的仁爱亲人、仁爱他人,还是国家层面的与邻为善、发展睦邻友好关系,"与命与仁"的重要理念在中华优秀传统文化中都具有重要的现实意义,并发挥着积极作用。

三 仁爱万物是"与命与仁"的发展与升华

儒家的仁爱思想遵循着由内向外、推己及人的过程。这个过程恪守着由"爱亲人"到"爱他人"再到"爱万物"的逻辑秩序,就是人类亲情的逐渐延展,通过换位思考和感同身受,达到"亲情"在血缘之外的超越与拓展,从而达到仁爱万物的过渡和提升。"儒家文化中的慈善思想以'仁爱'为中心,构筑起包括民本思想、大同思想、义利观在内的慈善思想体系。"② "泛爱万物"是对仁爱思想的拓展和升华,冲破了对人与人、人与社会的限制,还表现在人与自然关系的和谐上,例如,《论语》中"子钓而不纲,弋不射宿"③ 就是很好的体现。因此,仁爱万物的思想是对"与命与仁"的发展与升华,集中体现在善待自然、与自然和谐共生。"亲亲而仁民,仁民而爱物"④ 的含义是由亲爱自己的亲人推广到仁爱百姓,进而推广到爱惜万物。这就是儒家哲学所形成的"爱的系列",而这个系列又正好是《大学》所宣扬的"修身、齐家、治国、平天下"的思想相统一,并一脉相承的。

所谓的"仁爱"要从有血缘关系的亲人之爱发展到爱周围的陌生人群,从爱陌生的群体再发展到善待万物,从而实现大仁大爱的道理。在古代先贤的视野中,万物与人体一样,是充满生机与活力的生命体,这就是张载在《西铭》中反复阐发的"民吾同胞,物吾与也"的重要命题。张载认为所有的人都是我的同胞,世间万物都是我的朋友。这就是张载所谓泛爱一切人和物的道理。世间万物都是无差等的,要互相关爱,不可有偏袒谋私之心。不管是至大无外的自然界,还是至小无内的自然界

---

① 景怀斌:《孔子"仁"的终极观及其功用的心理机制》,《中国社会科学》2012年第4期。
② 周秋光、曾桂林:《儒家文化中的慈善思想》,《道德与文明》2005年第1期。
③ 朱熹:《四书章句集注》,中华书局2011年版,第96页。
④ 朱熹:《四书章句集注》,中华书局2011年版,第340页。

的每一个个体，其间无不充满着勃勃的生机与活力。当然，也可以和道家的观点对照起来理解："有物混成，先天地生。寂兮寥兮，独立而不改，周行而不殆，可以为天地母。"① 其含义是讲：有一种东西浑然天成，在天地形成以前就已经存在。听不到其声音与形体，寂静而空虚，独立长存、永不停息，周而复始而永不衰竭，此之谓万物的根本。这是老子对"道"的论述，也就是说"万物"的根本是一个很神秘的存在。这就自然而然地导向其思想主旨："人法地，地法天，天法道，道法自然。"②这就是人取法地，地取法天，天取法"道"，而道就是自然的道理，这里强调"自然"的重要性。要尊重自然、顺应自然，自然还是最根本的东西。所以儒家的"民胞物与"与道家的"道法自然"所阐明的道理都是一致的，那就是对自然万物要尊重与景仰。我们对万物怀着同情之心去观照，把它看成是人的同类，进而谋求人与天、人与地、人与自然的和谐与统一。通过儒家、道家仁爱万物对"与命与仁"的表达，可以看出"儒家能够将中华文明的缘起与道统思想结合起来，丰富了儒家道统思想的价值内涵，强化了儒家道统在中华文明的核心地位。"③

对于"子钓而不纲，弋不射宿"④ 而言，其字面意思是孔子只用鱼竿钓鱼，而不是用很密的网捕鱼；用带生丝的箭射鸟，而不能捕杀归巢栖息的鸟。孔子认为捕鱼的时候要"钓而不纲"，狩猎的时候要"弋不射宿"。这就是要告诫人们对待自然界万事万物都要心存敬畏，对一切生命体要心存仁爱之心，不可竭泽而渔、滥捕滥杀，从而影响生物的新陈代谢与正常繁衍。儒家学说重视天人关系，"君子有成人之美"⑤，主张万物和谐共存，即所谓"上天有好生之德，大地有载物之厚"。这就是说上天具有尊重、爱惜生命的美德。大地有容纳、承载万物的容量，君子要善于成全、成就他们的好事。儒家重视"仁"，主张人类应该尊重自然、效仿上天，不仅对人类自己，即便是对世间的山川河流、花鸟鱼虫都应该心怀仁德、心怀敬意，要我们"精诚其意，使道德日益新也"⑥。

---

① 老聃：《老子》，饶尚宽译注，中华书局 2013 年版，第 65 页。
② 老聃：《老子》，饶尚宽译注，中华书局 2013 年版，第 65 页。
③ 朱汉民：《道统论探源》，《求索》2020 年第 1 期。
④ 朱熹：《四书章句集注》，中华书局 2011 年版，第 96 页。
⑤ 朱熹：《四书章句集注》，中华书局 2011 年版，第 130 页。
⑥ 张兴：《宋代〈大学〉思想演变研究》，中国社会科学出版社 2021 年版，第 164 页。

第一章　讲仁爱：中华优秀传统文化涵具的核心力量 / 53

在我国的传统观念里，人们最看重的是人与自然之间的和谐相处，凡事都要讲求个度，儒家讲"过犹不及"①，做什么事情做过了头和做得不够，都不好。孔子的这种对待万物的仁爱思想体现的是"取物以节"、节制欲求的思想对当下具有重要意义。世界发展也是一个整体，不管哪个国家有多么强大，都要尊重别的国家意愿，不能为一己私利而去绑架别的国家，去推行霸权主义或者强权政治。一个国家和一个人都是同样道理，如果欲壑难填，那必然会给人类社会带来毁灭性的灾难。因为个人利益至上的贪欲，如洪水猛兽，不可阻遏。我们说，在物质匮乏的古代社会，人们都能提倡节约、爱护生物、保护自然，更何况是现代文明高度发达的今天呢？一方面，节欲爱人、节制人类对大自然的无限索取，保证动植物的正常繁衍生息便是一种功德无量的仁德；另一方面，节欲爱物还能积累财富，为子孙后代留下绿水青山，为未来留下最宝贵的财富，这才是大仁大义。在孔子看来，仁者爱人，关键在于"爱"，是对爱亲人、爱他人、爱万物的集中体现，也是处理人与人之间、人与社会之间、人与自然之间关系的一种价值准则。"爱亲"是仁爱思想中最基础的价值体现，在家庭生活中，无论是对父母、长辈、爱人、子女、兄弟姐妹，都要坚持仁爱的理念。

孟子有言曰："不违农时，谷不可胜食也；数罟不入洿池，鱼鳖不可胜食也；斧斤以时入山林，材木不可胜用也。"② 孟子认为，只要不违背农时，不耽误老百姓耕种、收割，社会就有吃不完的粮食；只要不去竭泽而渔，池塘里就有捕捞不尽的鱼鳖；顺应自然发展的规律、按照时令保护森林、采伐林木，那么就会有用不完的木材。这不仅体现孟子的"仁政"思想，还彰显出重视人与自然和谐相处的智慧，从长远发展的角度尊重自然规律的初心，对于我们今天科学把握人与自然的关系同样具有重要的现实意义。

中华民族具有悠久的崇德向善的传统。在中国的传统社会中，"仁德"被看作是人之为人的重要特质，缺失道德的人类社会，自然与禽兽无异。道德品质高尚者会受到社会的推崇，"缺德"的个人和国家一定会遭到社会的唾弃、世界的抛弃。"与命与仁"是中华民族的传统美德。

---

① 朱熹：《四书章句集注》，中华书局2011年版，第120页。
② 朱熹：《四书章句集注》，中华书局2011年版，第189页。

"上善若水。水善利万物而不争，处众人之所恶，故几于道。居善地，心善渊，与善仁，言善信，正善治，事善能，动善时。夫唯不争，故无尤。"① 其中蕴含的智慧是与人无争却又容纳万物。水有滋养万物的德行，而不与万物发生矛盾、冲突，人生之道，莫过于此。道家的智慧如此，儒家也是这样，"仁者爱人""止于至善""积善成德"等都表达了古代先贤对"仁爱"和"至善"的尊崇与追求。"与命与仁"命题蕴含的中华优秀传统文化精髓，对推进中国式现代化具有重要的现实价值。

第二节 "为仁由己"的道德诉求

孔子最得意的门生颜回问什么是"仁"的问题，孔子的回答极具概括性："克己复礼为仁。一日克己复礼，天下归仁焉。为仁由己，而由人乎哉？"② 孔子告诫颜回，要对自己保持克制，让言语和行动都符合"礼"的要求，也就做到了"仁"。孔子在这里旨在表明实行"仁德"与否，完全取决于自己，做不做好事也完全听凭自己的意愿。

一 "为仁由己"的道德根本

应该说，道德是人类特有的社会现象。"一切生物都具有一定的生命力。生命力即是能改变环境以维持其生命、发展其生命的力量。植物、动物都表现了一定的生命力，而人的生命力最为显著。"③ 对一个人而言，生存权利尤为重要，但是遵循道德原则也必不可少。孟子关于"生"与"义"有很清晰的界定："生，亦我所欲也；义，亦我所欲也；二者不可得兼，舍生而取义者也。生亦我所欲，所欲有甚于生者，故不为苟得也；死亦我所恶，所恶有甚于死者，故患有所不辟也。"④ 生命是人们想要的，仁义道德也是人们想要的，但是两者只能取其一的话，宁可舍弃生命而去选择仁义道德。人的生命是宝贵的，但是还有比生命更宝贵的东西，那就是堂堂正正地活着，而不是苟且偷生；死亡是人人都憎恶和害怕的，但是还有比死亡更令人厌恶的东西，那就是为了苟且地活着而去逃避某

---

① 《老子》，饶尚宽译注，中华书局 2016 年版，第 20 页。
② 朱熹：《四书章句集注》，中华书局 2011 年版，第 125 页。
③ 张岱年：《生命与道德》，《北京大学学报》1995 年第 5 期。
④ 朱熹：《四书章句集注》，中华书局 2011 年版，第 311 页。

些祸患。

一般情况下，一个人活着和对道德的坚守是不相矛盾的，但是在特殊情况下，当在生命与仁义道德之间作以取舍的时候，那么仁义道德甚至比生命还要重要。人的这种崇尚仁义道德，甚至把仁义道德看得比生命更重要的做法既是人们最理性的选择，又是人类社会正义得以彰显的重要体现。也正是人之为人，人类有别于动物的本质所在。人类社会的快速发展，从而致使善恶并进，这是历史的必然，但是崇尚仁义道德，反对豺狼成性、男盗女娼乃是人类社会有序发展的根本保证。因此，"为仁由己"、追求善性是人们自己决定的，也正彰显了中华优秀传统文化的魅力和智慧。"顺应时代前行、世界发展和人类进步的客观规律，人类命运共同体理念以儒家'仁道精神'关注人类友善发展，以儒家'中庸之道'聚焦人类良序发展，以儒家'天下观念'着力人类整体发展。"[1]

《诗经》里诸多诗句具有重要时代价值以及教育意义。孔子说："诗三百，一言以蔽之，曰：'思无邪。'"[2] 孔子所处的春秋晚期，可供学生阅读的书籍不是很多，孔子对《诗经》有更为深入的研究，孔子用"思无邪"进行概括，经过孔子整理加工后的《诗经》被其用作教授学生的教材。通过《诗经》我们也能够窥探其中的仁爱思想。其中就有对为人的威仪、廉耻、礼教等的阐发："相鼠有皮，人而无仪！人而无仪，不死何为？相鼠有齿，人而无止。人而无止，不死何俟？相鼠有体，人而无礼，人而无礼！胡不遄死？"[3] 这首词以"老鼠"为主角，映射到为人处世层面，从而认为一个人如果失去了做人的威仪、廉耻和礼教，那么活着就失去了意义。这是孔子所谓"思无邪"《诗经》里绝无仅有的以最露骨、最直接、最解恨的痛骂的诗篇之一，其主旨还是要突出"仁"的重要性。

二 "为仁由己"的道德意识

《论语》有云："仁者安仁，智者利仁。"[4] 这里讲的"仁"就是一个人安身立命的根本，一个有成就的人就是要把"仁"作为自己为人处世、

---

[1] 秦龙、赵永帅：《人类命运共同体理念对儒家文化基因的当代承继》，《学术界》2019年第1期。
[2] 朱熹：《四书章句集注》，中华书局2011年版，第55页。
[3] 《诗经》，王秀梅译注，中华书局2016年版，第59—60页。
[4] 朱熹：《四书章句集注》，中华书局2011年版，第68页。

成就事业的最根本的立身之本。因此,个人要牢固树立"为仁由己"的道德意识,其内涵具体从以下几个方面展开阐述:

第一,"为仁由己"的道德义务。"仁"最重要的内涵是"爱人"。人在社会之中,只有相互帮助,为别人着想,才会形成一个和谐友爱的社会。人与人之间才会和睦相处,社会才会稳定,人类文明才能得到更好的发展。因此,对于每个个体来说,"爱人"才是其最根本的规定性,也是人人都应承担的道德义务。"身体发肤,受之父母,不敢毁伤"[1] 的含义是"身体发肤"都是父母给予的,绝不能有丝毫的损伤,《孝经》告诫人们爱护身体要像爱护敬爱父母一样。这样做既是对自尊、自爱的张扬,也体现了"为仁由己"的道德义务。

"孝"是儒家思想最重要的概念之一。父母对子女的爱是无私的、不求回报的,不自觉地去爱自己的子女是为人父母的本能,而子女对父母则没有这种本能,换句话说,就是子女对父母的爱在数量上和质量上都远远低于父母对自己的爱。但是当我们知道了父母的不易,明白了父母对子女的付出,那么就会自然而然地迸发出尽"孝"的冲动,进而将尽"孝"维持以及延续下去。而且,"孝"也是调节子女与父母、长辈之间友爱关系的一种重要方式。其目的在于实现两者之间爱的平衡,这种平衡可以说是维系整个家族结构稳定的内在支撑。特别是在古代社会里,如果没有这个"孝"的要求,以血缘宗法为基础的家族制度就会土崩瓦解。"孝"不仅是纵向的,还是横向的,"悌"是"孝"的横向的具体表现。一个人在家族中的社会关系网不只是承担一种社会角色,而是多重的角色,正是这种角色的多样性决定了"孝"方向的丰富性。"悌"是处理平辈关系间的一种要求,假如这种关系处理不好,会严重影响纵向的关系结构。因此,不管是纵向的,还是横向的都不是截然而分的,而是相互映射、相辅相成的,而这种"孝"又是人之为人所要承担的道德义务。

第二,"为仁由己"的道德责任。"仁"的体现是"忠恕"。"己欲立而立人,己欲达而达人"[2] 体现个人与他人的关系,更体现的是"推己及人"的道德责任。而"己所不欲,勿施于人"[3] 更多地体现了"宽恕"

---

[1] 《礼记孝经》,胡平生、陈美兰译注,中华书局2016年版,第256页。
[2] 朱熹:《四书章句集注》,中华书局2011年版,第89页。
[3] 朱熹:《四书章句集注》,中华书局2011年版,第155页。

的思想。如果把这两层含义合在一起予以论说的话，那就更能说明其中的内涵。在现实社会中，生活自立、家庭幸福、事业发达，是每一个人的基本诉求。一个人无论是"立"还是"达"，都不是单方面可以实现的。所谓的"仁德"之人，就是不仅自己要自立，而且要在自立的基础上能够帮助别人实现自立；自己想成就一番功业，也能影响周围的人去实现。从这个意义上来看，成就自己与成全他人是统一的。换言之，一个有仁德的人，即使不能成全他人，起码也应该对他人采取宽容的态度。自己不愿意做的事情，不要强求他人去做。总之，"成全他人"与"宽容他人"，在个体的生存与发展中，有一种不可推卸的道德责任。

第三，"为仁由己"的道德自律。"克己复礼为仁。一日克己复礼，天下归仁焉。"[1] 应该说，孔子所谓"仁"的实施方式是"克己"。孔子接着又对"仁"与"礼"的关系进行了具体阐发，从而突出"克己"的重要性："非礼勿视，非礼勿听，非礼勿言，非礼勿动。"[2] 孔子旨在强调人的道德自律、道德责任的重要性，这里的克制物欲是"克己"的基本内容。孔子并不是要一味地克制自己。"富与贵是人之所欲也；不以其道得之，不处也；贫与贱是人之所恶也，不以其道得之，不去也。"[3] 孔子是说，富贵对每个人而言，都是极具诱惑力的，但如果通过不正当的途径取得，作为君子是不会接受的。对于"贫贱"而言，人人都唯恐避之不及，但如果不通过正当的途径去摆脱，君子宁可固守贫困。因此，孔子并不反对追求财富，趋利避害、欲富恶贫的倾向是人类共同的普遍现象，但是需要遵守道德原则，承担起道德责任。因此，孔子主张对不正当的欲望需要克制，而克制的标准就是"仁道"。以违反"仁道"去换取富贵，君子不会接受；以违反"仁道"来摆脱贫穷，君子也应该拒绝。因此，孔子在陈国被困、遭遇绝境的时候，他说："君子固穷，小人穷斯滥矣。"[4] 这就是说，君子即便身处逆境，也会固守内心的操守，而不是为了一时的利益或者为了求生而失去节操。这就是为"仁道"而牺牲自我，也是"克己"更高层次的要求。

---

[1] 朱熹：《四书章句集注》，中华书局2011年版，第125页。
[2] 朱熹：《四书章句集注》，中华书局2011年版，第125页。
[3] 朱熹：《四书章句集注》，中华书局2011年版，第69页。
[4] 朱熹：《四书章句集注》，中华书局2011年版，第151页。

三 "为仁由己"的道德要求

所谓"为仁由己"道德要求,是孔子"仁"学思想最高的道德境界,也是处理人际关系的基本原则。它贯彻在具体的日用常行和实践之中,在践行"为仁由己"的过程中,形成了各种各样的道德要求与行为规范。孔子说:"志士仁人,无求生以害仁,有杀身以成仁。"① 这就是说,志士仁人决不为了个人利益、保全自己生命而去做损害仁义的事情,而是宁可牺牲自己的性命也要成全"为仁由己"的道德要求。君子不能贪生怕死,必要时还应该勇敢地献出生命。

第一,"孝悌"的基本道德要求。"仁"作为道德的基本要求,孔子十分重视"孝悌"的重要作用。他所理解的"孝"不仅包含了子女对父母的赡养,更加饱含着子女对父母的尊重以及最深沉的爱。应该说,孔子对其学生们问的"孝",孔子有不同的回答。孟武伯问"孝",孔子回答:"父母唯其疾之忧。"② 子游问"孝",孔子回答:"今之孝者,是谓能养。至于犬马,皆能有养;不敬,何以别乎?"③ 子夏问"孝","色难。有事弟子服其劳,有酒食先生馔,曾是以为孝乎?"④ 对于学生问的同一个问题,孔子的回答极具智慧。其中包括三个层面:其一,对于自己的父母,要特别为他们的疾病担忧,算是孝顺的一种方式。其二,仅仅能够赡养父母、只负责他们的吃喝住行还远远不够,因为饲养犬马也同样能够做到这一点,如果不能真心地孝敬父母,那么赡养父母与饲养犬马就不会有太大的区别。其三,孔子认为仅仅替他们去做事,有了酒饭让父母享用还远远不够,最难做到的就是能够对父母和颜悦色,让他们开心快乐才是"孝"的最高境界。当然,孔子也指出,尊重父母并不是对父母绝对的顺从,子女应该"事父母几谏。见志不从,又敬不违,劳而不怨"。⑤ 那就是父母有不对的地方,就要对其过错进行委婉的规劝并劝其改正,而不是一味地退让、迁就。

孔子说:"孝乎惟孝,友于兄弟,施于有政。"⑥ 孔子说《尚书》中

---

① 朱熹:《四书章句集注》,中华书局2011年版,第153页。
② 朱熹:《四书章句集注》,中华书局2011年版,第57页。
③ 朱熹:《四书章句集注》,中华书局2011年版,第57页。
④ 朱熹:《四书章句集注》,中华书局2011年版,第57页。
⑤ 朱熹:《四书章句集注》,中华书局2011年版,第72页。
⑥ 朱熹:《四书章句集注》,中华书局2011年版,第60页。

提到的"孝"就是孝敬父母、友爱兄弟，把"孝悌"的道理施于政事，就是最好的做法。这里涉及"悌"的问题。所谓的"悌"则是指弟妹对兄长的敬爱之情，无论是"孝"还是"悌"，都不是单方面的。"父慈子孝""兄友弟恭"既是相互之间应尽的义务，也是共同承担的责任。

第二，"恭、宽、信、敏、惠"的道德要求。这个原则又是处理人际关系的道德要求与道德规范的基本要求。孔子的学生问什么是"仁"，孔子的回答是"能行五者于天下，为仁矣"。① 孔子对这"五者"予以了阐释："恭、宽、信、敏、惠。恭则不侮，宽则得众，信则人任焉，敏则有功，惠则足以使人。"② 孔子认为能够具备五种品德也就做到了"仁"的要求，而这五种品德就是"庄重、宽厚、诚实、勤敏、慈惠"。一个人庄重、恭敬，就不致遭受侮辱；一个人能够做到宽厚、仁德，就会得到众人的拥护；一个人做到了诚实守信、言行一致，就能得到别人的重用；一个人勤敏好学，就会提高工作效率；而一个人慈惠，就能号令别人。"行是五者，则心存而理得矣。于天下，言无适而不然，犹所谓虽之夷狄不可弃者。五者之目，盖因子张所不足而言耳。"③ 朱熹作为理学的集大成者，对这一句进行了创造性解读，他把这五种品德看成为"心存而理得"，可见其重要性。

第三，"刚、毅、木、讷"的道德要求。"刚毅木讷，近仁。"④ "仁"作为儒家最理想人格的写照，对一个人而言，只有道德修养达到一定的境界，才能被称之为"仁"，所以，孔子也并不轻易给予他人"仁人"的评价。当然，在现实生活中，我们又不得不承认，生活需要"理想"，"理想"之所以称为"理想"，就是它有一个特性——即属于一种难以达到的最好状态。而"仁"对于孔子来说，就是其心中理想人格的最好体现，亦是难以达到的最好状态。虽然难以达到，但是经过个人努力还是可以实现的。关于靠近仁，孔子也有自己的看法。按照字面意思来说，一个道德修养高、接近仁者的人就是要有自己独立的判断，要有自己的是非观，有良好的行为习惯，行事有原则、为人够坚强、做事有毅力，这样的人不会出于私利去刻意讨好、取悦别人。他们往往言语谨慎，于

---

① 朱熹：《四书章句集注》，中华书局 2011 年版，第 165 页。
② 朱熹：《四书章句集注》，中华书局 2011 年版，第 165 页。
③ 朱熹：《四书章句集注》，中华书局 2011 年版，第 165 页。
④ 朱熹：《四书章句集注》，中华书局 2011 年版，第 139 页。

是就显得有些木讷迟钝的样子。

第四,"温、良、恭、俭、让"的道德要求。孔子学生子禽与子贡交好,子禽问子贡,为什么老师每到一个国家,就必定要过问一下该国的政事,这是自己有心想知道的,还是人家主动、自愿地向他要求讨论的呢?子贡的回答颇含深意:"夫子温、良、恭、俭、让以得之。夫子之求之也,其诸异乎人之求之与?"① 子贡认为其师是用温和、良善、恭敬、节制、谦让才得到的这些,也正是其德高望重、博学多知才能达到这种境界。当然比博学多知更高一境界的也是孔子所具备的,这里只是没有讨论而已。《朱子语类·论语》第45卷有言曰:"只是圣人之所以圣,却不在博学多识,而在一以贯之。"也正是孔子的"温、良、恭、俭、让",也是孔子得闻政事的办法,大概和别人得闻政事的办法不同罢了。而所有这些,都是由于对"为仁由己"的阐发,从而形成的道德要求与道德规范。

第五,"中庸"是最高的道德要求与道德规范。从"仁"衍生出来的道德要求与道德规范是处理人与人之间关系的最高境界,这里涉及一个度——也就是"过犹不及"的问题。有鉴于此,孔子提出"中庸"的概念,作为最高的道德要求"中庸之为德也,其至矣乎!民鲜久矣"② 这就是指"中庸"作为一种道德,是最高等的标准,但人们已经缺乏这种道德很久了。所谓"中庸",指的是不偏不倚的日用常行之理,其基本内容就是:待人处事既不要过分,也不要不及,"过犹不及"。符合"中庸"精神的行为,孔子称之为"中行"。"喜怒哀乐之未发,谓之中;发而皆中节,谓之和。中也者,天下之大本也;和也者,天下之达道也。致中和,天地位焉,万物育焉。"③ 孔子所谓的"中庸"就是"喜怒哀乐"没有表现出来的时候,叫作"中";表现出来以后符合节度,叫作"和"。"中"就是人人都有的本性;"和"又是大家遵循的原则。达到"中和"的境界,天地万物、四季流转便各司其位,万物便生长繁育。中庸者善于协调各方面的关系,勇于进取而又考虑全局,为人耿直而又善于与人合作,这就达到了"中庸之道"的要求。

"中庸"的实质是寻求人际关系的高度和谐。正所谓"礼之用,和为

---

① 朱熹:《四书章句集注》,中华书局2011年版,第52页。
② 朱熹:《四书章句集注》,中华书局2011年版,第88页。
③ 朱熹:《四书章句集注》,中华书局2011年版,第20页。

贵。先王之道斯为美，小大由之。有所不行，知和而和，不以礼节之，亦不可行也"。① 这里的"和"是儒家特别倡导的伦理、政治和社会原则。礼的推行和应用要以和谐为贵为准则。特别是当今社会，世界形势复杂多变，波云诡谲，但是如果每个国家都秉承着凡事都要讲和谐，或者为和谐而和谐，那么诸事都会迎刃而解。但是在当时之社会，各等级之间的区分和对立非常严重，其界限丝毫不容紊乱。上一等级和下一等级的关系也非常微妙，都是怀着畏惧的心情唯命是从。春秋时期是礼崩乐坏的时期，这种恶劣的社会关系凸显：臣弑君、子弑父的现象实属常见。对此，曾子提出"和为贵"之说，其目的是缓和不同等级之间的对立，使之不至于破裂，以安定当时之社会秩序。因此，"和"是人际关系的理想状态。"君子和而不同，小人同而不和。"② 这就是说，君子讲究协调而保持自己独立的见解，小人没有自己独立的见解而不讲究协调。孔子所主张的"和"既不是一些人误解的"一团和气"，也不是没有任何矛盾地避免斗争，而是在承认对立差异的基础上，寻求双方都可以接受的解决方案，从而使矛盾的双方达到共生、共存，相互之间共同发展、共同进步的目的。这一"和谐"思想不仅可以用于处理人与人的关系，而且可以用于处理人与自然的关系。这就是所通达《礼记·中庸》的"致中和，天地位焉，万物育焉"。人际和谐、天人和谐、万物和谐，达到了"中和"的境界，天地便各归其位，万物便生长发育不相害，而这些也是儒家所追求的最高境界。

四 "为仁由己"道德修养的根本方法

孔子要创立的儒家思想是以"仁"为核心的道德诉求，其中包含着一整套关于道德修养的根本方法。孔子说："夫仁者，己欲立而立人，己欲达而达人。能近取譬，可谓仁之方也已。"③ 这里孔子强调的是"仁"的重要性，一个人既要使自己卓立于世，同时也要带着别人去达到；自己要事事行得通，也要使别人事事行得通，这可以说是实践仁道的具体方法了。因此，道德修养要从自己做起，从当下做起，推己及人，体现的正是道德修养的主体性原则和道德修养的基本方法。

第一，"行有不得，反求诸己。"孟子说："爱人不亲，反其仁，治人

---

① 朱熹：《四书章句集注》，中华书局2011年版，第53页。
② 朱熹：《四书章句集注》，中华书局2011年版，第139页。
③ 朱熹：《四书章句集注》，中华书局2011年版，第89页。

不治反其智，礼人不答反其敬。行有不得者，皆反求诸己，其身正而天下归之。"① 孟子认为做事情如果没有收获、得不到结果，就要自我反省，从自身寻找原因。而不是一味归咎于别人，归咎于外在的环境上，从自身出发并探求自身的缺陷与错误，只要自己的行为正直端方，天下人心都会归附。

孟子另外的一段话也阐明着同样的含义："仁者如射，射者正己而后发。发而不中，不怨胜己者，反求诸己而已矣。"② 孟子认为实行仁政就好比射箭一样，射箭的人先端正自己的姿势，然后才发射；发射而没有射中，不要埋怨胜过自己的人，而是要反视自己，从自身找原因。孟子旨在告诫人们要严以律己、宽以待人，凡事多从自身找原因，多作自我批评，这就是孟子所谓的"仁者如射"。孔子也说："躬自厚而薄责于人，则远怨矣。"③ 孔子认为，实践行为和日常生活中，要设身处地为别人着想，不管是多么高大抽象的思辨体系，如果不能解决生活中的具体的、现实的疑难问题，所有这些理论都是海市蜃楼，没有任何实际意义。同样的道理也体现在孔子"正己以正人"的道理："其身正，不令而行；其身不正，虽令不从。"④ 儒家更强调从自身做起、从身边事做起，在《论语》和《孟子》中这样的例子不胜枚举。"身正不怕影子斜""你若盛开，清风自来"等都说明一个道理：只要保证自身没有错误，行为端正，就能吸引志同道合的知己，使人心归附。我们在生活中也要学会正视失败，勇于直面自己的缺陷，以失败为动力，从失败中吸取经验教训，能够内心反省而问心无愧，世间就没有什么可以让我们忧愁和恐惧的。从而达到自我提升、为个人成功打好坚实的基础。

第二，"笃信好学，守死善道。"孔子的"笃信好学，守死善道"⑤，是指对道德和事业要抱有坚定的信心，只有勤学好问，才能得到好的结果。孔子特别强调学习的重要性。孔子说："我非生而知之者，好古，敏以求之者也。"⑥ 孔子孜孜不倦地追求学问，但又不是为了学问而学问。

---

① 朱熹：《四书章句集注》，中华书局2011年版，第260页。
② 朱熹：《四书章句集注》，中华书局2011年版，第222页。
③ 朱熹：《四书章句集注》，中华书局2011年版，第154页。
④ 朱熹：《四书章句集注》，中华书局2011年版，第135页。
⑤ 朱熹：《四书章句集注》，中华书局2011年版，第101页。
⑥ 朱熹：《四书章句集注》，中华书局2011年版，第94页。

在他看来，研究学问、穷究学问的目的是要让其道德得到更大的提高。他对春秋时期学习与修养相脱节的风气不以为然，并提出了自己尖锐的批评："古之学者为己，今之学者为人。"① 这里的"为己"就是说做学问成就自己，"为人"是指读书只为装饰自己以便向外人炫耀，在孔子看来，这种做法都是求学问道的误区。当然，荀子也引用孔子的观点进行系统阐发："古之学者为己，今之学者为人。君子之学也，以美其身；小人之学也，以为禽犊。"② 这里荀子是说，古人学习是为了加强自身道德修养，现在的人学习则只是为了炫耀于人。君子学习，是为了完善自我；小人学习，是为了卖弄和哗众取宠。孔子主张"为己之学"，强调把做人与做学问统一起来，学习的目的就是要"守死善道"。

第三，"先行其言而后从之。"子贡问孔子什么是君子，孔子的回答是："先行其言而后从之。"③ 孔子的回答充分体现了"躬行实践"的道理。孔子认为作为君子不应该夸夸其谈，应该先做后说或者只做不说，要脚踏实地，不能眼高手低。说得再好，如果不付诸行动，这种人永远也成不了君子，也只是些言语上的巨人，行动上的矮子罢了。孔子认为，君子就是有德行之人、为学之人。他们会先将自己的想法付诸实践，等到自己成功之后，才会告诉别人自己当初的想法。譬如说，君臣父子之道、仁义礼智信之德，也只有自己先做到了，才能挺直腰杆地讲给别人听。道德修养的关键是身体力行，亦即孔子所说的"躬行"。孔子十分重视"言行一致"，尤其强调躬行实践的重要作用，要做真正的"君子"，否则就是"伪君子"。孔子对"伪君子"深恶痛绝，孔子说："君子耻其言而过其行"④，并且主张"听其言而观其行"⑤。因此，孔子认为身体力行是检验道德修养的试金石。孔子"为仁"的道德哲学，其最终目标是"成圣"。"何事于仁，必也圣乎！尧舜其犹病诸！"⑥ 从自贡与其师的对话可以看出孔子对仁德的坚守：那不仅仅是仁德，那一定是恐怕连尧、舜都难以做到的圣德之境，孔子为其"为政以德"的道德理想终其一生

---

① 朱熹：《四书章句集注》，中华书局2011年版，第146页。
② 《荀子》，安小兰译注，中华书局2016年版，第12页。
③ 朱熹：《四书章句集注》，中华书局2011年版，第58页。
④ 朱熹：《四书章句集注》，中华书局2011年版，第146页。
⑤ 朱熹：《四书章句集注》，中华书局2011年版，第77页。
⑥ 朱熹：《四书章句集注》，中华书局2011年版，第89页。

都在努力，为其推行"圣人之道"的治国梦想而奔走呐喊，所有这些便构成了孔子儒家君子之学最高的社会理想。

第三节 "仁爱尊亲"的孝道思想

中华优秀传统文化特别倡导"仁爱尊亲"的孝道思想。中华传统文化历来重视伦理道德，儒家文化倡导的"三纲五常""四维六德"的德性价值，以父慈子孝、兄友弟恭、长惠幼顺等社会关系准则和伦理道德为标准，在我国古代社会中曾经起到重要作用，成为维护社会和谐稳定、保证国家政治稳定的重要支撑。

一 "仁爱尊亲"孝道的历史渊源

中华优秀传统文化是在古代农耕文明背景下，以血缘关系为纽带发展起来的文明样态。中华优秀传统文化"仁爱尊亲""尊礼重德"的鲜明特征首先体现在"孝"文化上。"孝"的观念萌芽于氏族社会时期，成熟于先秦，历经汉唐以来的演进与发展，成为中华传统文化中最突出的特色，并且深刻地影响着人们的生产与生活。"孝"道思想是维护家庭和睦、社会安定有序的基本道德规范。"孝"文化在思想上表现为对宗祖的绝对敬仰，圣人之言具有绝对毋庸置疑的权威性，作为今人的我们要信奉并遵守祖先创立并延续下来的生活方式、道德风俗、典章制度等，要求人们格外重视礼节。

《礼记》中产生的"孝悌"之道不断理论化和系统化，成为民众必须要遵守的道德规范，是稳固家族乃至政权的重要道德规范和行为准则。《孝经》有云："夫孝，始于事亲，中于事君，终于立身。"[①]"孝"基于自身的伦理意识和道德修养，并不局限于家庭伦理的范畴，不仅是关涉一个小的家庭，在"忠"与"孝"发生冲突时，"孝"则由家庭伦理范畴上升为政治伦理范畴，"孝"要将对家族的义务同对整个国家的责任联系起来，二者具有内在的一致性，国家利益是整个社会的至高价值标准，因为每个家族都是以国为根本，对君主尽忠即是对家庭甚至是家族最大的尽孝。其中蕴含着每个人都要有"国家兴亡、匹夫有责"的政治责任

[①] 《礼记孝经》，胡平生、陈美兰译注，中华书局2016年版，第256页。

感，也呈现着自然而然的爱国情怀。因此"孝"文化在一定意义上是治国安邦的重要法宝。在世界文明史上，中国素有"礼仪之邦"的美誉，而这些和儒家"仁爱尊亲""尊礼重德"的思想密切相关。

二 "仁爱尊亲"孝道思想的道德起点

传统孝道思想认为孝是"仁""德"的根本，同时也讲"父慈子孝"相对等的观念，这说明传统伦理道德也具有一定相对性、平等性的特点。中国传统社会人与人的关系大多是相对关系，所要求的道德情感、道德义务都是双向的。从道德义务看，"五伦"的双方都有双向的道德义务。孝道观念在用于调整父子伦常关系之初，对父和子的道德要求是双向的、平等的，也就是后来孔子所总结的："君君、臣臣、父父、子子。"

《论语》中说："其为人也孝弟，而好犯上者，鲜矣；不好犯上，而好作乱者，未之有也。君子务本，本立而道生。孝弟也者，其为人之本与。"[①] 孝顺父母，顺从兄长，而喜好触犯上层统治者，这样的人是很少见的。不喜好触犯上层统治者，而喜好造反的人是没有的。君子专心致力于根本的事务，根本建立之后，治国做人的原则也就日趋完善。孝顺父母、顺从兄长，这就是仁的根本啊！

因此，传统家庭伦理不仅是建立在人类亲情的自然情感基础之上，而且也是建立在尊尊、长长的有差别、有等级的人伦秩序和道德理性自觉之上的，同时也是"仁"的一种具体体现。传统孝道思想集中体现了儒家这种伦理精神即亲其亲，这是孝道得以建立的自然亲情基础，因为孝道思想是晚辈对长辈的伦理情感和伦理义务。因此，它首先是"爱"，其次也是"敬"，不仅"敬"其长辈亲祖，而且要尊敬一切长于自己的兄长，与传统孝悌之道密切相关，具有内在的统一性。因此，传统孝道思想的实质也必然内在地具有人伦角色的差别，在某种意义上也是一种自然的秩序。我们以往对传统孝道内含人伦角色差别所造成的等级秩序，长幼亲子的不平等关系持否定的态度。应该说，"亲亲""尊尊""长长"的伦理秩序是有其合理性的，也有其客观必然性，是人类家族伦理关系和合理生活方式的集中表达和体现。维护这种等级秩序就是维护人伦秩序和礼治秩序。这种建立在自然亲情基础上的人伦秩序是天然合理的、永久不变的。总之，"仁"是孔子强调为圣人的必要准则，而"孝"作为

---

① 朱熹：《四书章句集注》，中华书局2011年版，第50页。

"仁"的内核，可见其地位之重要。

孝道思想是人们道德实践的根本。父母是赋予子女生命的人，对子女有养育之恩，想要报答父母的养育之恩是人类的天生之本性。孔子的学生宰予对父母过世要守丧三年颇有微词，而孔子不以为然："予之不仁也！子生三年，然后免于父母之怀。夫三年之丧，天下之通丧也，予也有三年之爱于其父母乎？"① 孔子认为宰予是不仁、不义的做法。一个新生儿的降生，长到三岁时才能离开父母之怀。服丧三年是理所当然的。

对于每个人来说，一生之中最大的恩情就是父母的养育之恩，所以每个人都应该要先孝敬自己的父母。一个人只有在家庭中做到孝敬父母，才会有可能在学校里做一个尊敬师长的好学生，在社会上做一个尊老爱幼的好青年，当国家有难的时候他才会挺身而出。因此，孝道思想是一切教化之本。"孝"是一个人爱国心的体现，有利于家庭稳定以及和谐人际关系的形成，更有利于社会的和睦与稳定。孝敬父母是一种道德情感和责任心的使然，人性的教育主要依赖于良好的道德自修和道德教育，而孝道内省和孝道教育是一切道德教育的基础。《吕氏春秋》中说："先王之教，莫荣于孝，莫显于忠。"② 这里可以看出"忠""孝"的重要性。就这一点来看，爱国的情感是来自能够关爱别人，关爱别人的同时，应该首先能够孝顺、尊敬自己的父母。换言之，子女只有先做到能够孝敬父母，才能做到忠于国家。因此，"孝"既是"立教"之本，也是"为仁"的根本，更是个人立身行事的根本。

三 "仁爱尊亲"孝道思想的价值

孝道思想在家庭中占有重要地位，其在家庭中是安顿和抚慰我们灵魂的精神家园，更是亲人之间的情感联系和依恋的重要载体，这种联系主要依靠家庭伦理的支撑与维系。在孔子看来，守"孝悌"就是一件自然而然的事情，在父母跟前，就孝顺他们；出门在外，要顺从师长，做到言行谨慎、诚实可信，并亲近那些有仁德之人。守"孝悌"比做学问来得更为重要。

第一，有利于家庭伦理关系的和睦。从伦理关系上来说，家就是由家庭中的各成员组成的人伦关系和生活共同体。尽管在现代社会中很少

---

① 朱熹：《四书章句集注》，中华书局2011年版，第169页。
② 《吕氏春秋》，杨红伟译注，中华书局2016年版，第64页。

第一章　讲仁爱：中华优秀传统文化涵具的核心力量 / 67

有四世同堂、五世同堂的大家庭，但是大多还是父母之间、爷孙之间三代同居的核心家庭，只要父母在家就在。父母不仅给予了我们生命，更是我们的精神所系。继承父母的意志能够让家风永流传，也是继承传承家族中优良作风的重要方式。"父在，观其志；父没，观其行；三年无改于父之道，可谓孝矣。"① 孔子认为当其父亲在世的时候，一定要观察、学习父母为人处世的方式、方法，父母过世之后要秉承其遗志。如果长期不会改变的话，也就是做到了尽孝。孔子认为"孝道"作为一种道德规范，表现为自律取向与他律取向两种方式。传统"孝道"具有极强的他律性，尽管也强调自觉与自愿，更多的是一种内在心性的培养，然而更重要的是子女必须遵循的孝道规范，子女对父母尽孝多受外在条件的制约，具有较多的机械性、被动性的成分。当然，自律具有决定性作用，并且这些自律对于社会风气的养成具有统摄性。曾子说："慎终追远，民德归厚矣。"② 曾子认为，孝敬父母是一种发自内心的、更为虔诚的尽孝方式。谨慎对待父母的去世，追念久远的祖先，自然会使社会民风淳厚，也唯有如此，才会端正社会风气，敦厚世道人心。在现代社会中，子女独立性相对增强，子女不易固守传统的道德规范，从而在某种程度上具有了更大的自主性。在当下的国民教育体系中，培育孝道思想，启发子女理解和善待父母，同时对于父母而言，也要自律自省，起到模范表率的作用，诸如"父母是孩子最好的榜样""身教重于言教"，以自身良好的品行引导子女，从而在日常行为中使这种自律性的落实水到渠成。孔子说："其身正，不令而行；其身不正，虽令不从。"③ 孔子认为只要自我品行端正，即使不发号施令，别人也会去实行；如果自身做得不够，即使发布命令，也没有人服从。作为当政者是这样，作为一家之长的父母也是如此，这就是"己正才能正人"的内涵。

父母的关爱是整个人类得以延续的重要条件，子女对父母敬爱之情就是社会得以延续的基础。孝道思想存在于人类社会的家庭之中，就会或强或弱地对他们发挥作用，协调他们之间的关系。现代孝道思想表现为一种调节亲子关系的新型家庭伦理道德规范。孝道思想作为家庭的伦理道德规范，使每个家庭能在亲情的关爱下开心、幸福地生活。家庭为

---

① 朱熹：《四书章句集注》，中华书局2011年版，第53页。
② 朱熹：《四书章句集注》，中华书局2011年版，第52页。
③ 朱熹：《四书章句集注》，中华书局2011年版，第135页。

一个人的成长提供了最基本的生长条件，为一个人生活和存在提供最基本的生存环境；家庭是社会生活中最活跃的元素，当社会生活在各方面的矛盾以不同的方式在家庭生活领域表现出来的时候，家庭能够以最快的速度反映社会生活那一部分最真实的变化。而现代社会是由无数个的家庭组成的，家庭之间的邻里关系的和谐也是当前构建和谐社会的重要内容。夫妻关系和亲子关系是家庭关系中最基本的表现形式。家庭是社会的基本单元，一种社会生活组织形式，其以亲子血缘关系作为纽带，以夫妻婚姻关系作为根本的基础。家庭的安定与团结，也就是父子关系与夫妻关系的安定与和谐，直接关系到社会的和谐与安定。建设和谐社会首先要从建设和谐家庭开始，构建具有中国特色社会主义的和谐社会，践行社会主义核心价值观，必须为博大精深的中国传统文化提供丰厚的文化底蕴。在儒家传统看来，和谐社会应当发端于家庭，由家庭和谐推广发展为社会和谐。一个和谐的家庭，离不开父母对子女的关爱和子女对父母的孝顺，而这一特点的形成是由家国同构的血缘方式来决定的。孝道思想是家庭文化的来源，也是民族团结的精神支持，更能体现中华民族的凝聚力。

第二，"孝道"思想张扬有利于人际关系的和谐。孔子最大的理想是让所有人都能开心快乐，这才是最好的人际关系。这就是孔子所谓的："老者安之，朋友信之，少者怀之。"[1] 这是孔子与其弟子在谈论志向时做出的总结，也是其一生要追求的最高理想：让年老者安心，让朋友们信任，让年轻人得到关怀。当然我们前文也提到孔子所谓高度和谐完美的家庭、社会关系是孔子所谓的"弟子入则孝，出则弟，谨而信，泛爱众而亲仁"。[2] 孔子的这一精辟见解，放大了家庭的和谐关系，进而延伸到社会领域，这就是将家庭和谐推广为社会、国家、文明之间的和谐共长、相辅相成。社会发展日新月异，人们物质生活得到提高的同时，相应的精神生活也应得到提高，否则，美好生活的追求就成为"镜中花，水中月"。因此，古圣先贤的这类极具先见性的认识不仅没有过时，反而在现代社会有着更为迫切的现实针对性。在任何一个社会里，若孝心丧失，势必造成严重的社会问题，这样的社会，即便国库充实，国力强盛，也

---

[1] 朱熹：《四书章句集注》，中华书局2011年版，第81页。
[2] 朱熹：《四书章句集注》，中华书局2011年版，第51页。

不是我们所期待的和谐社会。

古往今来，关于孝道思想沉淀了诸多的警句格言，诸如：清代王永彬的《围炉夜话》所谓"百善孝为先，万恶淫为源。常存仁孝心，则天下凡不可为者，皆不忍为"。这里要强调的是"孝"为万事先，而私心邪淫之念是万恶之源。因此，孝文化是中华民族的传统美德，是中华优秀传统文化的精华，它是调节人际关系、增进家庭关系、构建和谐社会的一剂良药。弘扬传统孝道文化的合理思想，有助于家庭道德建设，促进家庭和谐。构建中国特色社会主义和谐社会，弘扬中华优秀传统文化，继承和弘扬以传统孝道伦理为核心内容的孝道思想具有重要意义。家庭生活与社会生活有着密切的联系，而孝道思想在家庭中具有核心地位，正确对待和处理家庭问题，共同培养和发展夫妻爱情、长幼亲情、邻里友情，不仅关系到每个家庭的美满幸福，还有利于社会的安定和谐。我们应继承和发扬传统孝道伦理中的"仁爱"思想，强调"亲亲"，以赡养父母为尽孝之本，为人子女者只要能够诚心诚意地关心、孝敬父母，在家庭中就会形成一种父慈子孝充满浓郁的亲情、和睦温馨的和谐氛围。传承和发展中华优秀传统文化的孝道思想，使其在潜移默化、耳濡目染中习以成性，养成养老、敬老、爱老的良好品德，尽可能地避免问题少年的出现，进而维护家庭的稳定和谐。

第三，有利于构建和谐的社会关系。家庭是社会构成的基础细胞，如果在家庭内部人人都能孝敬父母，家庭成员之间的关系就会和谐融洽，相应地，所有家庭成员都会受其和谐气氛的影响，也会心情愉悦，也必然在工作、学习中融洽和谐。特别是一段时间以来，尤其对于尚未散去的新冠疫情以及一切都还是未知数的俄乌冲突来说，人类面临着重要挑战，"从仁爱观念的差异与普遍的统一中，去把握人与人、个人与国家、人类与自然之间的关系"[1] 变得尤为重要。"君子和而不同，小人同而不和。"[2] 孔子要表达的是君子可以与其周围的人保持和谐融洽的关系，从来不是人云亦云，而是有着独立的思考，绝不盲目附和；而小人恰恰相反，拍马逢迎，尽显谄媚之色，只求与别人完全一致以求利益最大化。因此，孔子所谓的"和而不同"彰显了孔子思想的深刻哲理和高超智慧。

---

[1] 干春松：《多重维度中的儒家仁爱思想》，《中国社会科学》2019 年第 5 期。
[2] 朱熹：《四书章句集注》，中华书局 2011 年版，第 139 页。

孟子也认为"天时不如地利,地利不如人和"。① 传统孝道思想的发展是通过推动家庭内部关系,进一步影响社会各成员之间的人际关系,也就是说家庭的和谐促进了社会的和谐,同时更好地实现了社会和谐的道德准则。这种道德准则能有效地避免过激或对抗行为,减少人际摩擦与社会内耗,使人际关系带有浓厚的人情味,具有较为稳固持久的良性功能。这就是孟子所谓"得道者多助,失道者寡助"的道理。"得道者多助,失道者寡助。寡助之至,亲戚畔之。多助之至,天下顺之。以天下之所顺,攻亲戚之所畔,故君子有不战,战必胜矣。"② 孟子认为亲人之间是否同心协力具有重要意义,如果是战争时期,凭着天下人都归顺他的条件,去攻打连亲属都反对背叛的对手,其胜败早已成为定数。君子要么不战斗,如果要战斗就一定会取得胜利。随着改革开放和现代化建设的日益进展,当代社会各阶层日趋分化,经济利益多元化已成为不变的现实。提倡相互理解、相互尊重、互谅互让、和衷共济、友爱互助的传统文化精神,运用"仁"的智慧解决问题,营造宽容、和谐的社会氛围具有重要的现实意义。

"爱亲者,不敢恶于人;敬亲者,不敢慢于人。"③ 这里旨在表明,关爱自己亲人的人,对其他人的态度也不会差;尊敬亲人的人,对其他人也不会怠慢。这就是弘扬传统孝道"和为贵"思想的重要内涵。这种"和为贵"思想有助于社会主义精神文明建设和社会整体道德素质的提升。"发掘中国优秀传统文化价值的丰富性既需要破除文化虚无主义的影响,也需要将传统思想与现代世界的潮流进行有机结合,使中国优秀的传统价值观为人类理解自身的可能前景、创造共生的环境提供一种东方智慧。"④ 而中华优秀传统孝文化非常重视人性的陶冶、道德的教化,对于提高人们的道德自觉,把外在的道德规范内化为自身的道德修养,提高人的道德品质有着极其重要的意义和作用。如若每个人都能遵循"孝"的道德规范,整个社会就会形成一种尊老、敬老、爱老的良好道德风尚,也将有助于社会主义和谐社会的构建和公民整体道德素质的提升。

传承和弘扬传统的孝道思想,有助于振奋民族精神,增强民族凝聚

---

① 朱熹:《四书章句集注》,中华书局2011年版,第224页。
② 朱熹:《四书章句集注》,中华书局2011年版,第224页。
③ 《礼记孝经》,胡平生、陈美兰译注,中华书局2016年版,第261页。
④ 干春松:《多重维度中的儒家仁爱思想》,《中国社会科学》2019年第5期。

力。孝道思想在中国不仅仅作为伦理学的核心纵贯几千年,而且犹如血液一般浸透在中华民族灵魂深处。中华民族的凝聚力具有丰富内涵,是一种特殊形态的凝聚力。而孝道思想是在整个中华民族广袤的土地上和漫长的历史进程中形成的一般形态的凝聚力,它不受时间和空间的限制而为广大人民群众所接受。从古至今,中华儿女都把报效祖国视为追孝祖先,将其看作人世间最大的孝。所以,弘扬传统孝文化的合理思想,对于振奋民族精神、增强民族凝聚力具有重要意义。

第四节 "仁政德治"的治国理政之道

我们必须认识到儒学转型的契机已经到来,要想让儒学重新获得其应有的慧命,需要让儒学走向复兴之路。"儒学以其智慧的形态走向复兴后,再谋创新,突破儒家智慧已有的认知和思维范式,创立与时代和社会的发展相适应的新的认知和思维范式,促使儒家智慧不断更新提升,成为堪与当今和未来其他先进民族的智慧媲美的中国智慧,指导我们的实践,引领我们的脚步,实现我们的梦想。"[1]

孔子讲学授徒的根本目的是推行其"仁政"主张,以"仁政"为核心的道德哲学来教育弟子,以培养一批能够满足社会需要的有道德教养的"君子",为国家服务,从而成为国家的管理者。习近平总书记关于选贤任能的论述与孔子教授学生的目的不谋而合:"我们党历来高度重视选贤任能,始终把选人用人作为关系党和人民事业的关键性、根本性问题来抓。"[2] 同时,习近平总书记特别强调:"治国之要,首在用人。"孔子说:"君子之德风,小人之德草。草上之风,必偃。"[3] 孔子认为君子的德行就好比是风一样,小人的德行好比是草,风吹在草上,草就必定跟着倒下。孔子反对草菅人命的恶政,并以"风行草偃"为喻,进而阐发"民善"的关键在于当政者的道德表率作用,强调的是领导垂范榜样的重要性。孔子又说:"为政以德,譬如北辰居其所而众星共之。"[4] 在孔子看

---

[1] 王钧林:《儒家智慧:当今儒学转型的初步构想》,《齐鲁学刊》2019年第6期。
[2] 习近平:《习近平谈治国理政》,外文出版社2014年版,第411页。
[3] 朱熹:《四书章句集注》,中华书局2011年版,第130页。
[4] 朱熹:《四书章句集注》,中华书局2011年版,第55页。

来，治国者的道德行为对于老百姓具有重要作用，治国者推行"德治"，老百姓就会受到"德风"的熏染，就像众星环绕着北斗星一样，团结在其周围。在这里，"德"既是管理手段，又是领导方式，贯穿于治国理政的全过程之中。这里孔子最想表达的就是要把"为仁"的道德哲学内化为"治国""为政"的管理之道。

一 "道之以德"的治国方略

在孔子看来，治国就是治民，治民就是要把握民心。孔子对春秋时期的各种治国方针进行了甄别对比后，认为只有实行"德治"和"礼治"才能真正赢得民心。他提出："道之以政，齐之以刑，民免而无耻；道之以德，齐之以礼，有耻且格。"① 孔子认为用政令治理百姓，用刑罚制约百姓，百姓可能会暂时免于罪过，但不会感到不服从管理是可耻的；但是如果用道德管理百姓，用礼教约束百姓，百姓不但会有廉耻之心，而且会不断地纠正自己的错误。因此，"道之以德"是指以内在化的道德教化为基本导向。"得天下有道：得其民，斯得天下矣；得其民有道：得其心，斯得民矣；得其心有道：所欲与之聚之，所恶勿施尔也。"② 孟子认为要想取得最高统治权、获得整个天下没有什么捷径可言，最好的办法就是能获得民众的心，只有得到老百姓的拥护，那么得到天下也是水到渠成的事情。

孔子主张治理国家要以施以仁政，实行道德教化为根本，而不应该片面强调刑罚和杀戮。《论语》中有季康子问政于孔子，孔子的回答极富智慧："如杀无道以就有道，何如？"孔子的回答简单干脆："子为政，焉用杀？子欲善而民善矣。"③ 这里孔子对于季康子所谓的杀掉坏人，以此来亲近好人的做法实在不能苟同。孔子认为治理国家，不能用杀戮的办法，只要好好治理国家，百姓就会安居乐业，社会秩序自然也就会好起来。为政者如果企图用刑罚杀戮的高压手段使人民"守道向善"，结果只能适得其反。治国者如果真想把国家搞好，首先要身正为范、自己就要谨守善道，要"正衣冠，主要是在照镜子的基础上，按照为民务实清廉的要求，勇于正视缺点和不足"④，搞好个人的道德修养，然后推行道德

---

① 朱熹：《四书章句集注》，中华书局2011年版，第55页。
② 朱熹：《四书章句集注》，中华书局2011年版，第262页。
③ 朱熹：《四书章句集注》，中华书局2011年版，第130页。
④ 习近平：《习近平谈治国理政》，外文出版社2014年版，第376页。

教化，提高人民的道德水准，上下"同德""同心"，国家自然兴旺。

"齐之以礼"就是指礼仪规范等，是为外在的调节手段。孔子所说的"礼"即"周礼"，后来逐渐演变为用以治理国家的政治制度和行为规范。荀子说："天地者，生之本也；先祖者，类之本也；君师者，治之本也。无天地恶生？无先祖恶出？无君师恶治？三者偏亡焉，无安人。故礼，上事天，下事地，尊先祖而隆君师，是礼之三本也。"① 因为在荀子看来，"礼"对于约束人们的社会政治生活以及规范人们的行为具有重要意义。"礼，经国家，定社稷，序民人，利后嗣者也。许，无刑而伐之，服而舍之，度德而处之，量力而行之，相时而动，无累后人，可谓知礼矣。"② 这就是说"礼"能经纶天下、匡扶国家社稷，"礼"能使社会有序，人们安乐生活，能够泽被千秋万代。孔子主张"为国以礼"，就是把"礼"作为治理国家的礼仪规范。也诚如习近平总书记对于腐败坚定的态度："我们要以顽强的意志品质，坚持零容忍的态度不变，做到有案必查、有腐必惩，让腐败分子在党内没有任何藏身之地！"③ 这就是制度的作用，是"礼"让权力关在制度的笼子里。对于个体来说，礼仪规范带有某种强制性色彩，对人们的行为具有某种规限性的作用。孔子主张的"克己复礼"就是指的要克制自己，规范自己的行为，才可以使自己的所作所为合乎于"礼"的外在规范。但值得一提的是，这里的"礼"的规范与"德"的修养实际上是统一的。克制自己服从礼仪规范，不仅出于维系公共秩序的要求，也出于个人道德修养的需要。一个有道德修养的人，他的理性精神即体现于一种有序生活之中。孔子认为："政宽则民慢，慢则纠之以猛；猛则民残，残则施之以宽。宽以济猛，猛以济宽，政是以和。"④ 这里孔子旨在强调治国者一定要有"软硬两手"，这也是孔子想要推行的治国之道。

二 "无为而治"的治国之道

孔子希望治国者通过"为政以德"，最后达到"众星共之"的效果。这与道家"无为而治"也有很大的契合之处，也显示了中华优秀传统文化涵具高明的"无为而治"的领导方式。很多人都认为"无为而治"是

---

① 《荀子》，安小兰译注，中华书局2016年版，第170页。
② 《左传》，郭丹译，中华书局2014年版，第36页。
③ 习近平：《习近平谈治国理政》第二卷，外文出版社2017年版，第45页。
④ 《左传》，郭丹译，中华书局2014年版，第902页。

老子及其道家学派的重要主张，老子在《道德经》中提出"无为而治"的政治主张，主要是针对当时统治者而言，"无为而治"在老子那里并不是要无所作为，而是不要过分地干预，充分发挥广大人民的积极创造性，让每个人都能够为社会做出的贡献最大化。孔子也有"无为而治"的提法，应该说《论语》是先秦诸子百家中第一个明确提出"无为而治"概念的。孔子说："无为而治者其舜也与？夫何为哉，恭己正南面而已矣。"① 这说明在孔子心中，他所谓理想圣王形象的舜就是无为而治的代表。因此，孔子十分赞赏大舜的为政之法，是因为他更留恋三代的礼治，在孔子看来，大舜对人对事能小心恭敬，能够安闲从容地施以仁政，故能达到"无为而治"的高超之境界。所谓"无为而治"就是最高管理者不必费尽心机地刻意做什么，更不必事必躬亲，只要集中精力制定和带头实行好礼仪规范，只要这样下去就可以把国家治理得井井有条，这是一种以道德为导向的"无为而治"。应该说，"进入现代社会以来，在公共生活中弘扬孔子所倡导的仁爱原则，发挥人性中的善良因素"②，告诫当政者要提高修为，对于谨慎运用公共权力，共同构造集体利益与个体利益等领域内容并将之内化为一种跨越时空的普遍性价值具有重要意义。

另外，孔子认为治国者要真正做到"无为而治"，还必须注意任用那些有贤德、有才能的管理者。孔子说："舜有臣五人而天下治。"③ 孔子认为舜帝任用禹、稷、契、皋陶、伯益这五位著名的贤臣，收到了良好的治国效果，而自己又可以免除具体治国事务的辛劳，这就是"无为而治"的重要作用。

三 "修己安人""修己安百姓"的治国目的

子路问孔子何谓君子的问题，《论语》中有一段精彩的对话，对话中通过孔子和弟子们的讨论基本表达了孔子的基本观点。"子路问君子。子曰：'修己以敬。'曰：'如斯而已乎？'曰：'修己以安人。'曰：'如斯而已乎？'曰：'修己以安百姓。修己以安百姓，尧舜其犹病诸？'"④ 孔子认为作为一个君子要修养自己，就要保持严肃恭敬的态度，修养好自己，使周围之人、使老百姓安乐，这是孔子谈论的君子的标准。修养自

---

① 朱熹：《四书章句集注》，中华书局2011年版，第152页。
② 朱承：《天下归仁：孔子的公共性思想》，《中国哲学史》2020年第5期。
③ 朱熹：《四书章句集注》，中华书局2011年版，第103页。
④ 朱熹：《四书章句集注》，中华书局2011年版，第149页。

己是君子立身处世和管理政事的关键所在，只有这样才可以让上层领导者放心以及老百姓得到安乐，所以孔子的修身，更重要的目的在于治国平天下。

孔子认为"修己"的目的是要"安人"。这当中又可以区分为三个步骤："修己以敬""修己以安人""修己以安百姓"。① 所谓"修己以敬"说的是治国者的自我管理。孔子认为："苟正其身矣，于从政乎何有？不能正其身，如正人何？"② 这就是说如果端正了自己的言行，治理国家也就易如反掌；如果不能端正自己，就不能去端正别人。孔子还说："其身正，不令而行；其身不正，虽令不从。"③ 孔子的意思是说作为管理者如果自身端正，作出表率时，不用下命令，被管理者也就会跟着行动起来；相反，如果管理者自身不端正，而要求被管理者端正态度，纵然三令五申，也很难让人信服。这也正是孔子讲的"正人先正己"的道理。在伦理政治中，身正被看作是从政者必备的素质，这里的"正"是"政"的前提。唯有"正身"，才可以"从政"，从而再去"正人"。所谓"修己以安人"，说的是对各级官吏的管理，对富裕起来的人民进行道德教化，让人民过上富足而文明的生活，这就是孔子的社会理想。

"以德治国"是中华优秀传统文化的精华部分。早在夏商灭亡之际，殷商统治者就开始意识到"德政"的重要性，将官吏的政德视为维护和巩固统治的重要法宝。孔子在西周"敬德保民"思想的基础上提出了"为政以德"的政治主张，将"德政"作为最高的政治理想。孟子对此问题又作了出色的发挥："以力服人者，非心服也，力不赡也；以德服人者，中心悦而诚服也，如七十子之服孔子也。"④ 孟子认为靠着强力去制服别人，别人内心不一定会心悦诚服，服从只是因为其力量不够而已；依靠仁德来降服别人的，别人内心才会心悦诚服。荀子说："地来而民去，累多而功少，虽守者益，所以守者损，是以大者之所以反削也。"⑤ 这里荀子是要表明爱护人民的国家才会强盛，不爱护人民的国家自然会招致衰弱的命运。中国历史上很长一段时间里都是以儒家思想作为治理

---

① 朱熹：《四书章句集注》，中华书局2011年版，第149页。
② 朱熹：《四书章句集注》，中华书局2011年版，第136页。
③ 朱熹：《四书章句集注》，中华书局2011年版，第135页。
④ 朱熹：《四书章句集注》，中华书局2011年版，第219页。
⑤ 《荀子》，安小兰译注，中华书局2016年版，第85页。

国家的指导思想，因此儒家的仁政思想在历代的治国理政中让国家井井有条并造福百姓。

第五节 "讲仁爱"的现代价值

"讲仁爱"对于推进中国式现代化具有重要意义。先秦儒家的"仁爱"思想的许多道德纲目与现代人的生活密切相关。现代社会，人们处于紧张、快节奏的生活状态之中，这使得亲人之间、同事同学之间关系日益疏远、淡漠，而先秦儒家的仁爱思想为改善人际关系提供了重要借鉴。社会进步、国家富强、个人发展，都应该大力弘扬和提倡仁爱精神，这也是中国式现代化不能没有精神文明支撑的重要原因。深入挖掘中华优秀传统文化中的"讲仁爱"思想并彰显其时代价值具有重要意义，"讲仁爱"思想亦是培育和践行社会主义核心价值观的不竭动力与力量的源泉。

一 "讲仁爱"对于个人修身具有重要作用

"讲仁爱"是"仁"思想的理论基础，对提高个人修身具有重要意义。孔子要求弟子们要致力于孝悌、爱众、亲仁，培养良好的道德观念和道德行为。只有通过修身，不断提高自身修养，才能达到个人与自身和谐的目的。习近平总书记也告诫各级领导干部要树立和发扬良好的作风，以"讲仁爱"为旨归，"既严以修身、严以用权、严以律己，又谋事要实、创业要实、做人要实"。[①] 只有人人重修养，人人讲道德，人人不停歇地追求真、善、美，才能从整体上提升中华民族的整体素质，才能使个人道德修养提升到更高的境界，才能使社会更加安定有序、和谐稳定。实现人际关系的和谐就是要推行忠恕之道，理解与尊重他人，在与人交往中要将心比心、以心换心，设身处地为他人着想，整个社会就会洋溢着人性的光辉，人与人之间才会更加和谐美好。

仁爱思想在处理人与人、人与社会、人与自然之间关系方面具有独特的价值意蕴，在今天仍然具有重要借鉴意义。"'仁道精神'是儒家文化的逻辑原点，致力于向善、择善和至善的人类发展，把思考人的本质、

---

① 习近平：《习近平谈治国理政》，外文出版社2014年版，第381页。

人与人以及人与社会发展作为逻辑主线和行动内容。"① 这里的"仁道精神"亦即为"仁爱思想","仁爱思想"在今天对于构建稳固的家庭关系,形成良好的家庭美德具有重要意义。儒家思想注重家庭生活,强调对待家人要仁爱,尤其是对待父母、长辈,并将能否孝敬父母、尊敬长辈作为衡量这个人对待国家态度的重要依据。"社会主义核心价值观是儒家道德观念的继承和发展"②,培养良好的道德品质,进而上升为国家的普遍情感才具有重要意义。我们要继承仁爱思想,构建和谐稳定、友善的家庭关系,为国家做出应有的贡献。在处理人际关系方面,仁爱思想要实现"反求诸己",通过反思自己的行为来构建和谐的人际关系,从而实现张载在《正蒙·中正》中"以爱己之心爱人则尽仁"的和谐之境。因此,以仁爱思想为指引,形成互帮互助、助人为乐、关爱他人、关爱社会的良好社会道德风尚,推动社会和谐发展,营造良好的社会氛围。

二 "讲仁爱"思想对处理人际关系具有重要作用

先秦儒家的"仁爱"思想为建立良好的人际关系提供方法论的借鉴。孔子从"仁者爱人"的立场出发,认为处理好人际关系的关键在于把握好"孝""恕"之道。孟子在孔子仁爱的基础上开启了君臣、父子、夫妇、兄弟、朋友的"五伦"关系。因此,先秦儒家所谓的"和"与"顺"是处理人际关系的最终愿望。"喜怒哀乐之未发,谓之中;发而皆中节,谓之和。中也者,天下之本也;和也者,天下之达道也。致中和,天地位焉,万物育焉。"③ 这里讲的喜怒哀乐没有表现出来的时候,叫作"中";表现出来并符合节度谓之"和"。"中"是人人都有的本性,"和"则是大家遵循的原则,达到"中和"的境界,天地万物一切都各司其位,生长繁育。这里的"致中和"就是儒家所要追求的最高境界。

"讲仁爱"要求我们无论是在家庭内部还是在社会的交往之中,要从自我做起,从小事做起,"不患人之不己知,患不知人也"。④ 我们都希冀拥有一个善良、美好的结果,以达到"老者安之,朋友信之,少者怀之"的和谐融洽的目标,这对于现代社会精神文明建设具有重要意义。那么,

---

① 秦龙、赵永帅:《人类命运共同体理念对儒家文化基因的当代承继》,《学术界》2019年第1期。
② 谢伟铭:《儒家道德观念的传承与发展》,《中国哲学史》2019年第6期。
③ 朱熹:《四书章句集注》,中华书局2011年版,第20页。
④ 朱熹:《四书章句集注》,中华书局2011年版,第54页。

如何将仁爱的精神付诸实践，处理好自我和他人、自我和家庭的关系，这就是孔子所谓的"为仁由己，而由乎人哉！"① 孔子认为实行仁爱，推广仁爱必须从自我做起，强调个人应该首先加强自律，正所谓"君子求诸己，小人求诸人"。② 中华优秀传统文化的"讲仁爱"思想进一步指出"为仁"的落脚点还是要靠自己的主观努力，要严以律己、宽以待人，这就是"躬自厚而薄责于人，则远怨矣"。③ 所谓的"讲仁爱"就是要从对自己的家庭、对自己的亲人做起，处理好与他人的关系时，从而达到"克己复礼""修己安人"以及"正己正人"的目的。因此，仁爱思想对于现代社会精神文明建设方面提供了重要借鉴。一方面要孝敬父母，兄友弟恭，家庭成员相亲相爱，建立和睦、温情的家庭关系。另一方面，要严以律己，宽以待人，以"修己""正身"来感染他人。同样在师德师风建设方面，习近平总书记同样指出，"要加强师德师风建设，坚持教书和育人相统一，坚持言传和身教相统一，坚持潜心问道和关注社会相统一，坚持学术自由和学术规范相统一，引导广大教师以德立身、以德立学、以德施教"。④ 这里的"以德立身""以德立学"以及"以德施教"等就突出强调了教师"德"的重要性，而"守诚信"都是"立德""立学"的重要方面。因此，要将自己的仁爱之心推及社会的方方面面。让整个社会充满在"仁爱"的和谐社会之中。中华优秀传统文化中的"讲仁爱"思想，就是要彰显现代文明建设的伦理道德、人本价值，发挥其在现代生活中的道德教化、价值引导作用，从而对实现中国特色的精神文明建设、公民道德建设做出重要贡献，这正是弘扬中华优秀传统文化的目的所在，也正是人文学科研究者的共同使命。

三 "讲仁爱"对构建人类命运共同体提供理论支撑

"讲仁爱"思想以"成己成人""开物成务"为目的，为构建人类命运共同体提供理论支撑。"夫《易》开物成务，冒天下之道，如斯而已者也。"⑤ 这里主要突出只有通晓万物之理，才能得以办好各种事情。以培养爱心实现自身的和谐，以相互敬爱之心实现人与人之间的和谐，以爱

---

① 朱熹：《四书章句集注》，中华书局 2011 年版，第 125 页。
② 朱熹：《四书章句集注》，中华书局 2011 年版，第 155 页。
③ 朱熹：《四书章句集注》，中华书局 2011 年版，第 154 页。
④ 习近平：《习近平谈治国理政》第二卷，外文出版社 2017 年版，第 379 页。
⑤ 《周易》，杨天才译注，中华书局 2011 年版，第 592 页。

护民众之做法实现人与社会的和谐，以爱惜万物的心胸实现人与自然的和谐。这些思想的合理内核，可以指引我们走出工业文明和技术理性畸形发展所导致的人的"物化""异化"的困境。"讲仁爱"思想在当代社会，有着广泛的价值，只有秉承着一如习近平总书记"我将无我，不负人民"的使命感，才能使"讲仁爱"思想落到实处，进而得到升华与深化，为加速中国特色的社会主义精神文明建设目标而努力。"讲仁爱"就是要人与人之间相互尊重、相互理解、相互关心和爱护，就是要形成团结友善、平等友爱的人际交往和良好的社会氛围。提倡仁爱，就是要爱国、爱家、爱人，就是要谦和、友善、礼貌，就是要怀有赤子之心和家国情怀。在"讲仁爱"思想指导下，"把党和人民需要的好干部精心培养起来、及时发现出来、合理使用起来。以德修身、以德立威、以德服众，是干部成长成才的重要因素"。[1] 这是习近平总书记对于培养干部的重要阐述，旨在通过努力让全社会形成和谐的社会新风貌，充满人文关怀，让中国道路不断拓展，让中国精神得以发扬，使人民在社会主义核心价值观的引导下推进中国式现代化的进程。

"讲仁爱"思想是人与人之间沟通的桥梁。"讲仁爱"思想不仅是个人修身的最基本的道德规范，也是建立和谐人际关系的最高准则。人与人之间的交往是最基本的人际关系，只有处理好人与人之间的关系，我们的社会才能实现和谐和稳定，我们才会拥有一个健康稳定的生活环境。从仁爱的角度出发，孔子提出了忠恕之道的解决办法，"忠恕"之道是处理好人际关系的重要桥梁。在为人处事时，只有处处为他人着想，把别人看成是和自己一样的人，自己想要的，也要让别人也想要，自己不想要的东西也不要强加给别人，以亲身的感受去理解他人，这才是人与人之间关系和睦、社会和谐的基础，"仁爱"思想是实现人与自然和谐的必经之路，而构建社会主义和谐社会必须正确处理好人与自然的关系。孔子并没有从理论上系统阐述"爱物"的生态伦理思想，但是他将"仁爱"思想由道德领域进一步拓展到自然领域时，也提出了自己独特而精辟的见解。孔子说："泰伯，其可谓至德也已矣！三以天下让，民无得而称焉。"[2] 他又说："巍巍乎唯天为大，唯尧则之。"[3] 孔子认为的"至德"

---

[1] 习近平：《习近平谈治国理政》第二卷，外文出版社2017年版，第45页。
[2] 朱熹：《四书章句集注》，中华书局2011年版，第98页。
[3] 朱熹：《四书章句集注》，中华书局2011年版，第102页。

就是天道无私,唯有"至德"是最无私、最崇高的道德。孔子不但"爱民"的同时也更热爱自然、热爱生命,爱惜万物,这就是孔子"钓而不纲,弋不射宿"的情怀,这都说明孔子对大自然的热爱。我们要注重人与自然的和谐发展,坚持走良好的生态文明发展道路,建设资源节约型、环境友好型社会,使人民在良好的生态环境中生产生活,实现经济社会可持续发展。"讲仁爱"思想在当今社会还具有重要的道义教化作用,当个人的利益同他人利益、社会利益以及国家利益发生冲突的时候,这个时候"讲仁爱"思想就会为我们指引一条光明的坦途,同时也为我们的社会主义核心价值观的建构提供有益资源,"牢固的核心价值观都有其固有的根本,培育和践行社会主义核心价值观离不开以儒家道德观念为主要内容的优秀传统思想道德资源"。① 中国历史上不乏为道义而献身的仁人志士,他们可歌可泣的英雄壮举鼓舞和教育了一代又一代的中国人。此外,"讲仁爱"思想在当今世界还具有崇尚和平、守护和平的意蕴,仁爱思想反对不义的战争,主张以理服人,非以武力服人。所有这些都体现了"讲仁爱"思想的真谛。

四 "讲仁爱"思想有利于治国理政的开展

儒家思想认为,为政者在行"仁政"的过程中要举贤任能。"如有博施于民而能济众,何如?可谓仁乎?"② 当鲁国国君鲁哀公向孔子请教为政之道何以能够施行天下的时候,孔子对为政之道作了系统阐述:"举直错诸枉,则民服;举枉错诸直,则民不服。"③ 孔子认为要"举直错诸枉"才能让百姓信服,否则就会得到相反的结果,这就是说要将"民意"作为选官的标准,孔子重视德化思想显然是众望所归。其实这一点,给我们当今国家机关工作人员的启示,就是在我们的治国理政中要慎用权力,"严以用权,就是要坚持用权为民,按规则、按制度行使权力,把权力关进制度的笼子里,任何时候都不搞特权、不以权谋私。"④ 新时期的领导干部要心存敬畏、手握戒尺,能够做到严以律己、慎独慎微、勤于自省,只有这样才能由"仁"入"政",自然做到为政清廉的目的。因

---

① 谢伟铭:《儒家道德观念的传承与发展》,《中国哲学史》2019 年第 6 期。
② 朱熹:《四书章句集注》,中华书局 2011 年版,第 88 页。
③ 朱熹:《四书章句集注》,中华书局 2011 年版,第 59 页。
④ 习近平:《习近平谈治国理政》,外文出版社 2014 年版,第 381 页。

此,"先秦儒家是以'民本—仁政—德治'作为治国指导思想的"①,这种治国思想对于当今之世的治国理政具有重要意义。儒家民本观中民本、仁政、德治观念与当前治国理政思想具有相互契合的基因。

儒家主张德治,反对刑罚,强调以己之行,感化众人也是儒家社群主义对民本思想的坚守,也是群己关系的扩展。季康子问政于孔子:"如杀无道,以就有道,何如?"② 孔子的回答也表明其一以贯之的基本立场:"子为政,焉用杀?子欲善而民善矣!君子之德风;小人之德草;草上之风,必偃。"③ 在这里孔子给季康子的忠告是要提高自己的道德修为,实行仁政,用当政者的躬行践履去影响教化民众,最后一切都会迎刃而解。"为政以德,譬如北辰,居其所而众星共之。"④ 在这里如果能够做到"为政以德"就能使天下百姓心悦诚服,"为政须以仁爱为原则,应杜绝滥刑酷罚,宽宥人命,轻徭减役"⑤,达到"老者安之,朋友信之,少者怀之"的和谐之境,从而达到儒家思想对民本思想肯定的目的,只有得到民众的支持才能真正通达理性的大同社会。"以'仁'为核心的儒家德性精神是中华传统文化价值体系的内核,促进个体道德人格完善,社会至善和谐和国家强盛、民族复兴。"⑥ 中华民族历经数千年的发展,作为本土文化的儒家与道家共同缔造了有别于西方的文化体系,这种文化"不仅滋养了中华民族的精神生命,也为这一文化圈中的其他民族提供了精神营养"。⑦ 而作为入世之学的儒学以极其强烈的国家观意识,"以中华优秀传统文化滋养社会主义核心价值观,彰显了增强国家文化软实力的新自觉"⑧,必将为实现中华民族伟大复兴的中国梦发挥重要作用。

---

① 杨鑫辉、彭彦琴:《孔子孟子的治国思想研究》,《南京师大学报》(社会科学版) 2004年第5期。
② 朱熹:《四书章句集注》,中华书局2011年版,第130页。
③ 朱熹:《四书章句集注》,中华书局2011年版,第130页。
④ 朱熹:《四书章句集注》,中华书局2011年版,第55页。
⑤ 孙宝:《南北朝选官制度与文化兴变》,中华书局2023年版,第693页。
⑥ 梁红军:《儒家德性精神与社会主义核心价值观涵养》,《深圳大学学报》(人文社会科学版) 2015年第3期。
⑦ 王南湜:《当代中国的哲学精神构建的前提反思》,《中国社会科学》2015年第10期。
⑧ 陈卫平:《社会主义核心价值观:优秀传统文化的传承和升华》,《上海师范大学学报》2018年第5期。

第二章　守诚信：中华优秀传统文化彰显的做人准则

中国是历史悠久的文明古国，有礼仪之邦的美誉，历来都非常重视诚实守信的行为和道德规范，而这些行为和道德规范集中体现在"人无信不立""家无信不和""业无信不兴"以及"国无信不兴"等几个方面。因此，"守诚信"思想成为中华优秀传统文化的精髓之一。"守诚信"思想就是要在修身齐家、为人处世、治国理政等方面言行一致，以至诚之心对己对人，做到"言必信、行必果"，在与人交往中做到言出必行、有诺必践，做到"君子一言、驷马难追"，以最大努力践行人生之信条。"品行诚信的廉风，贫贱不移的廉志……是乃立身之本、立国之本、立世之本"[①]，儒家诚信思想具有丰富的价值内涵，是集立体性、贯通性、多维性和有机性于一体的价值系统。

第一节　"守诚信"的释义与历史演变

"守诚信"思想作为中华优秀传统文化的核心，不仅内容丰富，源远流长，而且包含诸多独到而深刻的思想认识。"守诚信"思想是中华优秀传统文化在思想遗产方面的瑰宝，具有重要的学术价值和极强的现实意义。"守诚信"思想是中华民族传承至今的优良美德，也是儒家思想博大精深的体现，"仁"和"礼"是其思想的核心，"仁"是"礼"的内化，"礼"是"仁"的表现，但不管是儒家的"仁"还是"礼"都一直把"诚"作为其核心范畴。随着社会的发展，"守诚信"思想也被赋予了新的内涵和意义，"守诚信"思想也是社会主义核心价值观的重要内容之

---

① 张立文：《儒家伦理与廉政》，《中州学刊》2014年第6期。

第二章　守诚信：中华优秀传统文化彰显的做人准则 / 83

一，只有把握"守诚信"思想的特质和真谛，才能促进社会和谐，进而推动实现中华优秀传统文化中"守诚信"思想的现代性转化与创新性发展。

一　"诚"之释义

"诚"是儒家伦理道德文化的核心概念，既是一种德性修炼的至高境界，也是人们锤炼本心的修养途径，是世界观和方法论的有机统一。在我国古代，"诚"与"信"起初是既对立又统一的道德范畴，"诚"最早起源于《周易》，强调内心的真实，且有多层含义。"诚"不只表现为自然天道的法则，也表现为人的本性。《中庸》中说"诚者，天之道也；诚之者，人之道也。诚者不勉而中，不思而得，从容中道，圣人也。诚之者，择善而固执之者也"。[1] 这句话旨在表明：真诚是上天的原则，而追求真诚是做人的原则。朱熹在《四书章句集注》中注解道："诚者，真实无妄之谓，天理之本然也。诚之者，未能真实无妄，而欲其真实无妄之谓，人事之当然也。圣人之德，浑然天理，真实无妄，不待思勉而从容中道，则亦天之道也。未至于圣，则不能无人欲之私，而其为德不能皆实。故未能不思而得，则必择善，然后可以明善；未能不勉而中，则必固执，然后可以诚身，此则所谓人之道也。"[2] 通过朱熹的解读，可以看出孔子所谓的"诚"旨在说明，天生真诚的人，就是圣人，他们不用勉强就能做到真诚，不用思索就能够拥有真诚，也就自然而然地符合上天的原则。对于平常之人而言，能够努力做到真诚，就是设定好目标之后，为之付出一切的执着追求。

当然在《朱子语类·中庸三》中也有清晰的界定："诚者，真实无妄之谓，天之道也。"这里朱熹所谓的"诚"就是诚实不妄为，就是做事符合客观事实，谓之为"天之理"。在儒家文化体系中，"诚"是一种美德，是一种心思澄明、内在真诚的品质，"诚"以"真"为根，"真"为"诚"的本质。"真"就是要求人们彻见澄明的真性，表里如一，心诚至明。正如庄子所言："真者，精诚之至也。不精不诚，不能动人。"[3] 庄子对"真"与"诚"之间的关系作了新的解读，所谓的"真"就是精诚到了极点。不够精诚，就不能感动别人。做人就要守住本真，一个不真诚

---

[1]　朱熹：《四书章句集注》，中华书局2011年版，第32页。
[2]　朱熹：《四书章句集注》，中华书局2011年版，第32页。
[3]　《庄子》，孙通海译注，中华书局2016年版，第365页。

的人是不能打动别人的,更得不到别人的认可和赞同。

明代凌濛初在《初刻拍案惊奇》第九卷所谓的"精诚所至,金石为开,贞心不寐,死后重谐",总体而言,就是要告诫人们要真诚待人,其中后一句是爱情的誓言,相爱的两个人只要诚心相待,那么即使相爱的两个人过世了,其爱情仍是坚贞不变、依然能够相偎相依,此即"诚"应具有的蕴意。同时,"诚"亦是方法论层面的"诚心""诚意",也是儒家圣贤所主张的正心、诚意、修身、齐家、治国、平天下的基础和前提。一个人要用"诚"来不断地洗涤内心、改善行为,才能通达"止于至善"的最高境界。

从儒家经典文献的相关论述可以看出,儒家的"诚"的概念和地位举足轻重,把"诚"看成是宇宙万物的根本,"自诚明,谓之性;自明诚,谓之教。诚则明矣,明则诚矣"。[1] 正是因为诚恳便可以明白事理,这就是天性;由于明白事理而做到诚恳,这又是教育的结果;真诚就会明白事理,能够明白事理也就能够做到真诚。这里讲的"性"与"教"具有一定的统摄性作用。而真诚与明白事理相辅相成。"德无不实而明无不照者,圣人之德。所性而有者也,天道也。先明乎善,而后能实其善者,贤人之学。由教而入者也,人道也。诚则无不明矣,明则可以至于诚矣。"[2] 这里朱熹用"圣人之德""天道""人道"来表达"诚"足以可见其重要性,因为从哲学层面上讲,"诚"属于"天道"范畴的本体论意义,但从伦理的角度来看,"诚"归为"人道"范畴的伦理意义。可见,无论从哲学层面还是伦理角度,"诚"在传统哲学中有着至关重要的定位。

儒家思想认为,"诚"是人性之道、德行之本。在儒家文人看来,了解"诚"的道理,就是要顺乎自然的规律,突显了以"诚"待人,以"诚"做人的基本原则。早期儒家思想中,"诚"是被视为一种社会道德规范,是人内心真实情感的表露,是人们做事的一种基本素质。《论语》中有:"诚不以富,亦祗以异。"[3] 这一句是朱熹根据考证补充进去的,他

---

[1] 朱熹:《四书章句集注》,中华书局2011年版,第33页。
[2] 朱熹:《四书章句集注》,中华书局2011年版,第33页。
[3] 胡氏曰:"程子以为第十二篇错简'诚不以富,亦祗以异',当在章之首。今详文势,似当在此句之上。言人之所称,不在于富,而在于异也。"愚谓此说近是,而章首当有孔子曰字,盖阙文耳。大抵此书后十篇多阙误。朱熹:《四书章句集注》,中华书局2011年版,第162页。

是站在达人之道而言的,这里的"诚"是作为助词出现的,起强调作用。一般而言,君子之道都是修中行,行中修,立己和达人齐头并进、互为成就的。但是到了治国层面,一般都是君子之道会小有所成。所谓的"立己"是先让自己的德性丰满丰盈,如孟子所言,善养吾浩然之气,就是让这个浩然之气充盈内心。"诚"作为当时那个社会一直被张扬的思想道德体系,对于建构人与人之间交往的道德规范具有重要意义。

二 "信"之释义

"信"是儒家"五常"中的重要组成部分,是儒家对人们普遍性伦理德性的根本要求。在儒家文化中,"信"作为一种处理人际关系必须秉承的美德,是人与人之间相互信任、合作的基础和前提。《说文解字》中对"信"解释为"人言为信","信"源于《尚书》,重在强调与人交往要做到不自欺、不欺人。"尔尚辅予一人,致天之罚,予其大赉汝。尔无不信,朕不食言。尔不从誓言,予则孥戮汝,罔有攸赦。"[1] 这篇文章是商汤讨伐夏桀决战开始之前当众发布的一篇出征动员令。商汤旨在表明,倘若你们肯辅助我,完成上天对夏的惩罚,我将大大地赏赐你们,你们一定要相信我的话,我绝不食言。如果你们不听从我的宣言,我就会让你们做奴隶或受刑戮,你们中的任何一人都不能幸免。虽然这确实带有要挟民众之意,但是也充分体现了"信"的重要性。在《论语》中,有关"信"的表述有很多,诸如"与朋友交言而有信"[2] 以及"人而无信,不知其可也"[3] 等,都体现了"信"所包含的对内不自欺、对外不欺人的重要含义,对于国际社会交往而言,诚信依然具有重要意义。"坚持互商互谅,破解信任赤字。信任是国际关系中最好的黏合剂。"[4] 从习近平总书记的这段表述可以看出,"诚信"对于建立良好的国际关系意义深远。

在《论语》中有:"子以四教:文,行,忠,信。"[5] 这里的"信"主要是指人与人之间的交往应该遵循良好的信用规范,基本上是对"诚"的继承与补充,虽然在表述中略有差异,但是二者的统一,使其从整体

---

[1] 《尚书》,顾迁译注,中华书局 2016 年版,第 91—92 页。
[2] 朱熹:《四书章句集注》,中华书局 2011 年版,第 51 页。
[3] 朱熹:《四书章句集注》,中华书局 2011 年版,第 60 页。
[4] 习近平:《习近平谈治国理政》(第三卷),外文出版社 2020 年版,第 461 页。
[5] 朱熹:《四书章句集注》,中华书局 2011 年版,第 95 页。

上成为一种人与人之间建立正常社会交往关系的基本道德规范。孔子以"文、行、忠、信"四个重要层面对学生进行教授。朱熹对此句没有作更多的解释，只是引用了程子的一句话："教人以学文修行而存忠信也。"①这里重在突出"忠信，本也"的道理。"信"指的是一种为人真实、可靠、言行一致的高贵的人格品质，体现在为人处世中，就是敢说真话、肯办实事，对人诚恳守信、不说大话、不言诳语等。

在处理国际关系问题中，增进互信、加强合作才能取得更大发展。2018年6月，习近平总书记谈到"上海合作组织"时指出："上海合作组织始终保持旺盛生命力、强劲合作动力，根本原因在于它创造性地提出并始终践行'上海精神'，主张互信、互利、平等、协商、尊重多样文明、谋求共同发展。这超越了文明冲突、冷战思维、零和博弈等陈旧观念，掀开了国际关系史崭新的一页，得到国际社会日益广泛的认同。"②相对于"诚"而言，"信"更注重外在行为的真诚、诚实，注重对身边朋友、家庭中亲人的一种口头、行动上的守信、信任，是一种外化尺度鲜明的伦理品质。"信近于义，言可复也；恭近于礼，远耻辱也；因不失其亲，亦可宗也。"③孔子认为在"信用"这一问题上，讨论讲信用要符合于义，只有符合于义的话才能实行；恭敬要符合于礼，这样才能远离耻辱；所依靠的都是可靠的人，这种人也必然值得尊重。

春秋战国时期，儒家的"信"不再仅仅局限于对鬼神的崇拜，逐渐成为社会的一种道德追求并形成了一种约定俗成的道德规范。孔子说："道千乘之国，敬事而信，节用而爱人，使民以时。"④孔子认为治理一个拥有一千辆兵车的国家，就要严谨认真地办理国家大事而又恪守信用，诚实无欺，节约财政开支而又爱护文武百官，役使百姓不要耽误农时，这里孔子强调的是"信"的重要作用。《论语》中有"十室之邑，必有忠信如丘者焉，不如丘之好学也。"⑤孔子认为即使是十户人家的地方，也一定有忠诚信实的人，但是不一定有比他更好学的。当然这里隐含着处处有贤人之意，同时也足以说明孔子是一个十分坦率而直爽的人，他

---

① 朱熹：《四书章句集注》，中华书局2011年版，第95页。
② 习近平：《习近平谈治国理政》（第三卷），外文出版社2020年版，第440页。
③ 朱熹：《四书章句集注》，中华书局2011年版，第53页。
④ 朱熹：《四书章句集注》，中华书局2011年版，第51页。
⑤ 朱熹：《四书章句集注》，中华书局2011年版，第81页。

认为自己的忠信并不是最突出的,因为在只有十户人家的小村庄,也可能有比他更讲求忠信的人。但他坦言自己非常好学,也表明他承认自己的德性和才能都是自己修来的,而非"生而知之"。

三 "诚信"之释义

从战国时期开始,把"诚"与"信"或者"忠"与"信"合起来讲,用以表明人与人之间良好的交往要"讲信用""说到做到"以及"言而有信"。因此,"讲诚信"思想化为一种社会道德规范,也是中国儒家历史上延续了近两千余年的文化思想精髓。"诚信"是"内诚"和"外信"的有机统一,是人们需要恪守的为人处世的基本原则,"《中庸》最后要达到的是诚者不勉而中、不思而得、从容中道的圣人境界"[1]。《逸周书·大匡解第十一》有云:"成年不尝,信诚匡助,以辅殖财。"这句话讲的是丰年也不急于偿还,真诚进行救助,便于辅助百姓生财。《周书》第一次将"诚"和"信"进行结合,实现其道德层面上的统一,其含义是诚实守信、信守诺言、表里如一。《礼记》中有"父母既殁,慎行其身,不遗父母恶名,可谓能终也。夫仁者,仁此者也;义者,宣此者也;忠者,中此者也;信者,信此者也;礼者,体此者也;行者,行此者也;彊者,彊此者也;乐自顺此生,刑自反此作。"[2] 这里的"信者,信此者也"指的是有德行的人,祭祀是为了表达其诚信、忠心和敬仰。《北齐书·尧雄传》有言曰:"雄虽武将,而性质宽厚,治民颇有诚信。"这里讲的是尧雄虽为武将,但为人谦和、品性宽厚、能宽以待人,在治理国家、管理百姓方面一直都能恪守诚信,因而得到百姓的爱戴。

孟子对于"诚""信"进行了融合与发展。"居下位而不获于上,民不可得而治也。获于上有道:不信于友,弗获于上矣。信于友有道:事亲弗悦,弗信于友矣;悦亲有道:反身不诚,不悦于亲矣;诚身有道,不明乎善,不诚其身矣。是故诚者,天之道也;思诚者,人之道也。至诚而不动者,未之有也;不诚,未有能动者也。"[3] 孟子认为职位低下,又得不到上级的信任,这样是治理不好百姓的。只有得到上级和朋友的信任才能处理好各方面的关系。同样,要想处理好孝敬父母、尊重师长、友爱朋友等各方面的关系,也要做到"诚"。因为"诚信"是天定的道

---

[1] 陈来:《论儒家的实践智慧》,《哲学研究》2014年第8期。
[2] 《礼记孝经》,胡平生、陈美兰译注,中华书局2016年版,第192—193页。
[3] 朱熹:《四书章句集注》,中华书局2011年版,第263页。

理，追求"诚信"是做人的道理。出于至诚而不能打动人心，是从来没有过的事；而不讲诚信，也是不能打动人心的。从这些论述中可知"信"就是"诚信"之意，在儒家伦理道德思想中以"诚"与"信"分别阐述的形式而存在，其内涵中都包括有"真实""诚实"等相似的概念，在一定程度上二者是互融互通的，但也略有不同。儒家文化从德性视角实现了"诚"与"信"的辩证统一。关于"诚"，从天道而言，是一种内在的道德品质，是"信"的前提和基础，"信"从人道而言，是"诚"的外化和表现，两者在"仁""礼"的基础上实现统一，构成了"诚信"的品性。

《新唐书·曹华传》中也有关于"诚信"的使用："华虽出戎伍，而动必由礼，爱重士大夫，不以贵倨人，至厮竖必待以诚信，人以为难。"北宋王安石有类似的诗句："自古驱民在信诚，一言为重百金轻。今人未可非商鞅，商鞅能令政必行。"（宋·王安石：《商鞅》）这里王安石讲的是自古至今，管理百姓在于讲信用，说到做到，这里重在表明商鞅是讲信用的榜样。换言之，就是不要被一些反对变法的人所动摇，要学习商鞅那种不屈不挠的精神，新法就一定能够推广。到了南宋，叶适在其《太府少卿李公墓志铭》诗中有言曰："故参知政事吴兴李公，以诚信质直事孝宗"，这里叶适旨在强调"诚信"的作用。

自古以来，"诚信"是人类社会亘古不变的道德规约和价值准则；在当代社会，"传承以'孝道''诚信''仁爱'为代表的中华民族传统道德理念，是培育、弘扬社会主义核心价值观的极佳切入点"。[1] 儒家"内诚于心、外信于人"的思想一直是中华民族立人、立事和立国的基本道德要求。纵观我国几千年的文明发展史，上至约束皇帝的"君无戏言"，下至规约百姓的"言必信，行必果"等，无不散发着"诚信"理性的光辉和道德的光芒。总之，"诚信"是我们为人处世必须遵守的道德规范和道德准则，对个人、社会、国家都具有重要意义。

---

[1] 颜世元：《自觉传承优秀传统文化中的道德理念大力弘扬社会主义核心价值观》，《东岳论丛》2014年第12期。

第二节 "守诚信"的基本内涵

古代先贤视"诚信"为个人的安身立命之本，诚信也促进了国家进步、社会发展。"守诚信"思想涵盖了为人处世、治国理政等诸多方面，诚信观在儒家仁、义、礼、智、信的五常伦理体系中占有极为重要的地位。因此，中华优秀传统文化蕴含着丰富的诚信资源，挖掘"守诚信"思想的价值意蕴具有重要意义。特别是"我国'加速拐弯式'社会转型引发的严重社会诚信缺失，突显了对传统诚信文化现代性转化的诉求"。①

一 "守诚信"思想的发展与演变

在古代汉语中，"诚"和"信"往往是独立使用的两个字，因此，在我国古代传统伦理思想中，这两个字原本也是两个相对独立的道德单元。但是，在我国儒家传统价值观中，"诚"总是与"信"紧密联系在一起，且二者都具有求真实、讲信用、守诺言等多个层面的含义。中国儒家的"仁""义""礼""智""信"的"五常"贯穿于中华优秀传统文化以及中华道德伦理思想的整个发展史之中，成为浸润中华优秀传统文化的最核心要素。在"五常"中，尽管"信"字被放在最后，但它起着压轴的作用，其所涵具的重要分量是不言而喻的。儒家"守诚信"思想一直潜藏在中华优秀传统道德的发展过程中，"信"一直被儒家推崇为"人道"的第一原则，是儒家道德人格的最高境界，后又逐步发展为"守诚信"思想，虽然不同的历史朝代，"守诚信"思想略有出入，但其共同之处在于，一致强调人们在交往过程中要恪守信用、表里如一。

"守诚信"思想在殷商、西周时期处于萌芽阶段。殷商、西周时期，文字已经基本形成，加之当时周朝强调以礼乐治国，客观上促进了诚信思想在这一阶段的萌芽。众所周知，殷商推崇"神本"思想，这在孔子的论述中可见一斑。孔子认为夏代的治国原则是崇尚君主的政教，侍奉鬼神但敬而远之，亲近人并且待人忠厚，重俸禄而轻威严，重奖赏而轻刑罚。这给人们造成的弊端就是愚蠢无知，骄傲粗野，笨拙不知道粉饰其过错。殷人尊崇鬼神，领导人们侍奉鬼神，重鬼神而轻视礼仪，重刑

---

① 武林杰：《中国传统诚信文化的现代性转化》，《伦理学研究》2016年第3期。

罚而轻视奖赏，尊严而不亲和，所有这些都给人民造成了一个无法弥补的缺憾，那就是放荡而不安分，好胜而没有廉耻之心。周人崇尚礼而好布施恩惠，尊奉鬼神但敬而远之，亲近人并且忠厚待人，用爵位等来对人进行赏罚，所有这些造成的问题是出现了贪利取巧，重文饰而不知羞愧，相互残害而不知道事理，这些都是神本思想的重要来源。

由尊"神本"而衍生出的"守诚信"思想被看作是上天的旨意，是神的要求，于是就有了《礼记·祭统》所谓"是故贤者之祭也，致其诚信，与其忠敬，奉之以物，道之以礼，安之以乐，参之以时，明荐之而已矣！不求其为，此孝子之心也"的观点。这种观点认为，有德能的人只有通过祭祀才能够表达其诚信、忠诚和对神的敬仰，这也是真正的孝子之心。《礼记·表记》也有"君子不失足于人，不失色于人，不失口于人"。这里是指君子不让自己的行为不检点，不在别人面前失态，也不让自己无意中说出不应该说的话。有道德修养的人在社交场合中，非常注重自己的言行举止，说话能够掌握分寸，做事沉着稳重，绝不鲁莽急躁，流露浅薄之相。其实这正是社会对于"守诚信"思想的最高要求，一个道德修养好的人，往往是一个注重仪表、讲究礼貌的人，能够做到在他人面前不失体统、谨言慎行、诚实守信，只有这样才能使自己的事业成功概率得以最大化。这旨在告诫人们怎样做才是一个君子的修为，即"讲信修睦"就是要告诫人们讲究诚信、信用才能有和睦的人际关系。总体来看，这一时期的"诚信"思想尚处在对神灵的崇拜、君臣之间的诚信政治化、结盟示诚等萌芽阶段。

随着经济的发展，人们的思想意识逐渐产生转变。社会发展到最后，"神本"逐渐向"人本"方向转化，直到春秋战国时期，诚信思想才基本形成。那一时期思想领域内的"百家争鸣"为诚信思想提供了丰富的精神滋养，各学派对诚信都有所阐发并做了进一步的继承与发展。孔子说："上好礼，则民莫敢不敬；上好义，则民莫敢不服；上好信，则民莫敢不用情。"[1] 孔子认为，凡是要求下属做好的，自己首先必须做好；凡是要求下级做到的，自己首先必须做到；凡是要求下级不做的，自己首先坚决不做。这就是作为"上"者是一种责任，也是一种使命。这是因为榜样的作用是无穷的，其以向上、向好、向善为范，而向上、向好、向善

---

[1] 朱熹：《四书章句集注》，中华书局2011年版，第134页。

就一定能成为这个社会的主旋律。以孔子为代表的儒家学派认为，无论是人际交往还是巩固政权，都需要把"诚信"作为根基，否则一切都是空谈。这里的"上好信，则民莫敢不用情"的"情"是民众对国家的信任，同时民众也要努力恪守诚信。

儒家经典《孟子》对"诚""信"两个概念的差异进行了系统的辨析。中华民族在历史上素有"礼仪之邦""诚信之邦"的美誉。"守诚信"作为中华优秀传统文化的精华，在个人的成长、成才以及国家对外交流、交往中都是必须恪守的道德准则，具有重要而深远的影响。《尚书》《礼记》以及"四书"（《论语》《大学》《中庸》《孟子》）等重要的儒家经典，奠定了中华优秀传统文化中的"守诚信"主要思想，并初步形成了诚信思想的基本雏形。到了孟子那里，儒家思想将诚信上升为"天道"的高度，认为天地变化有其自身的规律，即不以人的意志为转移的客观规律，此之谓"天道"。因此，"守诚信"就是守住"真实性"的天道，也是宇宙万物存在和发展的基础，唯有真实才能取得信任。儒家思想特别注重对诚信的坚守，认为这是宇宙万物必须遵守的基本法则，也是人之为人必须要将诚信观念内化为立身处世的行为规则之中。《周易》中有："默而成之，不言而信，存乎德行。"[1] 这里所表达的就是上天的变化是诚实可信的，也是天道的表现，正是遵循着天道的变化规律才赢得了信任，而且认为这种"天之道"又是人们必须学习和遵守的。人们必须按照天道也就是规律性办事，否则会受到惩罚，因而决不能随心所欲。

汉唐时期，诚信思想逐步沉淀下来并得到巩固。汉唐时期的诚信思想内涵丰富，全面地概括出诚信思想所涉及的相关内容。一方面，诚信被视作德行的核心、行为的规范。另一方面，人们充分肯定了诚信在国家、人、社会三个支点中所处的重要位置，而且将"诚信"与"忠"之间的关系做出阐述。贞观统治集团君臣之间和谐相处，具有强韧的政治向心力。唐太宗以善于求谏、纳谏、选贤、用贤而著称于世。李世民在位期间，能够做到恪守诚信，对于君道思想有着清醒的认识，深知君臣的同心协力，君臣"遇合"的重要性。"正主任邪臣，不能致理；正臣事邪主，亦不能致理。惟君臣相遇，有同鱼水，则海内可安。朕虽不明，

---

[1] 《周易》，杨天才译注，中华书局2011年版，第600页。

幸诸公数相匡救，冀凭直言鲠议，致天下于太平。"① 李世民的鱼水关系的阐发就是以诚信为基。李世民深知"人君必须忠良辅弼"，才能够"身安国宁"，所以他要求君臣上下"各尽至公，共相切磋，以成理道"。② 君与臣各守其道，才能造就"君臣上下"建立起协力同心的君臣关系。贞观统治集团内部强大的政治认同感和凝聚力，为创建"治世"提供了条件。"君臣遇合"是自古以来公认的理想君臣关系，贞观统治集团在一定程度上实现了这一政治理想。这就是李世民重视"诚信"的结果，是对于国家而言的公信力，强调诚信对于国家而言的重要意义。《白虎通义·情性》也有"信者，诚也，专一不移也"。这里的信就是诚实、专心一意不改变的意思。对任何事能做到持之以恒，也是一种诚信的表现。诚信的可贵之处在于，一个人不因时间、空间的变迁，身份、地位的变化而改变初衷。这就是孔子所谓"久要不忘平生之言"③ 的真谛，说明诚信的品德要经受得住时间的检验。讲究诚信不是一个人心血来潮的举动，而是应该坚持一生的道德操守。某件事情一旦做出承诺，不论要耗费多少心血，经历多少困难，花费多少时间，都要不折不扣地付诸行动，换言之，时间是诚信最好的"试金石"。"儒家诚信观强调内在道德性的培育，认为源自内心的诚意是守信的根本，表里如一才是诚信的本质，同时守信必须以信约合乎道义为前提。"④ 一个恪守诚信的人，往往是有意志、有毅力的人。可以说，汉唐时期的诚信思想承袭了先秦以来诚信思想的精华，并将其进一步发展，不仅扩展了诚信的涵盖范围，而且将其在政治层面作出规定，将诚信思想提升到新的高度。

宋元明清时期是诚信思想的成熟和深化阶段。宋明理学的发展对于诚信思想的拓展和深化起到重要的推动作用。周敦颐认为，"诚"是天地之间一切善行的本源，是人的本性，同时也是做人的最高境界。周敦颐在《通书》中写道："诚者，圣人之本。大哉乾元，万物资始，诚之源也。乾道变化，各正性命，诚斯立焉。纯粹至善者也。"这是周敦颐对"诚"的重要阐发，"诚""信"是朱熹伦理思想的重要范畴。朱熹对诚、

---

① 《贞观政要》，骈宇骞译注，中华书局2011年版，第45页。
② 《贞观政要》，骈宇骞译注，中华书局2011年版，第46页。
③ 朱熹：《四书章句集注》，中华书局2011年版，第142页。
④ 杨飞龙：《儒家思想的诚信准则及其当代启示》，《中南大学学报》（社会科学版）第4期。

信的内涵作了精辟的分析，并对诚信的伦理意义和方法论意义作了进一步阐发，建立了理学家体用统合的诚信道德理论。朱熹的诚信思想意蕴丰富，对中华民族的诚信传统有着深刻的影响。

朱熹在对《孟子》的"是故诚者，天之道也；思诚者，人之道也"[1]进行阐释时解释道："诚者，理之在我者皆实而无伪，天道之本然也；思诚者，欲此理之在我者皆实而无伪，人道之当然也。"[2] 在对《孟子》的"至诚而不动者，未之有也；不诚，未有能动者也"进行解读时引用杨氏的话："动便是验处，若获乎上、信乎友、悦于亲之类是也"[3]，这里更凸显了"信"的重要性。朱熹对"信"的解释更多是从人伦意义出发的，其核心内涵是出自内心的一种忠诚，信实，重承诺，守信用。"信"是实实在在的"理"，遵守信实，诚实无欺，做到表里如一，就是"信"，不说假话、空话，做到言行相符，信守承诺。此外，明清时期的诚信较多地应用于商业活动之中，信守承诺、诚信经营，为当时那个时代有原则的商人们带去了巨大的经济利益。

总而言之，"中国传统儒家的诚信理论是中国古代诚信思想的核心。儒家诚信理论酝酿于中国传统宗法和农业社会的土壤中，它有着独特的追求内心至诚的道德价值"[4]，中华优秀传统文化中的"诚信"思想主要以儒家为主体，兼容并包各家思想，在传承中发展、在发展中创新，形成了传统的诚实、守信的价值理念，在当今时代仍然蕴涵着重大的意义。一方面，为我们今天把诚信写入社会主义核心价值观中提供了理论支撑；另一方面，"守诚信"思想也是解决台湾问题的关键，2015年11月，习近平总书记指出："两岸双方应该加强交流对话，增进政治互信，通过平等协商、积极探讨，推动解决两岸之间长期存在的各种难题，同时管控好矛盾和分歧。"[5] 这里的政治互信就是"守诚信"思想的具体表达。

二 "守诚信"思想是修身、治家之道

儒家思想经过几千年的传承与发展，一直把"守诚信"思想作为立

---

[1] 朱熹：《四书章句集注》，中华书局2011年版，第264页。
[2] 朱熹：《四书章句集注》，中华书局2011年版，第264页。
[3] 朱熹：《四书章句集注》，中华书局2011年版，第264页。
[4] 尚珩：《试论中国儒家"诚信"思想的理论、困境及完善》，《政治与法律》2007年第5期。
[5] 习近平：《习近平谈治国理政》（第二卷），外文出版社2017年版，第430页。

足社会的最首要的前提和基础，并把诚信推崇为一种道德规范和人格修养的自我践履的重要内容。作为立人、立身之本的诚信是实现个人道德修养的根本途径，从而成为立身处世、建功立业的重要保证。"儒家思想的诚信准则对当今社会仍然有普遍的指导意义，是弘扬社会主义诚信价值观不可或缺的资源。"①"守诚信"作为个人必须信守的道德规范，是一个人走上正途所需要的道德品质。人之为人，是否能做到"诚信"是人与动物相区别的重要标志，诚信自古以来就被人们所尊崇，并作为立德修养的重要途径。

（一）"守诚信"是立身之本

"守诚信"是一个人安身立命的根基。"人而无信，不知其可也。大车无輗，小车无軏，其何以行之哉。"②孔子认为如果一个人没有了"诚信"，也就失去了立身处世的根本，难以在社会生活中生存。"讲诚信、守信誉是中华民族的传统美德，是每个人安身立命的根本所在，也是历代中国人崇高的价值追求。作为中国传统文化价值观的精华之一，儒家的诚信伦理包括诚实不欺、言行一致和诚信合一等丰富内涵，它在儒学体系中占有重要的地位"③，可见，"守诚信"对每个人而言至关重要。尤其是目前的市场经济社会，物欲横流、人情变淡，人与人之间越异化为一种由物质衡量的利益关系，在这些现实情况之下，人与人之间的诚信变得更加重要，如果不守诚信，就会丧失在社会中生存的基础，从而导致经济支撑和人际关系的丧失，这两者对现代人的生存发展至关重要，所以诚信的地位举足轻重。儒家的哲学家们对"诚信"的地位以及内涵也进行了剖析。儒家将信守"诚信"作为个体"修身养性"的根本价值原则，从人的本性和生活现实出发，相信"内诚于心"是人品修养和做人的根本原则。

在儒家经典里，评价品德高尚的人都离不开"守诚信"这个最基本的价值原则、最起码的道德要求。"儒家把诚信看作人生之本，甚至立国治国之本。虽无这方面的专著，但几千年传承中，散见于历代思想家的

---

① 杨飞龙：《儒家思想的诚信准则及其当代启示》，《中南大学学报》（社会科学版）第4期。
② 朱熹：《四书章句集注》，中华书局2011年版，第60页。
③ 涂可国：《儒家诚信伦理及其价值观意蕴》，《齐鲁学刊》2014年第3期。

论述真可谓汗牛充栋,形成了独特的内容和深厚的文化底蕴。"①

尤其是在主张仁者爱人思想的孔子看来,"守诚信"关乎人的基本品格和做人原则,因而也被赋予了最为重要的内容。孔子的学生子张问仁于孔子,孔子的回答是:"能行五者于天下,为仁矣。"② 接着孔子又给其学生说出了何谓"五者"以及它们的具体作用:"恭,宽,信,敏,惠。恭则不侮,宽则得众,信则人任焉,敏则有功,惠则足以使人。"③ 这里孔子对五种美德作了具体的阐述:恭敬就不会招致侮辱,宽厚就会得到众人的拥护,诚信就会得到别人的任用,勤敏则会取得功绩,慈惠就能够使唤人。可以看出,孔子对于诚信极为看重,只有做到了诚信才会得到别人的信任,也才能得到别人的任用。在当下的对外外交中,践行"守诚信"思想,广交天下朋友才能为中国特色社会主义现代化建设提供更为广阔的外部条件。2018 年 6 月,习近平总书记指出:"我们倡议将中国共产党与世界政党高层对话会机制化,使之成为具有广泛代表性和国际影响力的高端政治对话平台。2000 多年前,中国古代思想家孔子就说,益者三友,友直、友谅、友多闻。中国共产党愿广交天下朋友。"④

孔子的学生子夏说:"君子信而后劳其民,未信则以为厉己也;信而后谏,未信则以为谤己也。"⑤ 子夏的意思是说,君子必须取得老百姓的信任,老百姓才会心甘情愿地听其言而去做事;对于上级也是如此,只有先取得了信任,才能去规劝;否则的话,领导会以为你在诽谤他。孔子说:"君子义以为质,礼以行之,孙以出之,信以成之。"⑥ 孔子认为作为一个君子做任何事情都应该以道义作为修身的本质,并以礼制作为载体来运行,通过谦逊来表达,通过诚信来圆满地完成,只有这样才算得上是君子。由此可以看出,孔子所谓的作为君子的四条行为准则也同样涉及"信"的重要性,那就是"信以成之"的道理。

(二)齐家之道

"守诚信"不仅对于个人的成长意义重大,同时也是治理好自己"小

---

① 沈慧芳:《儒家诚信的内容及其改造》,《云南民族大学学报》(哲学社会科学版)2005 年第 1 期。
② 朱熹:《四书章句集注》,中华书局 2011 年版,第 165 页。
③ 朱熹:《四书章句集注》,中华书局 2011 年版,第 165 页。
④ 习近平:《习近平谈治国理政》(第三卷),外文出版社 2020 年版,第 438 页。
⑤ 朱熹:《四书章句集注》,中华书局 2011 年版,第 176 页。
⑥ 朱熹:《四书章句集注》,中华书局 2011 年版,第 155 页。

家"的重要法宝。家国体系是儒家勾勒出的政治蓝图，齐家是治国、平天下的基础和前提，这就是清代刘蓉在《习惯说》中谈到的："一室之不治，何以天下家国为？"换言之，这就是"一家不治，何以治天下"的道理。《礼记》有："一家仁，一国兴仁；一家让，一国兴让；一人贪戾，一国作乱：其机如此。"① 其含义是，一家仁爱，一个国家也会仁爱，从而兴旺发展；一家礼让，一个国家也会礼让，从而和谐发展；一个人贪婪暴戾，那么一个国家就会犯上作乱，从而导向无底的深渊。换言之，那就是"一家兴，一国则兴；一家乱，一国则乱"的道理。《诗经·扬之水》有诗云："扬之水，不流束楚。终鲜兄弟，维予与女。无信人之言，人实诳女。扬之水，不流束薪。终鲜兄弟，维予二人。无信人之言，人实不信。"弯弯的小河，流水静静，成捆的荆条漂载不起来，娘家兄弟不多，劝丈夫不要听信他人挑拨诳骗闲话。

"守诚信"是儒家倡导的治理家庭的重要原则，孔子提出："谨而信，泛爱众而亲仁。"② 孔子告诫我们说话要谨慎，做到言而有信，和所有人都友好相处，亲近那些具有仁爱之心的人。应该说作为教育家的孔子极其重视道德教育，他不仅有高深的思想，也有平易近人的教法。要做到待人接物，做到严谨守信，做到这些之后，再去谈及文化知识的事情。要求每个家庭成员之间要以诚相待，友爱相处，而不是无休止地欺骗和伤害。如果家庭之间充满虚伪、欺骗，夫妻、子女之间彼此不真诚相待，那么最终的结果是家庭四分五裂，危害社会的稳定、发展。特别是现代社会，因为工作、生活的原因，人们的生活空间更为广阔，人与人之间的关系变得更加复杂多变，尤其是夫妻之间，只有做到诚信，才能维持家庭团结、夫妻和谐。如果连家庭中的夫妻之间、父母之间、兄妹之间的关系都是一团糟，那么哪有心思去工作，更何谈治国平天下？因此，幸福的重要因素，就是号召家庭成员用"诚信"铸牢家庭成员之间的关系，营造和谐、美满的家庭氛围。

三 "守诚信"思想是为人处世之道

儒家思想认为在社会交往中需要遵循"守诚信"的基本原则，只有这样才能得到别人的认可和尊重，才能促进社会的健康发展。换句话说，

---

① 朱熹：《四书章句集注》，中华书局2011年版，第10页。
② 朱熹：《四书章句集注》，中华书局2011年版，第51页。

"守诚信"思想无论是从个人维度还是社会维度都具有重要作用。从个人维度来看,其可以成就自我,更利于自己的发展;从社会维度来看,其可以成就大我,促进人类社会的良性发展。

(一)"守诚信"是人际关系的法宝

在为人处世中,我们要发掘出自己本性中的真实无妄的"诚"与"信",做到不欺骗自己,不欺骗他人,不做那些不合乎人伦事理的事情,所以在社会交往活动中,也获得了他人的"诚"与"信"。因此,能做到"诚"与"信",也就自然而然地成就了自己,养成了良好的行为,而在我们成就自己的同时,我们所生存的社会环境也自然地得到相应的提升,形成良好的社会风气,使社会秩序井然有序,人人又都从这个安定祥和的环境中受益。此外,儒家"守诚信"思想是双向的要求,不仅严格要求自己,同时也要求别人也这样做。"儒家的诚信其中固然有其难以超越的历史局限,但在现代化进程中经过改造,能够焕发出新的生命力。"[1]

曾子说:"吾日三省吾身:为人谋而不忠乎?与朋友交而不信乎?传不习乎?"[2] 曾子说我每天多次反省自己,是否足够的替人家着想,和朋友交往是否做到了诚信等问题。孔子认为世道纷纭、熙熙攘攘,每个人的心都在不断地为外利、外物所动,甚至很多时候都会失去真我;在这个物欲横流的社会,人浮于事乃至人心不古;在求诸外欲的同时,却忽略了内存的诚信。孔子处在春秋乱世之时,如何对待浊世横流?孔子主张人应在人世间寻求与他人的契合,在求诸他人之时首先要求诸自身,以自己的身体力行去感化世人、引导世人。儒家思想更为关注的是个体的真实存在及其对整体的真诚关怀。正是因为社会的整体意识,人们才能时刻感觉人类和人性的存在,从而生发一种历史的和社会的使命感;因为"仁者爱人"仁的道德基础,使人的人格能形成博爱的集体意志,由集体意志驱动个体进行永不止息的反思。故儒家对个体人格的追求是在集体人格的完善中得以完成的,从而达到修正自己,提高自身的道德修养。因此,诚信作为为人处世的法则,在人际交往中发挥着不可忽视的作用。

---

[1] 沈慧芳:《儒家诚信的内容及其改造》,《云南民族大学学报》(哲学社会科学版) 2005 年第 1 期。

[2] 朱熹:《四书章句集注》,中华书局 2011 年版,第 50 页。

(二)"守诚信"是经济活动的通行证

我们处在市场经济之中,在肯定"诚信"能提高个人修养与人际交往的道德价值时,也不能忽视其社会的、经济的价值和利益。因此,"守诚信"思想是兴盛之源,只有在与人交往中,在商业活动中恪守诚信的基本原则,才能获得更大的商业利益。儒家反对人们通过欺诈的手段获取利益,因为这是失"信"的具体表现。儒家认为在追求利益的同时必须遵循"诚信"的基本原则,只有建立在"诚信"基础上的经济活动才会实现更大程度的物质追求,才是合理的利益要求。儒家所提倡的经济活动是恪守"诚信"的。"富而可求也,虽执鞭之士,吾亦为之。如不可求,从吾所好。"[1] 如果富贵合乎于道、合乎自己恪守的诸如"诚信"等基本原则,即使是给人执鞭驾车的下等差事,我也愿意去做。如果富贵不合于道,须以损害别人利益为代价,如若那样,我还是宁可按着我的喜好行事。儒家经典中我们会看到"见利思义""见信思义"等诚信思想,从一个侧面表现出在经济活动中要做到有诺必践,只有以诚信作为经商的准则,事业才会成功,才会得到保障。孟子说:"行一不义、杀一不辜而得天下,皆不为也。"[2] 孟子认为如果一个小国有机会能使诸侯来朝拜而拥有天下,但是其条件是让他们去干一件不义的事情,或者去杀一个无辜的人,这样的天下、这样的荣耀孟子是不会去做的。孟子的这句话在现实社会中具有重要意义,这就是在利益面前,恪守自己的原则才是人间正道。这也是告诫人们,在从事的经济活动中,不以欺诈手段牟取暴利,不因一己私利而铤而走险甚至是不择手段,利益的获取应该通过合理公平的方式,以"守诚信"为经济活动的基本原则,树立诚信经营的意识。因此,诚信是儒家所推崇的重要原则之一,更是经济活动中需要遵循的基本原则,它为商业兴旺发达提供重要保证。

(三)"守诚信"是交友、与人相处的基本原则

"守诚信"是孔子一直强调的交友的基本原则。《论语》中有很多章节强调"守诚信"在人际交往中的重要价值和意义。《战国策·齐策三》中说:"物以类聚,人以群分。"这里是用于比喻同类的东西常聚在一起,志同道合的人相聚成群。其实也是告诫我们在交友的过程中,也是按照

---

[1] 朱熹:《四书章句集注》,中华书局2011年版,第92页。
[2] 朱熹:《四书章句集注》,中华书局2011年版,第218页。

第二章 守诚信：中华优秀传统文化彰显的做人准则 / 99

其品行、爱好而形成各自不同偏好的社会团体。换言之，好人总跟好人结成朋友，坏人总跟坏人聚在一起。从外部来看，考察一个人所结交的朋友，从朋友圈就可以推断出这个人属于哪种类型的人。从内部看，人只有在朋友中间才能找到归属感，除了情感寄托以外，友情不仅可以满足情感表达交流的需要，还可以使人获得价值上的认同。纯粹的友情靠的是共同的价值取向才得以维系。因此，我们通过朋友这面镜子，了解自己的位置并且通过与朋友的交往产生共鸣。

"贤贤易色；事父母能竭其力；事君，能致其身；与朋友交，言而有信。虽曰未学，吾必谓之学矣。"[1] 这一句是孔子的学生子夏说的话。这里除了对"事父母"与"事君"有所谈及之外，重在强调朋友之间"言而有信"的重要性，如果彼此之间虚伪造作，友谊之树必定不会持久，必定伴随时间推移而走到朋友交往的尽头，所以朋友之间必定要真诚以待。尤其在现代社会，"诚信"是人际交往的通行证，一个人是否"守诚信"决定了其格局与发展的空间。随着市场经济发展，人们的关系越来越复杂，唯有恪守"诚信"之道，才会赢得别人的尊重，才能得到社会的认可，才会保持人与人之间友谊之树的长青。同样，国与国之间的相处也是如此，2018年6月，习近平总书记在谈到世界各国其他政党以及中国共产党的建设时强调指出："面向未来，中国共产党愿同世界各国政党加强往来，分享治党治国经验，开展文明交流对话，增进彼此战略信任，同世界各国人民一道，推动构建人类命运共同体，携手建设更加美好的世界！"[2] 这里的战略互信是对"守诚信"思想的具体践行。

儒家强调以"诚信"为万事之本。"巧言、令色、足恭，左丘明耻之，丘亦耻之。匿怨而友其人，左丘明耻之，丘亦耻之。"[3] 孔子认为花言巧语，装出好看的脸色，低三下四地摆出逢迎的姿势而过分恭敬的人是可耻的。把怨恨装在心里，表面上却装出友好的样子，也是可耻的。应该说一个"守诚信"的人绝不至于"巧言、令色、足恭"的。一个人为人处世，必须要能让人"信"其言，否则这个人就变成"左丘明耻之，丘亦耻之"了。同样道理，一个社会如果缺失了"诚信"，社会良好秩序也是难以维系。也正是从这个意义上，中国传统道德对语言的可信度提

---

[1] 朱熹：《四书章句集注》，中华书局2011年版，第51页。
[2] 习近平：《习近平谈治国理政》（第三卷），外文出版社2020年版，第438页。
[3] 朱熹：《四书章句集注》，中华书局2011年版，第80页。

出了极高的要求。这就是《邓析子·转辞》所说的"一言而非,驷马不能追;一言而急,驷马不能及"的道理。当然在《论语》也有类似的表达。"夫子之说,君子也,驷不及舌。"① 中国人历来秉承"以真诚之心,行信义之事",历史上就有诸多关于弘扬"诚信"的例子,诸如,商鞅"南门立木"等典故。

"守诚信"包含着"求真务实"的道理已经深刻地浸润在中华优秀传统文化之中。"守诚信"是各种善行的总根源,也是守住了为人、为学、为政的最基本的准则。在儒家思想里,"守诚信"既是养性修身的根本原则,又是区分君子和小人的道德标准,是各种善行的根源。荀子把"诚"从为人处世之道扩展为治国理政、济世救民、匡扶社会正义和维系社会良知的根本性道德要求。《荀子·不苟》有言曰:"君子养心莫善于诚,致诚则无它事矣。"荀子认为君子修养心性,没有比诚实守信更重要的。不能因为走得太远,而忘却初心,成功只属于那些不忘初心的人。这个初心就是他所恪守的"诚信",也是一个人为国为民的"良心"。因此,荀子把"诚"看作德行的基础,认为做到致"诚"则所有的道德观念也就自然而然地具备了。儒家思想奉行的"守诚信"的基本原则既是所有道德观念形成和发展的源泉,也是中华优秀传统文化的灵魂所在。

四 "守诚信"思想是国家的为政之基

"守诚信"思想也是一个有志成为国家管理人员的为政之基,在国家治理中,为政者能够以身作则并取得民众的信任是做好工作最基本的条件。"借鉴儒家诚信思想推动当代诚信道德建设是社会发展的必然选择。未来我们要继续巩固诚信道德制度建设,大力弘扬诚信文化,培育诚信行为实践,引领诚信时代发展,建设诚信中国。"② 对于当代的治国理政思想而言,为政者在治理国家的过程中,要在注重自身"诚信"的同时还需坚持取信于民。

(一)"守诚信"是"为政以德"的根本

《礼记》中说:"故君子之道,本诸身,征诸庶民,考诸三王而不缪,建诸天地而不悖,质诸鬼神而无疑,百世以俟圣人而不惑。"在这里子思认为,君子治理天下的道理就应该以自身的道德品德修养为根本,并从

---

① 朱熹:《四书章句集注》,中华书局 2011 年版,第 128 页。
② 易善秋:《儒家诚信思想的精髓与启示》,《人民论坛》2019 年第 5 期。

老百姓那里得到验证和信任，用夏、商、周三代的礼仪制度来验证自己是否有谬误，建立于天地自然之间，其所阐发的基本道理就是君子的"道"，最根本的就是要从我做起，从自身做起。当政者要有良好的道德修养，才能取得民众的信任。治理国家只有不欺民、言而有信、信守对百姓的诺言，才会得到民众的爱戴和拥护。儒家一直崇尚"为政以德"，这就是"为政以德，譬如北辰，居其所而众星共之"。[①] 孔子认为以道德原则治理国家，就像北极星一样处在正中心的位置，其他诸星辰都环绕在其周围。换言之，为政者实行德治、仁政，群臣、百姓就会自动环绕其左右，这里重在强调道德对政治生活的反作用，主张将道德教化作为治国理政的原则。这是孔子学说中最具价值的部分，表明儒家治国的基本原则是德治，而非严刑酷法。而为政者的榜样作用是前提，同时要求民众自身也达到这种要求。这就涉及了两者之间的相互守信问题。因此，为政者自身信守承诺的同时还需取信于民，这样的国家才能长治久安。

（二）"守诚信"是治国理政最理想的价值目标

作为中国古代人们安身立命之方、为人处世之道和治国理政之纲，儒家"守诚信"原则一直秉持着言行一致、诚实守信、童叟无欺的丰富内涵。纵观儒家"守诚信"的整个思想体系，可以看出，诚信思想在治国理政中起到极为重要的作用，就是要做到"言必信，行必果"。孔子特别重视"诚信"在治理国家中的作用，认为为政者要言而有信，对老百姓做出的承诺一定要真抓实干，有诺必践。"故君子名之必可言也，言之必可行也。君子于其言，无所苟而已矣。"[②] 孔子认为君子做事一定要言而有信，决不能马马虎虎，要践行自己的诺言。孔子曰："足食，足兵，民信之矣。"[③] 孔子认为只要有充足的粮食、充足的战备以及得到人们的信任就可以治理好天下。当孔子被其弟子子贡问及"足食、足兵、民信"三者哪个最重要时，孔子的话令人深省："自古皆有死，民无信不立。"[④] 在孔子看来，当政者必须时刻把握"诚信"之道，用"守诚信"的基本原则处理君臣关系、臣民关系，只有获取他们的信任、得到他们的支持和拥护才是维系政权、巩固统治的根本途径。"信，国之宝也，民之所庇

[①] 朱熹：《四书章句集注》，中华书局2011年版，第55页。
[②] 朱熹：《四书章句集注》，中华书局2011年版，第134页。
[③] 朱熹：《四书章句集注》，中华书局2011年版，第127页。
[④] 朱熹：《四书章句集注》，中华书局2011年版，第128页。

也。得原失信，何以庇之？所亡滋多。"① 这句话旨在表明"诚信"是国家的根基，是保护、庇护老百姓赖以生存的最根本的条件，也是维系国家稳定、繁荣昌盛的重要力量，是协调人与人之间关系并赢得民心、凝聚合力的精神武器。

在儒家"为政以德"的政治思想中，君王实行"德治"的基本前提以及最终的价值指向就是要"取信于民"。这就是儒家诚信思想在治国理政中的道德要求。一个国家如果没有公信力，就不会得到人们的拥护。我们不难看出，诚信不论是在古代社会还是对于现代社会而言，"守诚信"是最基础性的要素，没有诚信就没有国家的繁荣富强，没有诚信就没有个人的成长和发展。当代社会，诚信对于一个独立主权国家而言尤为重要，国家的富强兴盛与这个国家能否忠诚于人民、取信于人民密切相关，这是国家兴盛发达的重要保障。

（三）"守诚信"是处理外交事务的基本原则

《管子·枢言》有言曰："诚信者，天下之结也。"管子认为，"守诚信"是天下行为准则的关键。不仅如此，"守诚信"还是天下相通、交流的桥梁和纽带。因此，"守诚信"思想对国家处理外交事务等具有重要意义。中华民族自古以来确立外交政策就是以"诚"为根本，在与其他国家的交往过程中一直秉承"守诚信"的价值准则。诚信是国家的形象和名片，对一国的声誉具有重要影响。"高度政治互信是中非友好的基石。我们要尊重各自选择的发展道路，不把自己的意志强加给对方。在事关双方核心利益和重大关切问题上，要坚持相互理解、相互支持，共同维护公平正义。中方始终主张，非洲是非洲人的非洲，非洲的事情应该由非洲人说了算。"② 通过习近平总书记的讲话可以看出，中非关系问题，最重要、最核心的问题就是中非双方都要秉承诚实守信的基本原则。

孔子说："狂而不直，侗而不愿，悾悾而不信，吾不知之矣。"③ 孔子认为如果一个人或者一个国家狂妄而不正直，无知而不谨慎，表面上诚恳，而事实上不守信用，这样的人或者国家一定是很不堪的。当今国际形势波诡云谲，西方有些发达国家无视发展中国家人民的正义诉求以及

---

① 《左传》，郭丹译，中华书局2014年版，第226页。
② 习近平：《习近平谈治国理政》第二卷，外文出版社2017年版，第456—457页。
③ 朱熹：《四书章句集注》，中华书局2011年版，第102页。

对于和平的憧憬，一意孤行地搞单边主义与霸权主义，其实这样的事情是不会长久的。在世界历史上，诸如波斯帝国、奥斯曼帝国、西班牙帝国、罗马帝国以及大英帝国等，曾经是如何的盛极一时，可是今天看来，他们在历史的长河中又是何其微不足道！如果一味地向外扩张，不注重民生、不守诚信，即使建立再大的帝国也终将走向衰落，也必将走向万劫不复。"功利论所强调的制度约束确实是应对诚信危机的有效之途，但是，如果在现代诚信中贸然抽掉'诚'之根基，则会有一定的风险。"[1] 因此，如果一个国家为了一己私利，一味地干涉别国内政，出尔反尔，不讲诚信，不以天下苍生为念，看似再强大也必然逃脱不了走向式微与灭亡的命运。因此，"守诚信"思想成为一个国家的风范、风骨和气度的基本标志。

中国一直坚持走和平发展的道路。国际上有人担心，中国发展起来之后会不会也搞霸权主义或者欺负别的弱小国家，对于这个问题，中国已经多次向国际社会公开承诺，中国将坚定不移地走和平发展的道路，永远不称霸，永远不搞扩张。自古以来，中国也一直在践行"君子一言，驷马难追"的道理。中国说话是算数的，实践已经证明中国也是说到做到的。特别是对于亚洲来讲，习近平总书记在不同场合的重要讲话中都在不断重申这个问题。"亚太经合组织是一个大家庭，打造发展创新、增长联动利益融合的开放型亚太经济格局，符合所有成员共同利益。为了实现上述目标，亚太经济体需要共同构建互信、包容合作、共赢的亚太伙伴关系，为亚太地区和世界经济发展增添动力。"[2] 这里习近平总书记旨在强调"互信、包容合作、共赢"的重要性。

五 "守诚信"是教育之本

"诚信"是社会主义核心价值观个人层面的价值准则之一，也是公民应当具备的基本道德内容之一，更是个人道德品质的具体体现。《左传》中有："太上有立德，其次有立功，其次有立言。"[3] 习近平总书记在谈到文艺工作者以及教师的时候，他认为"立德"是文艺工作者、是广大教师应然所要追求的境界。"文化文艺工作者、哲学社会科学工作者都肩负着启迪思想、陶冶情操、温润心灵的重要职责，承担着以文化人、以文

---

[1] 陈继红：《从"契约"事件看儒家的诚信之辨》，《哲学研究》2016年第1期。
[2] 习近平：《习近平谈治国理政》第二卷，外文出版社2017年版，第453页。
[3] 《左传》，郭丹译，中华书局2014年版，第640页。

育人、以文培元的使命。大家社会影响力大,理应以高远志向、良好品德、高尚情操为社会做出表率。"①将"诚信"在价值准则层面做以规定,一方面源自于国家文明发展程度的提升。另一方面,由于社会主义市场经济的快速发展,人们的价值观念并没有随着文明程度的提升以及经济的快速发展而迅速发生转变,这样导致诚信缺失现象屡见不鲜,失信问题严重破坏了诚信的社会秩序,随着国家的强大以及世界一体化格局的加快,我们迫切呼唤诚信思想发挥其道德引领的作用,并将诚信思想上升为核心价值原则。这就是:"富强、民主、文明、和谐,自由、平等、公正、法治,爱国、敬业、诚信、友善"二十四字的社会主义核心价值观。而所有这些,都是社会主义核心价值观的重要方面,而"诚信"思想也是其中最重要的层面之一。但是,反过来我们也可以看到,"守诚信"思想也并不是难以企及的高悬的价值,而是可以从小事做起、从我做起的价值理念,是一种高尚的精神追求和现实的道德践履。

《墨子》说:"志不强者智不达;言不信者行不果。"②墨子认为,如果一个人没有远大的志向,再聪明的头脑也无济于事;言语不诚实的人,做事也不会有好结果。换言之,为了达到天下之治,社会中的每一个成员都应该用"守诚信"思想来约束自己,这都是重在突出诚信的重要性。针对目前社会上的一些诚信缺失现象,必须以中华优秀传统文化的诚信思想为导向抓好抓牢立德树人教育工作。《道德经》中有云:"轻诺必寡信,多易必多难。"③这句话从字面意思可以看出老子提出了衡量是非曲直的标准,老子认为被轻易许诺的信用不一定充足,当然,把事情描绘得过分容易,则会在实际的实施中遭遇重重的困难。但其中有一个引申的含义,首先是一个国家不能得到老百姓的信任就要遭到倾覆的危险。对施政者而言,只有得到百姓的信任才能事半功倍。对于个人而言,不真诚的花言巧语就不能打动别人。只有以真诚待人、表里如一,才是为人处世的要义,才是事业取得成功的关键因素。

诚信观念不是与生俱来的,需要通过后天的教育才能形成。因此,开展诚信教育,培育诚信意识势在必行,并且需要家庭、学校、社会三方面的合力,从而全面推进诚信价值观建设、提升公民诚信意识。首先,

---

① 习近平:《习近平谈治国理政》第三卷,外文出版社 2020 年版,第 327 页。
② 《墨子》,李小龙译注,中华书局 2016 年版,第 12 页。
③ 《老子》,饶尚宽译注,中华书局 2016 年版,第 159 页。

加强"守诚信"的家庭教育。"君子所贵乎道者三：动容貌，斯远暴慢矣；正颜色，斯近信矣；出辞气，斯远鄙倍矣。笾豆之事，则有司存。"①这是《论语》中曾子的观点，曾子认为君子应该重视的"道"有三个方面：使自己的容貌庄重严肃，这样可以避免粗暴和放肆；不断检视自己言行，真正做到一本正经，才能接近于诚信；使自己说话的言辞和语气谨慎小心，这样就可以避免无理和粗野。可以说，家庭是个人成长的第一居所，家长是孩子的第一任老师，也是最好的老师。南朝宋的范晔有一句话很形象，他说："以身教者从，以言教者论。"这就是言传身教的作用。家庭诚信教育的好坏直接决定个体的成长轨迹。社会在飞速发展，但是无论时代如何轮转，无论社会发展欲至何方，对一个社会来说，家庭诚信教育都是不可或缺的，家庭的社会功能都是不可替代的。所以必须高度重视家庭诚信教育的重要作用，要在家庭范围内树立诚信观念、教育孩子真诚、坦诚、不自欺、不欺人，树立诚信光荣、失信可耻的意识，让孩子在家庭教育中感受到诚信的美好。

加强"守诚信"的学校教育。孩子从上幼儿园时起，就开始接受学校教育，在目前的教育体制下，对于一个取得博士学位的学生来说，那就意味着他要接受二十几年的学校教育才能完成。可见学校教育对一个人的成长，对一个人人生观、价值观、世界观的形成所具有的重要作用。而且，学校教育对于巩固家庭教育意义重大，甚至能够降低不良家庭教育的负面影响。无论是基础教育还是高等教育，都要将诚信教育贯穿始终。此外，还要通过弘扬和发展中华优秀传统文化中"诚信"的教育工作，并积极开展诚信教育实践活动，让学生们将课堂上学到的诚信知识运用到社会实践中去，真正做诚信之人。

加强"守诚信"的社会教育。马克思主义哲学认为，人的本质并不是单个人所固有的抽象物，而是一切社会关系的总和。这不仅揭示了人的本质，而且对我们今天的诚信建设提出了更高的要求。孔子的弟子子夏说："君子信而后劳其民，未信，则以为厉己也；信而后谏，未信，则以为谤己也。"② 子夏认为君子必须取得信任之后才能去领导百姓，否则百姓就不会信服，这就是说只有取得老百姓的信任，自己的领导工作才

---

① 朱熹：《四书章句集注》，中华书局2011年版，第99页。
② 朱熹：《四书章句集注》，中华书局2011年版，第176页。

会进行下去。一个人从家庭走向学校，从学校毕业后走向的就是社会，社会的诚信教育贯穿人发展的始终，无论从事何种工作、身处何种岗位，诚信是人安身立命的根本，不守诚信的人是很难在社会中立足的。"君子不重则不威，学则不固。主忠信。无友不如己者。过则勿惮改。"[①] 孔子认为，作为一个君子不庄重就没有威严；学习可以使人不闭塞；要以忠信为主，不要与自己不同道的人交朋友；有了过错，就要勇敢地予以改正。因此，要让诚信在爱国、敬业、友善的和谐氛围中成为社会发展的助推器。

六 "守诚信"是中华优秀传统文化的优秀基因

中华优秀传统历经五千年发展，沉淀下了诸多不败于世的道德价值和根本准则，"守诚信"是儒家伦理思想的重要道德规范，更是中华文化积淀下来的优秀价值基因和道德遗产，是博大精深的思想宝库。"现代社会的信用伦理只能在现有的文化传统基础上建立。中国传统文化中并不缺乏诚信资源，当代中国社会的伦理生活表明，以儒家为代表的诚信道德传统作为一种活着的有生命力的伦理传统依然在人们的现实生活中发挥着独特的影响，而且必将成为建构现代信用伦理的根本和主要资源。"[②]

儒家"守诚信"思想是中华传统美德的精髓，历经风雨洗刷，仍然保持其旺盛的生命力。自古以来，守信用、讲信义都是中国公认的价值标准和基本美德。王符在《潜夫论·赞学》中说："索物于夜室者，莫良于火；索道于当世者，莫良于典。"王符认为，在夜里寻找物件，没有比火更好的东西；在当世寻找人间正道，没有比经典更好的东西。这就是说，人间正道只有从几千年沉淀下来的中华优秀文化的经典宝库中去找寻，找寻诸如"守诚信"的思想精华，也只有坚守诚实守信，才能取信于天下。历史上，因坚守诚信而名垂青史的典故数不胜数。诸如，商鞅立木取信、黄金百斤不如季布一诺、诸葛亮毕生坚守托孤之重，以及岳飞精忠报国等经典案例。他们都留下了千古美名，让人领略到一种高山仰止的宝贵品格，也传承了信守承诺的民族精神和价值典范。在中国历史上，一代一代的中国人，一直坚守着对人民、对国家、对民族的"忠"的守望以及对"信"的执着，是中华民族最深沉而浑厚的价值诉求，是

[①] 朱熹：《四书章句集注》，中华书局2011年版，第52页。
[②] 鄢爱红：《儒家诚信道德的现代转化》，《孔子研究》2002年第5期。

中华民族精神中生生不息的价值内核,在千百年的传承和发展过程中不仅影响了中国,更深刻地影响了东亚文明,甚至是影响了整个世界。

第三节 "守诚信"的现代价值

儒家"守诚信"思想是中华优秀传统文化的精华所在,也是历代社会道德理想的崇高追求,在五千年的历史演进中凝聚了特色鲜明的精神追求和丰富的思想内涵。"守诚信"是一种力量的象征,也是社会文明程度的重要标志。"制度完善与信仰培育,应是现代诚信建设中两种互为补充的途径。只有经由现代转换,儒家诚信与现代诚信之间才可能获得有效的沟通。"① 强化诚信意识,弘扬传统美德,需要践行诚信价值的基本准则,将"守诚信"思想贯穿到社会的方方面面。

一 哲学层面:"守诚信"是尊"天道"与"人道"

首先,诚信是宇宙与人生的本源,在哲学上具有本体论的地位。中华传统文化中特有的、最具本源性的概念之一就是中国的"道","道"具有至上性、绝对性、永恒性的特点,在古代哲学中"道"是宇宙万物的本原。在中华优秀传统文化中,"道"统揽全局,是必须要认真遵循的基本准则,任何情况下都要"顺道而行",不能"背道而驰"。不管是《中庸》里讲的"诚者,天之道也;诚之者,人之道也"②,还是孟子讲的"诚者,天之道也;思诚者,人之道也。至诚而不动者,未之有也;不诚,未有能动者也。"③ 讲的都是同一个意思。那就是把"诚""诚信"提高到"人道""天道"的高度。

"唯天下至诚,为能尽其性;能尽其性,则能尽之性;能尽人之性,则能尽物之性。"④《中庸》讲的这句话具有深刻内涵:只有天下最为心诚、诚信的人,才能够完全发挥自己的本性;能够完全发挥自己的本性,就能够完全发扬别人的本性;能够完全发扬别人的本性,就能够完全发扬事物的本性。这里的"至诚尽性"是《中庸》篇的主旨所在。只有至

---

① 陈继红:《从"契约"事件看儒家的诚信之辨》,《哲学研究》2016年第1期。
② 朱熹:《四书章句集注》,中华书局2011年版,第32页。
③ 朱熹:《四书章句集注》,中华书局2011年版,第264页。
④ 朱熹:《四书章句集注》,中华书局2011年版,第34页。

诚者能尽其本性，实现其本性，一切人都能实现其本性，为仁善行表现在社会各个方面，则万物的天性也可以得到实现了。人如果能发扬向善之心，由仁民爱民而爱万物，珍惜万物，就可以帮助天地成就化育之功。人类为万物之灵，可以使其智慧及能力让大自然中的万物得到适当的生存机会。从而通达天、地、人三者的统一。儒家这种至美的思想境界值得每个人去追求，为之而不懈努力。朱熹注解道："诚者，真实无妄之谓，天理之本然也。诚之者，未能真实无妄，而欲其真实无妄之谓，人事之当然也。圣人之德，浑然天理，真实无妄，不待思勉而从容中道，则亦天之道也。"① 这样就把"诚信"同"天道""人道"理念联系在了一起，指出了诚信不仅是宇宙的本体，也是人性的本原，既是儒家以"天人合一"思想来认识和看待"诚信"，同样还是儒家由"天"及"人"，由"人道"向"天道"的回归，从宇宙万物大化流行的视角追溯道德的根源和依据。

儒家将"守诚信"思想作为社会伦理的基本价值尺度，旨在构建儒家社会诚信伦理，塑造社会诚信意识和观念，并以道德教化的方式，促进个人与社会的良性互动，协调人与人之间的关系，建立人与人之间最起码的信任，最终达到以诚信观念奠基整个儒家社会伦理体系的目的。"在当前社会主义诚信体系建设的热潮中，必须坚持与中华民族传统的诚信道德相承接的原则，传统诚信尤其是儒家的诚信理论为我们提供了诸多可供借鉴的历史资源。"② 因此，在儒家核心思想体系中，孔子最为推崇的就是人与人之间的以诚相待。意思是做人处事要以忠信为本，谁都不愿与不讲信用的人做朋友。

孔子说："言忠信，行笃敬，虽蛮貊之邦行矣。言不忠信，行不笃敬，虽州里行乎哉？立，则见其参于前也；在舆，则见其倚于衡也，夫然后行。"③ 孔子认为说话忠诚守信，行为敦厚恭敬，即使在蛮貊地区也行得通。说话不守信，行为不笃敬，即使在本乡州里也行不通。因此，"诚信"作为儒家伦理体系中治国、理政、修身、齐家的重要道德标准，它既是做人的根本原则，又是做事的道德标准，是具有高度概括性、更广泛包容性和普适性的价值准则。同样，在国际社会中，国与国之间也

---

① 朱熹：《四书章句集注》，中华书局 2011 年版，第 32 页。
② 沈永福：《论传统儒家诚信的内在根据》，《道德与文明》2012 年第 3 期。
③ 朱熹：《四书章句集注》，中华书局 2011 年版，第 152 页。

要以"守诚信"为基本原则,"我们要秉持共同、综合、合作、可持续的新安全观,摒弃冷战思维、零和博弈的旧思维,摒弃弱肉强食的丛林法则,以合作谋和平、以合作促安全,坚持以和平方式解决争端,反对动辄使用武力或以武力相威胁,反对为一己之私挑起事端、激化矛盾,反对以邻为壑、损人利己,各国一起走和平发展道路,实现世界长久和平"。①

二 个人层面:"守诚信"是安身立命的价值尺度

诚信问题是古今各家各派思想家们广为关注的问题,"守诚信"是一个人安身立命的道德准则。"在中国历史上,儒家、墨家、道家、法家及佛家等对诚信问题均有所论,但儒家对此尤为关切,提出了一套较为系统的诚信学说,构成了中华民族传统美德的重要组成部分,对中华民族的人格塑造、道德品质的养成产生了重大而深刻的影响。"②

中华优秀传统文化中的"守诚信"思想重在对个人品德层面的规范,《大学》中讲"物格而后知至,知至而后意诚,意诚而后心正,心正而后身修,身修而后家齐,家齐而后国治,国治而后天下平。"③(这里的"修身""齐家""治国""平天下"思想,即作为个体的人应当自觉规范自身言行、完善自身道德,其中"恪守诚信、言行一致"是修身的重要内容之一。中华优秀传统文化对诚信的论述十分丰富,在庄子那里又更为深刻的表达。"凡交,近则必相靡以信,远则必忠之以言。言必或传之。夫传两喜两怒之言,天下之难者也。夫两喜必多溢美之言,两怒必多溢恶之言。凡溢之类妄,妄则其信之也莫,莫则传言者殃。"④这里庄子认为凡是国家之间的交往,与邻近国家一定要用诚信使相互之间和顺亲近,而与远方国家则必定要用语言来表示相互间的忠诚。对于国家而言,国与国之间的关系和人与人之间的相处都是一样的,"守诚信"也是极为重要的基本原则。中国坚持把发展中国家作为对外政策的基础,坚持正确的义利观,永远做发展中国家的可靠朋友和真诚伙伴。中国重视各大国的地位和作用,致力于同各个大国发展全方位合作关系,积极同美国发展新型大国关系,同俄罗斯发展全面战略协作伙伴关系,同欧洲

---

① 习近平:《习近平谈治国理政》第三卷,外文出版社2020年版,第461页。
② 苗润田:《论儒家的诚信学说及其现代意义》,《社会科学战线》2003年第4期。
③ 朱熹:《四书章句集注》,中华书局2011年版,第5页。
④ 《庄子》,孙通海译注,中华书局2016年版,第365页。

发展和平、增长、改革、文明伙伴关系,大家一起来维护世界和平、促进共同发展。《荀子·不苟》有言曰:"君子养心莫善于诚。至诚则无它事矣,唯仁之为守,唯义之为行。"荀子认为一个人如果想要成为君子,就必须陶冶和提高自己的道德情操,而最好的方法就是诚心诚意地对待每一个人和每一件事,从小事做起,从自身做起。

韩非子说:"小信成则大信立,故明主积于信。"① 对于诚信,只有从小事做起,才能建构起"大"的诚信。老子也说:"夫轻诺必寡信,多易必多难。是以圣人犹难之,故终无难矣。"② 对于那些轻易许下诺言的人,必定是极少兑现诺言的人,把事情看得太容易,势必遭受更多的困难。墨子说:"志不强者智不达,言不信者行不果。据财不能以分人者,不足与友;守道不笃,遍物不博,辨是非不察者,不足与游。"③ 墨子认为志向不坚定的人,智慧就得不到充分的发挥,但凡有大成就的人,都是具有强力意志的人,都是意志、天才与勤奋的完美统一。坚定的意志在其中犹如统帅,意志强,才能充分发挥其智慧。如果没有坚强不屈的意志和坚韧不拔的毅力,即使有超人的智慧,也难以有所作为。

现代社会,"守诚信"同样是为人处世中不可或缺的美好品德。无论是对父母、朋友、领导,都要怀抱感恩之心、诚信待人。与人交往要与人为善,只有关系亲近的人,才会彼此信任;与陌生人交往也必须信守诺言。2018 年 6 月,习近平总书记在谈到"青岛宣言"以及"长期睦邻友好合作条约"时强调:要"凝聚团结互信的强大力量。我们要全面落实青岛宣言、长期睦邻友好合作条约实施纲要等文件,尊重各自选择的发展道路,兼顾彼此核心利益和重大关切,通过换位思考增进相互理解,通过求同存异促进和睦团结,不断增强组织的凝聚力和向心力。"④ 习近平总书记的重要讲话说明,不仅人与人之间的相处要"守诚信",国家与国家之间,国际重要组织也要讲求"诚信"的基本原则。

此外,在提升自身诚信修养的过程中,还要注意将诚信与道德实践相结合,如果缺失了诚信,那么道德也只能是空中楼阁。个人安身立命必须遵守一定的道德准则,这是提升自我修养的关键。任何时候都要恪

---

① 《韩非子》,高华平、王齐洲、张三夕译注,中华书局 2016 年版,第 201 页。
② 《老子》,饶尚宽译注,中华书局 2016 年版,第 159 页。
③ 《墨子》,李小龙译注,中华书局 2016 年版,第 12 页。
④ 习近平:《习近平谈治国理政》第三卷,外文出版社 2020 年版,第 442 页。

第二章　守诚信：中华优秀传统文化彰显的做人准则

守诚信原则。诚信原则经过几千年的历史演进，已经成为中华民族的传统美德，成为人与人之间团结友爱、和谐相处、互帮互助的前提和基础。"守诚信"思想作为公民人伦道德的基石，既是为人处世的道德底线，也是社会运行的基本规范。扎实推进中国式现代化，我们必须传承与发展中华优秀传统文化的诚信思想，妥善解决经济建设过程中出现的诚信缺失、道德滑坡等问题，让"守诚信"思想成为每个人自觉遵守的行为规范，共同构建和谐、发展、诚信的社会主义良好的生活环境。

"守诚信"思想是构成理想人格的要素，具有道德引领的导向作用。中华优秀传统文化的诚信思想在维系人与人关系中发挥基本准则的导向功能。"守忠信"是一个人安身立命的关键所在，是为人处世的根本，尤其是"与朋友交，言而有信"[1]。友情必须要建立在言而有信基础之上，只有坦诚相待、推心置腹，友情才会长久。"守诚信"不仅是修身立德的起点和动力，也是人性向善的前提和基础。"守诚信"不仅是外在的、客观的、本源的天理的存在，也是人内心主观的真情实感的道德存在，道德规定了人之为人的内在规定性，如果不讲诚信，人就会失去其存在的基础与合理性。习近平总书记认为在国际社会的交往中也要以"守诚信"为基础，"当前，国际竞争摩擦呈上升之势，地缘博弈色彩明显加重，国际社会信任和合作受到侵蚀。我们要把互尊互信挺在前头，把对话协商利用起来，坚持求同存异、聚同化异，通过坦诚深入的对话沟通，增进战略互信，减少相互猜疑"[2]。

"诚者不勉而中，不思而得，从容中道，圣人也。诚之者，择善而固执之者也。"[3] 真诚是上天的原则，追求真诚是做人的原则。天生真诚的人，不用勉强就能做到，不用思考就能拥有，自然而然地符合上天的原则，这样的人是圣人。努力做到真诚，就要选择美好的目标执着追求。儒家由表及里推导出诚信是择善不可或缺的前提，对于修身、齐家、治国、平天下来说，遵循择善、从善、守善的路径是不二的选择，诚信不仅需要对坚强道德意志的始终坚守，而且需要对"以信立人"目标的真诚追求。当然，在《孟子》中有："大人者，言不必信，行不必果，惟义

---

[1] 朱熹：《四书章句集注》，中华书局2011年版，第195页。
[2] 习近平：《习近平谈治国理政》第三卷，外文出版社2020年版，第461页。
[3] 朱熹：《四书章句集注》，中华书局2011年版，第32页。

所在。"① 孟子认为有德行的智者,说话不一定都讲信用,做事也不一定都有结果,关键看是否合乎道义。在做出具体选择时,要"义"在"信"先,其更为突出的是"义"的重要性。

三 政府层面:"守诚信"是提高政府公信力的有效保证

中华优秀传统文化的"守诚信"思想内涵丰富,要积极学习和利用好古代一切优秀的文化资源。对于古代文化精粹能如沈宗骞在《芥舟学画编》所说:"自出精意,自辟性灵,以古人之规矩,开自己之生面。"这里是说古人的规矩、古人的智慧既是经验,也是要领,再好的经验和要领也不可能完全适用于古今中外一切事情,世界上没有放之四海而皆准的不变之法。

中华优秀传统文化的"守诚信"思想是古代社会先贤圣人的为政之基,对于推进中国式现代化进程亦具有重要意义。从国家治理的角度来看,孔子是主张以"信"治国的突出代表。孔子说:"道千乘之国,敬事而信,节用而爱人,使民以时。"② 孔子认为治理拥有一千辆兵车的国家,应该恭敬谨慎地对待政事、讲究信用;节省费用,并且爱护人民;征用民力要尊重农时,不要耽误耕种、收获的时间。应该说孔子的基本出发点是围绕着"人"而展开,具体来说,孔子在此提出的是从政应遵循的三大原则。

其一,"敬事而信",就是尊重客观规律,审慎地对待每一件事情,但其落脚点还是在"信"上,这是从政应该具备的基本素质。"敬事"不仅是一种外在的态度,更是一种内在的感情,只有真心地把老百姓的事情放在心上,对老百姓信守承诺,及时兑现诺言,这样也就自然而然地会争取下属或民众的信任,得到老百姓的爱戴。一个合格的为政者就要在"敬事"的基础上取信于人。

其二,"节用而爱人",这是从政者必须恪守的治国理政、以民为本的基本态度。按照孔子的本意,"节用"就是指一国之君应当节约财政开支,能量入而出,不要乱搞铺张浪费,尽可能减轻老百姓的经济负担。"节用"的目的就是"爱人",简言之,就是要实行"仁政"。

其三,"使民以时",这是从政者必须恪守的为政原则。这个"时"

---

① 朱熹:《四书章句集注》,中华书局2011年版,第272页。
② 朱熹:《四书章句集注》,中华书局2011年版,第51页。

就是指把握恰当的、最适宜时机，为政者要体恤民情、不能一味追逐利益，还要时常关怀部属，这样就是做到了"使民以时"。孔子认为执政者只有在政治实践中做到诚信无欺，政府管理人员发挥先锋模范作用，立身守信，执政为人，做到一切为了人民，为了人民的一切，才能有效提升政府在人民群众中的公信力。

战国末期的荀子也强调："君子耻不修，不耻见污；耻不信，不耻不见信。是以不诱于誉，不恐于诽，率道而行，端然正己，不为物倾侧，夫是之谓诚君子。"[①] 君子以不修身为可耻，而不以被人侮辱为可耻；以不讲信用为可耻，而不以不被人相信为可耻。不被名声上的声誉诱惑，不害怕别人的诋毁，走自己的道路，做正直端正的人，不被物欲所污染，就是君子了。这里荀子讲的是不讲信用和不被人信任同样都是可耻的行为，其旨在表明"诚信"的重要性，凸显了执政者必须具备"诚""信"的基本道德素养。晋代傅玄在《傅子·义信》中说："夫信由上而结者也，故君以信训其臣，则臣以信事其君。"他认为祸害没有比不讲信用更大的了，没有信用就不知道还有可以亲近的人。诸如"周幽以诡烽灭国"以及"齐襄以瓜时致杀"等例子，旨在说明为政者只有讲信守约，说到做到，才能获得民众的拥护和支持。对君主来说"祸莫大于无信"，只有建立诚信的政府才能国泰民安。习近平指出："要坚持正确义利观，以义为先、义利兼顾，构建命运与共的全球伙伴关系。要加强不同文明交流对话，加深相互理解和彼此认同，让各国人民相知相亲、互信互敬。"[②] 我们应该立足于当今社会的现实，对其进行深刻理解和灵活把握，对"守诚信"思想进行"创造性转化、创新性发展"，开出当下之"生面"，以完成现代转换的时代任务，并以"守诚信"思想为指导，促使个人乃至社会的良性发展，这都体现了儒家诚信思想所涵具的超越时代的价值。

四 社会层面："守诚信"有助于建设社会诚信并提升社会公民的道德素质

"守诚信"思想是良序社会赖以存在的基础，在实践上具有现实的必要性。在崇尚以德治国的儒家看来，"守诚信"是关乎国家盛衰存亡的大

---

① 《荀子》，安小兰译注，中华书局2016年版，第69页。
② 习近平：《习近平谈治国理政》第三卷，外文出版社2020年版，第461页。

事。诸如，"信，国之宝也"。① 以及"言忠信，行笃敬，虽蛮貊之邦，行矣"② 等，都是说明"诚信"对于良序社会的重要作用。同时强调人只有守信才能立足于社会，才能取得他人的信任，并与之保持正常的交往。这就是曾子说的："人而无信，不知其可也。"③ 一个人要在社会中立足，就必须要遵约守信，如果不守诚信，必将被蔑视和抛弃，其结果只能是人单影孤、寸步难行。杨泉说："以信接人，天下信之；不以信接人，妻子疑之。"④ 用诚信来对待别人，天下人都信任你；不用诚信来对待别人，就连自己的妻子与孩子都不会信任你。诚信没有远近亲疏之别，必须将发自肺腑之言并落实到日常的具体行动中。一个不讲诚信的人，往往是一个缺乏人格魅力的人，连他的家人也会鄙视他。"守诚信"是中华民族的传统美德，是涵养社会主义核心价值观的重要文化源泉，同时也是培育和践行社会主义核心价值观的时代要求。社会主义核心价值观所倡导的诚信，是在个人层面对公民提出的价值要求，亦是为人的基本准则。"守诚信"就是要诚于内、信于外，阐明诚实是自身内在德行的直接表现，守信则是对承诺的履行。我们今天所讲的诚信，延续了古代先贤所述的诚信精髓，"守诚信"已经成为协调各种利益关系的基本原则，对社会生活中的个体行为、群体实践活动等内容起到规范和约束作用。当前，我们国家正处于社会转型期，挖掘"守诚信"思想的时代价值，使其成为大众的当代价值操守，不仅有利于提升公民道德水平，而且有助于我们正确处理社会转型所引发的诚信缺失问题。

推进诚信社会建设。诚信社会建设拓展了加强个人诚信意识的渠道，只有在全社会范围内培育诚信意识，才能使公民感受到诚信的力量，自觉践行社会主义诚信观。首先，社会诚信是维系人际关系的纽带。"守诚信"思想被儒家先哲理解为处世之道，突出了诚信在社会交往中的重要作用。在社会交往活动中，以自身内心真诚为基础，尊重、信任他人，才会获得他人的以诚相待。孔子认为，君子与人交往的最基本要求就是

---

① 《左传》，郭丹译，中华书局 2014 年版，第 226 页。
② 朱熹：《四书章句集注》，中华书局 2011 年版，第 152 页。
③ 朱熹：《四书章句集注》，中华书局 2011 年版，第 60 页。
④ 选自《物理论》，作者杨泉，三国时吴国人，一说为晋国人，原文被清人从《意林》和《太平御览》中辑出。

"守诚信"，从而达到"老者安之，朋友信之，少者怀之"①的至高境界。孔子的得意门生子贡问其老师怎样做才算是君子的问题，孔子说："先行其言而后从之。"②孔子认为对于一个君子来说，要说到做到，言而有信。曾子也说："吾日三省吾身：为人谋而不忠乎？与朋友交而不信乎？传不习乎？"③曾子认为做人要每日时时反省自己，为别人办事是不是尽心竭力了，同朋友交往是不是做到诚实可信了，老师传授的学业是否做到经常温习了，等等，这些都是突出了诚信的重要作用。

现代社会中普遍存在诚信缺失的现象，这是一个不争的事实，深度探究其原因，其中重要的一个就是多年来诚信文化传统被屡屡割断、遗弃所造成的结果。"当代中国诚信建设既要重视社会诚信的他律建设，又要重视个体诚信的自律养成。植根于传统经济、政治和民族文化的儒家诚信伦理，在培植个体诚信自律、调谐社会关系及涵育民族精神等方面曾有重要的价值和影响，对于今天社会诚信建设尤其是个体诚信修养仍具有积极的借鉴意义。"④当然也受时代发展和急功近利思想的影响，现代社会中诚信缺失已经严重危害社会主义市场经济健康有序运行，损害群众利益和社会公平正义，增加了社会治理成本，败坏了社会道德风气。我们要建立一种守诚信的机制以筑牢新型社会主义精神文明建设的思想之基，通过从传统诚信思想中汲取精神滋养，达到以史为鉴、古为今用的目的，从而让社会诚信秩序得以健康有序地运行。由此可见，"守诚信"思想是关乎社会进步和国民幸福的现实需要。一个高度诚实守信的社会不仅能够实现社会治理的多元化、高效化，也能够使社会自我调节的功能和公民自治能力得到充分的发挥，由此现代社会市场经济秩序的健康可持续发展也获得了坚实的思想基础，从而构建起守诚信的有序发展模式。总之，"守诚信"思想不仅是一份宝贵的思想文化遗产，亦是民族生存发展的精神支柱和国家稳定持续发展的精髓所在。

---

① 朱熹：《四书章句集注》，中华书局2011年版，第81页。
② 朱熹：《四书章句集注》，中华书局2011年版，第58页。
③ 朱熹：《四书章句集注》，中华书局2011年版，第50页。
④ 沈永福：《论传统儒家诚信的意志之维》，《首都师范大学学报》（社会科学版）2013年第3期。

第三章　重民本：中华优秀传统文化崇尚的价值追求

"重民本"就是以百姓的利益为根本，是习近平总书记所谓的"以人民为中心"的重要内涵，"中国梦是人民的梦，必须同中国人民对美好生活的向往结合起来才能取得成功。"① 商汤说："朕躬有罪，无以万方；万方有罪，罪在朕躬。"② 商周时期的周武王说过："虽有周亲，不如仁人。百姓有过，在予一人。"③ 周武王认为老百姓的利益高于一切。上天的所见所闻和老百姓的所见所闻是一样的，老百姓永远都是正确的，如果老百姓有怨言，那都是我一人的过错，是我没有尽到责任。周武王认为上天对统治者的态度通过百姓对统治者的态度表现出来，百姓的反映就是上天的反映，因此，要注重对百姓的关心和爱护。古代社会的仁政与王道，就是对老百姓要轻徭薄赋、量入为出，要讲信修睦、选贤与能，其目的就是最终要建立"不独亲其亲，不独子其子，使老有所终，壮有所用，幼有所长，矜寡孤独废疾者，皆有所养"④ 的大同社会。

第一节　"重民本"的理论基础

"民本"一词，源自于《尚书·五子之歌》的"民为邦本，本固邦宁"，是相对于"国本""官本"甚至"君本"而言提出的重要概念。"中国传统的民本思想有深远的历史渊源，起源于商周，形成于春秋战

---

① 习近平：《习近平谈治国理政》第二卷，外文出版社2017年版，第30页。
② 朱熹：《四书章句集注》，中华书局2011年版，第180页。
③ 朱熹：《四书章句集注》，中华书局2011年版，第180页。
④ 《礼记孝经》，胡平生、陈美兰译注，中华书局2016年版，第276页。

国，完善于汉唐宋明，顶峰于明末清初。"① 中国的民本思想起源于商周时期，在尧、舜时期开始就经常被提及，也正是由于对民的重视，才有了禅让制这种理想的王位继承制度。到了春秋战国时期，以孔、孟为代表的儒家学派提出以"民"为主体的观点，形成了较为完善和丰富的儒家民本思想。在中国特色社会主义现代化建设的大背景下，习近平总书记在继承和发展中华优秀传统文化中的"民本"思想的基础上，创造性地提出了"以人民为中心"的发展思想。习近平总书记始终强调"群众路线"是我们党的生命线和根本工作路线，也是党的工作的基本出发点，"开展党的群众路线教育实践活动，是我们党在新形势下坚持党要管党、从严治党的重大决策，是顺应群众期盼、加强学习型服务型创新型马克思主义执政党建设的重大部署，是推进中国特色社会主义的重大举措，对保持党的先进性和纯洁性、巩固党的执政基础和执政地位，对全面建成小康社会，具有重大而深远的意义"。② 因此，这里的"群众路线"就是"重民本"的具体写照，该思想从理论和实践等多个层面丰富和发展了中国的"重民本"思想，实现了对传统儒家民本思想的继承和超越。

"重民本"思想是中华民族经过五千年淬炼、不断汲取中国不同历史时期的思想文化精华，在中华优秀传统文化中，实际上"人本"与"民本"是具有统一性的。儒家所向往的理想社会与共产主义虽有极大不同，但也有某些相通之处。正是在这一基点上，李大钊对儒家的理想社会加以继承与创新，他"把'大同'思想发展为共产主义理想，把'仁爱'思想发展为社会主义道德，把'民本'思想发展为无产阶级民主，完成了从传统到现代的跨越"。③

几千年来，中华优秀传统文化中重民、爱民和利民思想源远流长、历久弥新。在我国治国理政思想中，一直重视人民的作用，"人民是历史的创造者，是决定党和国家前途命运的根本力量。我们党来自人民、植根人民、服务人民，一旦脱离群众，就会失去生命力"。④ 从整个中国传统文化的精神实质来看，中华优秀传统文化激励人们加强自身道德修养，完善个人人格操守，提高个人人生境界，从而实现人的人生价值。"儒家

---

① 李国娟：《中华优秀传统文化与马克思主义中国化》，文汇出版社 2015 年版，第 67 页。
② 习近平：《习近平谈治国理政》，外文出版社 2014 年版，第 365 页。
③ 吕明灼：《李大钊对儒家理想社会观的继承与创新》，《文史哲》2000 年第 5 期。
④ 习近平：《习近平谈治国理政》第三卷，外文出版社 2020 年版，第 135 页。

强调作为既有德又有位的君子，应当坚持'以民为本'的政治原则，展现出爱民、为民、利民、利国和心忧天下的高尚情怀。"① 正是从这个意义上来说，中华优秀传统文化体现了古代东方哲学和中华优秀传统文化之美，其中"重民本"思想作为中华优秀传统文化的精粹，其思想的源头主要就是先秦儒家的民本思想。

一 孔子的民本思想

儒家思想的开创者孔子也是民本思想的重要代表。孔子提出了"养民"思想，其实质是保证老百姓利益的具体手段。《周礼·地官·大司徒》中强调保息养万民，"一曰慈幼；二曰养老；三曰振穷；四曰恤贫；五曰宽疾；六曰安富。"这种提法正是西周以后产生的完整的福利体系，其目的是达到一个和谐的大同社会，这样的重民思想对孔子产生了极大的影响。《尚书·大禹谟》也有"德惟善政，政在养民"的描述，在中国封建社会中，土地和农业是最重要的养民手段。"养民"是国家治理必备的政策，而其"养民"政策又包含"富民""均贫富"等一系列民本政策。孔子力求通过一系列措施的实施，以达到家庭富裕、民众富足的目的。然而，"养民"并不是孔子最终的政治目的，其最终目的是要通过"富民"实现"教民"的目的，进而让民众具备美善的品性与行为。"子适卫，冉有仆。子曰：'庶矣哉！'冉有曰：'既庶矣，又何加焉？'曰：'富之。'曰：'既富矣，又何加焉？'曰：'教之。'"② 这是孔子与其弟子的对话，充分体现了孔子"养民""富民""教民"的思想。孔子的"养民"路线就是要先让民众富起来，然后再施以教化，让他们成为具有"君子"品性的人。再者，孔子提倡"仁爱"，主张对民众要有仁慈之心，认为统治阶层的"仁者"应该"爱人"，这两种观念是相对孔子之前的民本观念的一大进步。然而，在孔子民本思想中，"民""庶人"或者所谓"庶民"基本上是属于同一阶层，相对于"人"和"百姓"而言，其地位相对较为低下的群体。

孔子从恢复"周礼"到"正名论"的思想观念，也是对"民"或"庶民"地位的认同。孔子认为贵贱有序，不可逾越。"晋其亡乎！失其度矣。……贵贱无序，何以为国？且夫宣子之刑，夷之蒐也。晋国之乱

---

① 涂可国：《儒家君子理想人格的八大社会气象解读》，《学术界》2020年第12期。
② 朱熹：《四书章句集注》，中华书局2011年版，第135页。

制也,若之何以为法?"① 这是《左传》中记载孔子对晋国熔铸刑鼎的评价。孔子将"法度"看作国君贵族的执政重器,不可以向民众展示,这就是老子所谓"国之利器,不可以示人"。② 这样对"民"的赏罚就可以根据贵族的喜怒哀乐来定。"天下有道,则礼乐征伐自天子出;天下无道,则礼乐征伐自诸侯出。自诸侯出,盖十世希不失矣;自大夫出,五世希不失矣;陪臣执国命,三世希不失矣。天下有道,则庶民不议。"③ 通过这句话可以看出,孔子十分赞赏"天下有道"的尧、舜、禹、汤以及西周的礼制时代,因为那时礼乐征伐出自天子。"天下无道"则在周平王东迁之后,此后王室衰微,诸侯争霸称雄,周天子已经失去发号施令的力量。而鲁国自季氏专权,有家臣专政,人心和社会秩序一路衰败,社会危机四伏。同时,我们也从孔子的这一观点看出其对庶人参与国家治理或者参与政治议论持有反对的态度。由此可见,孔子虽提出"养民""信民""宽民"等民本思想,但其民本思想并没有将"民"作为国家的主人,也没有把"民"作为社会的主体,而是将这些"养民"措施作为维护当时社会秩序的一种手段,其主要目的还是恢复孔子所谓"君君、臣臣、父父、子子"的社会秩序。

二 孟子民本思想

春秋以来,诸侯争霸,兼并四起,从而导致社会秩序礼崩乐坏、民不聊生。封建专制思想开始蔓延,被尊为圣人的孔子也提出"民可使由之,不可使知之"④ 的观点,这显然有些愚民主义的倾向。传统的民本思想延续至孔子生活的时代,已经隐约带有轻民之意。到了战国中晚期,商鞅、申不害等尊君重令的行为极为盛行,风气也趋向于尊君而抑民;传统的贵民思想已经淹没在连年征战的诸侯争霸战争之中。当此之时,孟子继承了夏、商、周三代,及至尧、舜时期的贵民思想以及孔子"养民""仁爱"观念,并结合战国时期的社会特点,认为社会必须要重视"民"的作用,于是孟子提出"民为贵,社稷次之,君为轻"⑤ 的民本思想。孟子"民贵君轻"观点的提出,不但进一步推动了先秦儒家民本思

---

① 《左传》,郭丹译,中华书局2014年版,第966页。
② 《老子》,饶尚宽译注,中华书局2016年版,第92页。
③ 朱熹:《四书章句集注》,中华书局2011年版,第160页。
④ 朱熹:《四书章句集注》,中华书局2011年版,第101页。
⑤ 朱熹:《四书章句集注》,中华书局2011年版,第344页。

想的发展，也奠定了其民本思想在儒家体系中的中枢地位。

孟子继承了孔子"仁"的观点，提出"性善论"，这让孔子提出的"仁心"找到其源头并为其提供了理论的支撑。孟子进一步继承和发展了孔子的"养民"观点，形成了自己独特的民本思想。在孟子民本思想体系中，孔子所谓的"养民"思想已经不再是维护封建统治的手段，民众也不再仅仅局限于作为一种政治目的，认为民众在国家、社稷中起到主导作用。"古我前后罔不惟民之承保。后胥戚鲜，以不浮于天时。"①《尚书》这种表达可以看出君王的东迁是对臣民的重视，不让老百姓遭受伤害。孟子认为国家的统治者有绝对养民安国之义务，而老百姓却没有绝对服从统治者的义务。"此无他，与民同乐也。今王与百姓同乐，则王矣。"②孟子通过和齐宣王讨论音乐，进而讨论到一个人欣赏音乐还是与大家共同欣赏音乐的问题展开，最后孟子告诫齐宣王，正是因为梁惠王心中没有百姓，不能解决百姓的疾苦，老百姓们认为他只顾自己享乐，这也势必导致社会问题凸显以及老百姓的怨声载道。这就是孟子主张的"与民同乐"的思想，通过此事件，孟子对民生的重视程度可见一斑。"要维护社会的稳定、秩序、和谐，就必须遏制某些人的好斗之心，抵制无良分子的好斗行为，而作为具有崇高精神境界的理想型人格，君子更是义不容辞、责任重大。"③

先秦时期孟子的民本思想最能体现"民为邦本"的真实含义。然而，孟子虽然提出了"民为贵"的观点，却仍然有"世卿""世禄"的观念。他虽然认识到民众的主体地位，然而并没有找到可以有效实现民众主体地位的途径和措施，更缺乏制度上的保证。孟子的民本思想希冀于"圣君明主""礼乐征伐自天子出"的旧式社会秩序，缺乏赋予民众治理国家的勇气和途径。因此，在孟子民本思想中，民众的主体地位缺乏实现的基础，因此，也只能适宜于束之高阁，根本不可能实现。即便如此，我们却能看出孟子的民本思想相对于孔子及其以前的民本思想有了很大的进步，也认识到了民众的主体性的地位。"儒家强调作为既有德又有位的君子，应当坚持'以民为本'的政治原则，展现出爱民、为民、利民、

---

① 《尚书》，顾迁译注，中华书局2016年版，第94页。
② 朱熹：《四书章句集注》，中华书局2011年版，第199页。
③ 涂可国：《儒家君子理想人格的八大社会气象解读》，《学术界》2020年第12期。

利国和心忧天下的高尚情怀。"①

三 荀子的民本思想

荀子生活在战国晚期，是先秦儒家最后一位集大成者，荀子的民本思想也成为后世民本思想的源头活水。战国晚期，诸侯国之间兼并战争频仍，荀子根据当时之时势著书立说，阐述了自己独特的民本观点。荀子民本思想源于儒家，但是却开启了后世法家的先河，可以说荀子是站在儒家内部进行革命的人物。虽然，荀子学说并非纯粹的儒家思想，但这并不影响他是儒家一位集大成者的事实。荀子民本思想也源于孔、孟之说，然而又有了进一步的发展，就其民本思想而言具有自己的一些独到之处。

其一，荀子重礼，认为人性是恶的，所以应"立君上，明礼仪"。②其二，荀子继承了孔子的"养民"观点，但是他又进行了系统阐发，"刍豢稻粱，五味调香，所以养口也；椒兰芬苾，所以养鼻也；雕琢、刻镂、黼黻、文章，所以养目也；钟鼓、管磬、琴瑟、竽笙，所以养耳也；疏房、檖䝉、越席、床笫、几筵，所以养体也。故礼者，养也。"③荀子认为鼻子、眼睛、耳朵和身体都是有需求、有欲望的，并认为"礼者，养也"。其三，荀子认为"礼"的终极目的就是"养"，所以荀子又在孟子"富民"的基础上，进一步提出了"富国"的观点，这就是《荀子·富国》所谓的"节用以礼，裕民以政"。荀子认为裕民富国的主要途径除了传统的"薄赋税、轻徭役"的一贯做法之外，他又独辟蹊径，认为人的欲望正是经济发展的原动力，所以需要"节用以礼"。荀子主张对欲望的节制也需要张弛有度，否则会阻碍生产力的发展，这与孟子富民的手段和方法有所不同，但是也从另外一个侧面可以看出，荀子的民本思想是以实现"富国"为目的的。

荀子之时，秦国国大君威，有气吞天下之势。从后世的发展来看，也的确如此，强大的秦国正是由其两个学生推到极致的。韩非子开创了法家的思想，而其另外一个学生李斯却成为治理秦国的丞相，所有这些都与其师荀子有密不可分的关系。在荀子那里，他明确提出"尊君"思

---

① 涂可国：《儒家君子理想人格的八大社会气象解读》，《学术界》2020 年第 12 期。
② 《荀子》，安小兰译注，中华书局 2016 年版，第 292 页。
③ 《荀子》，安小兰译注，中华书局 2016 年版，第 166 页。

想,所有这些都是儒家"至圣"的孔子和"亚圣"的孟子所没有明确提出的。然而,荀子尊君的同时,并没有摒弃孟子所谓"民为贵"的思想,如《荀子·大略》说的:"天之生民,非为君也。天之立君,以为民也。"由此可知,荀子认为,君主虽然位高权重,然而他应该是为民众服务的,而不应该是掌握生杀大权、把广大民众作为私有财产的专制帝王。"天下归之之谓王,天下去之之谓亡。故桀纣无天下而汤、武不弑君,由此效之也。汤、武者,民之父母也;桀、纣者,民之怨贼也。"① 由此可见,荀子对于如何对待无道之君的做法与孟子"诛一夫"又有着异曲同工之妙。荀子思想中显然抹杀了"礼不下庶人"的观点,认为"虽王公士大夫之子孙也,不能属于礼义,则归之庶人"。② 所有的这些都极大地推动了民众地位的提升。

四 对孔孟荀民本思想的总结

荀子在孔、孟民本思想的基础上,做了进一步的阐释,尤其是对"民"的地位变迁,更是超越了孔、孟所谓"世卿世禄"的主张,其立意之深远,可见荀子思想之宏大。因此,先秦儒家民本思想的嬗变,自孔、孟、荀等人逐步复苏了尧、舜时期以及夏、商、周三代的民本思想,并进行了更深的发展。"天命王权、以民为本、执'中'正义、'中和'政治秩序的建构,是儒家'中'道政治哲学内涵的理论面向:天命与民本观念,共同为儒家王道政治提供了合法性论证。"③

春秋以前的民本思想大都是托天意、讲民意,其基本宗旨则是讲究以民意决定天意,修正了过去以封建迷信为旨归的愚民倾向,从而向着抛开天意,注重民意的方向发展,这是对先秦儒家民本思想的继承和发展。荀子在吸收孔孟民本思想精华的基础上,提出了"以民为本,以法为末"的独特的民本见解。但是由于受时代所限,荀子的弟子韩非、李斯等法家代表抛弃了荀子的民本思想,将自身的法家思想戴上"尊君""大一统"的光环,以至于荀子的民本思想被后人从儒家民本思想中剔除,渐渐被后世人们所忽视甚至被遗忘。总之,先秦儒家的民本思想,继承和发展了夏、商、周三代乃至尧、舜时期的民本观念,尤其以孟子为代表的"民贵君轻"的民本观念更是对中国民本思想的发展起到了至

---

① 《荀子》,安小兰译注,中华书局2016年版,第137页。
② 《荀子》,安小兰译注,中华书局2016年版,第76页。
③ 朱璐:《儒家"中"道的政治哲学解读》,《哲学研究》2015年第4期。

第三章　重民本：中华优秀传统文化崇尚的价值追求 / 123

关重要的作用。当然，"在儒家的经书中包含着中国文化的'常道'，这是我们要传承和弘扬的，但是并非经书中的全部内容都是万古不易的真理"。①

第一，体现了"立君为民"的发展特点。《荀子·大略》讲到："天之生民，非为君也；天之立君，以为民也。"荀子认为上天化生万民，并不是为了让君主统治；上天设立君主，是让他为民众服务的，这里体现了荀子"以民为本"的思想。后来董仲舒在《春秋繁露》中提出"天之生民，非为王也，而天立王以为民也"，其实就是对荀子民本思想的继承与发展。"儒家民主仍然需要政治领袖来扮演那些能够承继传统儒家领袖精神的角色，现代儒家需要通过拥抱人本民主，而不是民本威权主义，来解决传统儒学中的张力。"② 也就是说，"为民"是天的旨意，君以天为大，但天以人为大，那么君也要以人为大，从而论证了"立君为民"的合理性。孟子提出"民为贵，社稷次之，君为轻"，明确了民贵君轻的君民关系，君王只有处理好与民、与国家社稷之间的重要关系，才能保住王位，实现国家长治久安。

第二，"以民为本"的民本主义倾向。贾谊在《新书·大政上》中提出："闻之于政也，民无不为本也。"突出了民为政本的重要性，政权的稳固从根本上要依赖于人民。强调人民对国家兴衰成败类似的观点有很多，诸如"民惟邦本，本固邦宁""政之所兴，在顺民心；政之所废，在逆民心"等，都是对"以民为本"思想的经典表述。当然，坚持"以人民为中心"的发展思想还内在地包含着"政在养民"的内容。以民为本，就要时刻关心人民疾苦，为政时要实行惠民、利民政策，在处理国家事务时，必须以人民的利益为出发点，"要抓住人民最关心最直接最现实的利益问题，把人民群众的小事当作我们的大事，从人民群众关心的事情做起，从让人民满意的事情抓起"③，把"以人民为中心"作为中国共产党始终坚守的初心，只有这样，才能获得人民拥戴，实现政权稳固、国家兴旺。

在中国古代，君民关系本质上是统治与被统治的关系，尽管如此，人民的作用却不容忽视，历代君王大部分都是在前朝亡国的政治教训中

---

① 李存山：《儒家文化的"常道"与"新命"》，《孔子研究》2016 年第 1 期。
② 安靖如：《儒家领袖与儒家民主》，《文史哲》2018 年第 3 期。
③ 习近平：《习近平谈治国理政》第三卷，外文出版社 2020 年版，第 135 页。

才意识到"民为国本""民为君本"的客观事实,然后积极采纳政论家提出的安民、富民、养民等巩固统治的策略。因此,仁政德治体现的"重民本"思想成为维护统治的治国大略。纵观中国传统民本思想的形成与发展脉络,可以看出,"民为国本""民贵君轻""敬民保民"以及"富民养民"四个方面是民本思想发展演变的一条主线。社会主义现代化建设同样特别注重社会的发展,而发展的目的究其根本是实现"重民本"思想的基本诉求。"发展依然是当代中国的第一要务,中国执政者的首要使命就是集中力量提高人民生活水平,逐步实现共同富裕。"[①] 虽然中华优秀传统中民本思想在封建专制的时代下存在诸多的局限性,皇权至上的君本主张与"民为国本"的对立从根本上尚未得到解决,因而民本思想很难真正落实到政治实践中,但是仍然具有借鉴意义,它在一定程度上限制了封建皇权专制的发展,也为中国特色社会主义执政理念提供了思想渊源,也是中国共产党治国理政中一直遵循的"以人民为中心"工作导向的重要思想渊源。因此,"仁爱、民本、和谐是儒家核心价值观的三大基本理念,三者共同构成了一个系统而完整的体系,'仁爱'是基础,'民本'是主体,'和谐'是目标与理想"[②]。

第二节 民本思想的演变与发展

儒学思想奉行的是以民为本、以仁政为本的民本观,这里凸显的"就是以民为本,不是以君为本"[③]。"重民本"思想也是实现共产主义理想的根本价值理念。习近平总书记提出:"人民既是历史的创造者、也是历史的见证者,既是历史的'剧中人'、也是历史的'剧作者'。"[④] 当然,"重民本"思想也要求民德的提升,能够做到勤俭节约、艰苦奋斗,而非依靠投机取巧、非法经营去获取财富,更不能超前透支子孙后代的资源去发财致富。如果财富与道德分离,以牺牲人民的利益为代价,必

---

① 习近平:《习近平谈治国理政》第二卷,外文出版社 2017 年版,第 30 页。
② 杨芳:《儒家核心价值理念及其当代价值》,《学术论坛》2011 年第 9 期。
③ 陈来:《孔子、儒学与治国理政》(上),《紫光阁》2012 年第 8 期。
④ 中共中央文献研究室:《习近平关于社会主义文化建设论述摘编》,中央文献出版社 2017 年版,第 160 页。

将严重违背民本之初衷。"传统社会儒家提倡对天的敬畏,以天谴来制约皇权,而天意最终在儒家设计中落实到民意,因此就有'君者舟也,庶人者水也。水则载舟,水则覆舟'观念的产生。"①

一 "重民本"思想的形成

商周时期、尧舜禹时期就有关于民本思想的生动故事,尧帝把王位禅让给舜帝的时候,他说:"咨!尔舜!天之历数在尔躬,允执其中。"②上天的命运已经落在舜帝身上,只有诚实地保持不偏不倚的中道才是成功的关键。如果老百姓不能过上好的生活,那么,上天就会终结赐予你的禄位的。"予小子履,敢用玄牡,敢昭告于皇皇后帝:有罪不敢赦,帝臣不蔽,简在帝心。朕躬有罪,无以万方;万方有罪,罪在朕躬。"③商汤在这里阐明老百姓的重要性,如果我有罪,我不会牵连到天下百姓;如果天下百姓有罪,那所有的罪孽都归罪于我一人身上吧,这是一种敢作敢为的担当精神。

春秋战国时期,儒学民本思想在《论语》中已初露端倪,在《孟子》中则形成了"民贵君轻"的著名命题,这就是"民为贵,社稷次之,君为轻"。④在这里孟子把百姓放在突出重要的位置,国家和君主都是屈居其后的。这既是孟子所谓"得民心者得天下"的民本思想,也是孟子对孔子以"仁政"为本的民本观的继承与发展。为政者需要在施政纲领中做到重民、利民、惠民;在社会风气方面,要求尊五美、摒四恶,重视民众教化的作用;在治国策略上,主张治国以礼,以达到使百姓知仁、懂礼、守礼的目的。

"道千乘之国,敬事而信,节用而爱人,使民以时。"⑤孔子认为对于一个施政者而言,如果能够做到"敬事而信""节用而爱人""使民以时"也就做到了仁德、贤能,那么就是贤德的执政者。孔子曾评论子产:"其行己也恭,其事上也敬,其养民也惠,其使民也义。"⑥孔子认为,能做到这些就是一个合格的施政者。因此,"重民本"思想是孔子与孟子思

---

① 马秋丽:《儒家对民众政治地位的设计及其现代转化》,《山东大学学报》(哲学社会科学版)2012年第3期。
② 朱熹:《四书章句集注》,中华书局2011年版,第180页。
③ 朱熹:《四书章句集注》,中华书局2011年版,第180页。
④ 朱熹:《四书章句集注》,中华书局2011年版,第344页。
⑤ 朱熹:《四书章句集注》,中华书局2011年版,第51页。
⑥ 朱熹:《四书章句集注》,中华书局2011年版,第78页。

想的重要内容,而"重民""保民"思想又是其儒学思想的核心,"孟子对于孔子和子思民本思想的继承和传扬中,相当一部分内容是重民保民思想"。①

二 儒家对其他诸家民本思想的综合

先秦诸子百家对民本思想进行了进一步丰富和完善,不同派别对民本的理解有不同的侧重,儒家在仁爱的基础上发展了有差别的民本思想,这就是孟子所谓的:"老吾老,以及人之老;幼吾幼,以及人之幼;天下可运于掌。"② 孟子是在表达敬爱自己的长辈,进而也敬爱别人的长辈;爱抚自己的孩子,进而也爱抚别人的孩子。这样天下就可以在掌心中随意转动更易于统治了。墨家与儒家思想不同,主张无差别的、更为广泛的民本思想。这就是墨子的:"凡天下祸篡怨恨,其所以起者,以不相爱生也,是以仁者非之。"③ 这就是"天下兼相爱则治,交相恶则乱"。墨子认为天下之乱,起于人与人的不相爱,而这种爱本应是无差别的爱。道家主张以顺应自然为理念的民本思想。《道德经》讲道:"域中有四大,而人居其一焉。人法地,地法天,天法道,道法自然。"(《道德经·第二十五章》)老子的大意是,宇宙有四"大",人也是其中之一。人遵循地的规律特性,地效法于天,天以道作为运行的依据,而道也自然而然。"民本"思想对于国家稳定发展具有重要启示,要维护人民的利益不受侵犯,改善人民的生活,实现国家的持久和平发展,使百姓免受战争的灾难。汉书《淮南子》指出:"兵之胜败,本在于政。政胜其民,下附其上,则兵强矣;民胜其政,下畔其上,则兵弱矣。"④ 这句话充分表明了战争的发动不应该是为了扩充土地,而是为了保护百姓的生活不受侵害,得到了百姓的心,才是取得战争的根本要素。此外,"民本"思想在当今社会还具有维护社会稳定,促进社会和谐的意义。因为注重百姓的感受,改善百姓的生活,缓和社会矛盾,对于推动社会和谐发展具有重要意义。应该说,"如果从文化的角度审视政治心态,可以发现上至帝王下至平民普遍认同民本思想的基本思路。如果从制度的角度作静态的分析,可以

---

① 王保国:《孟子民本思想渊源考辨》,《郑州大学学报》(哲学社会科学版)2006年第4期。
② 朱熹:《四书章句集注》,中华书局2011年版,第195页。
③ 《墨子》,李小龙译注,中华书局2016年版,第69页。
④ 《淮南子》,陈广忠译注,中华书局2016年版,第261页。

发现民本思想影响着各个层面的具体制度。如果从实践的角度作动态的分析，可以发现民本思想贯穿政治过程的各个主要环节，经常性地影响着人们的政治行为和朝堂的政治决策"。①

春秋战国之后，各家的民本思想得到融合发展，儒家的民本思想充分汲取了各家民本思想，形成了影响深远的民本观念。我们今天所说的中华优秀传统文化"民本思想"主要是指"民惟邦本"，认为在国家中，人民的作用是最基础、最根本的，要注重人民的作用："为民思想"，这主要是从统治者的角度出发认为在其统治过程中要维护百姓的利益，考虑百姓的感受；还有一层含义是孟子提出的"民贵君轻"思想。意为从天下国家的立场来看，民是基础，是根本，民比君更加重要。"民贵君轻"是孟子仁政学说的核心，具有民本主义色彩，对中国后世思想家产生了极大的影响。《孟子·尽心下》曰："民为贵，社稷次之，君为轻。"孟子认为老百姓最为重要，土谷之神次之，君主为轻。所以得着百姓的欢心便做天子，得着天子的欢心便做诸侯，得着诸侯的欢心便做大夫。诸侯危害国家，那就改立。牺牲既已肥壮，祭品又已洁净，也依一定时候致祭，但是还遭受旱灾水灾，那就改立土谷之神。这里的"民为贵，社稷次之，君为轻"的主张演变为后来的"民贵君轻"思想。这里强调统治者和百姓相比，百姓在国家中的地位要高于君主。《新唐书·褚遂良传》有言曰："奢靡之始，危亡之渐"，这种"民本"思想是一个完整的有机整体，构成了影响深远的中华优秀传统文化"民本"思想的重要根基。

三 民本思想的现实功用的分析

民本思想是中华优秀传统文化的重要思想精华，在今天仍然具有重要的现实价值。民本思想有利于丰富和发展今天意义上的人权和民主思想，我们要看到传统文化的"民本"思想与今天意义上的"民主""人权"思想大相径庭，并不是今天意义上的民主和人权，但是，"民本"思想中蕴含"民贵君轻"的因素，重视人民的作用与今天的民主思想也存在一定的相似之处，那就是国家和社会的发展必须依靠人民的力量、依靠人民的智慧来推动，这与马克思主义唯物史观所指出的历史是由人民创造的相一致。今天的"人权"概念也并没有形成一致的观点，但是，

---

① 张分田：《儒家的民本思想与帝制的根本法则》，《文史哲》2008 年第 6 期。

注重人民生存权和发展权，维护人民的合理利益是必须遵循的，这与"民本"思想相契合。诚如习近平总书记所言，"我们党来自人民、植根人民、服务人民，党的根基在人民、血脉在人民、力量在人民。失去了人民拥护和支持，党的事业和工作就无从谈起"。①

夏商周时期是民本思想的萌芽期。夏代初期，传统民本观念开始进一步发展。《尚书》曾有以大禹的训诫改编的歌谣："民惟邦本，本固邦宁。"殷商时期，商代君王也比较重视尊重民意，或者以民意为执政的出发点，认为天下治理是否清明，可通过观察民众的具体情况而定。诸如"恭承民命，用永地于新邑"② 等，都是商君重民思想的体现。殷商之际，一些思想家就从夏桀亡国的政治教训中重新意识到了民众的力量对于国家兴衰的重要性，《尚书》有言曰："汝克黜乃心，施安德于民，至于婚友，丕乃敢大言，汝有积德。"③ 这里旨在表明想要给老百姓以实实在在的好处，只有让老百姓满意，也才算是积了恩德，这是明显的重视民意的思想。商朝的执政者总结了夏朝覆亡的教训，并结合自身的统治经验，逐步开始调整统治阶层与民众的关系，重视民众的地位和意愿，提出了一些民本观念。诸如"天子作民父母，以为天下王"④ 等，都是社会初期民本观念的具体体现。

周代统治阶层所倚重的民本观念在西周时期又得到了进一步的发展。西周初期的统治阶层开始频繁提及对民众的敬畏，甚至开始进一步对"天意"或者"天命"质疑，认为"天命"并非亘古不变，有时候也要视民意而定。周公从商朝灭亡的历史教训中意识到单纯依靠天命并不能保证政权稳定和国家安定，开始将注意力转向"民"，特别是到了西周的周公提出了"敬德保民""明德慎罚"的政治纲领，认为王命受于天，而天意源于民意，因此以德保民才是不违天命。《尚书》中有关"敬德""明德"之类的言论俯拾即是。诸如："惟乃丕显考文王克明德慎罚"⑤，"先王既勤用明德怀"⑥ 以及"皇自敬德"⑦ 等，周公将天命与民意联系

---

① 习近平：《习近平谈治国理政》，外文出版社2014年版，第367页。
② 《尚书》，顾迁译注，中华书局2016年版，第104页。
③ 《尚书》，顾迁译注，中华书局2016年版，第111页。
④ 《尚书》，顾迁译注，中华书局2016年版，第145页。
⑤ 《尚书》，顾迁译注，中华书局2016年版，第177页。
⑥ 《尚书》，顾迁译注，中华书局2016年版，第206页。
⑦ 《尚书》，顾迁译注，中华书局2016年版，第252页。

在一起，使民的地位得到了提升。

春秋战国时期是民本思想形成的孕育期。这一时期诸侯纷乱混战，社会动荡不安，思想家们在政权的更迭中意识到民心向背关乎政治兴亡，也在寻求治国安邦良策中开始突破神本倾向而转向现实的民本倾向，出现了《尚书》所谓"民之所欲，天必从之"的说法，意为民意不可违背，民本思想逐渐成为百家共识，尤以儒家为代表。提出了极具代表性的民本思想："民以君为心，君以民为本"，"君以民存，亦以民亡"[①]，劝谏君主要以民为本。孟子说："桀、纣之失天下也，失其民也；失其民者，失其心也。"[②]（《孟子·离娄上》），强调得民心者得天下，使民本思想体系得以建立。荀子作为先秦民本思想的集大成者。"君者，舟也；庶人者，水也。水则载舟，水则覆舟。"（《荀子·哀公》）荀子认为统治者如船，老百姓如水，水既能让船安稳地航行，也能将船推翻吞没，沉于水中，表示事物用之得当则有利，反之必有弊害。用"水"和"舟"比喻君民关系，形象地论证了以民为本的重要性。君主失去民，就不成其为君，而民没有君主依然还是民。君和民之间，民比君重要，民的力量巨大。因此，民本思想从春秋战国时期开始就贯穿中国历史，历经两千多年不曾磨灭，反而约束了专制，驯化了君主。

汉唐至宋明是民本思想发展完善期。民本思想由抽象的认知层面向现实的政治实践层面拓展，上升为统治者的治国理念。西汉政论家贾谊提出："夫民者，万世之本也，不可欺"，可以看到贾谊对"民"的重视。贾谊认为，人民是一个国家兴旺发达最长远的根本原因，是不可被愚弄的，一个当政者在执政期间如果不能把老百姓作为国家之基，不以老百姓安全为要，不以老百姓为最尊贵，那么这个国家很难维持长久。

李世民经历了隋末农民战争，对于老百姓的政治力量以及在战争中起到的重要作用有着切身感受，他承袭了儒家传统的民本思想，提出："可爱非君，可畏非民，天子者，有道则人推而为主，无道则人弃而不用，诚可畏也。"[③] 李世民在这里是告诫统治者，对民的力量要有畏惧感，有德的君主会得到百姓拥戴而得天下，反之就会被老百姓无情地抛弃。基于这样的认识，李世民提出"国以人为本，人以衣食为本，凡营衣食，

---

① 《礼记孝经》，胡平生、陈美兰译注，中华书局2016年版，第128页。
② 朱熹：《四书章句集注》，中华书局2011年版，第262页。
③ 《贞观政要》，骈宇骞译注，中华书局2011年版，第24页。

以不失时为本"。① 把"民""人"视为国家和君权的根基。为此，李世民还做了一个形象的比喻："为君之道，必须先存百姓。若损百姓以奉其身，犹割股以啖腹，腹饱而身毙。"② 李世民提出的"存百姓"主张在贞观统治集团内部形成了广泛的共识。贞观君臣能从历史教训中认识到民的力量，继承儒家传统的民本思想，用于政治实践，这也正是贞观统治集团的高明之处。不仅如此，李世民还尽可能地减少对社会的政治干预。李世民深知"故夙夜孜孜，惟欲清净，使天下无事。遂得徭役不兴，年谷丰稔，百姓安乐。夫治国犹如栽树，本根不摇，则枝叶茂荣。君能清净，百姓何得不安乐乎？"③ 李世民以无为思想作为政策指导，力求实现"徭役不兴，年谷丰稔，百姓安乐"的理想政治局面。

到了宋代，程颐在《代吕公著应诏上神宗皇帝书》一书中提出："为政之道，以顺民心为本，以厚民生为本。"程颐形象地表达了治国需以民为本的治国策略，南宋朱熹也有"天下之务莫大于恤民"的主张。明代内阁首辅张居正在《请蠲积逋，以安民生疏》中讲道："窃闻致理之要，惟在于安民，安民之道，在察其疾苦而已"，更是强调为政要以民为本，恤民、抚民、安民。

明末清初是民本思想发展的成熟完善期。皇权的腐败衰落催生出对君主专制的反思，民本思想中逐渐增加了民主的成分，民本思想的人民主体性更加鲜明。黄宗羲的民本思想很有特点，他既注重仁义，同时也注重功利的合理性，赋予民本思想以新的含义。张居正在《张太岳集·辛未会试程策二》中认为："戾于时，拂于民，虽圣哲之所创造，可无从也。"这里张居正的意思是，如果一项法律制度不合乎时宜，老百姓不能满意，即使是"圣哲"制定的也没必要去执行。他认为，"法不可以轻变也，亦不可以苟因也"，法律规定要随时代的发展以及老百姓的需要而适时适度地加以改变。这里张居正重在突出"民安"的重要性，满足老百姓的需要才是治理国家的重要根据。张居正继承了前人的思想，阐发了"立君为民"的民本观。他说："天之立君以为民也"，张居正认为君主作为一个国家的最高统治者，其职责是要代天行事，是为民办事，是为祛

---

① 《贞观政要》，骈宇骞译注，中华书局2011年版，第265页。
② 《贞观政要》，骈宇骞译注，中华书局2011年版，第2页。
③ 《贞观政要》，骈宇骞译注，中华书局2011年版，第26页。

除天下黎民百姓的疾苦而生的,即《张太岳集·人主保身以保民辛未程论》中的"使之齐一其乱而均适其欲,衣食其饥寒而拊循其疾苦"。

另外,张居正主张作为君主,就应当以民生为重。要顾念老百姓艰难的生活,对之予以补贴帮扶,《张太岳集·请罢织造内臣对》有云:"愿皇上重惜民生,保固邦本",所有这些,都是其注重民生、保存民力的重要表现,不仅如此,他还向朝廷建议改革相关政策,提出一系列安民之道的施政理念。《张太岳集·陈六事疏》有云:"惟百姓安乐,家给人足,则虽有外患,而邦本深固,自可无虞。唯是百姓愁苦思乱,民不聊生,然后夷狄盗贼,乘之而起。盖安民可与行义,而危民易与为非,其势然也。"这里张居正阐明老百姓安居乐业的重要性。因此,又指出:"窃闻致理之要,惟在于安民,安民之道,在察其疾苦而已。"张居正认为,民是国家的根本,要想治国安邦,必须安定百姓,安民的首要问题在于关心民众疾苦,使百姓能够安居乐业。这样,虽然有外患,国家也可以保持安定的局面。此外,张居正还无情地揭露了豪门势力、贪官污吏、富商大贾盘剥贫民的社会政治现状。所有这些都说明张居正的民本主义思想具有进步性与鲜明的务实主义精神,这都是对先秦儒家优秀传统思想的传承与发展,在一定程度上兼顾了下层劳动人民的切身利益,当然其实质上也迎合了维护封建统治集团利益、维护大明王朝政治统治的需要。

黄宗羲在《孟子师说·卷一》中继承了孟子的仁义思想。他说:"国之所以治,天下之所以平,舍仁义更无他道。"在他看来,仁义是天地之本,也是唯一合理的治道。不过,黄宗羲认为,后世士人对孟子不言利而只讲仁义有所误解,实际上仁义与功利是统一的,二者不得偏废。传统儒家认为王政是德治教化,霸业指的是强力事功,黄宗羲在《孟子师说·卷七》中则指出:"霸者只在事功上补凑,王者在心术上感动。"黄宗羲反对只讲仁义或偏重事功,主张将仁义与功利统一起来。正因为如此,基于这种对仁义的特殊认识,黄宗羲主张关注百姓的实际民生,将仁政体现为百姓的实际利益。为此,他提出要实行仁政,降低税率,以减轻民众负担。他试图通过赋税原则恢复到西周盛世的水平。黄宗羲的这一主张虽有不切实际之嫌,但实实在在地体现了他重视民生的思想特色。民本思想是传统儒家政治思想中最具有正面意义的命题之一,当然,不论在理论上还是在政治实践中,民本始终是与君本相维系的,对于封建社会专制主义而言，以民为本不过是一种治国之术。

王夫之猛烈地批判君主专制思想，主张"公天下""以民为基"的思想主张，因此，体现了《周易外传·卷二》中"君以民为基"以及"无民而君不立"的民本主义倾向。王夫之认为，君主应以民众为根基，民心是否稳定，意味着国家根基是否稳固。因此，君主应关心民众，并将此作为自己的"第一天职"，如果做不到这些，就不是一个合格的君主。王夫之以民本思想为出发点，提出了朴素的平均观。《诗广传·卷四》中说："聚者有余，有余者，不均也。聚以之于彼，则此不足；不足者，不均也……故平天下者，均天下而已！"他看到了"有余"与"不足"的矛盾是社会存在的较为突出的问题，因此，提出的"均天下"主张，虽然不能解决当时社会固有之弊病，但是针对封建社会中的最核心问题如土地问题提出了自己的主张，虽然不可能改变其原有的土地制度，但是也触及了其制度存在的缺陷。

王夫之反对统治者将土地据为私有，所有政令的制定必须将老百姓的利益放在第一位。随着社会的发展，民本思想也在与时俱进，尤其是到了近代，孙中山先生的三民主义就是对古代"民治"观念的继承和发展，他提出比较完备的民权主义思想，"完成了对儒家民本主义的发展和超越。这是孙中山先生站在中国文化发展的历史之流上所作出的重大理论贡献"。[①]

第三节 "重民本"的现代价值

中华优秀传统文化的内在包含着深厚的民本价值观念，它肯定了人的价值和强调了人的伦理要求，对人的命运充满关注。在强调人之成为人，而不是成为非人的意义上，中华优秀传统文化更为重视"重民本"的重要性。"我们要实现党的十八大确定的奋斗目标和中国梦必须紧紧依靠人民，充分调动最广大人民的积极性、主动性和创造性。开展党的群众路线教育实践活动，就是要使全党同志牢记并恪守全心全意为人民服务的根本宗旨，以优良作风把人民紧紧凝聚在一起，为实现党的十八大

[①] 王钧林：《孙中山的民权主义与儒家的民本主义》，《文史哲》2001年第1期。

确定的目标任务而努力奋斗。"① 这是"重民本"思想在当下的治国理政中的具体体现。中华优秀传统文化的民本思想集中体现在儒家学说之中,"人为贵"是儒家最为基本的民本主义原则,认真厘清这一原则,有助于把握中华民族民本思想的发展历程。这一思想的核心就是孔子"仁"的思想。孔子提出仁政、爱人,孟子继承了孔子的"养民"思想,把儒家的重民思想进一步发扬,进而提出了影响中国几千年的"民为贵,社稷次之,君为轻"以及"仁者爱人"的著名论点,体现了"民为邦本"的思想理念。

一 "重民本"是对中华优秀传统文化的继承与发展

中华优秀传统文化中的民本思想,虽然存在诸多的历史局限性,其本质上并没有体现以人民利益为中心的价值诉求,中华优秀传统文化中的民本思想总体来说是为当时统治阶级服务,并没有发现人民是历史创造者的一面,但是能把"民"与"君"的关系看成是"水"与"舟"的关系,并认为"水能载舟,亦能覆舟",这在一定程度上肯定了老百姓的重要作用,具有重要的进步意义。中华优秀传统文化中的民本思想在古代就已被广泛认可,就当政者角度而言,做到以民为本是其保证国家安宁与社会安定的重要保证;就广大人民群众而言,以民为本的惠民政策为其发展生产和稳定生活提供了重要的外部条件和良好的生存环境。总之,要想在革故鼎新中助推中华优秀传统文化中的民本思想增加新的生命力、活力,从而促进其更好地适应当今现代化的发展以及自身的现代化发展。需要我们对中华优秀传统文化中的民本思想进行客观、全面、发展地看待、继承和发展。

第一,不同学派进行不同的政策解读。"重民本"思想鉴于不同学派有着各自迥异的政治诉求,因此也提出了关注不同侧面的民本思想,形成了不同的民本的内容,儒家、墨家、道家、法家等各派对民本思想的阐释也不尽相同,进而随着朝代兴衰更迭,他们对民本思想的体悟也在发生着变化。儒家思想以治国理政的大一统的角度为中心;道家以小国寡民、尊重个体劳动者自由的意愿为中心;墨家更是从兼爱非攻、人人平等的视域为出发点,如此等等。这些民本思想对于老百姓地位的提升以及社会进步都做出了应有的贡献。民本思想是中华优秀传统文化中最

---

① 习近平:《习近平谈治国理政》,外文出版社 2014 年版,第 367 页。

为核心的优秀思想成果,不仅为古代统治者提供了重要的施政思想理论来源,也为中国共产党治国理政提供了重要的经验教训。"得民心者得天下,失民心者失天下,人民拥护和支持是党执政最牢固的根基。人心向背关系党的生死存亡。"① 坚持以全心全意为人民服务为宗旨,坚持以人民为中心的工作导向,就是在积极吸收借鉴古代"民惟邦本"的民本思想基础上发展而来的"重民本"的思想,是中华优秀传统文化中重民思想与马克思主义人本思想相结合的产物。在当代社会,"重民本"思想就是要注重民生,"民生工作离老百姓最近,同老百姓生活最密切。要持之以恒把民生工作抓好,发扬钉钉子精神,有坚持不懈的韧劲,推出的每件事都要一抓到底,一件事情接着一件事情办,一年接着一年干,锲而不舍向前走,做到件件有着落、事事有回音,让群众看到变化、得到实惠"。②

从汉代至唐宋时期,封建统治者实施了一系列休养生息的措施,把重民思想付诸具体实践。董仲舒从"天"与"人"的关系角度阐发重民思想,即统治者应当爱护劳动者的生命,尊重老百姓的权利,重民安民是天道的必然要求。明清以降,随着封建制度的行将就木与衰败僵化,阶级与民族矛盾不断激化,此时,资本主义逐渐萌芽,这一时期中华优秀传统文化的民本思想发生了根本性的、突破性的转变,尤其在政治和经济角度上尤为明显,从政治角度上讲,开始对封建君主专制制度进行了激烈的反抗和批判;从经济角度上讲,由于受中国资本主义内部萌芽的影响,农业生产力有了显著的提高,开始关注人的价值主体。这就使中华优秀传统文化民本思想发展到一个新高度。

第二,"重民本"思想对重民本、斥神本思想倾向的继承与发展。人文主义或人本主义向来被认为是中国文化的一大特色,也是中国文化基本精神的重要内容。儒、道、释三家思想构成了中华传统文化的主体,而这三家思想对"天人合一"概念都进行了重点阐释。公元前300年的《郭店楚简·语丛》说:"易,所以会天道、人道也",旨在说明《周易》是一部讲述"天人合一"思想的书。对于非"常人"来说,合乎天地的意志,有日月的光彩,遵循四季的流序,也顺应神鬼的吉凶。在天意之

---

① 习近平:《习近平谈治国理政》,外文出版社2014年版,第367页。
② 习近平:《习近平谈治国理政》第二卷,外文出版社2017年版,第361页。

前行事，天意不会忤逆之；在天意之后行事，也就顺应了天理。这样的上天都不反对他，更何况是现世中的人呢？而对于道家而言，也有对"天人合一"境界的具体描述。道家的《道德经》曰："人法地，地法天，天法道，道法自然"①，也是对"天人合一"的具体阐发。庄子认为，人是自然的一部分。"有人之形，无人之情。有人之形，故群于人；无人之情，故是非不得于身。眇乎小哉，所以属于人也；謷乎大哉，独成其天。"②这里讲的就是"天""人"原本就是合而为一的。但由于统治阶层制定了各种典章制度、道德规范，使人丧失了原来的自然本性，变得与自然不协调。人修行的目的，便是"绝圣弃智"，打碎这些加在老百姓身上的藩篱，将人性解放出来，重新复归于自然，达到一种"万物与我为一"的精神境界。而对于佛家来说，传说中的文殊菩萨化身的寒山禅师在《圆满光华不磨莹》有诗云："众星罗列夜明深，岩点孤灯月未沉。圆满光华不磨莹，挂在青天是我心。"讲的也是天人合一。

中华优秀传统文化的归宿与核心要义就是要在天地之间，要以"人"为根本，在人神之间，要以人为中心，人事为本，天道为末。也正如孔子在《论语·先进》中说的"未能事人，焉能事鬼"，这就是人还没有侍奉好的，怎么能侍奉鬼神呢。正因如此，在中国人心中，在处理天与人二者的关系上，一般所认可的理念都是人为主导，人才是根本目的，"天"经常作为道德化身并成为人们实现自己道德理想的手段。儒家思想坚决反对以神为本，一贯坚持以人为本的人文主义立场。

尽管孔子认可天命，《论语·雍也》有云："务民之义，敬鬼神而远之，可谓知矣。"面对现实，以回答现实中的社会问题、人生问题为中心，是孔子思想的一个突出特点。他提出了"敬鬼神而远之"的观点，主张应该在尊敬鬼神时保持人的责任意识，远离了宗法社会传统的神权观念。他不迷信鬼神，自然也不主张以卜筮向鬼神问吉凶。所以，孔子是力求以实事求是的态度看待人生与社会的。孔子弟子季路问事鬼神，孔子答曰："未知生，焉知死？"孔子坚定而明确地把人的生命放在首位，因为他认为天地之间，人是可贵的，对社会现实和社会人生的重视，对现实和人生抱有乐观的态度，贯穿了孔子一生的追求。类似的例子还有：

---

① 《老子》，饶尚宽译注，中华书局2016年版，第66页。
② 《庄子》，孙通海译注，中华书局2016年版，第109页。

"厩焚。子退朝,曰:'伤人乎?'不问马。"① 这段话的意思是,孔子家的马棚失火了。孔子退朝回来,他关心的是马厩失火伤人了没有,而没有问到马的情形。这里体现了孔子对人与动物的关怀是有差等的。人本思想的确立,不仅有助于人们合理对待人与神的关系,增强人的主体意识,而且有助于抵制宗教神学的倾向。

第三,中华优秀传统文化中重爱民、反霸民的继承与发展。自孔子起,儒家学说就有偏重于人生哲学的倾向。诸子百家皆以崇尚道德实践为追求,而非崇尚道德理论分析。构成儒家人本主义核心思想的道德自觉和道德践履,而构成其前提条件就是"仁者爱人"学说。仅在《论语》中,关于"仁"的论述就多达104处之多,可见孔子对"仁"的高度重视。孔子以"仁"界定"人",即肯定人的价值核心在于"仁爱"。孔子从仁爱出发,要求统治者实行仁政。提出,"敬事而信,节用而爱人,使民以时"。② 这就是要严谨认真地办理国家大事而又恪守信用,诚实无欺、节约财政开支,役使百姓要不误他们的农时农忙的时节。

孟子一方面发挥了孔子的仁爱思想,站在统治者的角度又提出"仁者爱人"的命题,认为孔子所谓"仁",乃是仁者对他人发自内心地尊重和关切,因此"仁"必须是发自内心的自觉行为而"非由外烁",这样才能由"不忍人之心",发为"不忍人之政",以仁德之心施仁政于百姓,使天下之困难的人群皆有所养,从而达到社会普遍治理的目的。另一方面,孟子提出"与民同乐"优于"独乐乐"的思想。从而提醒统治者要爱民、亲民"与民同乐"的和谐之状态。孟子说:"亲亲而仁民,仁民而爱物。"③

孟子之后的儒家思想代表依然坚持以人为本思想,能够正确处理天道和人道的本末关系。《礼记·檀弓上》有:"君子之爱人也以德,细人之爱人也以姑息。"这些都在表明,儒家讲仁爱,首先要爱自己的父母,即所谓"亲亲";其次要爱广大民众,即所谓"泛爱众";之后再去爱万物。孔子的思想以仁为核心,仁的境界是无止境的。这些正是对"以人为本"思想的生动体现,再以此为基点去实践仁道,既合乎人情事理,

---

① 朱熹:《四书章句集注》,中华书局2011年版,第115页。
② 朱熹:《四书章句集注》,中华书局2011年版,第51页。
③ 朱熹:《四书章句集注》,中华书局2011年版,第340页。

又切实可行。

儒家道德关怀的核心不仅仅局限于伦理领域和政治领域，儒家思想更关注的是对人的本质的认识，对"人"的发现，对人的主体性的揭示，也是对人作为本体存在的价值体认。"以人为本"的道德人本主义的思想传统，把道德实践提升至高地位，对于人精神的开发，对于个体道德自我的建立，都有着十分重要的意义。

传统民本思想在中华大地的沃土上产生、发展、壮大，绝非偶然，而是有其必然性的特点。其一，传统民本思想中蕴涵着民主思想的基本原理，如《尚书》说的"民为邦本，本固邦宁"。其二，中华传统的民本思想体现了民本精神，如孔子的"己所不欲，勿施于人"思想。其三，传统民本思想揭示了仁政学说的核心，孟子的"民为贵，社稷次之，君为轻"思想将人民置于国家和君主之上。其四，传统民本思想宣扬着儒家民本主义精神，荀子的"天之立君，以为民本"思想。因此，"重民本"思想对重民本、斥神本思想倾向的继承与发展，在漫长的发展过程中，形成了较完整的民本主义的思想体系。其中对民众是国家根本的强调，也是构建儒家政治理论的基石。

第四，"重民本"现实功用问题分析。在先秦儒家中，孟子"民贵君轻"思想彰显出了孟子的"浩然之气"，也奠定了孟子民本思想的主体地位。同时代的荀子直截了当地表述了民对君的利害关系，并用"水"代表"民"，"舟"代表"君"，《荀子·哀公》认为"水则载舟，水则覆舟"。《吕氏春秋·务本》认为"宗庙之本在于民"等，明显是继承了荀子"君舟民水"的思想，但也不乏孟子民贵君轻思想的影响。唐太宗李世民在《贞观政要·君道》一书中，从治国理政的经验中也总结出"为君之道，必须先存百姓"的道理。民本思想的出现，在于人们看到了社会政治生活中，民、国家和君主三者之间的相互关系，认识到了民才是国家的根本。在封建时代，为统治者如何处理民、国家、君主三者关系提供了思想前提，逐渐丰富起来的民本思想成为统治者实行仁政的基本价值基础，也成为落实统治政策的基本价值取向，所以，我们完全可以从另外一个角度认为"民贵君轻"是中国古代的一种统治思想，具有维护君权的基本特征。

同时，"君权民授"的观点在今天依然触及政权的合法性问题。执政者能够以民为本，就能够得到民众的支持和拥护，就达到了执政合法的基本要求。若把先秦的民本思想，由理想拉回现实，它对治理社会如何择人，则表现出较强的务实性。孟子主张"贤者在位，能者在职"[1]以及"尊贤使能，俊杰在位"[2]，因此，可以说选贤任能的基本认知，也是民本的基本表现。从客观的角度讲，先秦儒家主张的制民之产、不违农时、省刑薄敛、庠序之教等，对统治者而言，实行的是善政，对民间来说，百姓在这种善政之下，能够有一个比较安定的生产生活环境，因此，仁政对全社会来讲都是有益的，也决定了仁政对中国古代社会的重要影响，以及对当代国家治理和社会治理的借鉴价值。

二 "民为国本"主张符合当今时代需要

在中国历史上，人民群众是国家的根本，民本思想的倡导者一贯认为一切政治权力源自于人民，保护老百姓的利益就是践行"重民本"思想的重要体现，"保障和改善民生没有终点，只有连续不断的新起点，要采取针对性更强、覆盖面更大、作用更直接、效果更明显的举措，实实在在帮群众解难题、为群众增福祉、让群众享公平"。[3]

中国历史上的圣人都认同"民惟邦本，本固邦宁"的理念，例如《荀子·大略》有："天之生民，非为君也；天之立君，以为民也。"孟子也说："民为贵，社稷次之，君为轻。是故得乎丘民而为天子，得乎天子为诸侯，得乎诸侯为大夫。"[4]从这个角度看，国家体系的构建、社会政治的稳定最终取决于"民"。正如习近平总书记所讲的，"要从实际出发，集中力量做好普惠性、基础性、兜底性民生建设，不断提高公共服务能力和共享水平，织密扎牢托底的民生保障网、消除隐患，确保人民群众安居乐业、社会秩序安定有序"。[5]

中华传统文化中传承下来的仁政与德治的思想，在治国理政思想中被落实为以民为本的思想与政策，具体表现为重民、爱民、利民、富民、教民几个维度。在总结前朝兴衰原因的基础上，大部分明君贤臣都能总结出民为国本的结论，并认识到重视民意对政权稳定的重要性，此种事例不胜枚举，《左传》中说："国之兴也，视民如伤，是其福也；其亡也，

---

[1] 朱熹：《四书章句集注》，中华书局2011年版，第219页。
[2] 朱熹：《四书章句集注》，中华书局2011年版，第220页。
[3] 习近平：《习近平谈治国理政》第二卷，外文出版社2017年版，第362页。
[4] 朱熹：《四书章句集注》，中华书局2011年版，第344页。
[5] 习近平：《习近平谈治国理政》第二卷，外文出版社2017年版，第362页。

以民为土芥，是其祸也。"① 这里道出了国家兴亡成败与国家对民众的重视程度有着必然的联系。当然，重民思想只是以民为本的一种基本认同，或者说只是一种态度，真正落实在国家治理中则是要有具体的重民行为，也就是爱民、利民、富民、教民这几个实践维度。是要劝诫当政者切勿实行苛政，要爱护官吏臣僚、爱惜民力。在重视民众对国家的重要价值的基础上能够以博爱之心对待民众，是重民境界的进一步提升。

爱民就要给民以良好的生活条件，利民、富民是对重民爱民思想在现实生活中的具体落实。"面对复杂的国内外经济形势，要把保障和改善民生紧紧抓在手上，切实托住这个底。财政等公共资金配置使用要向民生领域倾斜，民生支出要保住、切不可随意挤压。"② 赵武灵王在《战国策·赵策二》中提出："治国有常，而利民为本。"荀子在《荀子·王制》中提出"王者富民"与《荀子·富国》的"以政裕民"思想，《淮南子·主术》中也渗透着"富国利民"思想，孔子指出对待民众要采取"富之""教之"的态度以及"为政以德""道之以德，齐之以礼"的措施。此时孔子已经意识到，既要重视民众的物质生活，也要重视民众的道德素养，注重教民。一方面富民，使民丰衣足食；另一方面教民，辅以文化，使民有道德、知礼节。对老百姓施行道德教育、道德感化以提高民众的道德素质，从根本上阻止不文明、不道德之风的产生。

孟子将孔子的德政思想发展为仁政学说对后世影响深远。"善政不如善教之得民也。善政，民畏之；善教，民爱之。善政得民财力，善教得民心。"③ 孟子这句话旨在表明：仁德的言辞不如力行，仁德的声望深入人心，良好的政治不如良好的道德教化能获得民心。良好的政治会因百姓的畏惧而服从；良好的教化会因百姓的心悦诚服而乐于接受。良好的政治能聚敛百姓的财富，良好的教化能赢得民心所向。应该说，法家重视刑法，轻视道德教育的作用，罔顾人性本善而澄明的一面。儒家则强调教化，从"人本善"出发，顺着人性立人。这就是《论语·为政》所谓："道之以政，齐之以刑，民免而无耻。"就是讲的治国治世，用政令引导民众，用法律刑狱约束民众，民众虽免于犯罪，但却没有羞耻心。

---

① 《左传》，郭丹译，中华书局 2014 年版，第 1046 页。
② 习近平：《习近平谈治国理政》第二卷，外文出版社 2017 年版，第 363 页。
③ 朱熹：《四书章句集注》，中华书局 2011 年版，第 330—331 页。

用道德引导民心，用礼教规范民众，民众有羞耻心，而且能自觉归正修正自己。在孔子看来，如果执政的时候太过倚重法律，尽管可以威慑百姓，减少百姓犯法的发生，但这样也会使他们丧失羞耻心，动摇了人性最初的知耻自愈，改过自善的本能。百姓就既能修己，有羞耻心，自然就能"见之于未萌、治之于未乱"。① 做事情要在它尚未发生以前就处理妥当；"治国理政"要在祸乱没有产生以前就早做准备。要主动自我约束，修身为本，到最后根本也不会去犯法。荀子作为先秦的集大成者既吸收孔孟的道德教化的德治思想，又汲取管子礼法并用的思想，主张隆礼重法，强调当政者的道德行为的示范作用。

中华优秀传统文化富有人文精神，具有显著的民本主义特征，强调人在一切事物中居于最重要的地位，人的一切行为都围绕实现人自身的价值，强调人的作用与地位。早在周朝时期，统治者就认识到百姓在政权存亡兴废中的关键作用，《尚书·泰誓》认为"商罪贯盈，天命诛之"，这就将"天"理解为民众意志的代表，将民意等同于天意，所谓"天视自我民视，天听自我民听"的道理，也就是高度重视人的作用，并努力调整统治者与下层民众的关系。《尚书·酒诰》中周公有言曰："人无于水监，当于民监。"这里周公的核心内容是要督促卫国国君在卫国实行戒酒，整顿民风。要告诫君王要以民为镜，从民情、民音、民声中去考察自己的执政情况，就会知得失、明向背，其中已蕴涵着接受民众监督的思想。执政者应当以百姓民意为镜鉴，时刻反省执政中的得失。这种将宇宙的主宰由天神置换成了民众的思想转换，奠定了传统民本思想的基础。

道家也推崇民本思想和治国之道，可以将它们概括为"自然无为""无为而治"的观点，其思想要义是主张君主要让百姓自由和自然发展，尽量减少政治上的干预。老庄崇尚自然，《道德经》讲"圣人常无心，以百姓之心为心"。② 老子主张君主应该顺应自然去治理人民，而不应当过多地干扰百姓的正常生活秩序。庄子说："与天为徒者，知天子之与己，皆天之所子。"③ 意思是说和自然交朋友的人，知道天子和自己都是自然所养育的。天子与百姓身份虽然不同，但都是上天之子，同出于自然，

---

① 《老子》，饶尚宽译注，中华书局2016年版，第161页。
② 《老子》，饶尚宽译注，中华书局2016年版，第123页。
③ 《庄子》，孙通海译注，中华书局2016年版，第69页。

进而从根本上否定了天子的特权，否定了天子的至上权威，提出了自然论为基础的人人平等学说。墨家的民本思想以"兼爱"为核心，认为人与人之间要平等地相互爱护，真正的仁君也要以"兼爱"待民，即对天下百姓没有亲疏之别、远近之分，平等地为全天下的百姓谋福利。因此墨子说："仁者之为天下度也，辟之无以异乎孝子之为亲度也。"[1] 墨子认为仁者为天下谋划，就像孝子给双亲谋划一样，没有分别，而"爱人者，必见爱"的思想就是实行兼爱，就可以使大家互惠互利，最终实现人人平等、共利共荣的社会理想。

墨子"兼爱"天下的民本思想，是把天下所有老百姓置于互爱的整体中，强调平等相爱以及对全体人类无差别的普遍"泛爱"，这种"兼爱"天下百姓的思想也是中国传统文化中民本理念的重要内容。可见，先秦各学派思想之间虽然有差异，但在重视民心向背、以民为本方面是一致的。春秋战国以后，在诸子百家思想融合的基础上，逐渐形成了以儒家思想为主体，融合其他各家思想的民本思想，突出了人民的根本地位和主体作用，创造性地提出了民贵君轻思想，指出了诸如"制民恒产""治国有常""利民为本"等执政为民的施政思路。因此，"重民本"思想体现了深厚绵长的仁爱精神和人文精神，也呈现了中华优秀传统文化的人民性的底色。

三 "重民本"思想符合新时期党的宗旨

当前党的宗旨就是全心全意为人民服务，它是我们一切工作的出发点和落脚点，也是我党克服困难、自我完善、不断巩固的根本保障。"要面对面、心贴心、实打实做好群众工作，把人民群众安危冷暖放在心上，雪中送炭，纾难解困，扎扎实实解决好群众最关心最直接最现实的利益问题、最困难最忧虑最急迫的实际问题。"[2] 民本思想传递给我们一个通俗而有效的道理，那就是民心向背关系着国家的兴衰成败。因此，保持国家的长久兴盛就要全面畅通民生服务保障渠道并立足于民众最关心的实际问题开展工作。"注重加强公共服务、应急管理、安全保障等数字民生保障系统建设，建立以基层数字管理群落为依托的社会治理保障系

---

[1] 《墨子》，李小龙译注，中华书局2016年版，第88页。
[2] 习近平：《习近平谈治国理政》第二卷，外文出版社2017年版，第364页。

统"①，进一步满足人民日益增长的美好生活需要以及构建提升人民生活水平的科学路径。对于一个执政党来说，执政党最大的、最严重的危险是脱离群众。因此，中国共产党要巩固自己的领导地位，就要进一步密切联系群众，坚持全心全意为人民服务。

在中国历史上，诸如文景之治、贞观之治、开元盛世以及康乾盛世等都是以民为本的，统治阶层无一例外都是对百姓实施宽厚的"仁政"和"德治"，让百姓能够休养生息，从而开创出太平盛世的局面。这些朝代的盛世时期基本都是国家富强、人民安定富足，基本都取得了较好的政绩。相反，诸如东汉末年、三国两晋南北朝、唐朝安史之乱时期不顾及老百姓的利益，长期征战，都会引发社会的不稳定。而儒家"德治"理念起着重要的思想主导作用，具有极强的进步性和人民性的特点也推动了社会的发展进步。虽然当时的民本还不是现代意义上的民主，但它对中国社会的发展具有重要深刻的历史意义。反之，诸如，秦王朝貌似强盛，发起剿灭六国的战争，继而推行暴政，筑宫殿、修长城，最后使得秦王朝民不聊生；特别是隋炀帝不顾老百姓的死活，只顾自己寻欢作乐，大规模挖凿运河、修造龙舟，劳民伤财。最终导致了农民起义，秦、隋王朝就在浩大的农民起义大潮中寿终正寝。

人民是国家的根基。"民惟邦本"是儒家思想的精髓，是"仁政""王道"学说的思想基础，其中"富民""重民""民贵君轻"等民本思想的产生是与当时经济社会发展水平和生产形态相吻合的，是植根于自给自足的农业社会发展，他们从为统治阶级谋求长远利益和巩固皇权出发，极力反对代表封建专制主义的聚敛苛政、滥刑重罚做法，在一定程度上起到了约束君主、缓和阶级矛盾的作用，所倡导的"轻徭薄赋""以宽民力""慎用刑法"的价值标准，也都反映了人们共同的价值理念，表明了儒家的博大精深的情怀与深远的忧患意识。中国的民本思想起于商周，发展于春秋战国时期，并形成了儒家政治哲学的核心理念。把民众看作国家之根本、社会生活的主体，显然是强调人民性。"新年之际，我最牵挂的还是困难群众，他们吃得怎么样住得怎么样，能不能过好新年、过好春节。我也了解，部分群众在就业、子女教育、就医、住房等方面

---

① 宋义明、张士海：《数字经济与我国经济高质量发展》，《中国高校社会科学》2022年第2期。

还面临一些困难，不断解决好这些问题是党和政府义不容辞的责任。全党全社会要继续关心和帮助贫困人口和有困难的群众，让改革发展成果惠及更多群众，让人民生活更加幸福美满。"① 这是习近平总书记于2016年12月在新年贺词中谈到的内容。随着时间的推移、实践的深入、理论的升华，会不断丰富和发展儒家的民本主义思想，对学习贯彻习近平总书记"以人民为中心"的发展思想具有重要意义。

中国共产党始终奉行"全心全意为人民服务"的立党宗旨。从新中国成立至今，回顾自新中国成立之时的一穷二白国家到现在成为世界第二大经济体的历史，可以证明中国共产党领导的革命及社会主义建设才是中华民族由站起来到实现伟大复兴的必由之路。在中国，革命决定我们任何时候都必须站在人民的立场上谋划、说话、做事，我们代表的是人民的利益，要接受人民的监督才能够取得更大的成就。"人民是历史的创造者，是决定党和国家前途命运的根本力量。我们党来自人民、植根人民、服务人民，一旦脱离群众，就会失去生命力。我们要向周恩来同志学习，坚持立党为公、执政为民，自觉践行全心全意为人民服务的根本宗旨，把党的群众路线贯彻到治国理政全部活动之中，把人民对美好生活的向往作为奋斗目标，依靠人民创造历史伟业。"② 只有这样，我们才称得上人民的党和政府，才能使我党的执政地位得到巩固，使中国特色社会主义道路坚持走下去，才不辜负革命先辈们的期望，才能始终践行"我将无我，不负人民"的初心和使命。

四 "保民爱民"主张能激发人民的创新精神

中国历代统治者为了维护自身的阶级利益，巩固统治地位，在认识到人民群众对巩固君主统治的重要性后，逐步形成了以"仁治"为核心的民本学说。孔子说："为政以德，譬如北辰，居其所而众星共之。"③ 强调统治者只有重民生、惜民力、博民心，在不断调整工作的过程中，统治者与被统治者的关系得到缓和，从而使其统治得到延长。历史证明，社会通过治理实现稳定，有利于发展生产力、推动社会进步，既有利于统治者巩固政权，同样有利于人民改善生存条件。而社会动乱不仅破坏生产、阻碍社会发展，关键还会让老百姓利益受损。

---

① 习近平：《习近平谈治国理政》第二卷，外文出版社2017年版，第368页。
② 习近平：《习近平谈治国理政》第三卷，外文出版社2020年版，第135页。
③ 朱熹：《四书章句集注》，中华书局2011年版，第55页。

中国的封建历史中不乏一些开明君主，无论是通过自我体悟或是经由贤臣劝谏，产生了一些朴素的民本思想，提出"以德配天""敬德保民"等主张，能够实行仁政德治，将民本思想作为其治国大略，并采取一些富民、利民、惠民的政策措施，在一定程度上使人民生活在原有状态基础上有所改善。但是"民为邦本"是以维护皇权为思维导向的，也就是说，以民为本实际上是为了维护统治阶级的政权稳固而提出的，本质上是为了延续其统治权力，实现统治阶级利益的最大化。封建制度下，"民"仅仅是专制君主巩固统治秩序的工具，而不是国家的主人。人民始终处于社会底层，作为被统治阶级，没有行使当家做主的权利，人民呼声和要求很难得到满足，基于"民为邦本"思想提出的民本思想是具有浓厚的封建主义色彩。几千年来，虽然曾对中华民族发展产生一定程度上的进步意义，但究其本质，是为维护封建统治的稳固而提出的，在当时的时代条件下百姓们所能体验到的民本思想，并非现代社会条件下人们所能体验到的人民民主，因其封建的神秘色彩和阶级立场的局限性，未能实现与思想本身预期效果相符的以民为本，也没有真正做到以人民为中心。真正的"以人民为中心"的思想就是一切为了人民群众着想，"我们要始终把人民立场作为根本立场，把为人民谋幸福作为根本使命，坚持全心全意为人民服务的根本宗旨，贯彻群众路线，尊重人民主体地位和首创精神，始终保持同人民群众的血肉联系，凝聚起众志成城的磅礴力量，团结带领人民共同创造历史伟业。这是尊重历史规律的必然选择，是共产党人不忘初心、牢记使命的自觉担当"。①

中国古代的"盛世"与惠民政策紧密相关。如汉文帝刘恒推行"休养生息"政策，前后两次下令减税，甚至十多年不征收田租，取消亲属连坐条文和一些残酷的肉刑。景帝刘启继位后，非常注重农业，他认为黄金珠玉虽是贵重，但饥不可食、寒不可衣，没有谷物和丝麻实用，因此他劝民农桑，使得当时的社会经济空前繁荣，社会秩序大有改善，这就是历史上的"文景之治"。唐太宗李世民善于以史为鉴，从隋朝灭亡中吸取教训，在施政上选用贤能，善用有才华的人，广开言路，兼听兼信，以魏征为代表的一批忠正官员的合理化建议得到采纳，治理制度得到完善，农业经济得到发展，全国人口得到增加，经济空前繁荣，史称"贞

---

① 习近平：《习近平谈治国理政》第三卷，外文出版社2020年版，第136页。

观之治"。清朝康熙、雍正、乾隆三朝期间,先实施"更田制",继而实行"摊丁入亩"的赋税制度,使耕地面积得到增加,人口也随之不断增加,手工业生产也有了较快发展,造就了"康乾盛世"的局面。

新中国成立后,人民从此成为国家的主人,享有参政议政的权利,实现了几千年人民当家做主的愿望。而中国社会主义民主是植根于中华传统民本思想基础上的,基本精神是与社会主义核心价值观相吻合的,所以我们要把为人民利益而进行的治理与人民的治理结合起来,形成符合中国国情的、具有时代特征的政治制度。进入新时代,中国共产党代表的是人民群众的根本利益。因此,中国共产党要巩固执政地位,就必须提升执政能力,密切联系群众,紧紧依靠人民,发挥人民群众的巨大力量,把人民群众利益作为工作的出发点和归宿点,才能充分激发人们的创新精神。

五 "重民本"思想是时代期盼

习近平新时代中国特色社会主义思想非常重视"以人民为中心的发展思想"[①],坚持人民的主体地位,并在讲话中多次引用传统民本思想的经典语录;诸如《尚书·五子之歌》提到的"民为邦本,本固邦宁"以及"政之所兴在顺民心,政之所废在逆民心"[②] 等,都强调了人民群众的重要性,这都体现了对中华优秀传统的民本思想的继承,习近平总书记指出,"我们是全心全意为人民服务的党,追求老百姓的幸福。路很长,我们肩负的责任很重,这方面不能有一劳永逸、可以歇歇脚的思想。唯有坚定不移、坚忍不拔、坚持不懈,才能无愧于时代、不负人民。"[③] 因此,习近平总书记的重要论述也是"以人民为中心的发展思想"的体现。

(一)"以人民为中心"是对先秦儒家民本思想的继承和发展

虽然传统的民本思想受时代限制与自身的局限,无论是从深度还是广度上都不足以与"以人民为中心的发展思想"的深刻内涵相提并论。

---

① 2015年10月26日至29日,党的十八届五中全会在北京召开。全会通过的《中共中央关于制定国民经济和社会发展第十三个五年规划的建议》强调,必须坚持以人民为中心的发展思想,把增进人民福祉、促进人的全面发展作为发展的出发点和落脚点,发展人民民主,维护社会公平正义,保障人民平等参与、平等发展权利,充分调动人民积极性、主动性、创造性。11月23日,习近平总书记在主持中央政治局第二十八次集体学习时指出,坚持以人民为中心的发展思想,这是马克思主义政治经济学的根本立场。

② 《管子》,李山译注,中华书局2016年版,第5页。

③ 习近平:《习近平谈治国理政》第三卷,外文出版社2020年版,第136页。

但是先秦儒家民本思想却是"以人民为中心的发展思想"形成的重要理论基础和思想源泉。"以人民为中心的发展思想"正是以马克思主义思想为指导,以传统的民本思想为基础,进行马克思主义中国化的最成功的典范,是对传统民本思想的继承和创新。

2013年12月26日,习近平在纪念毛泽东同志诞辰120周年座谈会上的讲话中,引用"政之所兴,在顺民心。政之所废,在逆民心"①来阐释对民心、民意的重视,也是对传统"顺民心""从民意"等民本观念继承的体现。在中国古代的政统里,天下从来不是一家一姓永久拥有的,而是"有德者居之"。判断政权是否"有德"的标准,即在于人民是否安居乐业。先秦时代,管仲已经意识到,政权要稳定长久,就必须推行顺乎民心的政策。需要了解老百姓有什么困难、什么需求,只有深入基层调研、走访才能"知民情""察民意",坐在办公室里拍脑袋是想不出来的。自尧、舜起到春秋战国时期,"重民本"观念一直在传承和发展着,诸如:《尚书·泰誓》的"民之所欲,天必从之"与"天视自我民视,天听自我民听",以及"古我前后,周不惟民之承保"②等都是对中华优秀传统文化中"重民本"思想的继承和发展。

2014年1月20日,习近平总书记在党的群众路线教育实践活动第一批总结暨第二批部署会议上发表重要讲话时,引用《周礼·天官》的"利民之事,丝发必兴;厉民之事,毫末必去"古语。习近平总书记强调,要更加强化问题导向,盯住作风问题不放,从小事做起,从具体事情抓起,让群众看到实实在在的成效。习近平总书记在《干在实处走在前列》中引用《尚书·五子之歌》"民为邦本,本固邦宁"来阐释党执政的根本目的是为人民服务。在党的群众路线教育实践活动第一批总结暨第二批部署会议上的讲话中,习近平总书记引用《周礼》进一步阐述"重民本"的重要含义。虽然古代民本思想中的"民"是指地位低下的贫苦阶层,与今天所指的"人民"不尽相同,但是作为古代最初民本思想的萌芽,实为今天"以人民为中心的发展思想"起到了启示的作用,也是当下民本思想的最初源头。

2014年9月12日,习近平总书记在上海合作组织成员国元首理事会

---

① 《管子》,李山译注,中华书局2016年版,第5页。
② 《尚书》,顾迁译注,中华书局2016年版,第94页。

第三章 重民本：中华优秀传统文化崇尚的价值追求 / 147

第十四次会议上的讲话时，曾引用王符《潜夫论·务本》中"为国者以富民为本"的格言。2015 年 11 月 18 日，习近平总书记在亚太经合组织工商领导人峰会上的主旨演讲中，引用"凡治国之道，必先富民"。① 这些都体现了"以人民为中心的发展思想"，是对先秦儒家"富民"观念的继承。孔子继承了管子的治国理念，并在管子"民富易治"的基础上，进一步提出"富而教"的理念；孟子、荀子在此理论之上分别提出了自己富民的途径，并将"礼"附加到富民之上。可见"富民"的观念一直贯穿于先秦儒家民本思想始终，并在其中占据着重要的地位。习近平总书记阐述"以人民为中心的发展思想"时对中华优秀传统文化"富民""重民"思想的引用就是对中华优秀传统文化中"重民本"思想的继承与发展。

2016 年 1 月 18 日，习近平总书记在省部级主要领导干部学习贯彻党的十八届五中全会精神专题研讨班上引用《淮南子·氾论训》"治国有常，而利民为本"②的古训。应该说，"以人民为中心的发展思想"不是一个抽象的、玄奥的概念，不能只停留在口头上、止步于思想环节，而要体现在经济社会发展各个环节。"中国传统儒家思想主张重民、利民、从民，强调老百姓在国家政治和社会生活中具有重要的基础地位。"③ 这也是《淮南子》所强调的"苟利于民，不必法古；苟周于事，不必循旧"。④ 要坚持人民主体地位，顺应人民群众对美好生活的向往，不断实现好、维护好、发展好最广大人民根本利益，做到发展为了人民、发展依靠人民、发展成果由人民共享。要通过深化改革、创新驱动，提高经济发展质量和效益，生产出更多更好的物质精神产品，不断满足人民日益增长的物质文化需要。要全面调动人的积极性、主动性、创造性，为各行业各方面的劳动者、企业家、创新人才、各级干部创造发挥作用的舞台和环境。从而达到维护社会公平正义，解决好收入差距问题，使发展成果更多更公平惠及全体人民。

所有这些都是坚守传统的"重民本"思想精华为当今时代所用，并对其进行推陈出新，最终更好地落脚到全心全意为人民服务的具体实践

---

① 《管子》，李山译注，中华书局 2016 年版，第 263 页。
② 《淮南子》，陈广忠译注，中华书局 2016 年版，第 230 页。
③ 戴立兴：《毛泽东人民观对儒家民本思想的超越》，《马克思主义研究》2019 年第 2 期。
④ 《淮南子》，陈广忠译注，中华书局 2016 年版，第 230 页。

中，从而更好地让传统的"重民本"思想和"以人民为中心"发展思想有机结合并在中国大地上落地成效，而不是仅仅局限于理论层面里打转。

（二）"以人民为中心"对先秦儒家民本思想的超越

在古代社会，由于生产力发展水平低下以及各种历史条件的限制，传统的民本思想必然有其自身发展的局限性，因此，对于传统的民本思想，我们要运用马克思主义基本原理与中国实际情况相结合进行分析与甄别，要取其精华、去其糟粕，制定出适合中国国情的中国特色社会主义的理论体系。"以人民为中心的发展思想"正是运用辩证唯物主义和历史唯物主义作为指导，注重从实践中汲取知识。这一思想准确把握了人类社会的发展规律，是对传统民本思想的进一步超越，其超越性的具体表现方面可以从以下几个角度分别加以论述：

其一，体现的是指导思想上的超越。先秦儒家民本思想的产生和发展，多是以效法遵循前人的学说或行为，这就是《礼记·中庸》中的"祖述尧舜，宪章文武"，以及丰富多彩的"郁郁乎文哉"[1] 礼仪制度为指导，在吸收尧、舜以及夏、商、周三代附有"天命"等迷信色彩的民本思想之后，进而提出的一系列"重民"思想。如孔子的"吾从周"、孟子多称"先王"以及荀子的"法先王"等都是"法古""复古"的做法。先秦儒家民本思想传至荀子的时候，荀子提出"天行有常，不为尧存，不为桀亡"[2] 的观点具有颠覆性，荀子破除了天命的迷信思想，进一步又破除了"法先王"的做法，这是儒家民本思想发展的巨大进步。

习近平总书记"以人民为中心"的发展思想的形成则离不开马克思主义的指导，正是在不断发展着的马克思主义的指导下，习近平总书记带领全国各族人民将中国特色社会主义理论不断地与社会主义实践相结合，准确把握住了生产力和生产关系矛盾运动规律；充分抓住了现阶段我国社会的主要矛盾仍然是"人民日益增长的美好生活需要和不平衡不充分的发展之间的矛盾"。只有明白了这个问题的关键，才能更好地继承和发展中国传统的民本主义思想，创造性地提出"以人民为中心的发展思想"的时代紧迫性。而对于中国共产党来说，"人民是我们党执政的最大底气，是我们共和国的坚实根基，是我们强党兴国的根本所在。我们

---

[1] 朱熹：《四书章句集注》，中华书局2011年版，第65页。
[2] 《荀子》，安小兰译注，中华书局2016年版，第115页。

第三章　重民本：中华优秀传统文化崇尚的价值追求

党来自人民，为人民而生，因人民而兴，必须始终与人民心心相印、与人民同甘共苦、与人民团结奋斗。每个共产党员都要弄明白，党除了人民利益之外没有自己的特殊利益，党的一切工作都是为了实现好、维护好、发展好最广大人民根本利益；人民是历史的创造者、人民是真正的英雄，必须相信人民、依靠人民；我们永远是劳动人民的普通一员，必须保持同人民群众的血肉联系"。① 同时，"以人民为中心的发展思想"作为习近平新时代中国特色社会主义思想的重要组成部分，就必然以马克思主义中国化的最新理论成果作为指导思想，从而完成"以人民为中心的发展思想"的科学性、系统性和完整性的统一，完成对传统民本思想的超越。

其二，对政治目的的超越。在先秦儒家的民本思想中，孔子虽未明确提出"尊君"的观点，但孔子仍然认为"天下有道，则礼乐征伐自天子出；天下无道，则礼乐征伐自诸侯出"。② 从这里可以看出，孔子所向往的社会秩序是一种有序的"礼乐征伐自天子出"。孔子一系列的"仁爱""养民"思想其实只是一种政治手段，而非其真实的政治目的。孟子提出的"民贵君轻"的观念，但是孟子仍然提倡"世卿世禄"③ 制度，同孔子一样，希望回到"合于礼"的社会秩序中来，可见孟子的民本思想也只是一种政治手段而已。荀子则明确提出"尊君"的主张，认为应该先富民，后富国，国强则可以称霸诸侯，可以看出荀子的民本思想也只是一种政治手段。综上可知，先秦儒家民本思想的实质并非以"民本"为政治目的，而只是通过一些"养民""富民""贵民"的手段，使得国家富强，进而达到维护社会秩序的目的而已。古代民本思想的实质是想通过"王道"为目的，以"民道"为手段，以"天道"为依据，以巩固其王权的统治。而"以人民为中心的发展思想"十分明确地规定了促进人的全面发展才是其目的所在。"毛泽东在继承儒家从民思想的基础上，创造性地提出了人民民主的重要思想，提出了从群众中来、到群众中去

---

① 习近平：《习近平谈治国理政》第三卷，外文出版社 2020 年版，第 137 页。
② 朱熹：《四书章句集注》，中华书局 2011 年版，第 159 页。
③ 孟子说："所谓故国者，非谓有乔木之谓也，有世臣之谓也。王无亲臣矣，昔者所进，今日不知其亡也。"（《孟子·梁惠王下》）孟子讲，所谓历史悠久的国家，并不是宗庙里的树有多么古老，而是有世代承袭官职和俸禄的人。因为每个臣子负担的官职是不一样的。每个官职都是世袭的，这叫世臣。最高的官职是卿，那叫世卿。古代把这个制度叫世卿世禄，就是前面所讲的"仕者世禄"。孟子讲，故国的本质就是它有世臣、世卿。

的工作方法。"① 因此,"以人民为中心的发展思想"的政治目的是对先秦儒家民本思想政治目的的又一大超越。

其三,对"民"的主体地位的超越。"以人民为中心"的发展思想是在马克思主义唯物史观的指导下,确立了人民大众的主体地位,并将理论与实践相结合,不断实现好、维护好、发展好最广大人民的根本利益。必须坚持以人民为中心的发展思想,把增进人民福祉、促进人的全面发展作为发展的出发点和落脚点,"以人为本、执政为民,充分反映了党始终代表最广大人民根本利益、保持同人民群众血肉联系的一贯政治立场,是党的性质和宗旨的集中体现,是党的执政理念的最高概括"。② 发展人民民主,维护社会公平正义,保障人民平等参与、平等发展权利,充分调动人民的积极性、主动性和创造性。只有这样,"以人民为中心"的发展思想才能得到彻底的贯彻,人民主体地位得到真正的落实。"以人民为中心"的发展思想是以习近平同志为核心的党中央对人类社会发展规律的正确把握,是马克思主义基本原理同中国实际相结合做出的最正确有机结合,也是广大劳动人民主体地位得到保障的理论基石。"人民是党执政的最大底气,也是党执政最深厚的根基。正是从这个意义上讲,民心是最大的政治。党员、干部初心变没变、使命记得牢不牢,要由群众来评价、由实践来检验。各级领导干部要牢记全心全意为人民服务的宗旨,始终把人民安居乐业、安危冷暖放在心上,时刻把群众的困难和诉求记在心里,努力办好各项民生事业。"③

先秦儒家民本思想是中国传统民本思想的核心,也是中国传统民本思想中的精华所在。秦汉以后,封建专制统治的加强,使中华优秀传统文化中的"重民本"思想流于形式,不能得到真正的贯彻和执行。从孔子的"不患寡而患不均,不患贫而患不安"④,孟子的"老吾老以及人之老;幼吾幼以及人之幼"⑤,到《礼记·礼运》中描绘的"大道之行也,天下为公,选贤与能,讲信修睦"⑥的一种大同理想社会其实都是对"重

---

① 戴立兴:《毛泽东人民观对儒家民本思想的超越》,《马克思主义研究》2019年第2期。
② 赵廷彤:《如何看待孔子的民本思想》,《红旗文稿》2015年第3期。
③ 习近平:《习近平谈治国理政》第三卷,外文出版社2020年版,第137页。
④ 朱熹:《四书章句集注》,中华书局2011年版,第159页。
⑤ 朱熹:《四书章句集注》,中华书局2011年版,第195页。
⑥ 《礼记孝经》,胡平生、陈美兰译注,中华书局2016年版,第127页。

民本"思想的更理想层面的描绘。"对于一个政权而言,民是最尊贵的、最重要的。得天下与否的关键在于是否得民心。"① 但是囿于阶级和时代的局限性,以至于此后两千余年间,几乎没有更大的突破。"在'民本开不出民主'与'民本就是民主'的争论中,民本思想为现代政治留下了'人民即是最大的政治'的历史启示。"②

党的十八届五中全会首次提出坚持"以人民为中心"的发展思想,具有重大意义。发展为了人民,这是马克思主义的根本立场。习近平总书记强调:我们任何时候都不能忘记,坚持以人民为中心,把增进人民福祉、促进人的全面发展、朝着共同富裕方向稳步前进作为经济发展的出发点和落脚点。共同富裕是中国人民自古以来的理想追求。进入新时期,习近平同志在马克思主义基本原理的科学指导下,对中国传统的民本思想这一间接经验进行选择性地吸收,创造性地提出了"以人民为中心"的发展思想,是新时期马克思主义中国化的重大理论成果,是马克思主义基本原理同中华优秀传统文化又一次完美的融合,最终构成了习近平新时代中国特色社会主义思想的主要组成部分。"以人民为中心"的发展思想彻底确立了人民群众的社会主体地位,明确指出了人民群众决定着社会历史前进的方向,准确地把握了我国社会主要矛盾的变化,抓住了当前社会的主要矛盾,将人民群众的需求放在首位,是对先秦儒家民本思想乃至整个中国传统民本思想的全面继承和超越。

---

① 宋立林:《孔门后学与儒学的早期诠释研究》,人民出版社2021年版,第412页。
② 林红:《民本思想的历史逻辑及其现代价值》,《中国人民大学学报》2017年第3期。

第四章 崇正义：中华优秀传统文化恪守的道德原则

"正义"（justice）是中西政治哲学的重要概念之一，主要是指对政治、法律、道德等领域中是非、善恶做出的肯定判断。关于"正义"的概念，学者们站在不同视角做出了不同的理解，但也存在基本相似的认知："正义"即"公平""公正"，"正义"作为法的渊源之一，更是法的追求与归宿。"正义"作为道德范畴，与"公正"同义，主要指符合一定社会道德规范的行为。衡量一个国家的富足程度或者权利分配上是否公平、是否合乎正义的原则仍然是当今世界面临的共同问题。在全面推进中国特色大国外交的进程中，我们主张"推动构建人类命运共同体，坚定维护国际公平正义，倡导践行真正的多边主义，旗帜鲜明反对一切霸权主义和强权政治，毫不动摇反对任何单边主义、保护主义、霸凌行径"。[1] 这里讲到的"公平正义"是指在维护国际的公平与正义。"正是由于社会存在着这样那样的不平等，所以才有强调公平正义的必要。"[2]

第一节 "崇正义"的形成背景与理论建构

与西方主流思想不同，中国古代政治思想中不存在严格意义的"正义"概念，但儒家所谓"仁、义、礼、智、信"的"义"具有"仗义""义气"与"正义"的意味，"儒家正论词正义丰、精辟独到，不失为值

---

[1] 习近平：《高举中国特色社会主义伟大旗帜 为全面建设社会主义现代化国家而团结奋斗——在中国共产党第二十次全国代表大会上的报告》，人民出版社2022年版，第12—13页。

[2] 刘宝才、马菊霞：《中国传统正义观的内涵及特点》，《西北大学学报》（哲学社会科学版）2007年第6期。

得深入阐发和重视的优秀思想财富"。① 从更为严格意义上来说，在古典儒家思想中"正义"并不是一个孤立存在的概念，而是渗透在与"仁""义""礼""道""中庸"以及"正名"等诸多概念之中，并在这些核心概念中得以充分彰显，从而具有更为丰富、更为鲜活的内容。

一 "崇正义"的社会历史背景

在儒家思想体系中，"崇正义"思想是其重要的组成部分并深蕴于儒家修身、齐家、治国、平天下之中，但有时却又不能自圆其说，从而呈现出诸多矛盾的地方。譬如，"均贫富"思想中旨在重视"平等"，所谓"不患寡而患不均，不患贫而患不安"②，这是孔子在反对战争时提出的。他并不主张通过军事手段解决诸侯国之间的纷争，而希望采用"礼""义""仁"等儒家义理，通过谈判的方式予以解决，这是孔子一以贯之的反对诸侯争霸战争的方法。朱熹的解释是："均，谓各得其分；安，谓上下相安。……均则不患于贫而和，和则不患于寡而安，安则不相疑忌，而无倾覆之患。"③ 这种"均""和""安"的思想对后世文人具有重要影响，甚至成为后世知识阶层立身处世最基本的社会心理。"所谓的社会公平正义，实质的问题并不是谋求同一，谋求均等，而是建立一系列以社会公平正义为基本原则的社会制度"④，其终极目的就是要让社会中的各成员之间各得其所、各安本分，最终构建共存共荣、人人平等的良性社会。

当然，就当今社会而言，"均贫富"思想虽有其消极的一面，但其仍具有重要的现实价值。现代社会生产力高度发展，世界各国之间形成了既相互制衡又相互促进的你中有我、我中有你的一体化世界格局。在这样的新形势下，更需要秉持公平、公正的原则处理各方关系，如果贫富差距过于悬殊，甚至是一家独大，譬如西方国家推行的霸权主义政策等都会导致世界经济社会的发展导向万劫不复的境地，如果不能将公平公正作为处理各方关系的基本原则，整个国际社会便有可能分崩离析。习近平总书记认为，世界文明的发展，国与国之间的交流、交往要以"平等"为基本原则。"坚持相互尊重、平等相待。每一种文明都扎根于自己

---

① 涂可国：《儒家正论的五元结构》，《齐鲁学刊》2017年第2期。
② 朱熹：《四书章句集注》，中华书局2011年版，第159页。
③ 朱熹：《四书章句集注》，中华书局2011年版，第159页。
④ 桑玉成：《确立辩证的公平正义观》，《文汇报》2007年3月19日。

的生存土壤，凝聚着一个国家、一个民族的非凡智慧和精神追求，都有自己存在的价值。人类只有肤色语言之别，文明只有姹紫嫣红之别，但绝无高低优劣之分。认为自己的人种和文明高人一等，执意改造甚至取代其他文明，在认识上是愚蠢的，在做法上是灾难性的！如果人类文明变得只有一个色调、一个模式了，那这个世界就太单调了，也太无趣了！"① 习近平总书记重在对西方某些发达国家试图用一己之私构建的价值体系以及文明范式并强加给发展中国家予以谴责，这种霸道行径必然激起世界人民尤其是发展中国家人民的强烈不满。《论语·季氏》中提及的"均"不是简单的"平均"，而是"各得其分"，是在"公正"分配制度的基础上得到自己应得的份额。简单理解"均"为"平均"之意，显然是不恰当的，也是不全面的。因为除了"均"以外，孔子所倡导的儒家思想还涉及"安"与"和"的内容，这三者不可分割的关系交织在一起，形成了一套完整的治世理论。因此，一味地追求"均贫富"，显然无法将"均""安""和"三者统一起来，但是如果将这三者截然对立起来，最终导致的后果只能是搬起石头砸自己的脚。在现代社会中，"德性和功利的完善结合，在儒商那里是通过'义利合一'的经营价值观念加以实现的，这对现代商业经营者来讲，同样是有深刻的启发意义的，只是在新的时代条件下，商业经营的'义利合一'观念充实了新的内容"。②

荀子的"仁义"偏重于"义"，主张"处仁以义"，通过"义"来成就"仁"。荀子以"差等"为"正义"，为儒家礼学奠定了坚实的基础，但荀子突出"等级""差等"，以及对于"平等"精神的缺失显然是其荀子思想的不足。"今日儒学应发展出寓差等于平等的正义观，而要做到这一点，就要将儒家的忠恕之道由道德原则上升为政治原则，使其成为礼的原理、法则，这样仁的内在原则与礼的外在原则才可以真正得以贯通。"③

对于儒家而言，"均贫富"思想具有重要意义，同时又提出一个重要的等级制度，非常重视差别，格外突出"亲亲、尊尊"下的等级秩序。

---

① 习近平：《习近平谈治国理政》第三卷，外文出版社2020年版，第468页。
② 施炎平：《儒商的经济伦理精神及其现代意义》，《华东师范大学学报》（哲学社会科学版）1998年第1期。
③ 梁涛：《仁学的政治化与政治化的仁学——荀子仁义思想发微》，《哲学研究》2020年第8期。

第四章　崇正义：中华优秀传统文化恪守的道德原则

《礼记·大传》有言曰："圣人南面而治天下，必自人道始矣。立权度量，考文章，改正朔，易服色，殊徽号，异器械，别衣服，此其所得与民变革者也。其不可得变革者则有矣：亲亲也，尊尊也，长长也，男女有别，此其不可得与民变革者也。"之所以出现这种"尊尊""长长""男女有别"的清晰界定，是有着深厚的历史渊源的。商朝灭亡之后，周王和大臣总结商朝灭亡的经验教训，认为商纣王覆灭的重要原因是由于众叛亲离，没有得到地方诸侯国势力的支援导致的，这种结论是有其深刻道理的。因此，西周实行分封制度，将自己的兄弟、儿子分封到各地并建立王国和侯国，通过这种亲属的裙带关系层层掌握国家政权，这是周王朝从商纣王失败的历史事件中得到的深刻教训。

"亲亲"要求"父慈、子孝、兄友、弟恭"，要互相爱护、相互团结；"尊尊"不仅要求在家庭内部中得以执行，尤其是在贵族之间、贵族与平民之间、君臣之间都要讲尊卑关系，讲求秩序和等级。其中，当时的司法诉讼制度就是必须遵循宗法制的原则，诉讼首先考虑是否违反父子之亲、君臣之义。当时的情况是，只有符合宗法制度的规定之后，再来考虑罪行大小、损害轻重并决定刑罚予以裁定。这就是"凡听五刑之讼，必原父子之亲、立君臣之义以权之"[①] 的道理。因此，"亲亲""尊尊"落实到最后，其目的就是要求任何人都要遵守此原则并确定应有的礼制，各安其位，而不去超越自己的地位等级，百姓做顺民，百官做顺臣，只有这样国家才会长治久安。应该说，"先秦儒家的王道理想体现了古代思想家的道德追求，先王之道既是先秦儒家所能构想的绝对符合道义原则的政治，也是他们所设想的尽善尽美的社会状态"[②]。在这种思想下，选拔官吏要任人唯亲，其爵位、官位实行世袭制，这无形之中给政治生态埋下了深深的祸根。到了春秋特别是战国时期，这种原则被彻底破坏，直到秦朝建立之后，世袭制才得以废除，以任命制取而代之。正基于此，才有了秦朝作为统一的、大一统帝国的雏形。

通过对先秦儒家关于正义问题的剖析可以看到，儒家正义观中总是存在人的平等和差异的两个面向。但是更为重要的是，在先秦儒家那里并不把"正义"作为最高的政治目标，而是将最高的社会理想建立在超

[①] 《礼记孝经》，胡平生、陈美兰译注，中华书局 2016 年版，第 112 页。
[②] 孙晓春：《先秦儒家王道理想述论》，《政治学研究》2007 年第 4 期。

越现实的"大同"世界之中。总的来看,由于时代背景、社会文化环境和思维方式等诸多方面的不同,儒家所谓"正义"范畴呈现出不同的理论形态,同时也彰显出不同的理论追求。儒家正义观是一种更为广义的正义观,其逻辑结构分为三个层次和价值面向,即普遍的人格尊严的生存正义;以安排社会秩序和资源进行的分配正义;以"仁爱"为最高价值在对理想社会生活的追求中实现社会资源共有的"仁道"正义。但是我们也不得不承认,仅仅依靠"仁道正义"并不能解决所有问题,更需要一种制度化、法律化规范的强有力保障才能实现,"离开社群感和关怀感的纯粹现代社会正义原则,无论是平等还是充裕,其关于理想社会的设计,只不过说到了故事的一半而已"。[1]

西周初期所谓的制度设计是戒备森严而又不乏温婉的封建等级制度,可以说是孔子政治思想的源头活水。西周末期宗法封建等级秩序走向崩溃的历史演变,则是孔子通过政治反思为其建构的思想体系,这种思想体系实则奠定了西周礼制的现实基础。应该说,孔子生活在礼崩乐坏的春秋乱世,孔子的政治理想一直是试图回到上古时期尧、舜统治下的大同社会,亦即其政治愿望是恢复西周封建宗法制度所主导的礼乐文化下的人与人之间的和谐关系。不过相比于礼乐文化,孔子更加看重秩序井然的宗法封建等级制度。春秋战国时期的百家争鸣提出了各种不同的社会理想,而这些社会理想又饱含其共同的价值内核。这种共同内核就是对社会"公平"和人间"正义"的追求,对人类自身全面发展的期望,对社会发展规律奥秘的揭示。在当时之乱世,诸侯纷争、封建等级秩序崩坏,奴隶制遭到破坏,礼乐制度受到恣意践踏,并伴随着新兴地主阶级的出现,使得社会矛盾非常尖锐,广大民众置身于一片水深火热之中,正因如此,孔子的正义观便有了更加理想的内容。但是,孔子所谓的"正义"是有别于今天所谓的"正义"的。

二 儒家正义思想的理论根基

西周的礼制思想是孔子建构其正义思想体系最主要的理论来源。儒学作为一个学派,对于首创者的孔子而言,他具有开创之功;但作为文化传统的儒学则是由周公所开创,孔子对其进行了继承和发展而已,严格意义上来讲,中国正义论传统同样是由周公所开创的。在周公思想体

---

[1] 王云萍:《儒家社会正义观的思考》,《哲学研究》2016年第11期。

系中,"德"是最核心的概念之一。《尚书·蔡仲之命》有言曰:"皇天无亲,唯德是辅。民心无常,惟惠之怀。"《尚书》这句话说明唯有"德"是君主获得"天命"最首要的条件,从而拥有政权最可靠的保障。"惠"民的君主是有"德"的君主,而只有"惠"民才能获得民心,也唯有"德"的君主才能获得天"命"。统治者还应"敬德","德"在于"得","有德"或"无德"在于是否"得"民心,这里主要体现在"仁""义""道""礼""中庸"与"均等"等概念之中。

(一)关于"仁""道""天"中的"正义"内涵

先秦儒家关于"正义"思想还蕴藏在"仁"与"道"之中。中华文化一向以其伦理道德为突出的特色,道义色彩极其浓郁,有诉诸向善的正能量的基本诉求。"由于近代中国国力的衰弱,这一主持公平正义的文化被贴上了迂腐的帽子,甚至一度滑向利益的漩涡。"[1] 为走出这种误区,探究其"正义"的内涵,追溯"仁""道"的价值具有重要意义。

《论语》中有精彩的片段:"子贡曰:'如有博施于民而能济众,何如?可谓仁乎?'子曰:'何事于仁,必也圣乎!尧、舜其犹病诸!夫仁者,己欲立而立人,己欲达而达人。能近取譬,可谓仁之方也已。'"[2] 这里的子贡有一个疑问:那就是假如有一个人,他能给老百姓很多好处又能周济大众,那么这个人是否可以算得上是"仁人"的问题,孔子对此的回答是这样的,人不只是"仁人",简直就是圣人,达到了即便是尧、舜这样的圣贤都难以企及的高度。对于"仁人",就是自己要能立得起来,也要帮助别人立得起来;想要自己过得好,也要帮助别人过得好。凡事都能将心比心、推己及人,那么也就成为"仁人"了。通过孔子对"仁人"的界定可以看出,这里的"仁"便涵具了"公正之愿""仁爱之心"的意味。

孔子还说:"可与共学,未可与适道;可与适道,未可与立;可与立,未可与权。"[3] 孔子认为可以一起学习的人,未必都能学到"道";能够学到"道"的人,未必能够坚守"道";能够坚守"道"的人,未必能够随机应变。这里的"道"还有"正义"之意。孔子说:"志于道,

---

[1] 朱康有:《中华优秀传统文化与马克思》,重庆出版社2019年版,第319页。
[2] 朱熹:《四书章句集注》,中华书局2011年版,第89页。
[3] 朱熹:《四书章句集注》,中华书局2011年版,第110页。

据于德,依于仁,游于艺。"① 孔子认为以"道"为志向,以"德"为根据,以"仁"为凭借,活动于"礼""乐""射""御""书""数"六艺的范围之中。"大德不官,大道不器,大信不约,大时不齐。察于此四者,可以有志于学矣。三王之祭川也,皆先河而后海,或源也,或委也,此之谓务本!"② 这里的意思是说,德行高尚的人,不限于只担任某种官职;普遍的规律,不仅仅适用于某一事物;诚信之人,用不着他发誓后才会得到别人的信任;因时制宜的人不会拘泥于外在的规范和形式的制约。能够把握这四个基本点,就可以领会到为人处世、做事求学的真谛,抓住这些要点也要抓住问题的症结。古代的帝王在祭祀江河的时候,都是先祭河而后祭海,这是因为河是海的本源,而海是水的归宿,抓住问题的源流问题也就抓住了问题的根本。这里把"仁""道"放在了突出重要的位置,从另一个方面也可以看出孔子培养学生,就是以"仁""德"为纲领,以"六艺"为基本,让学生得到全面、均衡的发展。

"季康子问政于孔子曰:'如杀无道以就有道,何如?'孔子对曰:'子为政,焉用杀?子欲善而民善矣。君子之德风,小人之德草,草上之风必偃。'"③ 在这里,季康子问孔子如何才能治理政事,孔子的回答是:如果杀掉无道的人来成全有道的人是不可取的,如果治理政事,要用杀戮的手段去完成是一件很失败的事情,只有推行善行、实行"仁政",老百姓也会跟着行善才是解决问题的关键。在"上位"者的品德好比是"风",在"下位"者的品德好比是"草","风"吹到"草"上,"草"就必定跟着倒下。孔子在这里主要是对"道"的阐发,也充分体现了孔子所谓的"道"所葆有的正义性、正当性的含义。

孔子的正义思想是对西周天命观的继承和发展,也是孔子天命思想的由来,孔子对天命观都予以了高度的关注,孔子的天命思想是其思想体系的重要组成部分。在研究天命思想之前,须先考察孔子所谓的"天"或者"道"的问题。孔子对"天"的认识和态度,直接关系到其对"天命"的认识和态度。"直哉史鱼!邦有道如矢,邦无道如矢。君子哉蘧伯玉!邦有道则仕,邦无道则可卷而怀之。"④ 孔子认为史鱼是个正直的人,

---

① 朱熹:《四书章句集注》,中华书局 2011 年版,第 91 页。
② 《礼记孝经》,胡平生、陈美兰译注,中华书局 2016 年版,第 276 页。
③ 朱熹:《四书章句集注》,中华书局 2011 年版,第 130 页。
④ 朱熹:《四书章句集注》,中华书局 2011 年版,第 152—153 页。

国家有道，他的言行像箭一样直；国家无道，他的言行也像箭一样直；蘧伯玉也真是人中豪杰，国家有道就出来做官，国家无道就辞官归隐，进而把自己的主张收藏在心里，这里旨在突出了"正义"的力量。同样的例子还有："道不同，不相为谋。"① 孔子认为主张不同，不互相商议，这是表明孔子有与恶势力、不同道的人决裂的勇气。孔子强调"事君尽礼"，强调行合礼，不然便获罪于天，这就是《论语·子罕》所谓的"吾谁欺，欺天乎"。在《论语》的记载中，"颜渊之死"充分反映出"礼"在孔子心中的重要地位，也彰显了孔子对于守礼的重视。在孔子看来，"违礼"即欺天。孔子认为"天"比"礼"更让人敬畏，而孔子对于"天"的阐发充分证明他对"天"的信仰。对于"迅雷风烈"这样的异常天象，孔子也是面色剧变，对自然界充满着敬畏之情，也彰显了孔子对天命持敬畏的态度。孔子敬畏天，亦敬畏天命。"君子有三畏：畏天命，畏大人，畏圣人之言。小人不知天命而不畏也，狎大人，侮圣人之言。"② 孔子又说："不知命，无以为君子也。"此为孔子评判"君子"与"小人"的标准，亦即是否知畏天命。天命在自然界的体现就如"迅雷风烈"，在社会中的体现就是这里的"德"是孔子所谓的"正义"。

另外孔子还对"天道"作了重要阐发："天何言哉？四时行焉，百物生焉，天何言哉？"③ 孔子认为天道从不言语，但是我们依然看到四季照常运行，百物照样生长。当然，不仅儒家思想里讲"道"，道家也注重自然界、天道的力量。譬如，老子所谓的"人法地，地法天，天法道，道法自然"，所有这些都表现出人对自然及其规律的尊崇，更加凸显自然界"道"是"正义"的化身的具体表达。

（二）关于"礼"与"义"中的"正义"内涵

"制礼"，即制定礼制，亦即建立一套社会规范及其制度。制定这种社会规范及其制度的"礼"的价值充满了正义原则"义"的色彩。周公初步提出了"礼"的正义原则，以及其对于"义"，作为制度规范对于后来正义论的形成同样具有奠基性的意义。社会规范及其制度的"礼"不是一成不变，它是可以改变的，正义原则的"义"就是其改变的根据以及价值尺度。"义"有两个不可或缺的基本语义是"正当"就是具有

---

① 朱熹：《四书章句集注》，中华书局 2011 年版，第 157 页。
② 朱熹：《四书章句集注》，中华书局 2011 年版，第 161 页。
③ 朱熹：《四书章句集注》，中华书局 2011 年版，第 168 页。

"适宜"与"恰当"的含义。周公关于"正义"的第一条原则是正当性原则。《尚书·周书·大诰》有言曰:"义尔邦君,越尔多士、尹氏、御事,绥予曰:无毖于恤,不可不成乃宁考图功。"在这里,《尚书》将"义"字间接释义为"当",亦即"应当"的意思。周公认为应当为人民忧劳,而这样的忧国忧民,亦正是仁爱情感的体现。周公认为,仁爱情感乃是正当性之源。在政事上,凡事都应是出于对百姓的仁爱,不然就没有正当性可言,周公关于正义的第二条原则就是适宜性原则。

"颜渊问仁,子曰:'克己复礼为仁。一日克己复礼,天下归仁焉。为仁由己,而由人乎哉?'颜渊曰:'请问其目?'子曰:'非礼勿视,非礼勿听,非礼勿言,非礼勿动。'颜渊曰:'回虽不敏,请事斯语矣。'"[①] 颜渊问什么是"仁"的问题,孔子则把"仁"引申为"礼"。孔子认为要克制自己,一切都照着"礼"的要求去做,这就是"仁",即为"克己复礼为仁"。一旦这样做,那么天下的一切就都归于"仁"的范畴。实行"仁德"完全在于自己,而不是别人。孔子对"礼"有四个明确的规定和原则:不合于礼的不要看,不合于礼的不要听,不合于礼的不要说,不合于礼的不要做。从孔子与其学生的对话中可以看出,孔子认为若能尊崇"礼"的规定就是做到了"公正"。当前,习近平总书记将"礼"的原则进行了深入拓展,并将其灵活运用到处理国家与国家之间的冲突之中,旨在达到维护全球平等、公平、正义的目的。他说,"历史告诉我们,如果走上对抗的道路,无论是冷战、热战还是贸易战,都不会有真正的赢家。国与国只要平等相待、互谅互让,就没有通过协商解决不了的问题"。[②] 习近平总书记对当今国际关系进行的系统阐发,体现的就是平等正义的重要性。制度规范应当随着社会发展的不同阶段进行适当地变通以适宜当下情境。这亦是周公正义思想中适宜性原则的体现。儒家思想关于"礼"和"义"思想的讨论,可以认为中国正义思想的传统是由周公开创继孔子、孟子对其正义思想进行传承、创造与发展而产生的。孔子崇尚周礼,他继承并发展了周公的中国正义论思想。比如,其正义思想的"礼"蕴涵正义思想中"礼"的社会规范等制度以及"义"作为正义原则的丰富内容,"礼制"就是指制度规范,而"礼仪"指制度规范的

---

① 朱熹:《四书章句集注》,中华书局 2011 年版,第 125 页。
② 习近平:《习近平谈治国理政》第三卷,外文出版社 2020 年版,第 459 页。

表现形式,"礼义"即"义",是建立相应制度规范的正义原则。

(三)关于"中庸"与"德"中的"正义"内涵

对于正义思想,也同样蕴含在中庸之道中。"喜怒哀乐之未发,谓之中;发而皆中节,谓之和。中也者,天下之大本也;和也者,天下之达道也。致中和,天地位焉,万物育焉。"① 这里的"喜怒哀乐"蕴含的各种感情还没有向外表露的时候叫作"中",向外表露的时候而符合节度叫作"和"。"中"是天下人最重要的根本,"和"是天下人普遍遵行的行为准则。达到"中和"的境界,天地万物便各司其位,万物便生长繁育。这里旨在表明每一个人都有的感情,当这些感情迸发出来,如果不符合常理,那人的心灵就不和谐、不安宁。就好像音乐一样,如果曲调不和谐,就属于噪声污染。这里把"中庸"作为了不偏不倚的存在,所以这里的"中庸"便具有了"正义"的意味。

《中庸》中说:"君子中庸,小人反中庸。君子之中庸也,君子而时中,小人之反中庸也,小人而无忌惮也。"② 这里是说君子的所作所为符合"中庸"的道理,小人的所作所为违背"中庸"的道理。君子能时时处处坚持"中庸"的原则。小人违背"中庸",任性妄为,肆无忌惮。在这里我们可以看出,这里所谓的"中庸"就是具有了"正义"的含义。

子曰:"人皆曰予知,驱而纳诸罟擭陷阱之中,而莫之知辟也。人皆曰予知,择乎中庸,而不能期月守也。"③ 孔子认为:人人都说自己聪明,可是被驱赶到罗网陷阱中时却不知躲避。人人都说自己聪明,可是选择了"中庸"之道却连一个月时间也不能坚持。其实这里也是说明"中庸"所具有的正义性的特质。

经由西周的历史,可以看出夏、商失去天命的原因是统治者对于"德"的蔑视。"君权神授"的"天"是授予统治者以君权,统治者要替"天"统治好百姓,从而使百姓安居。否则,君权就会发生转移。可以说,唯有有德的君王,才可以受天命进而统治人民,且只有敬"德",才能使民众安居,也就可以一直永葆有作为、有仁爱之心的君王的受命。"德"不仅体现在能否使民众安居的德行上,更进一步体现在个人的德性之中。对"德"之强调,促使天命问题从质问"天",逐渐转向为质问

---

① 朱熹:《四书章句集注》,中华书局 2011 年版,第 20 页。
② 朱熹:《四书章句集注》,中华书局 2011 年版,第 20 页。
③ 朱熹:《四书章句集注》,中华书局 2011 年版,第 22 页。

"人"，换言之，人的所作所为才是决定天命的关键因素。

孔子对天命的信仰，从《论语》中的相关言语记载中可以看出，是经历着一系列的发展变化的。孔子称自己五十而知天命，意识到天所赋予他传道复礼的使命。孔子说："天生德于予，桓魋其如予何？"① 这里提到的桓魋是宋国的司马，是主管军政的一个重要官职，对孔子极为敌视。孔子离开卫国去陈国，途经宋国，和弟子们在大树下演习礼仪的时候，桓魋想杀死孔子，其弟子催他快跑，孔子认为自己高尚的品德是上天所赋予的，桓魋也不能把他怎么样。这个例子足以说明孔子的那种舍我其谁的骄傲与自负，他认为自身之德性是上天所赋予，桓魋即便对自己有恶意，但同天命相比，就不足挂齿了。同样含义的例子还有："文王既没，文不在兹乎？天之将丧斯文也，后死者不得与于斯文也；天之未丧斯文也，匡人其如予何？"② 孔子被匡人围困之时，孔子认为周文王死了以后，周代的礼乐文化并不是完全体现在自身身上，上天如果想要消灭这种文化，那对孔子而言就不可能掌握这种文化了；上天如果不消灭这种文化，那么匡人也奈何不了孔子的。在这里，孔子对自己有着坚定的信念，他强调个人的主观能动作用，认为自己是周文化的继承者和传播者，当孔子屡遭困厄之时，他也感到人力的局限性，而把决定作用归咎于天，同时也表明他对"天命"的执念。复兴文化是其担负着的重要天命，也是其恢复周礼的重要使命。一言以蔽之，这里也体现了孔子所谓的"天命"也正是"正义"的化身。

三 孔、孟、朱对正义思想的继承与发展

孔子是想以周礼的等级制度为基础，建立一套完整的以"仁"为核心、以"义"为标准、以"礼"为形式的行为规范和规章制度，希望通过形成一种新的正义观，最终能够实现天下太平的目的。

（一）孔子正义思想的积极影响

孔子汲取中华优秀传统文化思想之精华，成为那个时代古典文化的集大成者，儒家学说创始人，在中国历史上具有无可比拟的地位。孔子思想经过历史的沉淀，其精髓已经渗透到中国的政治、道德、教育等方方面面。孔子的德治与法治相结合的治理国家模式对我国国家治理和良

---

① 朱熹：《四书章句集注》，中华书局2011年版，第95页。
② 朱熹：《四书章句集注》，中华书局2011年版，第105页。

好社会风气的树立具有借鉴意义。中国特色社会主义法治道路走的正是法治与德治相结合的方式。在孔子看来，为政者如"风"，民众则如"草"，草随风动，风吹向哪里，草就随着风朝向哪里。为政者的德性，能使民众诚服。加强"官德"建设，提高领导干部的素质，做到以德树威、以德服人、以德执政和以德行政。只有这样才能对民众的道德建设起到示范、导向的作用，才能保障国家的各项方针政策得以具体落实。

孔子同样十分重视"为国以礼"的重要性，强调制度的外在约束力。在"名实"混乱的时代，孔子提出"正名"思想，要求各安其位，按其身份行事，即《论语·颜渊》所谓"君君、臣臣、父父、子子"。不同的身份和地位有不同的行为规范，孔子主张用"礼"去约束人们的行为，用礼制来维护社会秩序的井然有序。孔子的礼治和德治是相互作用的，他的礼治是以宗法伦理道德为前提和主要内容，是在此基础上发展而来的一套行为规范、礼仪制度。孔子在主张"德治"和"礼治"的同时，并未否认"法治"的作用。"化之弗变，导之弗从，伤义而败俗，于是乎用刑矣"[1]，对于不接受道德教化，不服从统治，违法犯法之人，应当施以刑罚。孔子设计的德、礼、刑综合运用，德治与法治相结合的综合性治理模式具有重要现实意义。孔子所谓的"君子"是人们通过主观努力可以达到的道德修养境界，是对"正义"的继承与发展。"仁义礼智信"，是五种最基本的道德范畴，也是君子所应具备的基本修养，这也是培养现代社会公民道德修养的基本方向。

（二）对孟子正义思想的影响

孟子的正义思想继承和发展了孔子的正义论思想，他明确提出了最基本的"仁""义""礼""信"的正义理论结构，在此基础上，孟子对正义思想的各个部分进行了更为深入细致的阐述。孟子将"人伦"关系描述为"父子有亲，君臣有义，夫妇有别，长幼有序，朋友有信"。[2] 父子、君臣、夫妇、兄弟、朋友等，不论何种人伦关系，都应遵循亲、义、别、序、信的基本原则。实际上，这里所谈到的仍是"仁、义、礼"的问题，而"义"是"礼"赖以存在的根据，亦即正义原则。"亲"属于

---

[1] 《孔子家语》，王国轩、王秀梅译注，中华书局2016年版，第267页。
[2] 朱熹：《四书章句集注》，中华书局2011年版，第242页。

"仁",亦即"仁爱",又是"义"的基本根据。"别"和"序"则是对于"礼"总体特征的不同侧面的概括,属于"礼"的范畴。"乐和同,礼别异。"① 有别才有礼,有礼才有序。任何一种"礼"都体现着建立在差别基础上的秩序。"信"是在"礼"的基础上的一种道德要求,亦属于"礼"的范畴。孟子倡导的正义思想,也是在"仁""义""礼"基础上对儒家礼治思想的制度建构。

孟子认为"礼"与"义"的关系是"礼"必须合乎"义";"义"是直接指向"礼"且作为"礼"之根据的价值原则。以"义"为价值根据,"礼"是因时因地而变动的。这是对孔子"礼有损益"思想的承继和发展。制度规范的"礼"都是依据适宜性原则,是在不断发展过程中相应地发生变化。适宜性原则同时是正当性、正义性原则得以具体实行的条件。

构建一种建立在"义"为基础上的正当的、适宜的制度规范即"礼"来解决私利之间的冲突问题,是孔子正义思想所要处理和解决的基本问题。导致利益冲突的最根本的"差等"之爱与解决利益冲突的儒家的"仁爱"等都是遵循着正义原则,"仁爱"之中的一体之仁所要求的"让"与"爱",亦即正义原则中的正当性原则。孟子发展了孔子关于"义"的思想,进而把"义"更正为"正",这是对制度规范的匡正。关于"正",孟子最基本的思想结构是"正己"然后才能"正物"。也就是说,先匡正自己,后匡正万事万物。后者包括了社会制度的基本规范,因此"正"具有了"正义"的意义。孟子还提出了公正性准则和公平性原则。公正性准则要求在制度规范建构中对公共利益的尊重,公平性原则要求在制度规范建构中对私人利益的尊重。对于世界而言,"我们要坚持创新驱动,打造富有活力的增长模式;坚持协同联动,打造开放共赢的合作模式;坚持公平包容,打造平衡普惠的发展模式,让世界各国人民共享经济全球化发展成果"。②

关于孟子正义思想的研究成果有诸多都相继问世,其中既包括社会正义,也包括个人正义,既有伦理学上所讲的正义,也有政治学上所讲的正义。可以说"义"贯穿于整个孟子正义思想体系的始终,而且不只

---

① 《荀子》,安小兰译注,中华书局2016年版,第216页。
② 习近平:《习近平谈治国理政》第三卷,外文出版社2020年版,第462页。

是孟子公正思想的一个可有可无的部分,而是孟子公正思想的重要内容。性善和仁爱思想,是孟子所有思想的基础和本源,从本源上去阐述孟子公正思想,更能突出公正的基础地位和重要性。但是把孟子的公正思想仅仅定义为是孟子关于义的思想,则具有一定的局限性。要全面地探讨孟子正义思想,就要从"性善论"和"仁"的思想出发,把孟子的全部思想放在当时的社会环境中去理解,孟子的正义理论的最核心观念是"仁义礼智"。"仁"是本源,孟子的正义思想无疑也要在"仁"的前提下予以研究,而且要与仁爱情感、制度设计、利益冲突等联系起来,才能更加全面地理解孟子正义思想的真谛。

在孟子"仁义礼智"公正思想结构框架中,"仁"是作为公正思想的本源存在,是其他一切思想的基础;"义"对公正思想具有重要的指导性作用,一切行为都要符合正义的原则;"礼"是在公正思想的指导下,衍生出来的一系列制度规范,使对正义原则的要求更加具体化;"智"是要求人在社会生活中,在正义原则和具体规范的要求下作出理智的行为。

孟子认为,"礼"的建构仅凭直觉的正义或良知乃至其理性化的正义原则是远远不够的,从"义"的落实到"礼"的建构,还需要"知务"与"知礼"的理智。"知务",即所谓的明察当务之急的理智;"知礼",即所谓的关于制度规范的理智。孟子继承发展了孔子的"知礼"思想。"知礼",也就是明白制度规范建构的道理,也就是由"仁""义"来制"礼",这同样也是一种理智。总体而言,孟子正义思想可以简要概括为"非仁无为也,非礼无行也"。[1]"义"与"仁""礼"的关系,是孟子正义论的核心结构。当然荀子也很重视"崇正义"的重要性,并认为其"正义"原则亦即"正当性原则"以及"适宜性原则"都"源于仁爱之中的超越差等之爱的一体之仁"[2],解决利益冲突最根本的环节还是"仁爱"这一核心,并以此来建构其制度规范与正义原则,从而达到社会的和谐与正义。

(三) 对朱熹义利观的影响

在孔子思想中,"义"与"利"相对照。对"义""利"虽没有明确具体的界定,但从其言谈中可以大致了解其含义。"君子食无求饱,居无

---

[1] 朱熹:《四书章句集注》,中华书局 2011 年版,第 278 页。
[2] 黄玉顺:《荀子的社会正义理论》,《社会科学研究》2012 年第 3 期。

求安,敏于事而慎于言,就有道而正焉,可谓好学也已。"① 孔子认为君子求道有比"食""居"更重要的东西,故"食无求饱,居无求安",为的就是专心求学。君子做事敏捷,思虑周全、说话谨慎,能信守承诺。君子会去请教有学问、有道德、有专长的人,这也是孔子对君子三种面相的定义。要成为一个君子一定要通过好学才能获得,德学上的充实、内涵上的充实都是通过好学得到的。

"不义而富且贵,于我如浮云。"② "富""贵""安居""饱食"都蕴含于"利"之中,这些"利"是满足于个人需求的"私利"。而孔子的理想是一种大爱:"老者安之,朋友信之,少者怀之。"③ 对于这一点可以说是一个社会所要追求的东西,而孔子却能够把一己的志向合于一个社会的志向,可见孔子的大"仁"与大"爱",更凸显的是其宽广的胸襟,进而将"老者安之"放在突出重要的位置。朱熹把这句话解读为:"老者养之以安,朋友与之以信,少者怀之以恩。一说:安之,安我也;信之,信我也;怀之,怀我也。"④ 由此也可以看出,那个时代更关注的是"养老"和"敬老"的基本诉求。

应该说孔子并没有把"义""利"绝对化并把它们对立起来,而到了孟子那里,"义"与"利"就成为一对相互对立的概念。《论语·宪问》有云:"见利思义;见危授命",孟子讲"舍生取义"⑤ 讲的都是同一个意思。孔子说:"邦有道,贫且贱焉,耻也! 邦无道,富且贵焉,耻也!"⑥ 这是孔子教导我们正义之财是可以赚的,不要拘泥于一个"利"字,这充分说明孔子的哲学观念与当今主流思想观念没有实质性的差别。而朱熹的解释为:"世治而无可行之道,世乱而无能守之节,碌碌庸人,不足以为士矣,可耻之甚也。"⑦ 在孔子思想中,"义"指人类的"公利","利"指个人的"私利"。"义"实质上是儒家道德规范体系中的道德原则。"义"与"利"的对立是道德原则的对立。在较低层次公利与私

---

① 朱熹:《四书章句集注》,中华书局2011年版,第54页。
② 朱熹:《四书章句集注》,中华书局2011年版,第93—94页。
③ 朱熹:《四书章句集注》,中华书局2011年版,第81页。
④ 朱熹:《四书章句集注》,中华书局2011年版,第81页。
⑤ 孟子说:"生,亦我所欲也,义,亦我所欲也。二者不可得兼,舍生而取义者也。"后世据此典故引申出成语"舍生取义"。
⑥ 朱熹:《四书章句集注》,中华书局2011年版,第102页。
⑦ 朱熹:《四书章句集注》,中华书局2011年版,第102页。

利具有统一的一面,但要注意一点,孔子并不反对符合公利的个人利益,他反对的是违义之利。孔子对义利之间如何取舍的基本态度奠定了儒家义利观的基本基调,为后期儒家学者之义利观奠定了重要的理论基础。

孟子见梁惠王。王曰:"叟不远千里而来,亦将有以利吾国乎?"孟子对曰:"王何必曰利?亦有仁义而已矣。王曰:'何以利吾国?'大夫曰:'何以利吾家?'士庶人曰:'何以利吾身?'上下交征利而国危矣。万乘之国,弑其君者,必千乘之家;千乘之国,弑其君者,必百乘之家。万取千焉,千取百焉,不为不多矣。苟为后义而先利,不夺不餍。未有仁而遗其亲者也,未有义而后其君者也。王亦曰仁义而已矣,何必曰利?"①

通过孟子和梁惠王的对话我们可以看出,孟子对于"义""利"的态度是很明确的。孟子认为,治理国家如果"利"字当先,是非常危险的,只有"义"字当先,用"仁义"治理国家,国家才会强盛发达。所谓"义",就是行为要合乎正义,要符合社会的道德规范;所谓"仁",就是关爱和友善。孟子认为,治理国家应该用"仁义",也就是要提倡关爱和友善,让大家的行为符合正义的道德规范。因为只有这样,在朝堂之上,大臣才能够对君主忠心耿耿;在老百姓自己家中,晚辈能够尊重长辈。大家能够各司其职,国家就能有序运转,不断变富变强。于是,君主的国家繁荣兴盛,大臣的小家其乐融融,普通老百姓也能各得其所,大家都得到最大的"利"。所以,以"仁义"为优先,就能使大家得到最大的"利",相反,如果以"利"为优先,结果就是国破家亡,因为国君的国亡,也就顺势使大臣的家破,从而导致老百姓的流离失所,大家反而都得不到"利"。儒学思想认为,"仁义"就是最大的"利",要讲求"仁义",相反,"利"是最大的不利。

对于这句话朱熹的解读是:"此章言仁义根于人心之固有,天理之公也。利心生于物我之相形,人欲之私也。循天理,则不求利而自无不利;殉人欲,则求利未得而害己随之。所谓毫厘之差,千里之缪。此孟子之书所以造端托始之深意,学者所宜精察而明辨也。"② 从这里我们可以看出,朱熹把孟子的义利之辩和自己建构的"天理"和"人欲"联系在一

---

① 朱熹:《四书章句集注》,中华书局2011年版,第187—188页。
② 朱熹:《四书章句集注》,中华书局2011年版,第188页。

起。而且还引用太史公的话："余读孟子书至梁惠王问何以利吾国,未尝不废书而叹也。……自天子以至于庶人,好利之弊,何以异哉?"① 又引用程子的话:"君子未尝不欲利,但专以利为心则有害。惟仁义则不求利而未尝不利也。当是之时,天下之人唯利是求,而不复知有仁义。故孟子言仁义而不言利,所以拔本塞源而救其弊,此圣贤之心也。"②

因此,朱熹的"义利之辩",即社会伦理道德原则与社会物质利益之间的关系问题。他认为国家的治乱和民族的兴衰受到社会伦理道德原则和物质利益之间关系的影响。"私利"是指与公理相对立的人欲之私。而"公利"则符合社会伦理的道德原则。同孔子相似,朱熹并不反对或者说提倡符合群体利益的个体利益。对于生活在偏安东南一隅的南宋来说,民族矛盾尖锐,国内阶级矛盾激化,兵连祸结,人民处于水深火热之中,统治阶级趁机大发国难财,生活奢侈腐化,谋求自己的私利。为了社会的发展和稳定,朱熹通过"天理人欲之辩"与"义利之辩"关系的讨论,让统治者懂得社会伦理道德与社会物质利益、社会群体利益与个体利益的关系,统治阶级与人民利益之间的关系,从而更好地加强统治阶级自身的道德修养。朱熹指出统治阶级的"为政以德",就是用自己的德行去感化百姓,这样的统治者才是有德行的管理者,才能受到人民的拥戴。

第二节 "崇正义"思想的基本原则

在中国古代,"正义"一词最早出现在《荀子》一书中:"正利而为谓之事,正义而为谓之行。所以知之在人者谓之知。知有所合谓之智。"③出于利的目的而又不失其正地去做,叫"做事";符合义的标准去做的叫作"德行"。人固有的认识客观事物的本能叫作"认知",这种本能与客观万物地相合就是智慧。总而言之,这是在先秦儒家经典中第一次出现了"正义"一词,其基本宗旨是要讲为了功利去做叫作"事业",为了道义去做是"德行"。在传统思想中,"正"与"义"在更多时候是可以单

---

① 朱熹:《四书章句集注》,中华书局 2011 年版,第 188 页。
② 朱熹:《四书章句集注》,中华书局 2011 年版,第 188 页。
③ 《荀子》,安小兰译注,中华书局 2016 年版,第 255 页。

独使用的。《论语》提到："其犹正墙面而立也与！"① 这就是说好比当着墙壁站在那里一样毫无见识可言，在这里"正"就是《说文解字·广韵·劲韵》所谓"正，正当也"的意思。孔子第三十一世孙唐代经学家孔颖达著有《五经正义》，是奉朝廷之命进行的。儒家经典流传到唐朝，许多学者曾对它们作过注释，孔颖达对"正义"的整理起到了拨乱反正的作用。所谓"正义"，孔颖达的注释是"义之正者"，基本上代表了"正义"最原本的意义。关于"崇正义"在儒家思想中遵循着以下三个原则。

一 "崇正义"之"正"的基本原则

对于一个健全稳定的社会来说，遵守具有"正义"感的制度规范以及公正的运行机制至关重要。所谓的正义原则是针对存在利益冲突的时候，人们对正义、公平、公正的诉求，从而渴望达到的一种更为圆融的状态，其集中体现了人们对利益行为的规范。利益有"公利"与"私利"之分，在一般意义上"公"与"私"是相对的。比如，所爱所利之"亲"对于自己而言是公，对于所"仁"之民众而言便是私。尽管如此，在一定意义上，"公"与"私"是对立的，正所谓《荀子·不苟》的"公生明，偏生暗"。荀子这里的"正"具体表现在公正原则与公平原则。公正原则具体在"上公正，则下易直矣"。② 另有"利而不流，贵公正而贱鄙争，是士君子之辩说也"。③ 这表明公正原则是对公利的尊重与维护。《诗经·小雅·北山之什》有云："有渰萋萋，兴雨祈祈。雨我公田，遂及我私。"在这里"公"与"私"的界定并不是绝对意义上的肯定，而是要本着先公后私的原则。

孔子说："君子义以为质，礼以行之，孙以出之，信以成之。君子哉！"④ 孔子的意思是：君子把义作为本，依照礼来实行，用谦逊的言语来表述它，用诚信的态度来完成它，这样就具备了君子之风。孔子提出了君子的四条行为准则就是：以道义作为修身的本质，并以礼制作为载体来运行，通过谦逊来表达，通过诚信来圆满地完成。孔子在这里凸显的是"正义"原则的统摄性，这就是"义"之"正"以及"义"为

---

① 朱熹：《四书章句集注》，中华书局2011年版，第166页。
② 《荀子》，安小兰译注，中华书局2016年版，第134页。
③ 《荀子》，安小兰译注，中华书局2016年版，第269页。
④ 朱熹：《四书章句集注》，中华书局2011年版，第155页。

"正"的道理。孟子所谓"仁，人之安宅也；义，人之正路也"。① 这里的"义"是一个人内在真实的德性，是待人处事的最基本的行为准则。人必须遵此原则而行，才能在世间与别人和谐相处、共成一体，此之谓"正路"。人生在世，父母是我们最坚实的保护者，老师是我们最好的指导者，听从父母或老师的指引，就是属于"居仁由义"的事。《荀子·赋篇》曰："大参乎天，精微而无形，行义以正，事业以成。可以禁暴足穷，百姓待之而后泰宁。"荀子认为上天如果降下来一样东西高大的能与天相并立，至细微处又不显其形。德行道义靠它端正，事情功业靠它办成。这种高大的东西可以用来禁止暴行，可以用来致富脱贫；百姓群众依靠了它，然后才能太平安定。这里荀子直接引出"正义"一词，足见其对"义"的把握应当从"正"字入手。

正身、正己、正物的逻辑关系。"正身"首先可以将"正"理解为"正身"。"正身"不仅指树立规范、建立制度和立法的动机正当，还要摒除私心，也指主体自身在生活中行为得当、从一而终。从中国传统正义思想来看，"正"对由利欲引发的行为有规范作用。不仅在逻辑起点上要"正己"，也要在旨向上"正物"。孟子说："仁者如射，射者正己而后发；发而不中，不怨胜己者，反求诸己而已矣。"② 孟子认为有仁德的人就像一个射手，射手先端正自己的姿势然后才放箭；如果没有射中，不怪比自己射得好的人，而是要反求诸己，即去寻找自己的原因。这里讲的就是"正己"的作用。

孟子又说："爱人不亲反其仁，治人不治反其智，礼人不答反其敬。行有不得者，皆反求诸己，其身正而天下归之。"③ 孟子认为爱别人却得不到别人的亲近，那就应反问自己的仁爱是否足够；管理别人却不能够管理好，那就应反问自己的管理才智是否有问题；礼貌待人却得不到别人相应的礼貌，那就应反问自己的礼貌是否到位。凡是行为得不到预期的效果，都应该反过来检视自己，自身行为端正，天下的人自然就会归服。也诚如朱熹解释的："如此，则其自治益详，而身无不正矣。天下归之，极言其效也。"④ 这句话表明，万事万物都应首先正己，只有正己，

---

① 朱熹：《四书章句集注》，中华书局 2011 年版，第 263 页。
② 朱熹：《四书章句集注》，中华书局 2011 年版，第 222 页。
③ 朱熹：《四书章句集注》，中华书局 2011 年版，第 260 页。
④ 朱熹：《四书章句集注》，中华书局 2011 年版，第 260 页。

主体的行为得当，才能得到他人的信服，即正人，进而正物。孟子说："有事君人者，事是君则为容悦者也。有安社稷臣者，以安社稷为悦者也。有天民者，达可行于天下而后行之者也。有大人者，正己而物正者也。"① 孟子认为有侍奉君主的人，专以讨得君主的欢心为喜悦。有安定国家的臣子，以安定国家为喜悦。有顺应天理的人，当他的主张能行于天下正道之时，他才去实行。有伟大的人，端正自己，天下万物便随之端正。这里孟子从君主、大臣、顺天之人以及伟人等不同侧面作阐发，重在说明"正己"之"物正"的道理。

正身、正己、正物的归宿是"仁爱"。无论是正身、正己、正物的要求，还是正己、正物的推进关系，都离不开"仁爱"这一中心。不论是孔子《论语·颜渊》所谓"君君、臣臣、父父、子子"的"差等之爱"，还是孟子"爱人者，人恒爱之；敬人者，人恒敬之"②的"恒爱"都是"仁爱"的不同侧面，二者分别是从现实和超越现实的角度对社会的人伦情感进行总括。然而两者在正义原则的确立中并不是平行关系，"差别之爱"要上升到"恒爱"，那么"恒爱"是对"差等之爱"的超越，是"仁者爱人"的推广途径。在中国传统社会，儒家的差等之爱同传统"贵贱有等、亲疏有别"的生活结构密切相关，一方面，"爱有等差"的基本前提是以血亲之爱为基础，对父母兄弟之爱就不同于对陌生人之爱，此乃人之常情。而这种血亲之爱是人类与生俱来的本能性质，如果一个人连最基本的血亲之爱都没有，就更谈不上对他人、对社会的爱，这是"爱有等差"的事实层面，具有积极意义。另一方面，"爱有等差"又是孔子提倡的"君君、臣臣、父父、子子"等社会伦理道德层面的差等之爱，目的是使社会在这一系列等差之爱下得以维系。这里尊卑贵贱、亲疏远近都有着泾渭分明的界限，"爱有等差"就成了本然与应然的统一。因此，不管是孔子的"己欲立而立人，己欲达而达人"③，或者孔子所谓"己所不欲，勿施于人"，还是孟子的"老吾老以及人之老，幼吾幼以及人之幼"，只有天地万物融合于一体，从而通达"仁"的境界，才能确立普遍性的正义原则。

---

① 朱熹：《四书章句集注》，中华书局2011年版，第331—332页。
② 朱熹：《四书章句集注》，中华书局2011年版，第278页。
③ 朱熹：《四书章句集注》，中华书局2011年版，第89页。

荀子说:"故公平者,职之衡也;中和者,听之绳也。"① 这里的"公平"是对"私利"的保障,准确地说,是对"民之产"的尊重,使之"仰足以事父母,俯足以畜妻子,乐岁终身饱,凶年免于死亡"。② 由此一来,"父母""妻子"都能过上安顿的日子,"乐岁""凶年"都能尽享天年,从而达到百姓和睦、社会稳定的局面。

二 "崇正义"之"宜"的基本原则

《礼记·中庸》载:"义者,宜也。"朱熹认为所谓"义者,宜也,乃天理之当行,无人欲之邪曲,故曰正路。"③ 古语训"义"为"宜",正义原则之"宜"指的是以"义"为依据的循"礼"的社会生活方式,具体来说,包括"时宜"与"地宜"两个方面。

其中"时宜"指的是任何一种制度规范与适用的基本时间性条件,不能一以贯之。王权时代的"礼"与皇权时代的"礼"各有不同。时间性条件包括时期、时代、时机、时节等。"义"之"时宜"对于社会的和谐安定有重要意义。《荀子·不苟》曰:"与时屈伸,柔从若蒲苇,非慑怯也。"这里不是因为蒲苇是随着时势的发展或进或退的,并非怯懦的原因。"五亩之宅,树之以桑,五十者可以衣帛矣。鸡豚狗彘之畜,无失其时,七十者可以食肉矣。百亩之田,勿夺其时,数口之家,可以无饥矣。谨庠序之教,申之以孝悌之义,颁白者不负戴于道路矣。老者衣帛食肉,黎民不饥不寒,然而不王者,未之有也。"④ 这里孟子重在突出把握农时的必要性以及"制民之产"的重要性,更强调的是"时宜",是建构制度规范必须考虑的重要因素以及必不可少的条件。如"扁善之度,以治气养生则后彭祖;以修身自名则配尧、禹。宜于时通,利以处穷,礼信是也。"⑤ 这里荀子强调君子有无往而不善之道,用它来治气养生,则寿命可追随彭祖;用它来修养品德,那名声就可同尧、禹相比。既适宜于通达之时,又适宜于窘困之时的只有"礼"和"信"。

对于"地宜"而言,荀子说:"天有其时,地有其财,人有其治,天

---

① 《荀子》,安小兰译注,中华书局2016年版,第87页。
② 朱熹:《四书章句集注》,中华书局2011年版,第191页。
③ 朱熹:《四书章句集注》,中华书局2011年版,第263页。
④ 朱熹:《四书章句集注》,中华书局2011年版,第197页。
⑤ 《荀子》,安小兰译注,中华书局2016年版,第21页。

是之谓能参。"① 这里的"地"是使人们生活安定、社会有序的一个重要因素。不仅包括地域、地区等空间性条件,也指地位、场合、地域特色等内容。在一般正义原则之上,任何一种制度规范的设计都离不开其所处的空间性条件。

三 "崇正义"之"义"的基本原则

由于每个朝代都有其自身的特点,因此任何一种制度都不可能适用于所有的民族和国家。"唐、虞禅,夏后、殷、周继,其义一也。"② 虞、夏、商、周的政权传承方式不同,这在当代政治观察家眼中常被认为是断定一种政权性质的标志或标准,三代之礼虽有不同,但都依据同一的正义原则。"义"之"正"与"宜"保证了"礼"的正义。正是"义"之公正、公平才得以合时合地,在此基础上建立的制度规范本身才是"正义"。所谓"正义"一般只用于集体的行为,而不是针对个人的行为。"正义"的主题被认为是对社会领域之是非、善恶的终极判断,体现了一种至善的价值。而这些含义及其功能在中国传统正义思想中有着潜移默化的作用。

管子说:"虚无无形谓之道,化育万物谓之德,君臣父子人间之事谓之义"③,又谓"义者,谓各处其宜也"。管子的意思是人和事物都要处于自己所应该处在的相应位置,做自己所应该做的事。《管子·水地》还认为:"至平而止,义也",《韩非子·解老》认为"所谓直者,义必公正"。这些都表明"义"与公平、公正密切相关。除此之外,合理、合法也是"义"的重要体现,诸如《荀子·议兵》的"义者,循理"以及"子,人之所私也,忍所私以行大义,巨子可谓公矣"。④ 都体现了"义"的特点。在儒家那里,"义"很多时候又指一种伦理原则和政治原则。《论语·里仁》曰:"君子喻于义,小人喻于利",以及"见义不为,无勇也"⑤,"君子之于天下也,无适也,无莫也,义之与比"。⑥ 可以说,当用孔子所说的"义"来衡量邦国统治者行使政治权力的合法性时,它

---

① 《荀子》,安小兰译注,中华书局2016年版,第115页。
② 朱熹:《四书章句集注》,中华书局2011年版,第289页。
③ 《管子》,李山译注,中华书局2016年版,第198页。
④ 《吕氏春秋》,杨红伟译注,中华书局2016年版,第17页。
⑤ 朱熹:《四书章句集注》,中华书局2011年版,第60页。
⑥ 朱熹:《四书章句集注》,中华书局2011年版,第70页。

所体现的是儒家"有道"理想政治的追求，相对于"义"所体现的政治伦理规范，"道"更具形而上学的意义。"道"是一种最高理想的政治原则，只有当"义"在遵循"道"的原则之下，以君子的行为从事政治活动时，它才成为实现良序的社会理想，从而由伦理问题转化成政治哲学问题。

在儒家语境中，"正义"之内涵有"行义"之义，即个人之行为应当依据的基本准则，行为必符合"正义"原则之"义"，其中也包括"政义"，即"为政"之义。《论语·颜渊》曰："政者，正也。"这是从国家整体利益与政治层面予以界说的，即在施政方面，执政者应以"义"为上。因此，无论是就个人抑或是社会角度而言，"义"即坚持原则，持之以恒；二是"行宜"，根据具体情境采取最恰当的策略，选择合理而又不违背原则的方法。

四 "崇正义"之"利"的基本原则

正是基于道德伦理上的评判基准，儒家在政治方面特别注重"以德配位""制民之产"，而这些又涉及"利益"的分配问题。对儒家来说，主要分配的是名位权势，相比之下，现代社会所分配的是多元的，但就儒家而言，这里的"利"则主要将分配的内容与政治权力联系起来，这种权力等级的分配对社会的安定至关重要，否则，无差等地进行分配则必然会引起争乱。《荀子·富国》曰："无分者，人之大害也；有分者，天下之本利也。"因此，儒家将道德鲜明地介入政治，并以此作为权力分配的基本精神，这与现代人所普遍认同的平等分配以及其所谓的"正义观"显然不尽相同。儒家在政治上并不承认每个社会成员具有平等的权利和自由，但是它以道德来要求、规范政治和权力主体，其基本目的在解决政治公正、维护社会秩序与促进社会发展等方面却起了十分积极而巨大的作用。

儒家基于"利"的分配原则涉及正当性问题，最显著的特质是将平等理念与差等实践相结合。在儒家的分配正义理念中，承认平等与不平等并存，儒家认为每个人在人性上是平等的，同时，儒家也承认现实中总是存在一些无法解决的不平等形式，这是因为在后天成长过程中各种因素的介入导致人们在伦理道德、知识水平等方面产生了较大差异，所以从客观实际出发，依据人们的能力安排合适的工作，进行合理的分工，虽然有时会形成人与人之间不同的等级差异，但是也是正常的。在此基础上如若每个人都能各尽其事,各得其宜,即使存在差异,社会也能和谐而有序地运行。因此,儒家并未简单地否定平等或者不平等,而是将两者有机结合在一起,将平等理念和差等实践进行融合,形成了一种新型的差等分配原则。儒家认为这种对"利"的分配原则是合乎天道与正义的。

五　"崇正义"之"礼"的原则

在儒家看来,国君与臣民之间,本应是上下尊卑的等级关系,而维护这种等级关系的价值基础就是"仁",制度规范就是"礼"。"仁"与"礼"是儒家政治伦理中最重要、最基本的两个范畴,"仁"是一种内在的道德意识、道德品质和道德情操的总称,是"礼"的心理基础。而"礼"是一种外在的社会制度、政治制度和道德规范的总称,是"仁"的行为节度。"仁""礼"思想对我国两千多年的传统社会产生了深远影响。《中庸》有:"仁者,人也,亲亲为大;义者宜也,尊贤为大。亲亲之杀,尊贤之等,礼所生也。"① 由此可见,"仁"是一种内在道德,而"礼"则表现为一种外在的制度,"仁"是"礼"的内在依据,"礼"是"仁"的外在表现。《荀子·君道》曰:"不知法之义而正法之数者,虽博,临事必乱。"荀子认为一个社会的和谐与幸福并不以"正礼"为最终要旨,"正礼"以"正义"原则为根据。

实际上,儒家的正义观首先体现在"仁"中。儒家讲求"仁者爱人",意指人们要去爱别人、关心别人、帮助别人,孔子提出"己欲立而立人,己欲达而达人"等,其要义在于推己及人,视人如己,在人们关爱别人、推己及人的过程中,每个人都处于一种相对平等的关系之中,把别人看作和自己一样的平等主体。然而,儒家的"爱人"也并不是指人们爱人的程度要完全平等,而是讲求爱有等差,这与墨子所提倡的所谓"兼爱"无差别的爱有很大不同。儒家将"爱"分为三个等级:爱亲、泛爱众、爱天下,教导人们首先要爱自己的亲人,然后推广到爱宗室家族之人,最后爱天下之人,由此使人与人之间生出亲疏之别的差等之爱。

而"礼"作为"仁"的外在彰显,通过社会制度等形式,将人们之间的这种"分别"固定下来,从而形成有差别的社会格局。在讨论"礼"的起源时,荀子说:"今人之性恶,必将待圣王之治,礼义之化,然后始出于

---

① 朱熹:《四书章句集注》,中华书局2011年版,第30页。

治，合于善也。"① 荀子认为每个社会的利益资源总是有限的，而人本性好利，故而有限之利与无限之欲之间的紧张矛盾必然造成人们之间的斗争与冲突。为了解决这一问题，圣人制定"礼"以分之。这里的"分"即为分配之意，不仅仅是指对物质利益的分配，而且包含了对社会等级地位的划分。与此同时，儒家将"礼"与国家制度、法律规范紧密结合，使其上升到制度层面，成为当时人们所必须遵守的行为准则和道德规范，这样一来，也为维护社会等级结构和稳定等级秩序起到了重要作用。

儒家的正义原则的终极理想是走向"大同社会"。在西方思想视域中，正义的内涵是指社会价值，诸如权力、地位、财富、荣誉等的分配与落实成为社会良善的主观价值判断。在传统儒家思想中，以正义构建的社会尚不足以被视为完满与理想。作为一种社会政治理想，儒家心目中的社会图景呈现出由正义走向更加开放与完善的可能性，也就是《礼记·礼运》"大道之行，天下为公"的"大同社会"。以"礼"治国是儒家的基本出发点，"礼"作为制度规范，强调的是社会成员之间上下尊卑、亲疏远近的差序格局和人伦纲常，但儒家重"礼"仅是反映人的外在形式中"别"与"分"的一面，是儒家圣王统治的结果，是"以人为本"的结果。天下不再是一人一家之天下，而是天下人的天下，上天博施万物，社会均平博爱，因而它既是公平正义的现实世界，也是推己及人、视人如己的理想世界。

第三节 "崇正义"的基本内容

在儒家的思想体系中，基于"仁"的基础上形成的正义思想具有重要意义，也是孔子仁学思想最大的理论创新和思想贡献，同时，以"仁"为基础建立起来的正义思想也最能体现儒家道德理想与政治原则的核心概念。儒家思想中蕴含着丰富的正义思想，其最具代表性的就是"仁道的正义"。古典儒家正义观的最高追求体现在"仁"中，也只有在明确把握"仁"作为一种价值理想、思想信念和政治愿景的基础上，才能更好理解和诠释儒家的正义思想。

---

① 《荀子》，安小兰译注，中华书局2016年版，第293页。

一 仁道正义：由礼向仁的推进与展开

"仁"与"礼"是孔子全部政治哲学的核心概念，孔子对于社会政治生活的基本看法，在很大程度上取决于孔子对于这两个概念的理解。对于仁的概念，《左传·成公二十九年》中说："不背本，仁也。"春秋前期，人们一般把尊重族长、爱抚众庶、忠于君主等行为都看作是仁的表现。孔子对于仁的理解在继承春秋前期思想家们的思想成果的基础上，形成了自己独具特色的仁学体系。从孔子的言论中可以看出，孔子所说的仁主要有几个方面的内涵：其一是《论语·颜渊》的"仁者，爱人"。孔子认为爱人是仁的基本内容，社会的各个阶层之间都应该相互仁爱，特别对居于统治地位的为政者来说更要体恤臣民。孔子试图以仁爱为根本，建立起充满人情味的伦理观而实现社会秩序的稳定。在孔子的思想学说中，"仁"是指一个人内在的道德品质。一个人能具备优良的道德品质，主要取决于个人的道德修养，而不是取决于外在的层面，孔子在谈到为人处世的准则时说："为仁由己，而由人乎哉？"① 也就是良好的道德品质主要产生于个人的道德自觉，孔子认为，作为优良的道德品质，仁的特征之一就是厚重淳朴，而刚毅木讷近在善良的道德品质与智慧之间，孔子显然认为前者更为重要。每个人都应该把仁作为最高的信念，甚至要把仁置于自己的生命之上，"志士仁仁无求生以害仁，有杀身以成仁"。② 如果一个人必须在生命与遵守道德之间进行选择，孔子认为应该选择"仁者"。在儒家的思想体系中"仁"是最高价值，儒家的仁道正义思想首先体现在"仁"学之中。但是，"仁"的践行依靠的却是作为儒家思想核心体系中的"礼"。"礼"在古典儒家思想中有着丰富内涵，其最基本的内容是"礼制"和"礼义"，"礼仪"是礼制的表现形式，而"礼义"是社会制度规范的道德原则。在政治领域，以礼治国是儒家最重要的政治主张，"礼"作为社会分工体系和伦理秩序的关键因素，决定了社会成员之间上下尊卑、亲疏远近的人伦纲常。以"仁"界定"礼"，也就是给等级制度注入一种精神内涵，一种合理原则。孔子强调了长幼尊卑社会秩序的重要性，如《论语·颜渊》"君君、臣臣、父父、子子"，反对无"礼"、无序的状态。"礼"反映"别"与"分"的一面，在现实中

---

① 朱熹：《四书章句集注》，中华书局2011年版，第125页。
② 朱熹：《四书章句集注》，中华书局2011年版，第153页。

造成了每个人在财富、地位、权力职位与尊重上的各种不同,"礼"所设定的差异压倒了人格尊严的平等,从而使古代中国社会整体表现为一种等级社会。

应该说,孔子对"礼"的提倡并不等于对现实中的一切等级秩序都加以维护。在孔子看来,只有合乎"仁"的精神原则的制度才是值得尊重的。从这个意义上来说,儒家学说就是以"仁"的标准来衡量现实秩序:"仁"是"礼"的道德基础,"仁"是最高的美德,每个人内心都潜藏着"仁心"的一面。所谓"仁者爱人",是指在对待他人上,要关心别人、帮助别人,尽量发挥和扩充人的伦理属性去爱别人。孔子所要表达的核心要义在于对他人要包容、尊重、同情和有爱心,推己及人、视人如己,在关爱别人、推己及人这一过程中,把别人看作是和自己一样的平等主体。

重视家庭伦理及人伦的意义是儒家思想的重要倾向,在儒学视域中"仁爱"并没有被固化于血缘之爱,而是要把仁心"家"的范围推广到所有群体,即立足于血缘的伦理秩序以及由此所能达到的价值极限,其最高境界是兼爱天下。在这一逻辑展开中,我们可以将儒家之"爱"分为三个等级:首先是爱亲,其次从爱亲之心出发,推己及人,推广延伸到爱他人,即"爱众",最后将这种爱推广到群类的关系上从而达到爱天下之人。由此可见,儒家的"爱人"以家庭血缘为起点,以"天下为公"为目标,它揭示出儒家之仁爱思想的真谛。

在施政方面,儒家"仁爱"思想所体现的是一种社会责任担当,是《论语·宪问》"修己以安百姓"的"仁道正义"。《论语》中有一段精彩的对话:"子贡曰:'如有博施于民而能济众,何如?可谓仁乎?'子曰:'何事于仁!必也圣乎!尧舜其犹病诸!夫仁者,己欲立而立人,己欲达而达人。能近取譬,可谓仁之方也已。'"[①] 这就是孔子被子贡问及"博施于民而能济众"算不算"仁"时,孔子认为这样的做法不仅仅是"仁",而且就是"圣"人也未必能做得到。所谓"博施济众"其实很简单,那就是广施恩惠,拯救民众,为多数人造福。真正能够做到这些的人,几乎是无法想象的。因此,当时的尧、舜虽然在做这方面的努力,可终因实力不济而未能做到"博施于民而能济众"。当然,在这个世界上

---

① 朱熹:《四书章句集注》,中华书局 2011 年版,第 88—89 页。

几乎没有一人可以做到这一点。子贡虽然富有，也具备了一定的"仁爱"的境界，但是想要做到这一点还是很困难的。也就是说，博施济众是一座无法逾越的高山。孔子认为以夏、商、周三代为代表的历史王道，也就是仁道的正义。孟子继承并发展了孔子的仁道正义。孟子提出"仁政"等都遵循孔子的仁义之道。儒家以不忍人之心来推行政治措施，也就是孟子所认为的："人皆有不忍人之心。先王有不忍人之心，斯有不忍人之政矣。以不忍人之心，行不忍人之政，治天下可运于掌上。"① 孟子认为每个人都有怜悯体恤别人的心情。古代圣王由于怜悯体恤别人的心情，所以才有怜悯体恤百姓的政治。用怜悯体恤别人的心情，施行怜悯体恤百姓的政治，治理天下就可以像在手掌心里面运转东西一样容易。换言之，从人性的前提去推导政治，从人人都有"不忍人之心"的仁心去推导仁政。由于这种"不忍人之心"是人本身所固有的，所以，仁政也应该是天经地义的。孟子的推导仍然是为了推行他那毕生的追求，即"仁政"理想。但他的推导本身似乎没有产生重要的反响，倒是他那推导的前提——"人皆有不忍人之心"产生了巨大的影响，尤其是在此基础上所提出的"仁、义、礼、智、信"都发端于这种"不忍人之心"的看法，更是成了中国古代哲学中"性善论"的理论基础和支柱。

《论语·阳货》曰："性相近也，习相远也。"意思是说，人性本来是相近的，只因为教养的不同，便相差甚远。因此，儒家希望"仁"的原则超越狭隘的利益考量，重视的是"仁道"正义，最终实现最宽广博爱的《礼记·礼运》所追求"天下大同"的理想社会。这里谈到的"大同"是中国儒家思想追求的最高目标，并非现代意义上的乌托邦。大同社会所看重的并不是物质财富的平等，也不是精神信仰的大一统，而是人文精神中尊严、人格、个人权利的平等。其"天下为公"，更像是现代文明的公平、公正、公义的社会理念。因此，这就是仁道正义思想。

二 王道正义：传统思想的价值诉求

所谓的"王道"就是人们在一定的历史时期，处理一切问题的时候，按照当时通行的人情、社会和道德标准，在不违背当时的政治和法律制度的前提下，所采取的某种态度和行动。而王道政治是中华民族传统价值观中的重要范畴之一，王道政治强调重义、崇义、守义，换言之，就

---

① 朱熹：《四书章句集注》，中华书局 2011 年版，第 220 页。

是王道正义的价值诉求。孟子用义与不义来评价社会政治问题。孟子关于王道政治理念的第一次经典表述,是孟子与梁惠王的精彩对话。孟子见梁惠王,梁惠王问孟子是否能给他带来好处,孟子的回答是:"王!何必曰利?亦有仁义而已矣。"① 孟子的意思是,我们不必谈"利",只要谈仁义就足够了。对于这句话,朱熹的解释是"仁者,心之德、爱之理。义者,心之制、事之宜也。"② 在一定程度上,中国传统的"王道"也是一种"正义"规范人际交往的道德原则,也是调整人们经济活动、为人处世的伦理规范,既是治理国家的"政之大节",也是处理国家关系的价值准则。《周易》有言曰:"昔者圣人之作《易》也,将以顺性命之理。是以立天之道曰阴与阳,立地之道曰柔与刚,立人之道曰仁与义。"③ 这里的"立天之道曰阴与阳",是说天道就是阴与阳。《系辞传》说"在天成象"的"象"就是"三辰",即日月星,其中主要是日月。又说"阴阳之义配日月",所以,"立天之道曰阴与阳"是就日月来说的。"立地之道曰柔与刚"是说地道就是柔与刚。《系辞传》说"在地成形"的"形"就是五行,即"水火木金土"。那么,"柔与刚"就是水和土。《中庸》中说:"仲尼祖述尧舜,宪章文武,上律天时,下袭水土。"(《礼记·中庸》)所谓"祖述尧舜,宪章文武"是指人道的仁、义而言。因此,可以说"王道正义"既是一种崇高价值的正义追求,也是一种超越功利的精神追求。"王道之义"的内涵是非常丰富的,一般是指一种适当、适宜的道德准则,也是一种为人处事的伦理规范,可引申为一种具有崇高价值的正义追求。重在强调君王要遵循道义以及仁之"正义",然后促使社会公平公正。

《论语·卫灵公》曰:"志士仁人,无求生以害仁,有杀身以成仁。"这就是孔子所谓的"杀身成仁"。而孟子说:"生,亦我所欲也,义,亦我所欲也。二者不可得兼,舍生而取义者也。"④ 就是孟子所谓"舍生取义"。应该说,不管是孔子的"杀身成仁",还是孟子的"舍生取义"都是王道政治、王道正义的基本诉求。"义"作为一个道德范畴和实践准则,对自我完善和尽善尽美的理想社会的实现有着普遍的价值导向意义。

---

① 朱熹:《四书章句集注》,中华书局2011年版,第187页。
② 朱熹:《四书章句集注》,中华书局2011年版,第187页。
③ 《周易》,杨天才译注,中华书局2011年版,第648页。
④ 朱熹:《四书章句集注》,中华书局2011年版,第311页。

第四章 崇正义：中华优秀传统文化恪守的道德原则 / 181

孟子认识到在王道政治中，只强调"仁"是不够的，还必须提升到"义"的次第上才更具现实意义。因此，用"正义"概念表达了孟子王道政治论的哲学意蕴。孟子说："恻隐之心，人皆有之；羞恶之心，人皆有之；恭敬之心，人皆有之；是非之心，人皆有之。恻隐之心，仁也；羞恶之心，义也；恭敬之心，礼也；是非之心，智也。仁义礼智非由外铄我也，我固有之也，弗思耳已。"① 这里"羞恶之心，义也"的"羞"指的是羞耻、内疚之意，是自己意识到自己的行为不符合社会道德规范、准则，抑或是自己未能承担应当的社会责任时，内心产生的一种对不起他人或自己良心的过程。相对于"羞"来说，"恶"有厌恶、憎恨之意，是行为主体产生的自我谴责、自我懊悔的情绪和心态。在孟子对"义"的界定中，大致包含了道德责任、社会义务等含义，这里可以引申为"正义"，只有行"正义"的行为才能符合社会的正义。孟子通过"羞恶"来解说"义"，认为"义"首先表现为人内心的一种特殊的心理过程，这个心理过程是"义"产生的前提条件，这表明"义"的聚焦点不在"善"而在"恶"。孟子说："仁义而已矣，杀一无罪，非仁也；非其有而取之，非义也。居恶在？仁是也；路恶在？义是也。居仁由义，大人之事备矣。"② 孟子认为杀一个无罪的人是不仁的，不是自己的东西去强取豪夺是不义的；该住在那里就住在那里就是仁；行自己该行的路就是义；能居住在仁上，行走在义上那就是君子了。从这里可以看出，用"恶"来表达厌恶的事情，是以社会道德规范为标准来衡量、检视自己的行为动机，并对自我进行道德评价的。所以孟子说："人皆有所不为，达之于其所为，义也。"③ 从某种程度来说，这是行为主体进行自我审判、自我制裁的心理过程，也是人的一种道德自律和道德的自觉。

孟子说："人之所不学而能者，其良能也；所不虑而知者，其良知也。孩提之童，无不知爱其亲者；及其长也，无不知敬其兄也。亲亲，仁也；敬长，义也。无他，达之天下也。"④ 孟子认为人不学习就有一些能力是"良能"。人不用思考就能知晓一些知识是良知。儿童幼小时无不知爱他的父母这是"良知"，长大后若不知敬重兄弟父母那就是失去"良

---

① 朱熹：《四书章句集注》，中华书局 2011 年版，第 307 页。
② 朱熹：《四书章句集注》，中华书局 2011 年版，第 336 页。
③ 朱熹：《四书章句集注》，中华书局 2011 年版，第 348 页。
④ 朱熹：《四书章句集注》，中华书局 2011 年版，第 331 页。

知"。亲近其亲人，就是仁的始发点，是良知。敬重兄长长辈，就属于义的范畴，治理国家实行仁政无有其他办法，把亲亲及于天下就足够了。此处孩提之童，一般指不懂事的小孩子。孟子视亲亲之仁、敬长之义为"不学而能""不虑而知"的良知良能，是与生俱来的。可是，不懂事的小孩子会对父母产生自然而然的爱，而对于兄长弟弟等来说，不大有可能有这种自然而然的爱的情感的。这是孟子重在把"敬长，义也"突显其"义"之重要性。孟子还说："心之所同然者何也？谓理也，义也。圣人先得我心之所同然耳。故理义之悦我心，犹刍豢之悦我口。"① 从这句话看，孟子既不本天，也不本心，而是本民心之同然，即天下古今之心所同然。圣人得理、得义，并非脱离万民独断于心。圣人"先得"万民心之所同然。民心之同然为本，为"心之正"。孟子将义和理等同，可见"义"的重要作用。

"义"可以当作一种"道义"。在《孟子》一书中，"义"与"道"是相关联的，"道"的原始含义是指道路，一般引申为法则、规律。经过不断的衍化，"道"成为秩序与规范的代言词。孟子对"义"是非常重视的，赋予其的含义也十分丰富，孟子将"义"比喻成人生之路，意为人之为人之路，人应当走的路。义不仅是人具体的行为准则，也是理想人格形成的具体落实规定，即成人之道。孟子说："仁，人心也；义人路也。舍其路而弗由，放其心而不知求，哀哉！"② 孟子认为仁是人的心，义是人的路。放弃了那条正路不走，丢失了那颗良心而不晓得去追回是很可悲的事情。

在孟子看来，人只能做自己应当做的事，否则就是"不义"。因此，他说："未有仁而遗其亲者，未有义而后其君也。"③ 即孟子认为没有奉行仁爱者而遗弃其亲人的，没有奉行公义而不顾其君王的。孟子认为将仁义置于利益之上是对孔子的思想学说的继承和发展。《论语·里仁》曰："君子喻于义，小人喻于利。"可见仁义是普济世人之道，是人民的最高利益，一切违背仁义的行为都会形成对人民利益的侵害。如果统治者不顾人民利益，过分榨取人民血汗，悉心搜刮民脂民膏，那么为政者的利益也是不会长久的。所有这些都说明"义"的重要性，这里的"义"暗

---

① 朱熹：《四书章句集注》，中华书局2011年版，第309页。
② 朱熹：《四书章句集注》，中华书局2011年版，第312页。
③ 朱熹：《四书章句集注》，中华书局2011年版，第188页。

含有"道义""正义"之义。

三 大同社会的正义：实现正义理想的现实超越

儒家思想中的正义的本质是与"应得"的、一种"应然"的存在紧密相连的。从古典儒家的观念来讲，他们从理想出发，表达的是一个美好社会应该追求的更高价值，这包括仁爱、仁慈、慷慨、友爱、友善、关怀等。所谓仁道正义，就是以爱亲的方式，推己及人，博施济众。换言之，儒家对正义的理解存在一种更加开放与完善的可能性。2017年12月，习近平总书记在谈到世界安全格局时强调："我们应该坚持共同、综合、合作、可持续的新安全观，营造公平正义、共建共享的安全格局，共同消除引发战争的根源，共同解救被枪炮驱赶的民众，共同保护被战火烧灼的妇女儿童，让和平的阳光普照大地，让人人享有安宁祥和。"[①] 可以说，仅仅关注当下的、个体的、本国的既得利益是不够的，仅仅停留在私人集团所谓的"应得"的基础上是不够的，它应当再引申出对于人类整体的终极关怀和同情。"尽管当今世界霸权主义和强权政治依然存在，但推动国际秩序朝着更加公正合理方向发展的呼声不容忽视，国际关系民主化已成为不可阻挡的时代潮流。"[②]

孔子生活在春秋时期礼乐崩坏的时代，以孔子为代表的传统儒家认为，秩序的恢复刻不容缓。然而这才是第一步。也就是说，孔子这种有序的理想称之为"小康"，在"小康"社会中，"天下为家，各亲其亲，各子其子"。显然儒家的"小康"社会是以礼义为准则，靠世袭制实现的。而众多儒家圣人，也只能算小康社会中的"王者"。在儒家看来，人类社会追求的终极所在是"大同之世"，"大同社会"是儒家乌托邦政治思想的集中写照，以尧舜为代表的上古圣王秉持"天下为公"的执政理念，成为实现理想政治的完美典范。

在儒家的视域中，作为一种社会政治理想，大同社会才是执政者追求的终极理想。一方面，"大同社会"不仅超越了"礼"的原则，以"天下为公"的精神治理天下，这种道德品格不仅受到了民众的肯定，也使得百姓在他们的治理之下安居乐业，也有民风淳朴的"桃花源"的显现。因此，在儒家眼里，"大同"世界所代表的"天下为公"已经在历史

---

① 习近平：《习近平谈治国理政》第三卷，外文出版社2020年版，第433页。
② 习近平：《习近平谈治国理政》第三卷，外文出版社2020年版，第440页。

上切实地实现过，那就是三代之上的盛世，"巍巍乎，舜禹之有天下也，而不与焉"。①春秋晚期，社会混乱，政局动荡，弑君、篡位者屡见不鲜。孔子赞颂传说时代的"舜、禹"，表明对古时禅让制的认同，他借称颂舜禹，表达了对于现实社会的不满。在圣王的治理之下，和谐有序，井井有条，人与人之间和睦相处，丰衣足食，社会风俗不再有你争我夺。这种至善至美的社会实际上是"公平""正义"的理想世界，也是推己及人、视人如己的仁道世界。我们着眼的不仅仅是我们国家的建设和发展，还要关注世界的繁荣与发展，习近平总书记指出："中国将积极参与全球治理体系改革和建设，推动国际政治经济秩序朝着更加公正合理的方向发展。中国无论发展到什么程度，都永远不称霸，永远不搞扩张。我们倡议世界各国政党同我们一道，做世界和平的建设者、全球发展的贡献者、国际秩序的维护者。"②

因此，站在现实经验的角度上看，儒家为仁道正义所设想的宏伟蓝图颇具浪漫主义的乌托邦色彩，但儒家所憧憬的这种超越一己一姓私利的"天下为公"的社会，在道德修养上力图克服"仁爱"不足的主体难题。儒家在对三代政治的称道、赞美与向往中，流露出对当前社会现实的不满，也承载着对美好生活的坚定信心。在对历史的信仰中，古代儒家看到了救世的希望和典范，那就是"大同之世"中充溢着大同社会的"仁道正义"和仁爱精神。透过对大同社会公平正义的社会憧憬，进一步凸显了"正义"的正当性。

第四节 "崇正义"的现代价值

"崇正义"是中华民族永恒的价值追求，中国古代"正义"的理念内涵十分丰富，影响深远，对个人品行的培养以及社会准则的建构都具有重要意义。正义被视为中国古代重要的道德规范，是衡量一个人品行的重要依据，也是衡量一个社会是否良性发展的重要标尺。儒家思想对正义的解读最为深刻，正义是"正"与"义"的有机统一，"正"强调公

---

① 朱熹：《四书章句集注》，中华书局2011年版，第102页。
② 习近平：《习近平谈治国理政》第三卷，外文出版社2020年版，第437页。

允公正，反对和批评不公，维护公平的环境和准则。"义"被视为崇高的道德追求，更侧重于对国家、社会的道义的重要体现。当个人的"利"与社会的"义"发生冲突和矛盾时往往表现出"舍生取义""义以为上"以及"见利思义"等重要表现。因此，这种"崇正义"的行为和道德准则对培育良好的道德情操具有重要启示和借鉴意义，对于中国特色社会主义治国理政思想蕴含着重要的时代价值。

一 "崇正义"是提升个人道德修养的前提和基础

应该说，"崇公正"作为一种德性，对于人们道德修养的培养和公正品质的形成具有重要的示范效应，尤其是先秦儒家公正思想的"义高于利"的重要价值。在推进中国式现代化进程中得到传承和发展，并为提升个人的道德修养提供了重要的思想资源。这就是孔子所说的"富与贵是人之所欲也，不以其道得之，不处也。贫与贱是人之所恶也，不以其道得之，不去也"。[①] 孔子认为富裕和显贵是人人都想得到的，但不用正当的方法得到它，作为君子我是不接受的，也不会去享受的。应该说这是儒家为人之道的重要范畴和方法论原则，对后世都产生过较大影响，其涉及义与利的关系问题、个人的道德修养问题、孝敬父母的问题以及君子与小人的区别。在社会主义市场经济的今天，就应该注重道德的培养，反对见利忘义的不公正、不平等的行为。只有社会中个体按照儒家的修身原则严格要求自己，每个人的公正道德品质都有更大的提升，才有可能塑造出一个良好而公正的社会环境，从而形成一个公正的社会秩序。在公正品质方面，只有严格要求自己，特别是对于一个为政者而言，要以身作则发挥模范表率作用。孔子说："政者，正也。子帅以正，孰敢不正？"[②] 孔子认为作为一个施政者，只有行为端正发挥先锋表率的作用，那么对于下属以及普通老百姓而言也就自然跟着效仿了。其实在现实社会中，党员干部要带头起好模范作用，提高廉洁自律意识，构筑防腐拒变的防线，为政者应该培养公正无私、不偏不倚的品德，才能成为让党放心，受下属尊敬和让人民群众满意的好干部。因此，先秦儒家的公正思想可以为当今中国共产党的执政理念提供启示。"为政以德，譬如北辰，居其所而众星共之。"[③] 这段话代表了孔子的"为政以德"的思想，

[①] 朱熹：《四书章句集注》，中华书局2011年版，第69页。
[②] 朱熹：《四书章句集注》，中华书局2011年版，第130页。
[③] 朱熹：《四书章句集注》，中华书局2011年版，第55页。

意思是说，为政者如果实行德治，群臣百姓就会自动围绕着你转。这是强调道德对政治生活的决定作用，主张以道德教化为治国的原则。这是孔子学说中较有价值的部分，表明儒家治国的基本原则是德治，而非严刑峻法，这也为我们"以德治国"思想提供有益启示。先秦儒家的以"仁"习近平为核心，以"义"为重点原则，以"礼"为准绳的传统公正观正好符合新时代中国特色社会主义思想的重要诉求。因此，"崇正义"思想是中华优秀传统文化的重要资源，需要予以创造性转化和创新性发展。诸如，传统的尊卑制度需要抛弃，而先秦儒家公正思想需要被传承和发展，让每一个公民都能践行公正、公平的社会公德，从而营造良好的社会风气。

先秦儒家公正思想对于个人处理群己关系具有重要作用。社会中的每一个公民都要通过正当手段取得合理利益，同时将个人置于复杂的社会之中去探讨，也就是更加注重群体利益。这是因为社会是由每个个人所组成的社会，任何人也不可能独立存在于社会之中，任何人都处于一定的社会关系之中，人的社会属性才是人之为人的最本质的属性。先秦儒家也充分认识到这一点，一个人只有存有公正之心才能更好地服务社会，也才能更加适用于中国社会。先秦儒家恰恰是以人性论为基础和出发点，去研究公正对于人和人类社会发展的重要性和必要性。这些思想对于当代建设中国特色社会主义具有一定的现实意义。我们应该大力弘扬集体主义，当个人利益与集体或国家利益发生冲突的时候，个人利益应该服从集体或国家利益。由于个人利益具有一定的排他性特征，而公共利益在一定程度上是更加注重整个人类整体利益的优化。所有这些都是建立在社会中的每一个人"崇正义"的基础上的。

从中国传统正义思想的规范原则和功能指向、协调群己关系的平衡原则和尺度看，以儒家为核心的中国传统正义思想主要凸显为一种以群体与整体为本位的"崇正义"的核心理念。同样放在世界范围内而言，也是如此，对于欠发展的非洲地区而言，中非关系尤为重要："中国人讲究'义利相兼，以义为先'。中非关系最大的'义'，就是用中国发展助力非洲的发展，最终实现互利共赢、共同发展。"[①] 传统社会中统治阶级所宣扬的群体利益自然就被抬高到个体权力和利益之上，由此侧重于个

---

① 习近平：《习近平谈治国理政》第二卷，外文出版社 2017 年版，第 456—457 页。

体修养和伦理道德的中国传统正义思想的目标和功能就最终落脚在强调个体对群体的道德责任和义务履行上来，通过整合个体道德资源以成全整体，因而带有鲜明的群体本位倾向。习近平总书记指出"想问题、作决策、办事情都要站在群众的立场上，通过各种途径了解群众的意见和要求、批评和建议，真抓实干解民忧、纾民怨、暖民心，让人民群众获得感、幸福感、安全感更加充实、更有保障、更可持续"。① 中国传统正义思想是以群体本位为规范原则和功能指向的，这不仅在中国社会转型前存在强大的合法性和生存土壤，而且就当前我国正在处在社会主义市场体制改革攻坚阶段也应该葆有。

中国传统正义思想并未能正确和有效地处理群己关系、划清一个适当的边界，而是以所谓群体的权力和利益长期地压制了个体的权利和利益，仅仅突出个体对社会的责任和任务，致使个体的权利观念和与之相应的公民意识和民主精神始终处于畸形发育的状态。"一切国家机关工作人员，无论身居多高的职位，都必须牢记我们的共和国是中华人民共和国，始终要把人民放在心中最高的位置，始终全心全意为人民服务，始终为人民利益和幸福而努力工作。人民是历史的创造者，人民是真正的英雄。波澜壮阔的中华民族发展史是中国人民书写的！博大精深的中华文明是中国人民创造的！历久弥新的中华民族精神是中国人民培育的！"② 因此，中国特色社会主义社会建设应该坚持"以人为本"，以"崇正义"为推进的目标，充分保障我国公民的合法权益，这是对个人权利和利益的保障，要坚持保障公民政治、经济和劳动的合法权利，充分高扬"崇正义"在社会转型时期所发挥的重要的示范性作用。

二 "崇正义"是构建社会主义核心价值观的重要资源

党的十六届六中全会提出了建设社会主义核心价值体系的重大时代课题，具有划时代的意义。社会主义核心价值观极具民族性和中国特色，是促进中华传统正义观的现代转型的重要载体，同时也成为构建社会主义核心价值体系的重要内容，为中国价值观念转变提供了重要契机和内生性动力。当今西方社会所谓的普世价值体系与中国传统价值观、社会主义核心价值观既相互交织又相互冲撞，是当前社会转型时期的基本现

---

① 习近平：《习近平谈治国理政》第三卷，外文出版社2020年版，第138页。
② 习近平：《习近平谈治国理政》第三卷，外文出版社2020年版，第139页。

实,是各种集团、阶层、个人乃至国家之间利益博弈的集中反映。而"崇正义"是建构社会主义核心价值观的重要内容,"崇正义"作为中国优秀传统文化的重要组成部分,对其进行创造性转化和创新性发展具有重要意义。

(一)"崇正义"是谱绘中国特色社会主义"同心圆"的基本前提

中共中央办公厅印发的《关于培育和践行社会主义核心价值观的意见》明确指出:"党的十八大提出,倡导富强、民主、文明、和谐,倡导自由、平等、公正、法治,倡导爱国、敬业、诚信、友善,积极培育和践行社会主义核心价值观。这与中国特色社会主义发展要求相契合,与中华优秀传统文化和人类文明优秀成果相承接,是我们党凝聚全党全社会价值共识做出的重要论断。富强、民主、文明、和谐是国家层面的价值目标,自由、平等、公正、法治是社会层面的价值取向,爱国、敬业、诚信、友善是公民个人层面的价值准则,这 24 个字是社会主义核心价值观的基本内容,为培育和践行社会主义核心价值观提供了基本遵循。"[①] 有学者形象地将之比作一个"多层同心圆"的逻辑结构,认为这一同心圆的圆心就是崇尚"公平"、崇尚"正义",要把"公平""正义"作为统领社会主义核心价值观的核心理念,使其具有价值导向和系统整合的功能。"我们必须始终坚持人民立场,坚持人民主体地位,虚心向人民学习,倾听人民呼声,汲取人民智慧,把人民拥护不拥护、赞成不赞成、高兴不高兴、答应不答应作为衡量一切工作得失的根本标准,着力解决好人民最关心最直接最现实的利益问题,让全体中国人民和中华儿女在实现中华民族伟大复兴的历史进程中共享幸福和荣光!"[②] 正确处理义利关系、国家与人民的关系,从而促进社会良好秩序的形成。

孟子通过对"天时、地利、人和"的论证,引出了"得道多助,失道寡助。寡助之至,亲戚畔之;多助之至,天下顺之"[③] 的命题。如果君王将仁义之道作为国家治理的指导思想,则天下就会归顺之,这样就做到了"得道",举国上下同心同德,众志成城。反之,君王违背仁义之道,那么自己的亲人也会背叛他,国家就会灭亡。这进一步强调了民心

[①] 中共中央办公厅印发《关于培育和践行社会主义核心价值观的意见》,《人民日报》2013 年 12 月 24 日 01 版。
[②] 习近平:《习近平谈治国理政》第三卷,外文出版社 2020 年版,第 142 页。
[③] 朱熹:《四书章句集注》,中华书局 2011 年版,第 224 页。

第四章 崇正义：中华优秀传统文化恪守的道德原则 / 189

向背的重大作用，此处虽指的是军事战争，然其意义和重点绝不限于此。2019年3月，习近平总书记指出："这么大一个国家，责任非常重、工作非常艰巨。我将无我，不负人民。我愿意做到一个'无我'的状态，为中国的发展奉献自己。"① 试想，如果一个国家领导人能够坚守这样的为国、为民的信念，怎么会得不到广大人民群众的支持和拥护呢！

另外，孟子还讲到治国理政要遵从两点：其一要遵从先王之道，它的功能就如同圆规、曲尺之于工匠那样，不可须臾而离；其二要让仁者居其位，才能保证仁义之道的正确施行。而中国传统正义观作为中国传统价值观的具体形式和观念的浓缩，无疑是最能体现中国传统价值观的一部分，在现代社会的转型中，将其纳入到当前社会主义核心价值观的建构中，不仅是培育和践行社会主义核心价值观的内在动力，而且是推动中国传统价值观现代转型的应有之义。在儒家政治哲学视域下，"敬德""保民"以及"致中和"等思想具有重要意义，但是只有"以善的天然本性与情感的培育，以及礼乐文明的教化和引导以实现社会和谐与正义"。②

"崇正义"作为中华优秀传统文化的重要内容对其进行弘扬和发展具有重要意义。"中华优秀传统文化积淀着中华民族最深沉的精神追求，包含着中华民族最根本的精神基因，代表着中华民族独特的精神标识，是中华民族生生不息、发展壮大的丰厚滋养。"③ 随着中国社会的转型和发展，中国传统社会中强调以个体道德自律为中心的道德教化功能和叙事方式逐渐转变为强调以社会公平与"崇正义"的他律性为中心的道德教化功能和叙事方式。换言之，中国传统正义思想是以个体道德为前提和根据的形而上学的本体范畴，它充分发挥了整合社会道德资源和进行社会秩序构建的重要功能。中国社会处在重要的转型时期，崇尚"正义"受到了转型中的社会结构的强烈冲击和挤压，面临着存在的合法化危机；同时，由于历史的惰性，其作为民族情感的形而上学的本体依然深嵌在当前中国人的文化心理结构的深层，从而造成转型期的中国现实与中国文化传统之间的矛盾和冲突，形成了所谓的道德与价值的发展困境或者

---

① 习近平：《习近平谈治国理政》第三卷，外文出版社2020年版，第144页。
② 朱璐：《儒家"中"道的政治哲学解读》，《哲学研究》2015年第4期。
③ 中共中央办公厅：《关于培育和践行社会主义核心价值观的意见》，《人民日报》2013年12月24日01版。

说是发展危机。

以"崇正义"为中心的现代道德不是个体性的，而是社会性的，它关注的一般问题往往限制在良好社会秩序如何建立和其机制如何运转上，概言之，它是公民道德、国民道德，或者是集体道德的普遍性诉求。因此，中国传统正义思想的现代转型与社会主义核心价值观处于同一个"同心圆"之中，这恰恰是两者之间进行衔接和沟通的桥梁和契机。

我们认为富强、民主、公正和和谐就是当前中国社会的核心价值观，其中富强、民主和和谐都受"崇正义"这同一个"圆心"的统摄，而"公正"又是沟通中国传统正义思想现代转型与社会主义核心价值观的纽带，其学理性的探讨和实践建构都应置于"公正"或"正义"这一核心价值观的论域之中。

(二) 是处理"正义"与"富强"的根本要求

在当前社会主义核心价值观的论域中，富强既是公正的基础又是公正的目标，两者处于互动的价值坐标中。"富强"是与生产力的发展联系在一起的，是在社会生产力高度发达的状态下所能达到的物质财富的极大富裕。在中国传统社会以群体本位的德性正义观为内核的价值视域中，"富强"始终受到强调平等主义式的困扰，从而致使保障"富强"的法律体系无从谈起，公民的法治观念、程序意识和规则意识的淡薄和麻痹。中国传统社会物质生产力不发达，往往导致"均贫"状况，从而与转型期的中国社会所追求的共同富裕的目标背道而驰，从而产生了对集体利益的过分强调，致使所谓"富裕"的异化，从而导致国富民贫的社会利益格局。

因此，"富强"的实现是以市场化改革为主要推动力的，它服从的是法治基础上的法权逻辑而非德性伦理。对于当前中国社会主义核心价值观的建构既要注重传统正义思想的德性基调，但同时更要建构市场化改革所需要的法制观念，从而使程序意识、规则意识和法治精神深入人心。当前中国价值观的建构是以实现公民的普遍"富强"为目的的，但这种"实质正义"的实现需要建立一种健全的"程序正义"予以保障。社会主义核心价值观所谓的"富裕"的目标应该体现的是国家的财富总量的增加，这种增量的增加又意味着集体财富必须得到合理分配，从而实现共同富裕的目标，才能使财富的创造者真正享有财富发展的成果，从而确证"以人民为中心"的社会诉求，从而使"崇正义"成为实实在在的、每一个公民都能获益的社会资源。

（三）是处理"正义"与"民主"关系的保证

民主既是中国政治现代化的基本目标，也是当前中国社会的核心价值诉求。2012年12月4日，在首都各界纪念现行宪法公布施行30周年大会上，"习近平概括了中国特色社会主义政治发展道路的核心内涵，强调坚持中国特色社会主义政治发展道路，关键是要坚持党的领导、人民当家做主、依法治国有机统一，以保证人民当家做主为根本，以增强党和国家活力、调动人民积极性为目标，扩大社会主义民主，发展社会主义政治文明"。① 中国传统社会具有泛政治化的倾向，通常依靠道德规训和压制性权威来达成社会共识的目的，但是这也致使民主政治、民主观念和主体权利观念的阙如，公民社会建设长期滞缓。我国现行推行的民主制度是"人民民主"，是达到"实质正义"的重要保证。"党的十八大以后，党中央以增加和扩大我国社会主义民主政治的优势和特点为关键，坚持发挥党总揽全局、协调各方的领导核心作用；坚持国家一切权力属于人民；坚持和完善中国共产党领导的多党合作和政治协商制度；坚持和完善民族区域自治制度；坚持和完善基层群众自治制度；坚持和完善民主集中制的制度和原则；持续推进社会主义民主政治制度化、规范化、程序化，更好发挥中国特色社会主义政治制度的优越性，不断为党和国家兴旺发达、长治久安提供更加完善的制度保障。"② 因此，中国传统正义思想的群体本位的倾向致使人们的民主意识和主体意识淡薄，专制主义和强权政治的余毒致使公民社会和公民意识始终无法真正确立，从而严重阻碍了中国社会转型期中的政治民主化进程，这些都是对"实质正义"的否定和背离。而"人民民主"是一种更为广泛的民主形式，通过不同利益诉求的多元主体之间的博弈达成某种价值共识进而制度化为具有可操作性的程序和法律，如此才能使中国民主社会的建设真正符合当前大众的民主价值诉求和践行社会主义核心价值观的要求。当然，就全世界范围内而言，"任何国家和民族，如果不坚持和而不同的价值观，一味奉行崇尚武力的价值观，必然破坏人类的共同利益，在伤害别国的同时，也必将伤害自身"。③

---

① 本书编写组：《中国共产党简史》，人民出版社2021年版，第398页。
② 本书编写组：《中国共产党简史》，人民出版社2021年版，第399页。
③ 李学林：《人类命运共同体思想的哲学意蕴》，《云南社会科学》2018年第1期。

中国传统正义思想的现代转型及其与社会主义核心价值观的理论建构既是中国现代化进程的重要组成部分，"儒学的诸多观念也只有通过与现代观念的相互激荡中改造自身，适应时代发展，达到善与真的完美结合"①，也才能在社会的转型期彰显其应有的社会价值。"就儒家传统而言，义比较接近正义，而仁包含了公平。由于仁在宋代以后统领四德，仁可以包含义，故在儒家的角度看，仁与公正是相通的，不是矛盾的。由于公平与平等相通，所以'公正'应更突出正义的意义，而正义是强调善恶的分别以及善恶应该得到的不同对待。"② 应该说，社会公平正义作为当前亟待解决的现实问题和人们普遍的价值关切，已然成为转型期中国社会的核心价值观念的最前沿，构成社会主义核心价值观"同心圆"的"圆心"。因此，社会主义核心价值观的建构必须与中国传统正义思想转型相衔接，这是建构具有中国特色、民族特色和时代特色的核心价值观的必由之路。

三 "崇正义"是新时期治国理政思想的重要内容

中华优秀传统文化的正义思想是中华民族重要的精神追求和价值理念，对个人成长和社会进步都具有一定的现实启示意义。崇尚正义对于当今社会发展具有重要意义。"公正"是社会主义核心价值观社会层面的价值取向之一，通常理解为"公平正义"。公正，不仅反映着民众对于美好生活的向往，而且代表着人类历史文明进步的前进方向。"我们要树立平等、互鉴、对话、包容的文明观，以文明交流超越文明隔阂，以文明互鉴超越文明冲突，以文明共存超越文明优越。"③ 社会主义核心价值观是在马克思主义的指导下，充分吸收中华优秀传统文化精华、借鉴人类文明发展有益成果的基础上凝练出来的符合中国国情的核心价值观，对当代中国发展具有重要意义。

（一）"崇正义"思想是完善制度体系建设的需要

孟子说："有恒产者有恒心，无恒产者无恒心。苟无恒心，放辟邪侈，无不为已。"④ 孟子认为有固定产业的人会有稳定不变的思想，没有固定产业的人就不会有稳定不变的思想。如果没有稳定不变的思想，那

---

① 杨爱东：《西学东渐与方以智的实学思想》，知识产权出版社2019年版，第185页。
② 陈来：《仁统四德——论仁与现代价值的关系》，《江苏社会科学》2016年第4期。
③ 习近平：《习近平谈治国理政》第三卷，外文出版社2020年版，第441页。
④ 《孟子》，万丽华、蓝旭译注，中华书局2016年版，第104页。

么就有可能违礼犯法，去做为非作歹的事。其实孟子的思想也适合现代社会，如果社会"公正"，人们安居乐业，就不会出现作奸犯科之人。对于我们社会主义国家也是如此。社会的公平、正义是社会主义制度优于资本主义制度的具体体现。党的十八届三中全会的《决定》强调，全面深化改革必须以促进社会公平正义、增进人民福祉为出发点和落脚点。虽然中西方对于社会正义的认识存在一定偏差，但是二者都有相通之处。因为二者都"希冀通过自由竞争的合理制度安排确保社会正义。不管古今中外的社会正义主张有多大的差异，人类追求正义理想的美好愿望是一致的。而这一美好愿景，在当代中国的社会实践中，正在通过积极自觉的和谐社会构建逐步变为现实"。①

2014年，习近平总书记在中央全面深化改革领导小组第二次会议上的讲话中强调："要紧紧围绕建设社会主义核心价值体系、建设社会主义文化强国，完善文化管理体制和文化生产经营机制，建立健全现代公共文化服务体系、现代文化市场体系来做好工作，以此推动社会主义文化大发展大繁荣。深化司法体制和社会体制改革，要注重改革举措的配套衔接，注重分类推进，强化任务落实，保证严格规范公正文明执法，加快建设公正高效权威的社会主义司法制度，加快形成科学有效的社会治理体制，促进社会公平正义，保障人民安居乐业。"② 落实我们国家内部的公正原则，促进社会公平正义，重点应从建立和完善有效的制度体系入手，从而保障公民的民主权利得到公正发挥，推进制度决策科学化、高效化和公正化，完善民主法治建设，健全社会保障制度，合理规划分配制度等。在儒家看来，"仁即普遍的生命关怀之下的正义，主张'以人为本'而且包含了对自然界一切生命的关怀与公正对待的原则，因而是一种广义的正义观"。③ 这里的正义观是以"善"为自身的最高价值，拒绝被工具化，更注重人的全面发展。

同时，要建立健全与制度相匹配的运行机制，主要有健全普遍认同机制，加强大众对保障公平正义相关制度的认同；协调统筹机制，确保制度和机制统一实行，将效能最大化；实践推动机制，保证在制度发挥作用的过程中所产生的效果能够继续推动实践发展。因此，必须高度重

---

① 张周志：《和谐发展与社会正义》，《马克思主义与现实》2009年第4期。
② 习近平：《论坚持全面依法治国》，中央文献出版社2020年版，第36页。
③ 蒙培元：《略谈儒家的正义观》，《孔子研究》2011年第1期。

视完善制度体系建设,在社会保障层面将公平正义落到实处。"坚持和平发展、促进共同发展、维护国际公平正义、为人类做出贡献的负责任大国形象,对外更加开放、更加具有亲和力、充满希望、充满活力的社会主义大国形象。"①

(二) 实现分配领域的公平、公正的需要

孔子说:"有国有家者,不患寡而患不均,不患贫而患不安。盖均无贫,和无寡,安无倾。夫如是,故远人不服,则修文德以来之。既来之,则安之。"② 孔子认为颛臾是先王鲁君封侯的"东蒙主",如果季氏抢占来,必然引起社会动荡,就要"不安"。孔子已经看穿季氏讨伐颛臾的最终目的其实是要削弱鲁国的实力,以至篡夺鲁国的政权,从这个意义上看,季氏的行为只是一种试探性的武力示威,因而最后一句道破了季氏的阴谋,一语中的,在这里孔子认为不必担心财富不多,只需担心财富不均;不必担心人民太少,只需担心不安定。孔子希望采用仁、义、礼、乐的方式解决问题,反对战争,只要分配公平就会相安无事。朱熹对此句的解释是:"均,谓各得其分;安,谓上下相安。"③ 因此,可以说"不患寡而患不均"也符合社会主义社会的公平和正义的思想。英国经济学家艾德礼认为,社会主义不是某个人的主观发明,它的产生与资本主义的发展有着密切的关系,是资本主义制度带来的必然结果,是资本主义经济与社会发展问题的必然产物。"在生产上它追求使用而不是利润;在分配原则上它主张废除一切不劳而获的财富;在分配方式上它主张平均分配,重视公共利益而非私人利益。"④

党的十八大报告明确提出,要实现发展成果由人民共享,就必须深化收入分配制度改革,在分配领域实现公平正义。应该说,"公平往往注重利益的平衡,正义则强调原则的普遍性;正义关注正当的权力应用,公平有助于缩小差距,使社会趋向平衡;正义主张分配要使不同个人得到他们应得的物品,政府的政策制定则应注重公平"。⑤

---

① 中共中央文献研究室编:《习近平关于社会主义文化建设论述摘编》,中央文献出版社2017年版,第202页。
② 朱熹:《四书章句集注》,中华书局2011年版,第159页。
③ 朱熹:《四书章句集注》,中华书局2011年版,第159页。
④ 李华峰:《英国工党主流思想的嬗变研究》,中国社会科学出版社2018年版,第100页。
⑤ 陈来:《仁统四德——论仁与现代价值的关系》,《江苏社会科学》2016年第4期。

习近平总书记在《加快建设社会主义法治国家》的重要讲话中强调："必须坚持法律面前人人平等。平等是社会主义法律的基本属性，是社会主义法治的基本要求。坚持法律面前人人平等，必须体现在立法、执法、司法、守法各个方面。"① 分配领域内的公正涉及人民群众的收入问题，这关系人民群众最直接最切实的利益问题，必须从初次分配以及再分配两方面着重进行改善。一方面，要健全初次分配制度。社会主义基本分配制度强调按劳分配为主体、多种分配方式并存，在初次分配中，尤其注意保证劳动者的劳动所得，多渠道增加居民财产性收入，拓宽居民合理收入渠道等。另一方面，要保证再分配得到规范落实。这里要特别强调政府的作用，因为再分配主要依靠国家税收、财政支付、社会保障和社会救助等形式，如何在多样形式的再分配中兼顾效率与公平，是政府必须担负起的责任和义务。对于儒家而言，其正义的根本原则"不仅取决于出自仁爱情感的正当性原则，而且取决于顺应时代生活方式的适宜性原则"。② 因此，合理公正的再分配对政府提出了更高的要求。此外，还要注意创新分配体制机制，维护劳动者的合法权益，打击和取缔非法收入，加强社会保障力度、加大反腐力度等。分配领域的公正与否关系到整个社会经济能否良性运行，必须高度重视分配领域内可能存在的不公正问题并加以严厉惩治。

（三）保障教育公正

孟子说："谨庠序之教，申之以孝悌之义，颁白者不负戴于道路矣。"③ 这里孟子提到了教民的主张。"教育公平是社会公平的重要基础，要不断促进教育发展成果更多更公平惠及全体人民，以教育公平促进社会公平正义。"④ 教育公正是实现社会公平的基础性保障，城乡差距、中西部差距等问题的出现，一方面是因为经济发展问题所致，另一方面原因就是教育公正问题。长期以来，我们国家的教育模式重城市轻乡村、重高等教育轻基础教育，甚至出现一些"精英教育"现象，导致我国教育事业整体发展不平衡，教育资源、教育机会的失衡直接影响教学手段

---

① 中共中央宣传部：《习近平总书记系列重要讲话读本》，人民出版社2016年版，第208页。
② 黄玉顺：《"直"与"法"：情感与正义——与王庆节教授商榷"父子相隐"问题》，《社会科学研究》2017年第6期。
③ 《孟子》，万丽华、蓝旭译注，中华书局2016年版，第5页。
④ 习近平：《习近平谈治国理政》第二卷，外文出版社2017年版，第365—366页。

和教学状况，短期来看，这些问题影响到的是部分受教育者教育素质的提升，但是从长远来看，这是关系社会发展、国家富强、民族复兴的重大问题。保障教育公正最重要的是使教学资源得到科学合理的配置，缩小城乡、区域教育资源的分配差距，加大对乡村、偏远贫困地区的教育财政投入，完善教育资助体系，解决农民工子女入学问题，支持特殊教育等。2018年，习近平总书记在全国教育大会上的讲话强调："教育是民族振兴、社会进步的重要基石，是功在当代、利在千秋的德政工程，对提高人民综合素质、促进人的全面发展、增强中华民族创新创造活力、实现中华民族伟大复兴具有决定性意义。教育是国之大计、党之大计。"①此外，在实现教育公平的同时要注意提升已就业劳动者的素质，为农民工等弱势群体提供技能培训和专业教育，提高他们的技能水平及科学文化素质。这些举措不仅有助于提高劳动者的收入，减少低收入者比重；而且有利于提高劳动者的代际教育能力，促进国民素质的整体提升。促进教育公正，要像习近平总书记所说："始终把教育摆在优先发展的战略位置，不断扩大投入，努力发展全民教育、终身教育，建设学习型社会，努力让13亿人民享有更好更公平的教育，获得发展自身、奉献社会、造福人民的能力。"

（四）推进司法公正

公正是法治的生命线，司法公正对社会公正具有重要引领作用，相反，如果司法不公必然会对社会公正产生致命破坏作用。"要把维护社会大局稳定作为基本任务，把促进社会公平正义作为核心价值追求，把保障人民安居乐业作为根本目标，坚持严格执法公正司法，积极深化改革，加强和改进政法工作，维护人民群众切身利益，为实现'两个一百年'奋斗目标、实现中华民族伟大复兴的中国梦提供有力保障。"②

这在客观上要求我们必须在实践中促进司法公正，以保证社会公正的顺利实现。推进司法公正，应当深化司法体制改革，提高司法的公信力，最大限度地发挥司法公正在维护社会公平正义方面的重要作用。推进司法公正，要求公职人员必须转变工作作风及执法观念，不应将自己置于"高高在上"的位置，要想人民之所想、急人民之所急，切实解决

---

① 教育部课题组：《深入学习习近平关于教育的重要论述》，人民出版社2019年版，第15页。
② 习近平：《习近平谈治国理政》，外文出版社2014年版，第147页。

人民群众在法律维权过程中遇到的困难。就是一如明代汪天赐在《官箴集要》所言的"公则不为私所惑,正则不为邪所媚"。要明确权力姓公不姓私,但在用权过程中,面对种种诱惑与困扰,领导干部往往面临"公与私"的考验。一旦不能正确看待手中的权力,一旦离开执政为民这个根本点,就难免犯错误栽跟头。有人认为权力是"上面给的",只对上面负责,把职务看作升官发财的阶梯,想问题、办事情不顾民情民意;有人认为职务是自己奋斗来的,把权力异化为谋取私利的砝码,想方设法谋求个人利益最大化,从而洞开腐化堕落之门。

我们要建立一个公正的司法制度,但是我们也不得不承认这样一个事实:"一个不允许'亲亲相隐'的社会是可怕的,但对亲人任何过错、罪行都鼓励隐匿的社会同样是无道的。因此,在亲情与道义之间,如何为'亲亲相隐'寻找恰当的位置,如何在伦理和法律实践中对其做出合理的规定,便成为人们需要认真思考的问题。"[①] 经验与教训反复证明,权力是把双刃剑,秉公用权尽力为百姓谋利益,就会造福一方;以权谋私为个人利益打算,就会造成极大的危害。对领导干部来说,用权不谋一己之私,是为政用权的基本准绳。只有常修为政之德、常思贪欲之害、常怀律己之心,才能用好手中的权力为人民谋福祉。

"崇正义"就是要让权力在阳光下运行,在司法过程中,自觉接受群众监督,这样才能让人民信服,切实推进司法公正。另外,还要重视司法独立,这是推进司法公正的重要内容,司法人员办案要严格依照法律条文、遵循司法程序,秉公执法。要努力让人民群众在每一个司法案件中都能感受到公平正义,切实维护群众的根本利益。"倡导和践履中华优秀伦理道德,建设一个公平正义、廉洁奉公、不贪不淫、诚信无欺的廉政而和谐的社会,是今天的急务。这是立身之本,立国之本,立世之本。"[②] 总之,社会主义核心价值观的培育和践行,需要以公平正义作为价值感召,只有司法公正才能真正获得广大人民群众的信任、才有可能全面实现社会的公平、公正。

[①] 梁涛、顾家宁:《超越立场,回归学理——再谈"亲亲相隐"及相关问题》,《学术月刊》2013年第8期。
[②] 张立文:《儒家伦理与廉政》,《中州学刊》2014年第6期。

第五章　尚和合：中华优秀文化蕴涵的独特品质

中华优秀传统文化有着自己独特的思维方式，这集中体现在中国传统文化的"尚和合"思想之中。"和"具有"和谐""和善""和平""祥和"之意，而"合"具有"合作""结合""联合""融合"等含义。"和合"联系在一起就是中华优秀传统文化的精华，它是一种文化基因，是中华民族古贤圣哲在实践中孕育的博大精深的智慧，它是一种方法论和世界观，彰显着中华优秀传统文化的独特思维方式。诚如习近平总书记所言："我们应该少一点傲慢和偏见、多一些尊重和包容，拥抱世界的丰富多样，努力做到求同存异、取长补短，谋求和谐共处、合作共赢。"[①]"尚和合"思想影响了中国人的处世原则和交往理念，其所表达的是一种既承认和尊重事物的多样性和差异性，又追求不同事物之间的平衡与融通的独特思维智慧。

第一节　"尚和合"思想的文本解读

中华优秀传统文化中的"和合"文化博大精深，在此基础上形成的"和合思想"代表着"以和为贵""和而不同"以及"天人合一"等中华优秀传统文化思想。所谓"和合"是从整体看待事物的思维方式，是一种兼容兼顾、打成一片的理论，诸如"心物一体""与物同体"以及"民胞物与"等都是和合思想的具体体现。习近平总书记对中华优秀传统文化精髓的归纳与总结以及对中华"和合"文化历史脉络的梳理，对将"中华和合文化运用于新时代治国理政的实践中，传承、弘扬和发展了中

[①] 习近平：《习近平谈治国理政》第三卷，外文出版社2020年版，第459页。

华和合文化"① 具有重要意义。和合思想也充分体现了中西思想的区别，西方思想注重逻辑推理并进行理性分析，将心与物进行截然二分，宗教对"心"进行研究，自然科学对"物"进行认识、探究。中华优秀传统文化基本代表了中国极强的人文主义特征，具体表现在体用相分，将道德与制度、义与利相分离；而在西方，所谓法律、经济、政治等皆为工具理性的范畴，具体表现为无情、无义、无心，法律即规则，这都是在丛林法则背景下进行博弈的结果。

2018年6月，习近平总书记谈到"上海合作组织"时强调："我们要继续在'上海精神'指引下，同舟共济，精诚合作，齐心协力构建上海合作组织命运共同体，推动建设新型国际关系，携手迈向持久和平、普遍安全、共同繁荣、开放包容、清洁美丽的世界。"② 习近平总书记的这段讲话体现了中国在国际舞台上对"尚和合"思想进行的全新的、重要的阐发。"尚和合"思想是中华优秀传统文化的精华，以"和"为最高价值目标，诸如儒家提倡的"和为贵"以及道家主张的"天人合一"等。

第一，西周末年的史伯对"和"有这样的论述："夫和实生物，同则不继。以他平他谓之和，故能丰长而物归之；若以同裨同，尽乃弃矣。"③ 这里的含义是凸显和谐的重要性，只有和谐万物才能生长发育，化生万物。"和"的观念产生得很早，其含义是由音乐之和发展到人际关系之和进而逐步深化，再到国家政事之和。换言之，相同元素或事物简单地重复与叠加并不能产生新事物或推动事物向前发展，而不同元素或事物融合、调和是产生新事物、推动事物发展的必要条件。孔子对"和合"思想的突出贡献是提出"和而不同"的思想。孔子说："君子和而不同，小人同而不和。"④ 孔子认为君子可以与他周围保持和谐融洽的氛围，但他对待任何事情都持有自己的独立见解，而不是人云亦云，盲目附和；小人则没有自己独立的见解，虽然常和他人保持一致，但实际并不讲求真正的和谐贯通。在这里凸显的是和睦相处，但不随便附和。这里的"和而不同"既是一种价值观，也是一种世界观和方法论，"和而不同"视万事万物的多元并存为基本法则，表达的是一种尊重事物多样性的世界观；

---

① 陈立旭：《和合文化的内涵与时代价值》，《浙江社会科学》2018年第2期。
② 习近平：《习近平谈治国理政》第三卷，外文出版社2020年版，第441页。
③ 《国语》，陈桐生译注，中华书局2016年版，第304页。
④ 朱熹：《四书章句集注》，中华书局2011年版，第139页。

以追求和谐共处为价值目标，体现的是一种和谐的价值观，亦即"执两用中"为方法。

《论语》中提到："礼之用，和为贵。先王之道，斯为美。小大由之，有所不行。知和而和，不以礼节之，亦不可行也。"① 意思是说礼的应用以和谐为贵，古代君主的治国方法最宝贵的地方，这里讲到的"和为贵"就是"和合"思想的重要阐发，因此，"和合"思想是儒家所特别倡导的伦理、政治和社会原则。"喜怒哀乐之未发谓之中，发而皆中节谓之和。"② 孔门认为礼的推行和应用要以和谐为贵，但是不能为了和谐而一味迁就，如果凡事都要讲和谐，或者为和谐而和谐，不受礼文约束也是行不通的。春秋时期这种社会关系开始破裂，开始出现臣弑君、子弑父的现象，为此，孔子提出"和为贵"的思想。

先秦时期的"和合"思想，突出倡导以和为贵，主要是侧重"和合"思想的社会价值，寄望于通过实现社会秩序的政治公正、国家社稷的国泰民安，从而达到社会有序、健康、协调地发展。"儒家这种修齐治平的治国模式、追求和谐的历史传统，对于当今和谐社会、和谐世界的建设，仍具有重要的借鉴意义和现实价值。"③ "和合"思想是中华优秀传统文化的精髓，最早可追溯到五千年前儒家的传统政治文化，孔子生活在礼崩乐坏的春秋乱世，这一乱世让整个社会兵连祸结，春秋五霸的争霸战争对社会的重创不言而喻。因此，孔子主张以"和为贵"的原则来处理国家间的政事以及为人处世。孔子同样推崇中庸，即追求事物及事物之间发展状态的不偏不倚、适度合宜，这也是孔子的孙子子思所倡导的不同事物要和谐共存，能让不同的意见相得益彰，从而达到"和而不同"的理想境界。到了战国时期，孟子继承了孔子的"和合"思想，相较于春秋时期，战国更是战乱频仍，社会处于混乱无序的状态，而孟子倡导的"和合"思想就是针对亟待解决的社会现实问题。因此，追求"尚和合"思想是当时人们最为永恒的价值追求。应该说，"'和'是儒家孜孜以求的至高境界，是治国安民的根本法则与根本哲学，也是现代文明的

---

① 朱熹：《四书章句集注》，中华书局2011年版，第53页。
② 朱熹：《四书章句集注》，中华书局2011年版，第20页。
③ 王杰、顾建军：《儒家治国方略对构建和谐社会的启示》，《中共中央党校学报》2009年第4期。

价值目标"。①

中华优秀传统文化中的"和合"思想主张和衷共济以及倡导协和万邦的天下观。《史记·循吏列传第五十九》中有云:"三月为楚相,施教导民,上下和合,世俗盛美,政缓禁止,吏无奸邪,盗贼不起。"司马迁说孙叔敖是楚国土人,国相虞丘把他举荐给楚庄王,想让他接替自己的职务。孙叔敖为官三月就升任国相,励精图治、施政教民,使得官民之间和睦同心,风俗十分淳美。他执政期间能够宽以待人、言论自由,为官者也从不做邪恶伪诈之事,民间也无盗窃事件发生。因此,"和合"思想为我们当今社会提供了重要借鉴,这就是在处理不同文化、不同民族以及不同文明时,主张相互交融、和谐相处、共同进步,倡导"和而不同""求同存异"以及"睦邻友好"基本原则,这就是《中庸》所谓的"喜怒哀乐之未发,谓之中;发而皆中节,谓之和。中也者,天下之大本也;和也者,天下之达道也。致中和,天地位焉,万物育焉。"②"'孤阴不生,独阳不长',但只有做到阳来就阴、高以就下,才能实现阴阳平衡、阴阳合和,如此才能积德行善,以德合道,从而实现'后天返先天'之目标。"③ 这里强调的是"阴阳合和"的结果。"和合"思想是世界共同发展的正道,是一种始终保持开放的胸怀,"和而不同"价值理念有利于吸取其他先进文明的合理因素,使中国传统文化不断补益自身取得更大的发展。"和合"思想是兼收并蓄的文化系统,兼具旺盛的生命力,使得中国传统文化较少受到外来文化的冲击,这也是中华优秀传统文化历经千年而生生不息的根源所在。"在我国改革的攻坚期、发展的关键期、社会的转型期,充分发掘、吸收和运用儒家和谐思想的宝贵资源,对这些思想进行审视和梳理,对社会主义和谐社会建设具有重要的启迪和借鉴意义。"④

第二,"中庸"思想。儒家思想中,孔子将"中庸"视为最高的道德境界,并告诫弟子要恪守这一最基本的道德标准。所谓"中庸"的"中"

---

① 王俊杰:《儒家和谐思想与社会主义和谐社会建设》,《黑龙江社会科学》2008 年第 5 期。

② 朱熹:《四书章句集注》,中华书局 2011 年版,第 20 页。

③ 张文智:《"崇阳抑阴",还是"崇阴抑阳"——〈周易〉中的阴阳观新论》,《哲学研究》2020 年第 12 期。

④ 王俊杰:《儒家和谐思想与社会主义和谐社会建设》,《黑龙江社会科学》2008 年第 5 期。

谓之"正","庸"谓之"用"。"正"也就是不偏不倚,无过无不及,此为中庸之"体";"用"也就是运用与实践,此为中庸之"用",可见,"中庸"是兼体用合一的一种思想。中庸被视为"天理"的规律,因为唯有真理方能以不变应万变,在"变"与"常"的关系中,以合乎规则、合乎事实的原则与方式来保证事物不会停滞不前并且能朝着更好的方向发展,其中蕴含着中华优秀传统文化的"尚和合"的辩证思维。

《中庸》所谓:"舜其大知也与!舜好问而好察迩言。隐恶而扬善,执其两端,用其中于民,其斯以为舜乎!"① 孔子认为舜可以说是具有大智慧的人,他喜欢向人请教问题,又善于从人们浅近平常的话语里分析其含义,不宣扬别人的恶言恶行,只表彰别人的嘉言善行,极力规避过犹不及两端的情况,采纳中庸之道来治理百姓,这就是舜之所以成为舜的原因。这就是"执两用中"的真切含义,就是讲求的中庸之道。儒家学者们认为中庸是最高的道德和行为标准。简单来说,中庸强调的重点不在"中"而在"庸",亦即为"用",追求的目的在"用"于民,其手段是"执两端"。"执"就是抓住,只要能够抓住两端用其中间就是做到了"执两用中"。这里可以延伸为既不哗众取宠,又能兼顾大多数人利益、采纳各家之所长,体现的是一种超越两极对立的独特的辩证思维方式。

中华优秀传统文化中"尚和合"思想是对儒家中庸思想的继承和发展。独具特色的思维方式、价值取向、处事原则等早在中国古代就在人们的狩猎活动、生产生活中发挥着极为重要的作用。在中国古代,"贵和""尚善"往往与"崇尚中庸"密切相连,崇尚"和合"的核心在于"贵和",是一种最高的社会理想,实现"贵和"的基本途径就是"尚中",意即要保持中庸之道。"中庸"早在春秋时期就已经成为儒家学说的重要范畴,《论语》中记载了孔子关于"中庸"的重要论述:"中庸之谓德也,其至矣乎!民鲜久矣。"② 孔子认为"中庸"是一种更高等的道德,但是人们已经长久缺乏了这种道德。"中庸"作为儒家思想的核心范畴之一,可是《论语》一书中仅在此一处提及。从孔子称"中庸"为"至德",可见其思想之重要性,"中庸"属于哲学范畴,也是道德行为的高度圆融、适度的状态,是儒家所谓的最高德行。朱熹在对此句进行解

---

① 朱熹:《四书章句集注》,中华书局2011年版,第22页。
② 朱熹:《四书章句集注》,中华书局2011年版,第88页。

读的时候引用程子的话予以阐发:"不偏之谓中,不易之谓庸。中者天下之正道,庸者天下之定理。自世教衰,民不兴于行,少有此德久矣。"换言之,就是不偏不倚、选择行为之恰到好处,在日常生活中对之长期坚持。即"中庸"就是不偏不倚的、平常的道理。"中庸"又被理解为"中道",所谓"中道"就是不偏向于对立双方的任何一方,使双方保持均衡状态。"中庸"又称为"中行",所谓"中行"就是一个人的气质、作风、德行都不偏向于任何一个方面,对立的双方互相牵制,互相补充。"中庸"是一种高度和谐的思想,"中庸"并不是和稀泥,更不是所谓的"骑墙"派,而是一种最为圆融、自足、完满的状态。"中庸"就是要通过调和与均衡使事物发展过程中呈现的一种状态,这种状态是相对的、暂时的,却是人们所应当追求的。因此,孔子揭示了事物发展过程的这一状态并概括为"中庸"。

"中庸"思想是儒家最重要的思想。朱熹在《中庸章句序》中作了最为清晰的表述:"中庸何为而作也?子思子忧道学之失其传而作也。盖自上古圣神继天立极,而道统之传有自来矣。其见于经,则'允执厥中'者,尧之所以授舜也;'人心惟危,道心惟微,惟精惟一,允执厥中'者,舜之所以授禹也。尧之一言,至矣,尽矣!而舜复益之以三言者,则所以明夫尧之一言,必如是而后可庶几也。"[1] 其中朱熹引用《尚书·虞书·大禹谟》四句诀的含义为:人心变幻莫测,道心中正入微。"惟精惟一"是道心的心法,我们要真诚地保持"惟精惟一"之道,不改变、不变换自己的理想和目标,最后使人心与道心"和合",执中而行。其实这正是"尚和合"的真正内涵。

"中庸"是儒家思想的重要概念,中庸之道并不是算术概念中的平均数和中位数,它常因人、因事而异,是不断变化发展的,不是机械地生搬硬套。"中庸"作为儒家文化的特质,在《论语》中解释为避免"过"和"不及"的和谐状态,子思发展了孔子的思想,专门著书《中庸》并对其作了系统阐发:"喜怒哀乐之未发,谓之中;发而皆中节,谓之和。中也者,天下之大本也;和也者,天下之达道也。致中和,天地位焉,万物育焉。"[2] 子思认为喜怒哀乐的情感没有发生,可以称之为"中";

---

[1] 朱熹:《四书章句集注》,中华书局 2011 年版,第 16 页。
[2] 朱熹:《四书章句集注》,中华书局 2011 年版,第 20 页。

喜怒哀乐感情的发生，但都能适中且有节度，可以称之为"和"。"中"是天下最为根本的东西，"和"是天下共同遵循的法度。达到了中和，天地就会各安其位，万物便生长发育。这里所强调的"中庸"仍是从孔子所阐述的道德范畴出发，强调和睦、和谐。"中庸"与"中和"虽各有侧重，"中庸"侧重于"天理"，即客观规律；"中和"则侧重于"心性"，即具体的伦理思想，二者在本质上所指向的是一致的，特别是朱熹对"致中和，天地位焉，万物育焉"作了出色发挥："自戒惧而约之，以至于至静之中，无少偏倚，而其守不失，则极其中而天地位矣。自谨独而精之，以至于应物之处，无少差谬，而无适不然，则极其和而万物育矣。盖天地万物本吾一体，吾之心正，则天地之心亦正矣，吾之气顺，则天地之气亦顺矣。"① 朱熹在这里既把中庸上升至"天理"的本体范畴，又将其与具体生活实践相结合，在"万物本吾一体"的基础上实现了天人合一的至上境界，也正体现了儒家思想的重要精华，也是中华民族精神的重要体现。

第三，"和合"思想的重要性。"和合"思维对人生与社会提出了多方面的要求：一方面，要追求自我和合，意即达到人与自我身心的圆融与和谐，通过自我修养来达到身心如一的境界。孟子说："不患寡而患不均，不患贫而患不安。盖均无贫，和无寡，安无倾。"② 孟子认为不担心分得少，而是担心分配得不够公平、公正，不担心人民生活贫穷，而是担心生活不安定。财物分配公平合理，就没有贫穷；上下和睦，就不必担心人少；社会安定，国家就没有倾覆的危险。这里的"和无寡"指的就是上下和睦、社会和谐。这里的"寡"指的是土地和人民少的意思，而其不均则是政治的不平均造成的，是君臣之间的不能各安其分，违背了礼之大法，这是中国古代解释孔子"和合"思想最正统的一条思维路径。当然在《论语》中"和"也有"附和"之意。"子与人歌而善，必使反之，而后和之。"③ 这里的意思是孔子与别人一起唱歌，如果唱得好，一定要请他再唱一遍，然后才与之附和着一起唱。

"和合"文化是中华优秀传统文化的重要体现，具有深刻的思想内涵，是中华民族追求的重要价值理念，孔子最先提出"和"的理念，《论

---

① 朱熹：《四书章句集注》，中华书局 2011 年版，第 20 页。
② 朱熹：《四书章句集注》，中华书局 2011 年版，第 159 页。
③ 朱熹：《四书章句集注》，中华书局 2011 年版，第 97 页。

语·子路》曰:"君子和而不同,小人同而不和。"这里的"和"指的是不同的东西和谐、进行配合叫作"和",意即各方面之间、各部分之间彼此不同。这里强调的是和谐统一以及相容性,这是对中华优秀传统文化独特魅力的彰显。司马迁说:"黄收纯衣,彤车乘白马。能明驯德,以亲九族。九族既睦,便章百姓。百姓昭明,合和万国。"① 司马迁认为帝尧能尊敬有善德的人,使同族九代都能相亲相爱;能够让同族的人和睦相处,能让百官各司其职,都能政绩昭著,各方诸侯邦国也能和睦相处。这里的"合"同"和"基本是一个意思。"儒家文化秉承'和而不同'的理念,肯定并接受多元文化的存在,宽容对待异质文化,推动了多元文化的和合共生与中国文化的繁荣昌盛。"②

《尚书》曰:"克明俊德,以亲九族;九族既睦,平章百姓;百姓昭明,协和万邦;黎民于变时雍。"③ 这就是百官的善恶都能辨明,又能使各诸部落协调和顺,天下从此也就会友好和睦。这里的"和"具有"协调和顺""友好和睦"的含义。"和"在古代一般认为是人与上天之间关系和谐、不同国家之间关系和谐以及政事治国理政的和谐等,后来逐渐延伸到人与人之间的和谐、人与社会的和谐、国家之间的和谐、人与自然的和谐等诸多领域。要达到和谐的状态,孔子认为要通过礼仪教育来实现,因此注重对人进行教化,才能达到《论语·子路》中"君子和而不同,小人同而不和"君子之"和"的境界。儒家思想注重礼仪在社会和国家发展中的作用,尤其是对政治的影响,因此,要求人要懂礼,通过人的礼仪教育实现社会的规范运行,从而达到和谐的状态。与老子《道德经》中的"万物负阴而抱阳,冲气以为和"④ 基本是同一含义,这就是万物背阴而向阳,并且在阴阳二气的相互激荡中生成新的和谐的事物。当然老子所谓的"和"也有"交合"和"和气醇厚"之意。"未知牝牡之合而朘作,精之至也,终日号而不嗄,和之至也。"⑤(《道德经·五十五章》)这句话的意思是,对于道德浑厚之人就像是刚出生的婴孩,虽然不知道男女的交合之事,但生理反应强烈,是因为精气充沛的缘故,

---

① 杨钟贤、郝志达:《史记》第一卷,国际文化出版公司1991年版,第18页。
② 王钧林:《儒家文化:定位、定义与功用》,《孔子研究》2008年第5期。
③ 《尚书》,顾迁译注,中华书局2016年版,第2页。
④ 《老子》,饶尚宽译注,中华书局2016年版,第108页。
⑤ 《老子》,饶尚宽译注,中华书局2016年版,第137页。

虽然天天啼哭但嗓子不会沙哑，这是由于和气醇厚的缘故。不同学派都提出了不同的"和"思想，这是中华文化博大精深的地方。因此，对个人、国家、社会以及世界的发展都具有深远影响。"在当今时代，面对全球性问题和各国之间的共同利益问题，人类命运共同体思想的产生顺应了世界和平、发展、合作的趋势。"①

中华优秀传统文化博大精深、源远流长，"和合"是中华优秀传统文化的重要内容。中国传统价值观的类型不同于以皈依神佛为中心的宗教性价值观体系以及西方的科学性价值观体系，而是"以追求群体和谐为中心的社会性价值观体系"。②《管子·兵法》中说："和合故能谐。"管子认为有了和睦、团结，行动就能协调，进而就能达到步调一致。这基本就是"和谐"的含义。中华优秀传统文化中的"和合"思想具有深厚的文化积淀，尤其是对于当代社会，无论是在处理人与自然之间的关系还是处理人与人之间的关系，抑或是处理人与社会之间的关系问题，"和合"思想都发挥着重要作用，并逐渐内化为人们所追求的一种超然的思想境界。中华优秀传统文化以厚重久远的传统文化为根基，"多元与'和合'，正是古老东方智慧的再现"。③

在处理人际关系时，儒家思想主张"人和"的原则，夫妻之间也有关于"合"的描述，《诗经·小雅·常棣》曰："妻子好合，如鼓琴瑟。"这里比喻夫妻关系就好像弹奏琴瑟一样和谐美好。这就是要倡导琴瑟和谐的家庭观以及人心和善的道德观。中国有句俗话为"家和万事兴"，对于一个人来说，只有保持家庭和睦、心情愉悦的状态，才能有精力积极投身于工作、生活之中去。这种家庭和睦关系在社会范围的进一步扩散也才能建立起人与人之间的和睦关系。诸如《论语·卫灵公》的"己所不欲，勿施于人"以及《论语·雍也》的"己欲立而立人，己欲达而达人"表达的都是这个意思。"己所不欲，勿施于人"讲的是做人的修养，也就是说自己不喜欢的、不愿意做的或不想要的东西或事物，就不要强加给别人去做、去想、去要。其实这在现实世界中是一个多么绝妙的讽

---

① 李学林：《人类命运共同体思想的哲学意蕴》，《云南社会科学》2018 年第 1 期。
② 姜广辉：《儒家经学中的十二大价值观念——中国经典文化价值观念的现代解读》，《哲学研究》2009 年第 7 期。
③ 邵培仁、姚锦云：《寻根主义：华人本土传播理论的建构》，《新疆师范大学学报》（哲学社会科学版）2013 年第 4 期。

刺，西方某些国家难道愿意让自己国家的人们遭遇战火的蹂躏吗？答案肯定是否定的，但是他们仍然煽风点火，然后再隔岸观火，这种拱火递刀子的事情真是令人发指，这是自私自利的行为，也是缺乏道德素养的表现。如果他们能够深谙中华传统文化的精华，一定可以阻止很多悲剧的发生。人与人之间、国与国之间都是同样的道理，"单边主义、贸易保护主义、逆全球化思潮不断有新的表现，但'地球村'的世界决定了各国日益利益交融、命运与共，合作共赢是大势所趋"。[1] 如果能够互相尊重，去设身处地地替别人着想，不要把自己的想法和感受强加给别人，那么这个世界一定会更加美好。

"己欲立而立人，己欲达而达人"[2] 体现的是"仁爱"的含义是自己要站稳，才能扶起将要摔倒之人；自己要想飞黄腾达，也带领别人实现目标，这样才能博施济众。仁爱之人，应该不断地提升自己，让自己具备帮助他人的能力，并且乐于帮助那些需要帮助的人。如果能够做到"乐于助人"，也就做到了"仁"。两千多年来，仁、义、礼、智、信作为华夏儿女不可或缺的道德准则，其中最重要的一个就是这个"仁"字，体现了中华儿女以天下为己任的雄心壮志。我们每个人都应该变得更加强大，不仅是因为强大可以保护自己，更重要的是强大之后可以更好地帮助他人。祖国的强大也不仅仅是为了保护自己，更是为了早日实现中华民族的伟大复兴，更重要的是要维护世界和平。1840 年鸦片战争之后的百年是我们国家屈辱的百年，我们应该时刻谨记一个不变的道理："己欲立而立人，己欲达而达人"，我们首先要自己站得稳，在别人摔倒的时候，也能扶人一把，不仅自己要足够腾达，也要能够周济需要帮助的人。俗话说"赠人玫瑰，手留余香"，意思是让大家明白付出就会收获快乐的道理。那么我们也就能够真正回答孟子《孟子·梁惠王下》所谓"独乐乐，与人乐乐，孰乐"的问题。只有懂得与大家同欢乐才是真正的快乐，才能管理好国家、教化好自己的民众。在当代社会，"和合既是中华民族传统思想文化的精华和生命智慧，亦是和平、发展、合作的时代主题和世界潮流"。[3]

同样体现"仁"的思想，在儒家经典《孟子·尽心上》里还有这样

---

[1] 习近平：《习近平谈治国理政》第三卷，外文出版社 2020 年版，第 440 页。
[2] 朱熹：《四书章句集注》，中华书局 2011 年版，第 89 页。
[3] 张立文：《儒学是中华民族发展壮大的重要滋养》，《社会科学战线》2015 年第 8 期。

的一句话："穷则独善其身,达则兼善天下。"这里的"穷"不是普遍认为没有钱就是穷,这是形容一个人可以照顾好自己,可以照顾好自己的家庭。不仅仅指有钱、有能力,更重要的是能兼善天下,让天下人都能独善其身。兼善天下其实就是博施济众,都是在阐述儒家的"仁",以天下为己任,努力提升自己的硬实力,乐于助人,乐善好施。所有这些都是对儒家"和合"思想的运用,也是处理人际关系最生动的诠释。"对于生活在现代性背景下的人们来说,重新诠释、彰显的思想观念又有着极其重要的现实意义。"[①] 这种和合思想体现在生活之中就是孔子一直强调的"仁"。"尚和合"思想倡导以一种开放、包容、理解的胸襟去对待他人,注重与人亲善、尊重、修睦,意欲建立一种以诚相待、温暖和谐的人际关系。在处理人与人之间关系时,承认差异性并不影响彼此的交流合作,反而是促进互济互补、达到和谐统一的前提要素,重要的是要秉持"克己复礼"原则,与人为善,才会形成"我为人人,人人为我"的祥和融洽的社会氛围。

第二节 "尚和合"的主要内容

"尚和合"思想是中华优秀传统文化的精髓。《礼记·中庸》有言:"和也者,天下之达道也",这里的"和"看成是"达道"足以说明在中国传统思想那里是以"和"为最高价值。2018年6月,习近平总书记对爱好和平的中华民族作了重要阐述:"走和平发展道路,是中华民族优秀文化传统的传承和发展,也是中国人民从近代以后的苦难遭遇中得出的必然结论。"[②] 近代以来,正是中国人民惨遭列强践踏,才有了对战争遭遇更为刻骨铭心的记忆,才有了对安定的新生活的向往以及对和平的孜孜不倦的追求。这都是"尚和合"思想在现实生活的真实写照。"天人合一"也重视"合",它是中国哲学思想中一个极为重要的思想,在中国传统文化的主体儒、道、释三家中占有重要位置,这三家对其也各有阐发。但多指天与人的关系紧密相连,不可分割,强调天道与人道、自然与人

[①] 余治平:《儒家"和"理念的普世价值》,《江汉论坛》2007年第2期。
[②] 习近平:《习近平谈治国理政》第一卷,外文出版社2018年版,第247页。

为的相通和统一，也可以推导出中华优秀传统文化中最具核心价值和普遍意义的"和"的哲学就是追求更为自洽、圆融与和谐的局面。

一 "和合"思想的提出

中华优秀传统文化的"和合"思想源远流长，"和""合"二字都在甲骨文和金文中出现过。《说文解字》认为，甲骨文的"和"字是为"调和"之意。郭沫若对甲骨文"和"字有详细的考察并认为，甲骨文的"和"字是指音乐之和，而现代文字中的"和"字则演变为和谐文化之"和"。[①]"和"的最初含义是"和谐"之意；《说文解字》解释为"合，口也"，"口"即"人所以言食也"，"合"的本义是上下唇的合拢。在殷周之时，"和"与"合"是单一的概念，尚未进行联用。

《周易》中也有诸多卦象蕴涵着丰富的"和合"思想。《易经》认为天地之间有时会出现一种"泰"的卦象，这就是事物发展或者人的发展最安定、顺畅、通达的最佳状态。"象曰：'泰，小往大来，吉，亨。'则是天地交而万物通也，上下交而其志同也。内阳而外阴，内健而外顺，内君子而外小人，君子道长，小人道消也。"[②]这里的"天地交""万物通""其志同"是指主方应当利用当前全面和谐的好形势，给予客方实惠，从而取得更多利益。另外，《易经·咸卦·彖传》曰："天地感而万物化生，圣人感人心而天下和平。"这里旨在阐发天地之间或者阴阳之间相互交感、和合也就生成了万物变化，圣人用高尚的德行去感化人心，天下就会形成和谐、太平的局面。这里的"天下和平"就是蕴涵的"和合"思想，这就是世上事物阴阳相感相融，就会和谐共处，焕发生机，阴阳二气相感相交而"和合"就产生了万物。乾卦《彖传》曰："乾道变化，各正性命；保合太和，乃利贞。首出庶物，万国咸宁。"这里所谓"太和"就是阴阳会合的冲和之气。这里的"保合太和"四个字具有重要意义，这就是要把一个东西存起来，经过很长时间以后还是跟原来一样，没有任何的衰退和损伤，这个就叫"保"。"合"是"合拢""收敛"之意，就是要把东西聚在一起不散就叫"合"。这里的"太"就是"大"，"太和"就是最大的和。接下来的三个字"乃利贞"有艰难转折的意味，言下之意是办法已经指出来，能做到什么程度，是否会取得最终的成功，

[①] 郭沫若：《甲骨文字研究·释支干》，大东书局1931年版，第104页。
[②] 《周易》，杨天才译注，中华书局2011年版，第116页。

还是在于自身，发挥个人的主观能动性，是要经过了艰难坎坷才能顺利到达成功的彼岸。《周易》强调万物成于阴阳二气之会合冲和，重视万物内部的和谐统一，所描述的是一个充满无限生机和一片和气的和谐、统一的世界。《中庸》有："喜怒哀乐之未发，谓之中；发而皆中节，谓之和。"也是一个很好的说明"和合"思想的例子，这里的"喜怒哀乐之未发"是指凡事要冷静，要控制自己的情绪，能做到这些就做"中"；"发而皆中节"是指我们的情绪也是可以发出来的，但发的时候要恰到好处才行，能做到这些就叫作"和"。

春秋时期，"和""合"二字联用并举，构成"和合"范畴，自此，开始衍生"和合"思想。左丘明在《国语·郑语·史伯为桓公论兴衰》说道："商契能和合五教，以保于百姓者也。周弃能播殖百谷蔬，以衣食民人者也。"商契能协和"父义、母慈、兄友、弟恭、子孝"五教就可以教养安抚百姓；周弃能播种百谷、蔬菜，便可以供给百姓衣食。对于此"五教"在《史记·五帝本纪》中出现过："举八元，使布五教于四方，父义，母慈，兄友，弟恭，子孝，内平外成。"这里所讲的是儒家的人伦思想：做父亲的要仁义、做母亲的要慈爱，做兄长的对弟弟要友爱，做弟弟的对兄长要恭敬，而做子孙的对长辈要孝顺。这是古人用来描述一个家庭温馨、和睦的状态，这就是父义母慈、兄友弟恭以及尊老爱幼。《国语·郑语》并记述了史伯关于和同的论述："夫和实生物，同则不继。"左丘明认为只有保持和谐状态，万物才可以生长发育，他认为阴阳和而万物生，完全相同的东西则无所生存。可见"和合"中肯定了不同事物的差异以及矛盾多样性的统一中的和谐状态才可以推动事物的发展，反之，则阻碍事物的发展。

春秋末期，儒家学派创始人孔子建构了一套以"仁"为核心的思想。以"礼"为内在精神，以"和"（亦为"中庸"）为最高的价值标准的儒家体系。其中的"和合"思想是人文精神的核心。其中《论语·学而》的"礼之用，和为贵"代表了孔子的基本主张，要求在治国理政、为人处世以及礼仪制度等方面，都要以"和合"思想为价值标准。《论语·子路》曰："君子和而不同，小人同而不和。"孔子认为在处理人与人之间的关系时，既要承认差异性，又要"和合"善于处理好不同的事物，通过相容互补、同舟共济以达到统一、和谐的状态。这与"同而不和"以取消不同事物的差异性的做法形成鲜明的对比。

春秋时期百家争鸣,除了儒家思想之外,道家创始人老子也提出"和"的思想,《道德经·第四十二章》有云:"万物负阴而抱阳,冲气以为和。"老子认为道蕴含着阴阳两个相反方面,是宇宙万物的本质以及天地万物生存的基础,万物都包含着阴阳,阴阳相互作用而构成了"和"的思想。《管子》将"和""合"并举,《管子·幼官》指出:"畜之以道,养之以德。畜之以道,则民和,养之以德,则民合。和合故能习;习故能偕。偕习以悉。莫之能伤也。"管子认为畜养道德,人民就和合,和合便能和谐,和谐所以团聚,和谐团聚,就不会受到伤害。管子认为养兵要合于道德,养兵以道则人民和睦,养兵以德则人民团结。和睦团结就能使力量聚合,聚合就能协调。普遍地协调相聚,那就不会受到任何伤害。这里管子虽然是在讲养兵之道,但更强调的是"和合"思想的重要性。

墨家认为"和合"思想是处理人与社会之间关系的根本原则,指出天下不安定的原因在于父子兄弟结怨仇,而有离散之心,《墨子》一书中有一段论述得特别精彩:"是以人是其义,以非人之义,故交相非是也。以内者父子兄弟作怨恶离散不能相和合。天下之百姓,皆以水火毒药相亏害。"[①] 墨子认为每个人都以为自己的意见是对的,而别人的意见是错的,因而相互攻击。所以在家庭内部父子兄弟常因意见不同而相互怨恨,使得家人离散而不能和睦相处。天下的百姓,都用水火毒药相互残害,以至于即便有余力的人也不能帮助别人;有余财者宁愿让它腐烂,也不分给别人;有好的道理也自己隐藏起来,不肯教授给别人,以至于天下混乱与禽兽无异。这里的"离散不能相和合"的"和合"就是指"和睦相处"之意。

先秦时期,"和合"思想得到长足发展的根本原因是对当时诸侯纷争割据的具体表达,也是对兵连祸结导致民生凋敝的不满,同时也给当时社会的出路提出了一条解决的具体方法。所谓"和合"的"和"是指和谐、和平、祥和的意思;"合"指结合、融合、合作等含义。"和""合"连在一起"和合"是指在承认"不同"事物之矛盾、差异的前提下,把彼此不同的事物统一于一个相互依存的"和合"的统一体之中,并在不同事物"和合"的过程中,吸取各自事物的优势和长处并尽可能地规避

---

① 《墨子》,李小龙译注,中华书局2016年版,第61页。

其消极的、不利的因素。这就是取其精华、去其糟粕，取其优长而克其短，使之达到最为真美的境界，从而促进新事物的产生，推动新事物的发展。在"和合"思想的指导下，中华优秀传统文化才能得以不断创新和发展，并受其指引推动了中国社会不断地向前发展。由此可见，"和合"思想并不是否认矛盾、否认其差异和必要的斗争，它本身就是矛盾的对立统一体，只是把矛盾、差异和斗争限定在相互依存的"和合"的统一体之中，防止因过度的矛盾斗争而破坏了不同事物共同存在的基础，从而阻碍事物的进步和发展。"尚和合"思想有两个基本的要素是：客观地承认不同以及把不同的事物有机地合为一体。中国古代先哲们通过对天地间自然界、人类社会普遍存在的"和合"现象做大量的观察和探索，从而提出了"和合"的概念，对"和合"现象作本质的概括，中华优秀传统文化中的"和合"思想得以产生、流传和发展的基本原因是它得到了最广大人民群众的普遍认同。因此，孔子的"和而不同"思想、"中庸之道"就是对"尚和合"思想的阐释和发挥，既是对"和合"思想的充分彰显，也是对人与人之间复杂关系的具体表达。

秦汉以来，"尚和合"思想被普遍运用到政治、经济、文化、社会等各个领域，中华优秀传统文化也呈现出一种融合发展的趋势，同时也保留着各家各派不断进行争鸣与论辩的态势，这无疑都是以"尚和合"为根本旨归，不管是宗教文化与世俗文化都把"和合"作为各自思想阐释的出发点和根本点，在保持各自文化特色的同时，又能够与其他文化相互融合、相互吸取，由此促进了中华优秀传统文化的不断向前发展。总之，"尚和合"思想作为对普遍的文化现象本质的概括，始终贯穿在其发展史的各个时代、各家各派之中，而成为中华优秀传统文化的精髓和内生性的力量。

二 "尚和合"思想的发展脉络

"尚和合"思想是中华优秀传统文化的精髓和被普遍认同的中华文化的人文精神，不仅在历史上产生了重大而深远的影响，而且在当今的国际关系中也成为我们一直秉承的基本原则。"党的十八大明确提出了'两个一百年'的奋斗目标，我们还明确提出了实现中华民族伟大复兴的中国梦的奋斗目标。实现我们的奋斗目标，必须有和平国际环境。没有和平，中国和世界都不可能顺利发展；没有发展，中国和世界也不可能有持久和平。我们一定要抓住机遇，集中精力把自己的事情办好使国家更加富强,使人民更加富裕,依靠不断发展起来的力量更好走和平发展道路。"①

《国语·郑语》有言曰:"夫和实生物,同则不继。以他平他谓之和,故能丰长而物归之;若以同裨同,尽乃弃矣。"史伯认为不同的东西彼此和谐才能生发世间万物,所有东西都一致没有任何差别的话,世界将不能进一步的发展。在这里,史伯提出了"和"与"同"的两个形式近似但又有本质不同的截然相反的概念。"和"是不同事物的矛盾统一,是指不同事物的并存、交织、掺和、影响,故内部生机勃勃,形成"丰长万物"的生动局面;而"同"一事物的简单叠加,不仅不能产生新生事物,而且会让自己衰老、枯竭、灭亡。因此,西周末年的史伯提出的"和""同"思想,开启了"和合之辩"。春秋末年的思想家晏婴极为重视"和"与"同"的区别,他以"五味相济""五音相和"的事例来说明"和"和"同"之别。同时,他又以君臣关系去回答齐景公的"和与同之异"的缘由:"君所谓可而有否焉,臣献其否以成其可;君所谓否而有可焉,臣献共可以去其否。是以政平而不干,民无争心。……以平其心,成其政也。……君子听之,以平其心。心平,德和。"② 这段话很长,但是意思也很清晰:国君认为可行的方案中如果有不可行的因素,臣下可以指出来并予以改正。国君认为不可行的方案中如果包含有可行的理由,臣下就指出其可行的理由进而去除其不可行的因素。因此,就会政令通畅而不违背情理,百姓就不会有对抗的想法。过去的国君讲求调和五味,来平和人心,成就国家政事。如果用清水去调和清水,谁还会去饮用它呢?如果琴瑟总是弹奏同样一个音调,谁会去听它呢?要允许彼此的不同,才能有更大的发展。晏子认为为君之道必须能够接纳不同的声音、容纳不同的意见,于是晏婴得出结论"和与同异"的重要命题。

孔子充分继承了"和同之辩"的思想精髓,不仅明确提出了"礼之用,和为贵",更提出了《论语·子路》的"君子和而不同,小人同而不和"等哲学命题。将"礼"与"用"、"和"与"同"和"君子"与"小人"相对举,并将前者作为区分后者的标准,强调了重"和"去"同"思想。孔子把殷周以来蕴涵在《诗》《书》《礼》《易》《乐》以及

---

① 习近平:《习近平谈治国理政》第一卷,外文出版社 2018 年版,第 248 页。
② 《左传》,郭丹译,中华书局 2014 年版,第 900—902 页。

《春秋》中的"和"的思想资源纳入到儒家思想体系之中,从而进一步启发了先秦诸子对"和合"思想的深入讨论,遂使"和"或"和谐"理念成为中华优秀传统文化的公共话语、思想精髓以及核心价值。

《中庸》对"和"给予全新的界定:"万物并育而不相害,道并行而不悖。"(《礼记·中庸》)这里要突出的重点是天地间万物同时生长却不相妨害,天地之道相互并行却不会互相违背,就是和谐思想在发挥作用,实现"太和"的理想追求整体和谐状态,这是儒家思想所提出的整体和谐或是"太和"的景象。孟子在孔子"和而不同"思想基础上提出"人和"理念,《孟子·公孙丑下》曰:"天时不如地利,地利不如人和。"孟子"人和"理念是指人与人、君与民的团结与和谐,上下和谐是胜利的必要条件,这就是孟子提出"得道多助,失道寡助"的这一亘古不变的社会法则以及其不以人的意志为转移的客观规律。

著名学者、中国人民大学教授张立文多年来从事中华和合文化的研究,他认为:"和合学的建构,不仅仅是为了回应亨氏'文明冲突论'的挑战和化解人类所共同面临的五大冲突危机之道,而且是走出中国哲学危机、超越'合法性'问题,建构中国的自己哲学的需要。"[①] 张立文教授在他的和合学研究中,对中华和合文化的源流作了深入的考察;对和合与和合学及其相互关系作了明确界定;对和合学的体与用作了详尽的论述,完整地展现出他对中华和合文化的理解,为今天的人们了解、研究和弘扬中华和合文化提供了重要的研究基础。以"和"为价值标准是当前世界处理国与国、家与家以及人与人的关系时都要遵循的基本原则。张先生认为:"不同冲突而融合,不因而同而结党营私,为害国、家,人与别国、别家、别人。小人反之,'同而不和',为三国、一家、一人之私利,拉拢别国、别家、别人,结党营私,不顾国、家之大局公利,贼害别国、别家、别人的利益。表现了两种不同的人格理想、道德情操、审美意识、思维方法。"[②]

台湾学者、著名思想史家钱穆对中华优秀传统文化的"和合"思想也有着精深研究。他说:"中国人常抱着一个天人合一的大理想,觉得外

[①] 张立文:《和合学概论——21世纪文化战略的构想》(上卷),首都师范大学出版社1996年版,第5页。

[②] 张立文:《和合学概论——21世纪文化战略的构想》(上卷),首都师范大学出版社1996年版,第10页。

面一切异样的新鲜的所见所值，都可融会协调，和凝为一。这是中国文化精神最主要的一个特性。"① 并指出："文化中发生冲突，只是一时之变，要求调和，乃是万世之常。"② 他认为西方文化似乎冲突性更大，而中国文化则调和力量更强，中国文化的伟大之处，乃在最能调和，使冲突之各方兼容并包，共存并处，相互调剂。钱穆以他自己的眼光考察了历史和现实中的中西方文化性格和国民性格，指出："西方人好分，是近他的性之所欲。中国人好合，亦是近他的性之所欲。今天我们人的脑子里还是不喜欢分，喜欢合。大陆喜欢合，台湾亦喜欢合，乃至……全世界的中国人，都喜欢合。"③

中国思想史家、著名哲学家张岱年先生也非常重视对中国文化的"和合"精神的研究，并对天人合一思想作了深刻剖析，他指出："合有符合、结合之义。古代所谓合一，与现代语言中所谓统一可以说是同义语。合一并不否认区别，合一是指对立的双方彼此又不可分离的关系。"④对当前开展的和合文化研究，张岱年先生作了充分肯定。著名思想家、哲学家季羡林对中华和合文化中的"天人合一"命题作了深入研究和新解，甚至认为"天人合一"的命题不仅是中国的，而且亦是东方的，是综合思维模式的最高、最完整的体现。他指出，"天人合一"观念，"这个代表中国古代哲学主要基调的思想，是一个非常伟大的、含义异常深远的思想"。⑤ 并揭示了在西方文化的主宰下，世界范围的生态平衡遭到破坏，酸雨到处横行，淡水资源匮乏，大气受到污染，臭氧层遭到破坏，海、洋、湖、河、江遭到污染，一些生物灭种，新的疾病冒出，等等，威胁着人类的未来发展，甚至人类的生存。这些灾害如果不能控制，则用不到一百年，人类势将无法生存下去。面对危机，季先生提出了挽救的办法。著名中国哲学史家汤一介先生十分重视中华和合文化中的和谐观念，并对此作了深入研究。他认为，在当今科技高度发展的信息时代，人类要生存和发展下去，就必须争取"和平共处"，必须实现"共同发

---

① 钱穆：《中国文化史导论》，上海三联书店1988年影印本，第162页。
② 钱穆：《中国文化精神》，台北三民书局1971年版，第51页。
③ 钱穆：《从中国历史来看中国国民性及中国文化》，香港中文大学出版社1982年版，第27页。
④ 张岱年：《中国哲学中"天人合一"思想的剖析》，《北京大学学报》（哲学社会科学版）1985年第1期。
⑤ 季羡林：《"天人合一"新解》，《传统文化与现代化》1993年第1期。

展"。要达到此目的，就要建立起一种人与人之间的和谐关系，扩而大之，就是要调整好国家与国家、民族与民族、地区与地区的关系。同时也要建立起一种人与自然之间的和谐关系。

三 "尚和合"思想基本特质

"尚和合"思想是中华优秀传统文化的精华，是人类普遍追求的文化价值。"尚和合"思想是中华传统文化的重要内涵，在正视事物之间差异和矛盾的基础上，求同存异、尊重差异、协调矛盾以达到解决矛盾的目的。当代中国在社会整体和谐稳定的同时，不同个体、群体、阶层之间也存在一定差异和矛盾。"和"是"天人合一"的延伸，与当前人类与社会发展面临的重大热点问题与重大时代关切息息相关。

（一）"和为贵"的价值指向

"天人合一""天人和谐"是中华优秀传统文化关注的重要内容。中华传统文化自古以来就坚持自然和谐，对"和合"思想的认同是中国传统思想中不同思想流派的共性之一。道家将"天道"与"人道"相贯穿、相融通，老子主张"道法自然"，从而通达到人我和谐的最高境界。"心斋"是道教静功中的最高层次。庄子给"心斋"下了定义并作了系统阐发，《庄子·人间世》有言曰："若一志，无听以耳，而听之以心；无听之以心，而听之以气；听止于耳，心止于符。气也者，虚而待物者也，唯道集虚，虚者心斋也。"这就是所谓"庄子心斋法""庄子听息法"，其实质是一种炼心意即意念控制的一种方式，其宗旨就是要摒除欲念、断绝思虑，专志于道。"坐忘"是道教心法中物我两忘的境地：《庄子·大宗师》有："堕肢体，黜聪明，离形去知，同于大通，是谓坐忘。"庄子认为忘却自己的形体，抛弃自己的聪明，摆脱形体和智力上的束缚，与大道融通为一就是"坐忘"，它是道教静定修炼中最重要的功夫。唐代的司马承祯阐述了"坐忘"达到的最高状态就是《坐忘论·枢翼》德"内不觉其一身，外不知乎宇宙，与道冥一，万念俱遣。"司马承祯的这种"形如槁木，心如死灰"的虚静状态才是蕴孕大智慧的根本所在。因此，庄子提出"心斋坐忘"理念，在人我和谐的方面已达到至高境界。

《论语·为政》曰："吾十有五而志于学，三十而立，四十而不惑，五十而知天命，六十而耳顺，七十而从心所欲，不逾矩。"孔子说自己从十五岁开始就立志学道，三十岁就能够有所成就，四十岁遇到事情就不再感到困惑，五十岁就知道什么是人力不可支配的事情而乐知天命，六十岁时能听得进各种不同的意见，而到了七十岁的时候，在为人处世方面就可以随心所欲却又不超出规矩。这就是说孔子到了五十岁就可以"知天明道"，到七十岁的时候就达到了所谓"从心所欲，不逾矩"的"天人合一"的境界。《礼记·中庸》有言曰："和也者，天下之达道也。致中和，天地位焉，万物育焉。"这里的"致中和"的"中"是天下最为行得通的根本道理，"和"是天下共同遵循的法度。只有这样，也就自然实现了"天地位焉"和"万物育焉"的最高境界。应该说，儒家思想"天人合一"思想的过程无不体现了"和谐"思想，倡导"致中和"既是中华民族的优良传统，也是我们不断孜孜以求的人生境界。

应该说，儒道两家都讲"道"，但是两家对道的定义有所不同，儒家所言的"道"讲的是"道"之用，道家所言的"道"讲的是道的"体"。《道德经·第三十八章》曰："失道而后德，失德而后仁，失仁而后义，失义而后礼。"老子认为失去道的规律即显示出德的品质，失去德的品质而后才彰显出仁的可贵，失去仁的可贵之后才彰显义的诚信，失去义的诚信之后依靠的是礼的根本。老子讲"失道而后德"，这里的"德"相当于儒家所说的"道"，相同之处就是他们都把"天"当作"道"的代名词，道家把"道"看作是"天"之根源，儒家把"道"看作是"天"之用，因此，在"天"的层面上，儒家和道家已经合二为一，他们都是"天人合一"的华夏绝学。欧洲战局重燃，老百姓流离失所成为难民，方今世界，举世彷徨，东西方纷争不休，世界正处在春秋战国时代，科学尚未探明人类出路，却又似乎走向毁灭之路，我们应该如何匡扶其朝着正义的、人间正道的方向发展？这问题给予我们深深的思索：科学的未来在哪里呢？人类的未来又将走向何方？可能我们需要回到两千多年前的老子和孔子那里找寻破题之策。世界的未来与发展只有向华夏文明回归才是正道。

总的说来，中华民族发展至今，虽屡经艰险但总能化险为夷，其法宝就是拥有诸如"以和为贵"的优秀思想。2018年4月，习近平总书记特别强调："中国始终是世界和平的建设者、全球发展的贡献者、国际秩序的维护者。"① 中国的发展一直秉承着和平发展的道路，不管我们发展到什么程度，我们都不会威胁别人，都会维护和坚守现行的国际体系与

---

① 习近平：《习近平谈治国理政》第三卷，外文出版社2020年版，第194页。

基本规则,这是我们对古之有之的"尚和合"思想的继承和坚守。

张立文先生指出:"中国近代社会蒙受了跨世纪的大劫难和奇耻大辱,它焚化了民族精神栖息和依附的僵化而陈腐了的机体,它刺痛了民族精神的内在灵魂,使其能够通过深层的自我批判和深度的自我反省,重新把握中华民族人文精神的真正活的生命。这个活的生命,就是中国文化人文精神的精髓和中国文化的首要价值——和合。"[①] 因此,"和为贵"的思想早已融入中华民族血脉,使得我们中国人始终在注重和谐环境中发展自身,维护国家、民族和集体利益,求大同存小异,创造人与人之间人际关系和谐,实现国与国之间的圆融状态,这是中国人坚守的基本理念,"和为贵"思想是中华优秀传统文化基本精神中最重要的组成部分之一。

从文化的概念、范畴变化情况看,虽然历经岁月推移,伴随朝代更迭,但众多思想家所使用的概念、范畴却一直沿用至今,如"天人合一""民为邦本""知行合一"以及"和合宇宙"等,都是重在阐发"以和为贵"的思想,都是在有针对性地继承古代思想、有选择性地对古代思想进行创新和发展。这就是吕蒙正所谓的:"天地和,则万物生。地道和,则万物兴。父子和,而家有济。夫妇和,而义不分。"[②] 中华优秀传统文化"和为贵"的价值指向博大精深,但是它不是一朝一夕形成的,经历从形成到发展再到完善并持续向前发展的漫长过程,都是对前人的辩证思想的继承和发展,也充分体现了中国辩证法思想的前后相继的发展联系。

(二)"包容性"的内在特质

中华优秀传统文化历来崇尚"厚德载物"的包容性,"有容乃大",只有包容、兼容,吸纳不同意见,汇集不同的声音,才能在矛盾的对立统一中展现出自身的价值。《礼记·中庸》有"万物并育而不相害,道并行而不相悖"的阐发,天下万物能一同发育而不相互危害,各种行为准则能同时进行而不相互矛盾,小的德行像河川一样到处流淌,大的德行像天地一样化育万物,这就是天地之所以被人称颂的重要原因,蕴涵其"包容性"的特点。汉代以后,尽管儒家学说在中国传统思想中一直占据主导地位,但法家、道家以及佛教等思想并没有因此而消失或中断,仍

---

① 张立文:《和合学概论——21世纪文化战略的构想》(上卷),首都师范大学出版社1996年版,第39页。

② 参见宋代吕蒙正(存疑)的《破窑赋》。

然占据一席之地，彰显了中华优秀传统文化多元一体、多元共存的"包容性"格局。中华优秀传统文化是中华民族创造的一种多元一体的具有重要兼容性与包容性的伟大文化，中华民族是指以汉族与其他各民族共同创造的。中华优秀传统文化兼收并蓄、博采众长，根源于包容性是其重要的特点。中华文化历经两千多年的发展，在不同文化之间相互借鉴、相互促进，以及交融吸收其他不同文化中才逐步发展壮大起来。

中华优秀传统文化有着宽容大度的包容性和吸纳异质文化的优点，这就是中华优秀传统文化包容性的特点。就像是中国的"一带一路"倡议是一个全新的事物，这就表明一个不变的道理："在合作中有些不同意见是完全正常的，只要各方秉持和遵循共商共建共享原则，就一定能增进合作、化解分歧，把'一带一路'打造成为顺应经济全球化潮流的最广泛国际合作平台，让共建'一带一路'更好造福各国人民。"[①] 世界上没有哪种文化像中华优秀传统文化的"尚和合"思想这样具有巨大的包容性，而且，"尚和合"思想对外来文化能够展现出安之若素的包容性，对外来文化葆有宽厚和兼容并蓄的谦恭态度，譬如，印度的佛教传入中国，便融入中华传统文化之中。中华优秀传统文化这样的包容性是世界文化中绝无仅有的现象，和西方存在一山不容二虎的矛盾和斗争文化以及宗教不同。

中华本土文化的各流派之间也有着很强的包容性，主张"三纲五常"的儒学，在其传承和发展过程中广泛地吸纳道家、法家、墨家、阴阳家的滋养，成就其博大精深、体系完备的伦理政治体系，从而成为中华文化的主体。其他各学派也是如此，都不同程度地吸纳各学派的长处来不断补益自己。究其原因，在于中国人长期附着在小片土地上周而复始地劳作，在自己的故土上生活繁衍，较少迁徙，安之若素的生活使中华传统文化能够包容各种外来文化。中国古代较长时间的农耕文明可以让新旧、中外文化因素在共存共处中，使本土原有文化得以沿袭和再生。中华民族有着开放的文化观和强烈的文化认同心理，自觉地、有目的地选择先进的外来文化，不断地借鉴、吸纳和创新。另外，强盛的国力是传统文化极具包容性的经济基础，只有在国力强盛之时才能具有兼收并蓄的宏大气派。

[①] 习近平：《习近平谈治国理政》第三卷，外文出版社2020年版，第196页。

中华优秀传统文化"尚和合"思想蕴含的厚德载物精神是中华优秀传统文化的包容性所在，正是这种包容性维系了中华优秀传统文化绵延不绝的发展脉络，哺育了中华儿女自强不息的民族精神和生生不息的民族气节。中华优秀传统文化在发展的早期就展现出了博大精深的包容性的特点，"君子和而不同，小人同而不和"，强调的是不同观点共存的必要性，倡导人们在表达思想时要能够充分听取不同的声音，应该支持不同思想和观点的存在。这就是朱熹给予的解释："和者，无乖戾之心。同者，有阿比之意。"① 对于君子而言，正是因为没有乖戾之心，所以君子之间能和谐、平等相待；相反对于小人而言，也正是因为有阿比之意，所以人云亦云，阿谀附和。这里讲的就是中华传统文化从古至今就具有的包容性的特点。

李斯在《谏逐客书》中说："是以泰山不让土壤，故能成其大；河海不择细流，故能就其深；王者不却众庶，故能明其德。"正是因为泰山不拒绝泥土，所以能成就它的高大；江河湖海不舍弃细流，所以能成就其深邃悠远；有志建立王业的人不嫌弃民众，所以能彰明其仁厚的德行。天地之所以博大宽广是由于其能包容万物，这就是李白在《上安州裴长史书》中写道的："天不言而四时行，地不语而百物生。"天不会说话，可是四季交替，地不会说话，可是百物生长。天地之间万事万物各有其自身的规律，它们各自按照其自身规律去运动，无法逆转，也无法阻止，这就是自然的伟大。从古人这种对自然的理解中也不难感悟出人生道理，即人生要像天那样坚韧而自强，像地那样宽厚而包容万物。因此，中华传统文化的包容性给予我们后人以重要的启示：任何文化都不能与其他文化隔绝开来而孤芳自赏，必须善于借鉴和吸收更多外来优秀文化的精华，任何文化都必须立足根本、与时俱进，从而为实现中华传统文化的包容性发展创造条件。

（三）重德性的价值指向

中华传统文化的"尚和合"思想是根植于特定的自然条件和社会历史条件下，以儒家思想为主导，以农耕文明之发展为母体，在半封闭的大陆性地域以及宗法与专制的社会组织架构下共同形成的独特的、具有稳定伦理内容的文化体系。中华优秀传统文化"尚和合"思想以乐以成

---

① 朱熹：《四书章句集注》，中华书局2011年版，第139页。

德，文以载道，追求人的完善与发展，追求人与自然的和谐统一。由于中国古代极为重视以人伦关系为主体的宗法原则，人与自然可以"合其德"，固有"天命有德，五服五章哉"。正是这种"天命有德"的观念形成了重伦理、轻自然的显著特点，道德教化是其本质属性。在中国古代传统思想中更为关注的是人际伦常关系，同时人际伦常又效法自然，外在的自然与人成了不能分离的研究对象，因此，庄子所谓"天地与我并生，而万物与我为一"的至高境界已被古代哲人普遍认可，意谓宇宙万物与我浑然同为一体。求"真"与求"善"是中国古代的知识论和道德伦理学的两大追求目标，但相较而言，追求道德觉悟是其主要目标。

中华优秀传统文化蕴涵的"尚和合"思想具有强烈的人文精神，它是以人为主体，以人的"和合"为中心的文化。古代哲学思想中的"和合"思想也表现在民本思想之中，因为只有老百姓的小"和合"才会有国家、社稷的大"和合"。诸如"天矜于民，民之所欲，天必从之"讲的就是上天能顺应民心所向所求，正所谓"天视自我民视，天听自我民听"。讲的都是民意、民"和合"的重要性。《礼记》曰："人者，其天地之德、阴阳之交、鬼神之会、五行之秀气也。故天秉阳。垂日星；地秉阴，窍于山川。播五行于四时，和而后月生也。"[①] 这里讲了"交""会""和"具有重要意义。天地养育了万物，但唯有人是天地之间最富灵性的生命。《说文解字》中对"人"解释为"天地之性最贵者也"。可以看出勤劳作、懂礼仪的天地之"人"才是最得天地之灵气的所在。人之"最贵"在于能使生态、世态、心态平衡和谐发展，这里就涉及"和合"的思想。从古至今，"人"在天地间学习天地的道理，吸纳与弘扬天地里的正气，把人与生物慢慢教化，培养成有益于天地、有益于自然、有益于社会、有益于他人的人。也正是"人"在天地中施行圣贤的教育，继承过去圣人、过去祖先曾经做过的种种有益于社会的事情，弥补天地化育的不足。长久以来，人与天地合一、与自然和谐相处的精神成为一种文化、成为民族的精髓，被人们世代传承繁衍。

中华优秀传统文化的"尚和合"思想特别重视"德性"的作用，早在西周时期就创设了一套以"敬德"为核心，以"孝悌"为主体的宗法道德规范，集中体现了政治与血缘相结合的精神，给中华优秀传统文化

---

① 《礼记》（上册），胡平生、张萌译注，中华书局2017年版，第433页。

带来了极为深刻的影响。《礼记·中庸》有云："人者仁也，亲亲为大。义者宜也，尊贤为大。"这里的"亲亲为大"指的是宗庙系统的价值原则；而"尊贤为大"则是指社稷系统的价值原则。"礼"所维护的价值理念就是"仁义"，其蕴涵的价值追求就是"成德"与"治世"，但"礼"又不是完全意义上的道德，只是在道德原则的基础上上升为法律化的条款。《礼记·曲礼》曰："道德仁义，非礼不成；教训正俗，非礼不备；分争辨讼，非礼不决。君臣上下父子兄弟，非礼不定。宦学事师，非礼不亲。"这里讲的是道德仁义是最重要的美德，没有礼制约束就得不到发扬；失去礼制就不会完备，只有教化训导能够扶正民俗；少了礼制就不会迷惑，只有纠正错误才能明辨是非；各种关系如果不依据礼制就无法确定；做官、求学、事奉老师，不讲礼法就失去了亲情。先秦时期，这种人伦文化集中表现为"正名"思想。《论语·颜渊》提出的"君君、臣臣、父父、子子"，就是要严守君臣父子之礼，恪守名分和长幼尊卑的秩序才能做到名正言顺，这就是《论语·子路》的"名不正则言不顺，言不顺则事不成"。到了孟子那里，《孟子·滕文公上》进一步提出"父子有亲，君臣有义，夫妇有别，长幼有序，朋友有信"。这就是父亲与儿子之间有亲情、君王与臣子之间有节义、夫妻间有区别、年长与年幼者有主次、朋友之间有信任。只有这样才能恪守人伦大德，并将"尚和合"之重德行的思想弘扬光大。

（四）和谐性的价值指向

中华优秀传统文化的"和合"思想呈现"和谐"的极为丰富的基本内涵，以儒学为主体、兼容其他诸子百家之长的"和合"思想具有重要的现实价值。中华优秀传统文化重"合"不重"分"，重"和"不重"争"，认为"和合"是事物发展的重要动力和力量源泉，是中华民族几千年来生生不息、繁荣昌盛的智慧之源。与西方某些发达国家不同的是中国奉行一种合作、发展的正确道路。2018年4月，习近平总书记指出，世界经济的发展面临诸如增长动能乏力、增长分化加剧等复杂的挑战，我们不能把这种挑战简单地"归咎于经济全球化，搞贸易和投资保护主义，想人为让世界经济退回到孤立的旧时代，不符合历史潮流。正确的选择是，充分利用一切机遇，合作应对一切挑战"。[①] 而中国古代的"尚

---

① 习近平：《习近平谈治国理政》第三卷，外文出版社2020年版，第197页。

"和合"思想为今天经济的发展指明了出路。中华优秀传统文化中的"和谐"思想是中华优秀传统文化的精髓,也是当今社会处理人与人、人与社会以及人与自然之间的关系重要的行动指南。

第一,"尚和合"思想以"和谐"价值理念为皈依。自然的和谐、人与自然的和谐以及自然界各种事物之间的和谐是构成"尚和合"思想的重要内容。首先,体现的是人与人之间的和谐。《周礼》提到"大宰"之职重在掌管"建邦之六典,以佐王治邦国",其中《周礼·天官冢宰·大宰》的第三典为:"三曰礼典,以和邦国,以统百官,以谐万民。"这里谈到的"和"具有重要意义,这里就是"和谐"之意,就是要用调谐天下各国,统御百官,使民众和谐。强调从国家制度层面对人与人之间的和谐做引导,促进人与人之间的和谐共处。诸如《诗经·常棣》"妻子好合,如鼓琴瑟"也是如此,这里的"和"就是"尚和合"思想的具体表达,而"如鼓琴瑟"就是指的音乐,含有"和谐"之意,就是表达家庭成员、夫妻之间的和谐、和睦相处,家庭是组成社会的基本单元,只有家庭成员之间做到和谐,人与人之间、人与社会之间的和谐才有实现的可能。另外,诸如《论语·颜渊》的"四海之内,皆兄弟也"以及《孟子·公孙丑下》的"天时不如地利,地利不如人和"等内容,都是对"和合"思想的"和谐"的集中表达。其次,是人与自身和谐,也就是一个人身心的和谐。中华优秀传统文化是与人的生命运动联系在一起的,这是与西方和谐观的一个明显区别。《礼记·大学》讲,"意诚而后心正,心正而后身修"。《大学》提出的八条目中,"意诚""心正"而后"身修"的次第可以看出,"意诚"具有统摄性的作用,当然其他两个方面也格外重要。在这三条当中,"心正"尤为重要,但是"心正"却是"心正"生发出来的。所谓的"意诚"指的是有坚定的意念,绝对相信自己所做的事情。只有意志坚定才会绝对相信、思想才能端正。"心正"就是心无旁骛,一心一意,只有意志坚定的人,才会心无旁骛地做事,才会取得成功,世间之人难有很大成就的根本原因是做事不够专心。一心一意地去做一件事情,去提高自己的思想品德,那么自己就会有很高的修养,做事就会取得成功。

《论语·八佾》中有云:"人而不仁,如礼何?人而不仁,如乐何?"这里强调的就是身心和谐的问题。这就是说如果一个人没有仁德,就不会去实行礼,一个人没有仁德就不会运用音乐或者舞蹈。这里的"乐"

是表达人们思想情感的一种形式，是通往"和谐"最好的表达方式，也是"礼"的一部分。"礼"与"乐"都是外在的表现，而"仁"则是人们内心的道德情感和要求。因此，孔子认为，如果一个人没有仁爱之心，其他的一切努力都是苍白无力的，而人具备仁爱之心的前提就是身心和谐。在内与家人和谐相处，在外与他人和谐相处，社会的和谐便会实现。孙思邈认为："凡四气合德，四神安和，一气不调，百一病生。四神动作，四百四病同时俱发。《千金要方》（卷一）的《诊候·第四》云：一百一病，不治自愈；一百一病，须治而愈；一百一病，难治难愈；一百一病，真死不治。"这里讲的"四气合德，四神安和"就是阐述健康对人自身和谐的重要意义。"四气""四神"学说对中医五行学说的丰富、补充作用，是显而易见的。《千金要方》又云："地水火风，和合成人"，这里的"和合成人"的"和合"具有重要价值，在中华优秀传统文化中，个体的身心和谐是实现"天下归仁"理想的基础条件，"修身成仁""身心和谐"的观点都是中华优秀传统文化"和合"思想和谐价值指向的重要内容。

第二，"尚和合"以"中庸之道"为价值旨归。实现"和谐"是一个曲折而漫长的过程，需要诸多因素的调和，"中庸之道"就是《管子·兵法》的"和合故能谐"的具体表达。管子认为有了和睦、团结，行动才能协调并保持步调一致，进而达到"和谐""中庸"的状态。所谓的"中庸之道"不是"好好先生"，也不是无原则的"墙头草""骑墙派"的代名词。"和谐""圆融"才是中华优秀传统文化的精髓，要正确把握"中庸之道"的本源，深入理解"中庸"在价值调和、实现和谐方面所发挥出的重要作用。《论语·先进》曰："过犹不及"，"中庸"是"度"或者"量"，不足或者过分都不是"中庸之道"。"过犹不及"的故事告诉人们如何在做事情的过程中，让各个环节都是做到刚刚好，这是一个十分高深的智慧。就像是我们十一届三中全会之后实行的改革开放，我们在没有现成经验的情况下是在"摸着石头过河"，这里既需要敢闯敢试的精神，也需要具备"中庸"的智慧，去选择正确的"度"，这就是要坚定改革开放的基本方向，具体的方式方法上则需要因地制宜，只有这样才能走向最终的成功。"我在党的十九大报告中强调，中国开放的大门不会关闭，只会越开越大。这是我们对世界的庄重承诺。要坚持对外开放的基本国策，奉行互利共赢的开放战略，遵守和维护世界贸易规则体系，推动经济全球化朝着更加开放、包容、普惠、平衡、共赢的方向发展，让经济全球化进程更有活力、更加包容、更可持续，让不同国家、不同阶层、不同人群共享经济全球化的好处。"①

《礼记·中庸》曰："中庸其至矣乎！民鲜能久矣！"这句话的意思是"中庸"作为最高的道德标准，人民已经长时间没有做到了。朱熹给予的解释是："过则失中，不及则未至，故惟中庸之德为至。然亦人所同得，初无难事，但世教衰，民不兴行，数鲜能之，今已久矣。"② 这里朱熹"过则失中""不及则未至"都不是"中庸"的最高境界。做事情要适可而止，内心之中要有一个尺度，知道该做什么，不该做什么。人往往会被外在的东西所诱惑，从而迷失本性，失去前进的方向，有失"中庸"的原则。如果我们能坚守自己心中的道德，不被外界的花花世界所迷惑，就能坚守"中庸"的原则，只有坚守自己心中的信念才会抵达成功的彼岸。"中庸之道"是一种高层次的人生格局和人生智慧。中庸之道在调和矛盾、实现"和谐"的过程中起到至关重要的作用，它要求人们在处理问题时要秉承客观、公正的态度，拒绝"过分"或"不及"的思维及做法，真正做到"中庸"处事。科学把握"中庸"的内涵，对正确理解、合理扬弃以及继承和弘扬中华民族传统文化"和合"思想的"和谐"智慧具有重要的理论意义和深刻的现实意义。

第三，"尚和合"以"和而不同"为价值选择。和谐才是创造事物的原则，同一是不能连续不断永远长有的。把许多不同的东西结合在一起而使它们得到平衡，这叫作和谐，所以能够使物质丰盛而成长起来。

"尚和合"思想在历史上对人的个体的修身养性起到重要作用，通过宁静平和、乐观向上等理念促进人的身心和谐。当自己遇到困惑事情的时候，"尚和合"思想可以让我们能够做到宠辱不惊、胸怀宽广，对他人做到互谅互让，即以"和合"思想作为追求的人生境界和处事方法。"尚和合"思想和"和而不同"理念在思维方式上有助于纠正过去斗争哲学的偏差，有利于人的身心健康发展和社会的长久治安。2018年11月，习近平总书记在讲话中强调："大道至简，实干为要。面对世界经济格局的深刻变化，为了共同建设一个更加美好的世界，各国都应该拿出更大勇

---

① 习近平：《习近平谈治国理政》第三卷，外文出版社2020年版，第197—198页。
② 朱熹：《四书章句集注》，中华书局2011年版，第21页。

气，积极推动开放合作，实现共同发展。各国应该坚持开放融通，拓展互利合作空间。"① 这里重在强调"合作"的重要性，社会在发展过程中，总会遇到各种问题、出现各种矛盾，"尚和合"思想是协调个人与社会不同社会阶层、不同利益集团之间的关系最有效的方法，解决冲突以求得共同发展。故越是豁达的胸怀，越能够赢得更多的真情；越是包容的心态，越能够收获快乐和尊重；越是伟大的事业，越需要广集大家的智慧和力量。

西周末年史伯有言曰："夫和实生物，同则不继。以他平他谓之和，故能丰长而物生之；若以同稗同，尽乃弃矣。故先王以土与金、木、水、火杂以成百物。"② 这里的"和"是不同元素的结合，不同、差别是"和"的前提，只有这样的"和"才能长久，也只有"他平他谓之和"的物才能"丰长"。如果"去和取同"，那就离灭亡不远了。这里突出了"和合"的"和谐"意思。和谐是创造事物的基本原则，"同一"是不能永续不断常有的。把许多不同的东西结合在一起而能够得到各自的平衡，谓之"和谐"，这实际上也是在区分"和"与"同"的界限。孔子主张"君子和而不同，小人同而不和"，强调人在处理事务时要坚持以和为贵，但是绝不能仅仅为了"和"而放弃"不同"，从而失去自己的立场和原则。"物不可以苟合而已，必受之以《贲》，贲者，饰也。制饰然后亨则尽矣，故受之以《剥》。"③ "贲"，饰之以纹。事业不能苟且草率地聚合，必须加以修饰。所以接着以象征"文饰"的贲卦来说明天下之感情、情感，不结合则不能成全，就有结合之道，它的结合之道就必须采取"敬慎"的态度。敬慎则能够善始善终，随意结合则容易离散。只接受必得经过礼义修饰节度的感情，就是敬慎而不随意的表现。其言下之意，如果随便地结合在一起，将来也会很容易地分开。这里强调的是"和而不同"的含义。《孟子·滕文公上》曰："夫物之不齐，物之情也。或相倍蓰，或相什百，或相千万。子比而同之，是乱天下也。"孟子认为天下万物找不到完全一样的，所有事物都有属于自己独特的个性，都遵循着不以人的意识为转移的客观规律。对于不同的物品而言，其价值有的相差一倍、五倍，有的相差十倍、百倍，有的甚至千倍万倍，倘若把它们放

---

① 习近平：《习近平谈治国理政》第三卷，外文出版社2020年版，第201页。
② 《国语》，陈桐生译注，中华书局2016年版，第304页。
③ 《周易》，杨天才译注，中华书局2011年版，第671页。

在一起同等看待的话，那必然会扰乱天下。孟子这段话强调了事物的差异性。物质世界如此，人的精神世界亦然。子产曰："人心之不同如其面焉。吾岂敢谓子面如吾面乎？抑心所谓危，亦以告也。"① 人们内心世界的不同，就像他们各不相同的面貌一样。可见，差异性是普遍存在的。要坚持"和而不同"的原则，其最精妙之处在于它强调"和谐"的同时，坚持不同事物的差异性的存在，换言之，这里的"和谐"并不是排斥"异"的"同"，而是对"异"的"和"的包容和阐发。因此，儒家"和而不同"思想强调多元共处的辩证统一。

第三节 "尚和合"思想的当代价值

"尚和合"思想是中华优秀传统文化中的思想精华，科学理解和正确弘扬"尚和合"思想对于传承和发展中华优秀传统文化、坚定社会主义文化自信具有重要的现实意义。"尚和合"思想是中国心、民族魂的体现，也是当代社会主义核心价值观的重要源泉。"在中国与世界各国良性互动、互利共赢中开拓前进。"② "和谐"的发展氛围是社会政治治理的重要目标，"合作"的发展状态是世界发展和社会进步的重要旨归。

一 "尚和合"思想是坚持"人与自然和谐共生"基本方略的重要资源

"尚和合"思想是解决当前环境问题的重要资源。"尚和合"思想中的"天人合一"理念都强调了对大自然的保护，孔、孟、荀以及老庄以及后来的韩愈、柳宗元、刘禹锡、张载等都十分重视人与自然的关系，并告诫人们要取之有度、用之有节，不能无节制地向大自然索取。"在人们饱尝了现代性的后果，被自然界报复之后，人文关怀和价值理性会重新复苏，人们对精神安放和对自然的需求会越来越强烈。"③ 要高度关注人与自然的关系，因为环境、人口、资源关系到我们子孙后代的生存与发展，所有这些都需要从"尚和合"思想中汲取智慧。面对生态环境、

---

① 《左传》，郭丹译，中华书局2014年版，第730页。
② 习近平：《习近平谈治国理政》，外文出版社2014年版，第248页。
③ 赵磊：《风险社会理论的认知意义及其对技术恐惧的影响》，《科学技术哲学研究》2020年第4期。

自然保护等突出问题，要从"尚和合"思想中总结经验教训，树立"仁民爱物"的精神，重新遵循"知止知足"意识，共同护卫我们的生存环境。党的十八大以来，以科学发展观为指导，从人民福祉和民族未来出发，把生态文明建设放在突出重要地位，纳入到中国特色社会主义事业的政治建设、经济建设、文化建设、社会建设和生态文明建设的"五位一体"整体布局，这也是我们最正确的战略抉择。充分从"尚和合"思想中汲取智慧，加强生态文明建设并坚持可持续发展、绿色发展基本目标，坚持"人与自然和谐共生"的基本方略，树立和践行绿水青山就是金山银山的理念，加快建设美丽中国，让中华大地遍布悦目醉心的美丽风景。

"人与自然和谐共生"是我们倡导追求和谐社会价值理想的基本内容，而这种和谐需要建立在生产力高度发达、社会财富极大富有、人民生活水平极大提高的基础上的和谐，诸多生态环境问题让我们得到一个启示：人类的利己主义倾向是造成人与自然关系恶化的主要原因，而"尚和合"思想提供一个可以让"人与自然和谐共生"的一条更为可行的道路。在处理人与自然关系问题上要切实秉承绿色、循环、可持续的发展理念，在进行实践活动时应遵循自然规律。"人和自然和谐相处必须突出人对自然的历史责任意识和整体的发展观，努力探索人与自然和谐共生的生态优先和绿色发展之路。"[①] 同时，要加强多方合作并形成共同的合力，促进人与自然和谐发展。生态环境保护、生态文明建设绝不是哪一个单个人，或者仅仅依靠政府行为就能完成的，这需要全世界所有成员的守望相助、共同担当，因为爱护我们的地球就等于爱护我们自己。

全社会都应树立生态理念，践行文明、节约、绿色、低碳的消费模式和生活方式。政府有责任和义务进行污染治理，企业应注意严格完成节能减排任务，个人更应践行环保、节约理念。社会主义核心价值观所倡导的和谐理念，要求我们平衡好人与自然之间的关系，这是人的身心和谐、人与社会和谐的基础，应当予以高度重视。实现"人与自然和谐共生"是一项涉及生产方式、生活方式、思维观念和价值理念的复杂工程，推动形成人与自然和谐发展现代化建设新格局。"尚和合"思想理念

---

① 刘星：《试论恩格斯〈自然辩证法〉生态思想的现代价值》，《北京科技大学学报》（社会科学版）2021年第1期。

在当今社会发展中具有重要启示和现实意蕴,在处理人与自然关系方面,当前环境污染与生态破坏都是人与自然关系不和谐的体现,人为地破坏了自然生态,打破了应有的生态平衡,违背"人与自然和谐共生"价值理念。要以"尚和合"思想为指引,妥善处理人与自然的关系,尊重自然规律、维护生态平衡,促进自然生态良性发展。

二 "尚和合"思想是促进民族团结的重要保证

"尚和合"思想是中华优秀传统文化的重要内容,是推动社会长治久安和国家安定团结的重要保证。"当代中国要建设中华民族共有精神家园,必须重新体认中国社会价值系统的一主多元特性及其所体现的和合精神。"[①] 中华优秀传统文化中的"尚和合"思想对于铸牢中华民族共同体意识、构建中华民族共有精神家园具有重要意义。文化体现着一个国家、一个民族的价值取向、道德规范、思想风貌及行为特征,是一个国家、一个民族的精神家园。以明代学问家吕留良为例,他作为明朝遗民,他以儒学为工具,"高扬'尊王攘夷'的《春秋》大义,使其超迈君臣之义,实际是为了凸显民族矛盾,以期唤醒人们夷夏之防的民族意识"[②]以达到团结更多民众参与抗清活动之中的目的。中国是世界四大古文明古国中唯一一个没有发生文明中断的国家,中华民族在长期生产实践中孕育和形成的中华优秀传统文化的"尚和合"思想为中华民族的生息、发展与壮大提供了丰厚的精神滋养。"文明的繁盛、人类的进步,离不开求同存异、开放包容,离不开文明交流、互学互鉴。历史呼唤着人类文明同放异彩,不同文明应该和谐共生、相得益彰,共同为人类发展提供精神力量。"[③] 让人类文明编织出斑斓绚丽的图画,各种文明交相辉映、璀璨升华,共同消除现实生活中的文化壁垒,让各种文明和谐共存,让人人享有文化滋养。

中华优秀传统文化的"尚和合"思想博大精深,自古以来就有《礼记·郊特牲》的"阴阳和而万物得"之说,阴阳二气相互作用、相互和合,最终可以通达一种调适的最佳状态而产生新事物。换言之,"阴阳二气"生万物,而不是"和"直接生万物。《庄子·田子方》中有一段孔子与老子之间的对话,老子回答孔子曰:"至阴肃肃,至阳赫赫。肃肃出

---

① 王处辉:《论中国社会价值系统的一主多元特性》,《江海学刊》2008 年第 5 期。
② 唐明贵:《吕留良〈论语讲义〉的经世致用特色》,《孔子研究》2020 年第 6 期。
③ 习近平:《习近平谈治国理政》第三卷,外文出版社 2020 年版,第 434 页。

乎天，赫赫发乎地。两者交通成和而物生焉，或为之纪而莫见其形。消息满虚，一晦一明，日改月化，日有所为，而莫见其功。"老子认为肃肃的阴气来源于天，赫赫的阳气出自于地。阴阳二气交汇融通便可以生成万物，或者成为万物运行的规律而不显现出具体的形体。消逝、生长、满盈、虚空，时而晦暗时而显明，每天在改变每月在演化，天天都有所作为，却不能看见它的功绩。《庄子》这里谈到的"成和"，是将"成"与"和"连在一起，来说明万物的生成过程与生成状态，准确地表述了"和"的性能与本质是"成"。2019年9月，习近平总书记指出："实现中华民族伟大复兴，需要各民族手挽着手、肩并着肩，共同努力奋斗。让我们更加紧密地团结在党中央周围，团结一心，开拓进取，为推进我国民族团结进步事业，为实现'两个一百年'奋斗目标、实现中华民族伟大复兴的中国梦而继续奋斗！"[1]

中华优秀传统文化的"尚和合"思想具有朴素的辩证法思维，"尚和合"思想认为世间万物都不尽相同，事物都存在着矛盾，矛盾双方都有其固有的发展方向，各矛盾之间既互相依存又互相制约，都处于一个统一体中。"观阴阳之开阖以名命物，知存亡之门户，筹策万类之终始，达人心之理，见变化之朕焉，而守司其门户。"[2] 鬼谷子认为遵循阴阳之道的基本规律就是要让阴阳二气之间相辅相成、互为其用，这里集中体现在捭阖之术中。这既是游说时应该奉行的根本原则，也是万事万物的生成的法则，是天地万物运行的关键所在。因此，有阴就有阳，有同就有异，有一就有多。从"和合"思想的角度讲，就需要兼容并包、求同存异，主张和谐、和平与合作，主张中庸、礼之用、和为贵等"和合"的精髓，反对凡事都要走极端的行为和激化矛盾的做法。《论语·子路》曰："君子和而不同，小人同而不和"，在处理民族问题时，尊重各民族以及各民族地区的差异。正是从这些基本观点出发，形成了多元一体的民族格局。

世界上有200多个国家，有几千个民族，经济发展参差，文化各不相同，对于我们而言，我们是多民族国家，56个民族是一家亲的关系，绝对不能用一种模式和一种要求一刀切地处理民族问题，必须求同存异、

---

[1] 习近平：《习近平谈治国理政》第三卷，外文出版社2020年版，第302页。
[2] 《鬼谷子》，许富宏译注，中华书局2012年版，第3页。

和平共处、共同发展。中华优秀传统文化的"尚和合"思想无疑提供了一种解决冲突、化解矛盾、和平共处、共同发展的评价标准和处理民族关系最"中庸"的办法。总而言之，中华传统文化的"尚和合"思想是弥合民族与民族、地区与地区之间矛盾与求得共同发展的一剂良药，它能达到真正的"和谐"与"合作"。我们在处理民族问题上就是要加强民族团结，注重人文精神，减少民族纠纷，抵制民族分裂，大力传承和弘扬中华优秀传统文化的"尚和合"思想。

优秀传统文化凝聚着中华民族在漫长的历史长河中沉淀的智慧、神采、气韵，是维系中国人的精神纽带，成为中华民族团结奋斗的共同精神力量。《论语·季氏》曰："远人不服，则修文德以来之，既来之，则安之。"中华民族之所以是中华民族，就是因为中华优秀传统文化赋予的独特的精神气质，具有强大凝聚力和包容性的"尚和合"思想发挥着重要作用。中华优秀传统文化蕴涵着中华民族共同培育的民族精神，塑造了中华民族自强不息、厚德载物的精神追求，赋予了中华民族生生不息的生命力，贯穿着中华民族共同坚守的理想信念，是中华民族共同创造的精神家园。"尚和合"核心意蕴就是和谐、公正，也即合作友好，其有助于强化中华民族的凝聚力。在我国悠久的历史发展过程中，"尚和合"思想对高举民族精神、深化民族感情以及加强民族认同等产生了潜移默化的影响和作用，已成为中华民族精神的重要支撑。

三 "尚和合"思想是解决国际纷争、实现祖国统一的一把钥匙

古已有之的"尚和合"思想孕育了"协和万邦"的思想观念。诚如习近平总书记所言："中国坚定不移走和平发展道路，始终不渝奉行互利共赢的开放战略，在和平共处五项原则基础上发展同世界各国友好合作。"[①] 从上古时代起，华夏中原的统治者就以"尚和合"思想维系邦国、部族的关系，成为中华大一统的国家中处理民族、国家关系的重要标准。"我们要坚持从我国实际出发，坚定不移走自己的路，同时我们要树立世界眼光，更好把国内发展与对外开放统一起来，把中国发展与世界发展联系起来，把中国人民利益同各国人民共同利益结合起来，不断扩大同各国的互利合作，以更加积极的姿态参与国际事务，共同应对全

---

① 习近平：《习近平谈治国理政》，外文出版社2014年版，第359页。

球性挑战，努力为全球发展做出贡献。"① 也正是"尚和合"思想的影响，中华民族形成了爱好和平的优良传统，也是中华优秀传统文化中"尚和合"思想在民族、家国文化层面上的重要体现。在当今科技高度发展的信息时代，人类要生存和发展下去，就必须和平共处、共同发展。不同的国家、不同的种族、不同的民族、不同的文化、不同的意识形态，不可能按一个模式和一种标准，应当多元而互补，既有分歧冲突又有交流合作。"经济全球化是历史潮流。长江、尼罗河、亚马孙河、多瑙河昼夜不息、奔腾向前，尽管会出现一些回头浪，尽管会遇到很多险滩暗礁，但大江大河奔腾向前的势头是谁也阻挡不了的。"②《论语·颜渊》有言曰："君子敬而无失，与人恭而有礼，四海之内皆兄弟也。"要以文德感化别人，要亲如一家人。中华之和合思想是解决矛盾冲突、和平友好、互不干涉、互惠互利、共同发展的理论思想，超越了传统国际关系理论的思维方式，对应了国与国之间的竞争、矛盾、冲突。因此，不断增进理解，以"尚和合"思想开启共赢发展，共享发展成果前行之路，让人类文明迎接更加和谐发展的未来。"我们要坚定维护国际公平正义，维护世界和平稳定。当今世界并不安宁，各种全球性威胁和挑战层出不穷。金砖国家都热爱和平、珍视和平。实现世界持久和平，让世界上每一个国家都有和平稳定的社会环境，让每一个国家的人民都能安居乐业，是我们的共同愿望。"③

"尚和合"思想的现代价值还体现在处理与周边国家的关系上，主张《书经·虞书·尧典》的"协和万邦"的精神，《抱朴子·外篇》的"志合者，不以山海为远"。中华优秀传统文化倡导《书经·周书·君陈》的"有容，德乃大"以及《论语·学而》的"和为贵"、《论语·子路》的"和而不同"，中国古代社会试图运用"尚和合"的思想以求得中外和谐共存的局面。这种以和为本、以诚信为本、以礼法为手段的"和为贵"的外交文化，是中国传统文化的精髓。"和合"思想落实在国与国之间的关系上，表现为一种世界发展观。"全球"只不过是"一身一家"的总和或集合体。"尚和合"思想浸润了《论语·雍也》的"己欲立而立人，

---

① 习近平:《习近平谈治国理政》，外文出版社 2014 年版，第 248—249 页。
② 习近平:《习近平谈治国理政》第三卷，外文出版社 2020 年版，第 209 页。
③ 习近平:《习近平谈治国理政》，外文出版社 2014 年版，第 323 页。

己欲达而达人"，《论语·颜渊》"己所不欲，勿施于人"的"和合"思想和"包容共生"的处世原则。2018年11月，习近平总书记强调："开放带来进步，封闭必然落后。国际贸易和投资等经贸往来，植根于各国优势互补、互通有无的需要。纵观国际经贸发展史，深刻验证了'相通则共进，相闭则各退'的规律。各国削减壁垒、扩大开放，国际经贸就能打通血脉；如果以邻为壑、孤立封闭，国际经贸就会气滞血瘀，世界经济也难以健康发展。"[1]

"尚和合"思想还有利于推进"和平统一""一国两制"的战略构想，实现中华民族及海外侨胞的大团结。邓小平同志提出的"和平统一""一国两制"的伟大战略构想，指引我们顺利实现了香港回归和澳门回归。"一国两制"是邓小平同志依据马克思主义、毛泽东思想的理论，结合新的时代发展的形势，创造性地提出的伟大构想，亦是中华优秀传统文化中的"尚和合"思想中的"和而不同"理念在当代社会的创造性应用。"一国"可理解为"和"，"两制"即是"不同"，那就是既要承认"不同"社会制度、生活方式之差异，又要以"和"来完成统一，统一在共同的中华民族之中，要承认"和合"的差异，而不去抹杀其个性的特殊性。从一定意义上讲，"一国两制"与"和而不同"是具有重要的契合之处的。"一国两制"构想，既有鲜明的时代特征，又有深厚的中华优秀传统文化"尚和合"的思想基础。"和而不同"思想与"一国两制"相契合的关系，容易得到港、澳、台同胞和海外华人的认同，早日实现中华民族的伟大复兴。

"尚和合"的包容思想在全球化的当代对各国的发展至关重要，尤其是在当前和平与发展成为时代主题前提下，其社会价值愈加得到彰显。"当前，国际形势继续发生深刻复杂变化。世界各国相互联系日益紧密、相互依存日益加深，遍布全球的众多发展中国家几十亿人口正在努力走向现代化，和平、发展、合作、共赢的时代潮流更加强劲。"[2]"尚和合"思想是促进文化交流、文明互信的重要精神纽带，是处理国际争端实现世界和平发展的思想前提。"尚和合"思想所彰显的包容精神对于世界各国应对地区冲突和国家冲突具有重要的启示作用，对于推进人类命运共

---

[1] 习近平：《习近平谈治国理政》第三卷，外文出版社2020年版，第201页。
[2] 习近平：《习近平谈治国理政》，外文出版社2014年版，第329页。

同体的构建,促进世界人民平等互信将发挥着重要作用。"我国周边充满生机活力,有明显发展优势和潜力,我国周边环境总体上是稳定的,睦邻友好、互利合作是周边国家对华关系的主流。我们要谋大势、讲战略、重运筹,把周边外交工作做得更好。"①

四 "尚和合"思想是践行社会主义核心价值观的基本要求

中华优秀传统文化的"尚和合"思想对当代中国社会发展起到了重要的推动作用,我们提倡社会主义精神文明,践行社会主义核心价值观的关键环节就是要实现"和谐"。因而,和谐社会的主要的理论根据就是中华优秀传统文化的"和合"思想,其所蕴涵的"和"的深意及其"合"的美好愿景为当代中国发展提供了重要的精神支撑和智力支持。"儒学中'以德治国'、'治国安民'、'明礼诚信'、'祥和社会'、'协和万邦'等智慧仍然有益,是当今政治文明建设、和谐文化建设与和谐社会建设的源泉与根基。"②"尚和合"思想在社会主义核心价值观中最直接地体现在国家层面的"和谐"价值准则之中。

"尚和合"思想对于培育社会主义核心价值观,建设社会主义和谐社会,发挥着重要作用。要建立起一种良好的、和谐的人际关系,就需要传承和发扬中华优秀传统文化的"尚和合"思想,因为它是建立人与社会和谐的前提和基础。在传统思想的"以和为贵"价值观的影响下,中华传统文化的"和合"思想能够增进人与人之间的友好相处,以"和合"思想为指引可以化解现实社会中出现的矛盾,实现人与人之间和谐地、愉快地相处。我们国家提出构建社会主义和谐社会以及和谐世界的理念,是吸收传统的"和合"思想精华的结果并结合社会主义初级阶段的基本国情和中华优秀传统文化生发的文化自信的基础上提出的价值构想。实现"和谐"是一项长期的、复杂的、艰巨的工程,中华优秀传统文化的"尚和合"思想肩负着重要的时代使命。"和合文化以其内容的广泛性与完整性及其思想的实用性,决定了它在和谐社会的建设实践中具有广泛的适用性和巨大的文化形塑功能。"③

充分重视中华优秀传统文化中"尚和合"思想和普遍和谐的价值理念的内生性作用,从更广阔的视野出发,挖掘和吸收更多的"尚和合"

---

① 习近平:《习近平谈治国理政》,外文出版社 2014 年版,第 297 页。
② 穆占劳:《论中国传统文化中的"和"思想》,《理论前沿》2008 年第 3 期。
③ 邓遂:《论和合文化及其现实功能》,《兰州学刊》2008 年第 6 期。

思想和传统普遍和谐理念精华，将培育和践行社会主义核心价值观落到实处。"尚和合"与和谐的价值理想不仅对中国和谐社会建设有指导价值，而且也为世界和谐，从而为实现"世界大同"提供了重要的价值选择。世界各国由于自身的历史背景、社会制度、发展程度、基本国情等诸多不同，客观上决定了世界上不会只有一种文明、一种制度、一种价值观念，这就需要汲取中华优秀传统文化的"尚和合"思想的现代价值，其所彰显的和谐价值理想为我们解决这些现实问题提供了诸多理论参考：那就是要尊重各个国家自身的独特性、理解国与国之间的差异，尊重世界的多样性，这样才能促进和谐世界的建设，使世界各国和平、有序发展。

"尚和合"思想是解释自然规律、阐释生命现象以及塑造民族精神的理论体系，是中华优秀传统文化的思想精华和智慧的结晶，为建构社会主义核心价值观提供了重要的思想借鉴。深入发掘和阐发"尚和合"思想，寻求中华文化中更具现代价值的思想资源，更好地建构和弘扬社会主义核心价值观。社会主义核心价值观以富强、文明、和谐等中华优秀传统文化思想精华为目标，"尚和合"思想是培育和弘扬社会主义核心价值观的重要思想方法与文化资源。应该深入发掘"和合"思想的现代价值，用"和合"的思维、方法以及价值观念去涵养和培育社会主义核心价值观。所谓"和合"，经常是指多种并存但互相矛盾甚至对立的事物或要素的协调、结合、统一、发展的一个过程。作为一种思维方式，"尚和合"思想既承认矛盾、冲突和差异，又引导诸多异质要素或不同个体在对立统一、相互依存的前提下趋同化异，维持一个更为和谐、更为平衡的状态，从而推动旧事物的不断消亡与新事物的生成与发展。"尚和合"思想是中华优秀传统文化的思想精华，是中华民族人文精神的基本理念与核心价值，是中华优秀传统文化的时代精神与生命智慧。我们必须继承中华优秀传统文化的"尚和合"思想的优秀基因，推进社会主义核心价值观建设，以更好地适应全球化的态势。

总之，当今世界，霸权主义、强权政治未曾消失，价值观渗透、意识形态侵袭等活动依然存在，世界文明的繁荣与发展需要一个和谐包容的良好社会环境，从而建立一个全新的文明、有序的国际规则，推动世界文明的持续、健康发展。"尚和合"思想传统可以为世界提供参考。与西方宗教精神影响下形成的具有排他性的西方文化不同，中国自古就有博大的包容精神，中国传统文化中蕴含的包容精神使中国文化独具强大的包容性，"海纳百川，有容乃大"，中华优秀传统文化中孕育的"尚和合"思想意即"贵和"与"中庸"融合，在世界文化交流中越来越凸显出其世界价值。唯有回归儒学，"才是真正意义上儒家哲学的创造性转化和创新性发展"[①]。"尚和合"贯穿于中国历史和思想史的整个发展过程之中，它意味着价值的多元性，文化的多样性，在保持各个体文化、区域文化、民族文化特色的同时，相互融合，相互吸取，在尊重彼此的基础上平等共处，共同发展。2018年4月，习近平总书记发表讲话中指出："中国人民将继续与世界同行、为人类作出更大贡献，坚定不移走和平发展道路，积极发展全球伙伴关系，坚定支持多边主义，积极参与推动全球治理体系变革，构建新型新型国际关系，推动构建人类命运共同体。"[②]总体而言，中华优秀传统文化的"尚和合"思想的包容性精神传承至今，是中华优秀传统文化的宝贵精神财富，同时也是国家治理的智慧源泉，一定会助推中华民族的伟大复兴。

---

① 张少恩：《从"以西释中"到"化西为中"：近代以来孟子学研究的方法演进与范式转型》，《中国哲学史》2022年第6期。

② 习近平：《习近平谈治国理政》第三卷，外文出版社2020年版，第194页。

第六章　求大同：中华优秀传统文化追求的社会理想

所谓的"求大同"思想是我国古代社会人们对理想社会的向往与追求、是对美好生活的憧憬与期许，是中华优秀传统文化中的重要价值理念，对中国古代社会发展产生了重要而深远的影响。中华文明历来主张"天下大同""协和万邦"的重要理念，尤其是"求大同"思想是人类社会最终极的理想，"仁爱""民本""诚信""正义"与"和合"价值的最高境界就是要求人类最终实现大同理想。中国共产党历来具有深厚的人民情怀，从群众中来，到群众中去，依靠着人民的力量发展壮大，"不仅对中国人民有着深厚情怀，而且对世界各国人民有着深厚情怀，不仅愿意为中国人民造福，也愿意为世界各国人民造福"[1]。其中充分显示了中国共产党对大同理想的基本追求。天下大同是人们对未来社会的理想追求，这种对理想的追求超越了社会治理的具体方案，但其着眼点是人类未来理想社会应有的状态，并为之努力奋斗，这在一定程度上推动了社会的进步和发展，同时体现了人们对美好生活的憧憬与向往。

第一节　"讲大同"的概念以及文本演变

"讲大同"源自于中华优秀传统文化中构建理想世界的基本图景，代表着人类对未来社会的美好憧憬。中国共产党的最高理想是实现共产主义，"实现国家富强、人民幸福、社会和谐是中国共产党社会整合始终不渝地追寻目标"[2]，这是中国共产党向往理想图景的出发点与落脚点。其

---

[1] 习近平：《习近平谈治国理政》第三卷，外文出版社2020年版，第437页。
[2] 刘子平：《中国共产党社会整合的百年探索与基本经验》，《探索》2021年第2期。

基本特征表现为人人友爱互助，家家安居乐业，没有争战没有离散之苦的臻美理想社会。这种状态称为"世界大同"，此种世界又称"大同世界"，"大同"一词的提出以及之后各个时期的演变都经历了一个漫长的发展过程。"大同理想不仅要解决国家内部的经济与政治问题，最终还要解决天下的和平与稳定，是一种要达到开放包容多元共存的文化观念。"[①]伴随着近代社会的发展，大同思想已经从儒家独有的思想，逐渐转化为一种具有普世意义，是构建人类命运共同体，建设一个持久和平、共同繁荣和谐世界的重要凭借和基本诉求。

一 《诗经》对"大同"的首次提出

"大同思想"源远流长，"大同"思想的理想社会设计在《诗经》中可以找到其蓝本，这是"大同"思想的最初萌芽，当然，"大同"之词早在《尚书》中就已经出现。可以说，《诗经》也是迄今为止保留下来的关于大同理想的最早的材料之一。《诗经·硕鼠》曰："硕鼠硕鼠，无食我黍！三岁贯女，莫我肯顾。逝将去女，适彼乐土。乐土乐土，爰得我所。硕鼠硕鼠，无食我麦！三岁贯女，莫我肯德。逝将去女，适彼乐国。乐国乐国，爰得我直。硕鼠硕鼠，无食我苗！三岁贯女，莫我肯劳。逝将去女，适彼乐郊。乐郊乐郊，谁之永号？"《诗经》中的《硕鼠》篇把贵族剥削者比作是害人的大老鼠，并且发出了决心逃离大老鼠的"适彼乐土""适彼乐国"以及"适彼乐郊"的呼声与诉求。春秋末期到秦汉之际是中国古代社会制度发生剧烈变动的时期，剧烈的社会变动，致使民生凋敝、兵连祸结，老百姓苦不堪言，激发了人们对美好生活的无比憧憬与无限向往，同时这一时期也是"大同思想"逐步形成的重要时期。因为，在一个新制度即将产生的分娩阵痛期，产生了各种各样的关于理想社会的设计：农家的"并耕而食"小农社会、道家的"小国寡民"设想以及儒家的"大同"理想的社会建构等都是大同思想的朴素表达，尤其是儒家大同思想更具社会价值和未来构建理想社会的重要意义。

二 "尚书"对大同社会的基本诉求

"大同"一词最早见之于儒家经典《尚书》的《周书·洪范》篇中："汝则在大疑，谋及乃心，谋及卿士，谋及庶人，谋及卜筮。汝则从，龟

[①] 郭齐勇主编：《大国声音：中华优秀传统文化与时代精神》，湖北教育出版社2016年版，第222页。

从，筮从，卿士从，庶民从，是之谓大同。"① 这里是说，如果三人同时占卜，则听从两个一致的意见。若对重大事件产生疑惑，自己要先用心筹度与谋划，同时还要谋及卿士、谋及百姓、谋及卜筮的官员，如若同意，龟同意，占筮同意，御士同意，庶民同意，就称之为"大同"。这里的"大同"具体是指决断重大疑难问题时应该采取的怎样取舍的态度，要少数服从多数，要参考卿士的想法以及卜筮结果、百官观点、庶民意见尽可能达成一致的情况。一般而言，面对重大疑难问题，能达到"大同"的一致情况是可遇而不可求的最高境界，是殊为罕见的情况，因而也是一种最为理想和美好的状态。由此可见，"大同"概念从其产生伊始，就具有"唯美境界"的理想状态。"大同"具有与生俱来的一种美好意象，就为它们后来《礼运》篇的"大同"理想社会奠定了重要的理论基础。

三 《尚书》对大同理想的具体描绘

但是系统地论述"大同"政治理想的典范是两汉期间戴圣的《大道之行者》，此篇始自于《礼记·礼运》之中，其"天下为公"的大同理想具有重要价值。儒家大同理想与共产主义虽有很大的区别，但也有某些契合之处，也正是在这一基点上，李大钊对儒家大同理想进行了继承与创新，"把'大同'思想发展为共产主义理想，把'仁爱'思想发展为社会主义道德，把'民本'思想发展为无产阶级民主，完成了从传统到现代的跨越"②。由此可见，这是李大钊对大同思想最重要的现代性阐发，也是其试图把大同理想与共产主义进行结合的重要尝试。

《礼记》认为大道实行的时代，天下是人们所共同拥有的，大家推选有道德有才能的人治理国家，彼此之间讲求诚信，能够做到和睦相处。此篇为后世人描绘了一幅理想社会的画卷。《礼记·礼运》申明了信仰的作用可以拯救人，道德的作用能够塑造人，文化的作用可以成就人的道理，从而对理想的大同社会进行了深刻地描述，这就是"大同"的雏形。应该说，不管是信仰、道德还是文化中的"大同"元素，都是"公正"的产物，最终都是殊途而同归，也就是道并行而不悖。近代以来，康有为的《大同书》对天下大同思想进行了深刻思考，"《大同书》所建构的

---

① 《尚书》，顾迁译注，中华书局 2016 年版，第 148 页。
② 吕明灼：《李大钊对儒家理想社会观的继承与创新》，《文史哲》2000 年第 5 期。

'大同之世'的理想社会集古今中西思想于一体，是一种更为理想的社会发展形态，充分体现了人类诸多美好的愿望与诉求"。① 与康有为同时期的孙中山也提出了"天下为公"的社会理想，毛泽东也对"大同说"作了系统的论述。中国历来注重对天下大同的追求并形成了独特的价值理念。这种理念就是向往一个贤能在位、诚实守信、各尽所能、平等友好的理想社会。理想的大同社会的最大特点就是"天下为公"，这是对先秦诸子百家思想进行凝练和升华之后得出的最具价值的结论，充分吸收了孔子主张的"克己复礼"以追求新的社会秩序的美好愿望，汲取了农家的"耕者有其田"农民的夙愿，墨家的"兼相爱、交相利"以及"尚贤""尚同"思想，形成了既来源于不同学派又有别于不同学派的独特的理想社会范式。因此，"中国本土的大同理想作为一种积极的思想资源，其现代意义日见显明"。②

"大同儒学以社会、天下为本位，跳出了狭隘的血缘种族利益至上的观念，世界大同、天下太平是其根本指向。"③ 就这一点而言，大同思想可以看作是中华优秀传统文化中对人类命运共同体意识的最早表述。应该说，人类生活的星球就是一个命运共同体，相互之间密不可分，国与国之间的巧取豪夺甚至发动战争招致生灵涂炭都是无谓的消耗。"如果奉行你输我赢、赢者通吃的老一套逻辑，如果采取尔虞我诈、以邻为壑的老一套办法，结果必然是封上了别人的门，也堵上了自己的路，侵蚀的是自己发展的根基，损害的是全人类的未来。"④ 从中华优秀传统文化的大同理想来讲，要实现天下太平的终极目标就是要"为世界谋大同"的天下之愿、人类之愿，让天下人生活在太平盛世中，"我们要努力建设一个远离贫困、共同繁荣的世界"。⑤ 天下所有人就像一家人一样，从而达到人与自然和谐，人与人和谐，构建一个和谐、稳定的社会。也就是说能坚守仁爱、民本、诚信、正义和合价值者，终归以"大同"为旨归和最终理想，"中国共产党是为中国人民谋幸福、为中华民族谋复兴的党，

---

① 刘星：《康有为"大同之世"的理论建构及其现代价值》，《孔子研究》2020年第6期。
② 王富仁：《重温大同梦——人类大同理想与现实社会和人性本质之间的文化解读》，《西南师范大学学报》（人文社会科学版）2000年第1期。
③ 翟奎凤：《大同儒学论：关于儒学与社会主义融合的一些思考》，《社会科学家》2019年第8期。
④ 习近平：《习近平谈治国理政》第三卷，外文出版社2020年版，第434页。
⑤ 习近平：《习近平谈治国理政》第三卷，外文出版社2020年版，第434页。

也是为人类谋进步、为世界谋大同的党"。① 只有在中国共产党的领导下，方可实现人类在全球化背景下"平天下"的理想，或许这就是中华优秀传统文化复兴的使命所在。

四　大同思想的基本内涵

千百年来，中国的知识分子孜孜不倦地探索美好的理想社会，"大同"思想常常被用来描述未来的理想社会。"坚持美人之美、美美与共。每一种文明都是美的结晶，都彰显着创造之美。一切美好的事物都是相通的。人们对美好事物的向往，是任何力量都无法阻挡的！各种文明本没有冲突，只是要有欣赏所有文明之美的眼睛。我们既要让本国文明充满勃勃生机，又要为他国文明发展创造条件，让世界文明百花园群芳竞艳。"②

从孔子到孙中山，从孟子到康有为，他们都旨在构建一个大同世界的社会理想，实现整个中国，甚至是全人类的永久的和谐状态。秦汉之际的《礼记·礼运》经过各家各派的融合与发展，日臻得到完善与发展。其中的"大同"理想，假托孔子之名，吸取墨家、道家、农家等各家精华，集中完整地描述了一个人人无私心、没有剥削和压迫、人人皆有所用、人人又皆有所养的社会公平、人人平等的"大同世界"的社会理想。这里大同理想的根本原则包括三个层面。其一，所谓的"天下为公"是建立在公有制基础上的社会，也就是说天下是天下人的天下，为天下人所共有，人人各司其职，人人安居乐业。其二，"天下为公"的"公"字体现在用人上要讲求选贤任能，只有德才兼备的人才能得到任用；在人与人的关系上，只有讲究"信"与"睦"的基本原则，才能实现人与人之间相互信任与相互团结、天下一家亲的和谐关系。其三，"天下为公"的整体社会面貌就是视别人的亲人为自己的亲人、别人的孩子为自己的孩子，最终实现全社会人们都能达到"老有所终""壮有所用""幼有所长"以及"鳏寡孤独皆有所养"的讲信修睦、充满仁爱的和谐世界。

在近代历史上，中国有志之士孜孜不懈地追求大同世界的社会理想，在源远流长的历史进程中，日益浸透在中华优秀传统文化的丰富底蕴之

---

① 习近平：《高举中国特色社会主义伟大旗帜　为全面建设社会主义现代化国家而团结奋斗——在中国共产党第二十次全国代表大会上的报告》，人民出版社2022年版，第21页。

② 习近平：《习近平谈治国理政》第三卷，外文出版社2020年版，第469页。

中，成为中国各时代知识精英的文化价值追求。康有为提出："大同之道，至平也，至公也，至仁也，治之治也。虽有善道，无以加此矣。"①康有为所设想的未来"大同"社会是一种无国界、无家界，是以生产资料公有制为基础，没有压迫、没有剥削、人人平等的社会。比康有为稍晚一些的资产阶级革命家孙中山，其所构建的理想社会状态是实现民族、民权、民生的"三民主义"，孙中山的基本初衷是想通过三民主义去实现"人能尽其才，地能尽其利，物能尽其用，货能畅其流"②的良好的社会状态，作为革命家的孙中山要达到的根本目的是"为亚洲黄种，为世界人道"③，进而实现国富民强、天下为公的大同社会。历朝历代，中国知识分子都为实现大同理想进行着不懈地追求。2019年11月，习近平总书记强调："中华文明历来主张天下大同、协和万邦。希望大家共同努力，不断为推动建设开放型世界经济、构建人类命运共同体做出贡献！"④这里的命运共同体与"求大同"思想有异曲同工之妙。

　　大同理想的社会给人们提供了和谐互助的基本条件、提供了一个平等公正的生存环境，人们对于社会报之以高度的责任感和高度自觉性，二者互为条件，互为因果，互相促进。理想中的大同社会里，人人都能受到全社会的关爱，人人都能安居乐业，物尽其用，人尽其力。千百年来，汲取各家精华形成的儒家大同社会的理想愿景，表达了中国人民对公正、团结、和谐、互爱、幸福的向往，对自由平等、天下为公诉求的向往，也表现出中华民族的博大襟怀。1921年，中国共产党的诞生具有重要意义，中国共产党"在任何时候任何情况下，与人民同呼吸共命运的立场不能变，全心全意为人民服务的宗旨不能忘，群众是真正英雄的历史唯物主义观点不能丢，始终坚持立党为公、执政为民"⑤。由此，我们可以看出中国共产党坚持的立场和宗旨就是对"求大同"思想的现实表达。

---

　　① 康有为撰：《康有为全集》（第七集），姜义华、张荣华编校，中国人民大学出版社2007年版，第7页。
　　② 孙中山：《孙中山全集》第1卷，中华书局1981年版，第17页。
　　③ 孙中山：《孙中山全集》第1卷，中华书局1981年版，第172—174页。
　　④ 习近平：《习近平谈治国理政》第三卷，外文出版社2020年版，第213页。
　　⑤ 习近平：《习近平谈治国理政》，外文出版社2014年版，第367页。

第二节 儒、道、墨家对大同理想的解读

所谓的大同理想，是中国古代对理想社会的一种称谓，相当于西方的"乌托邦"，换言之，也就是中国的乌托邦思想。大同思想在中国源远流长、广受推崇。春秋末期到秦汉之际中国社会兵荒马乱、民不聊生，中国古代社会制度发生剧烈震动，同时也是大同思想孕育与发展的重要时期。在这样一个新制度还未正式形成的重要时期，曾产生出各种各样关于理想社会的设计：诸如儒家的"大同"理想、道家的"小国寡民"的社会理想以及墨家"兼爱""尚同"理想等，现就这三种社会理想作一具体阐发。

一 儒家大同理想的社会构建

前一部分已经谈到儒家经典《诗经》中对大同理想的渴望，《尚书》有关"大同"一词的最早提出以及《礼记·礼运》对大同理想的具体描绘，可以说儒家是最为关注"大同"社会的一个学派。"这是对'天下为公'的大同境界的无限向往，又是对'天予人权、平等独立'的社会政治信念宗教般庄严的坚守。"[1] 儒家思想对"天下大同"的追求在千百年来儒家文人社会理想中都有不同程度的体现，其思想影响力也相对较大。作为儒家思想的代表人物和创始人，对于春秋末期"知其不可而为之"的态度以及致力于以"仁"与"礼"为核心价值进行社会建构为己任的孔子来说，其所憧憬的社会理想有着自己的深刻认识。孔子在《论语·季氏》中对其心中的社会理想有过具体的描述："丘也闻有国有家者，不患寡而患不均，不患贫而患不安。盖均无贫，和无寡，安无倾。夫如是，故远人不服，则修文德以来之。既来之，则安之。"[2] 孔子认为一个理想的国家应该是无论是有国的诸侯还是有封地的大夫，不担忧自己的老百姓或者物资的多寡，更为担忧的是社会是否安定；不担忧财物的多寡，而是担忧分配是否合理、是否公平的问题。如果财富能够分配均衡，也就无所谓贫穷了；如果本国、本地区境内每一个个体都能团结一心、共

---

[1] 刘星：《康有为"大同之世"的理论建构及其现代价值》，《孔子研究》2020年第6期。
[2] 朱熹：《四书章句集注》，中华书局2011年版，第159页。

御外侮,也是无所谓人口的多与寡的;本国、本地区境内人人平安、都能各司其职,国家就不会出现倾覆的危险。如果能做到这样,远邦之人还不归服,就再以儒家的"仁义礼乐"予以教化。这样的归顺才会长久,居住在这里的老百姓才会安心。

孔子认为春秋时期贫富分化情况十分突出,也正因如此,社会兼并严重、纷争四起,好的社会状态需要解决"均"和"安"的问题。对此,孔子有类似的表述,诸如《论语·公冶长》的"老者安之,朋友信之,少者怀之"。这句话表明孔子认为的大同理想就是让老人能够安享晚年,朋友之间能够相互信任,年少的人能够得到关怀。孔子学说的"仁""礼"所通达的"大同"理想涉及国家的江山社稷,关乎天下未来,也唯其如此,才能拥有一个和谐、健康并充满希望的仁爱社会。在孔子观念中,一个理想的社会未必是要让物质生活水平达到多高的标准,所有人不一定都要多么富裕,但彼此之间的经济地位要能够均衡、合理,人和人之间的关系处于一种极其友善的状态之中,无论老弱病残,还是鳏寡孤独者,都能过上自己想要的舒适生活,这就是儒家向往的"大同"理想。

孟子在继承孔子"仁政""德治"思想的基础上,进一步发展了孔子的"仁政"学说。《史记·太史公自序》中写道,"《春秋》之中,弑君三十六,亡国五十二,诸侯奔走不得保其社稷者不可胜数"。春秋战国时期诸侯争霸、群雄争锋,战国时期比起春秋时期更是有过之而无不及,孟子对于理想社会的设计更是基于"性善论"的基础上,推行一套为封建统治阶级服务的治国理念。孟子认为,只有推行"仁政",把仁义道德播撒到每一个人的内心深处才是治国的必要条件。当政者能够爱惜民力、善待民众,做到"仁者爱人",这就是对内不压榨穷苦老百姓,对外不发动侵略战争。

孟子对待大同社会也有过自己的一个详细规划。《孟子·梁惠王上》曰:"五亩之宅,树之以桑,五十者可以衣帛矣。鸡豚狗彘之畜,无失其时,七十者可以食肉矣。百亩之田,勿夺其时,数口之家,可以无饥矣。谨庠序之教,申之以孝悌之义,颁白者不负戴于道路矣。老者衣帛食肉,黎民不饥不寒,然而不王者,未之有也。"孟子的意思是给每家五亩的宅地,有自己的安身之所,再种上桑树,那么五十岁的人就可以穿上丝织的衣服;再养一些鸡、狗、猪之类的家畜,善于把握喂养繁殖的时节和饲养规律，即便是七十岁的人都可以有肉可吃；一百亩的田地，不要因劳役耽误了农时，即便是八口之家也可以保证足粮足食、不愁吃喝；重视学校的教育，叮嘱孩子孝顺父母、尊重兄长，那么头发斑白的老人基本都会在家里享受子女的赡养，得以颐养天年。老人孩子都能丰衣足食，老百姓不再挨饿受冻，如果这样还不能统一天下，那也是不可能的事情。因此，孟子主张要给人民一定的产业，能够养家活口，才能安居乐业，再用"礼""义"来引导民众，加强伦理道德教育，这样就可以实现王道政治，从而才能更加接近于"大同"理想。

《孟子·梁惠王上》设计了一整套解决现实问题最可行的方案。当政者只有积极劝课农桑，兴修水利，安排好人力调配，规划好山林湖泊的使用，为农业生产提供最有力的保障；只有积攒钱粮五谷，用来防范荒年，赈济灾民，安置无业闲散人员，才能维持社会治安；只有关照孤独鳏寡等弱势群体，完善社会福利，使得民众老有所养，幼有所教，每一个人才能得到妥善的安置。就像是党的二十大报告中讲到的："着力解决好人民群众急难愁盼问题，健全基本公共服务体系，提高公共服务水平，增强均衡性和可及性，扎实推进共同富裕。"[①] 孟子所描述的通过当政者实行"仁政"进而达到老百姓生活富足的设计，也是大同理想的基本雏形。

《孟子·公孙丑上》曰："先王有不忍人之心，斯有不忍人之政矣。以不忍人之心，行不忍人之政，治天下可运之掌上。"孟子认为古代的圣王是先有了怜悯、同情百姓的心，这才有怜悯、同情百姓的政策和政治。以同情百姓的心胸，实行同情百姓的政治，那么治理一个国家也就水到渠成、易如反掌了。《礼记·中庸》所谓"祖述尧舜，宪章文武"，就是以尧舜之道为祖而述之，以文武之制为宪而章之。这是儒家思想对于尧舜给予的最高评价，认为尧舜之治是未来社会治理方式的典范，值得后世效仿和垂范。

二 道家思想与"大同之世"的社会理想

老子所谓的"小国寡民"的理想社会与儒家的社会理想是有所不同的，老子在对未来社会设计和描述中掺杂着"天之道"与"人之道"的区别。《道德经》讲道："天之道损有余而补不足。人之道则不然，损不

---

① 习近平：《高举中国特色社会主义伟大旗帜 为全面建设社会主义现代化国家而团结奋斗——在中国共产党第二十次全国代表大会上的报告》，人民出版社2022年版，第46页。

足而奉有余。"① 老子认为自然的规律是减少多余的来补给不足的；可是社会法则——意即人类世俗的做法则不然，而是要损减贫穷者的不足来奉献给富贵有余的人。能够做到有余地去供奉天下有需要的老百姓，这样的人一定是世间有道之人，他们既不自恃个人的功德，也不居功自傲或者有意显露自己的贤德。"天之道"是"损有余而补不足"，实际讲的就是宇宙的总体规律是趋于平均分布的，从有序变为无序。"人之道"的"损不足而奉有余"说明生物体本身就是宇宙发展的一种对抗体，生物体不断地吸收能量，把无序变有序。因此，在老子看来，"天之道"和"人之道"是有区别的，"人之道"有利于特权阶层、富裕群体，而不利于下层民众和贫穷群体。而"天之道"则正好相反，老子认为社会应当符合"天之道"，应该遵循自然界的公平原则。老子还有另外一层含义，那就是世间存在一个规律，当一个事物发展到极端的时候，就会走下坡路，这就是"损有余"；而当一个事物还没有发展到其极端之时，它就会一直向上发展，即"补不足"。如果能够一直保持这个"不足"的姿态，那么就能一直处于向好的发展势头。老子这句话，一方面是在从自然层面揭露"物壮则老"的道理，告诫我们万事万物都有由盛转衰的变化规律；同时，老子又从人生的层面告诫我们，做事不要做得太满，否则就没有回旋的余地，就没有下坡路以实现软着陆，就会得不偿失。同时，"损有余而补不足"后面那句"人之道则不然，损不足以奉有余"亦是某种程度上在批判当时当权者从老百姓那里搜刮各类资源的行为，指明这种行为是"违背天道"的。

老子心中的理想社会是"小国寡民"的状态，各个国家之间、地区之间保持着老死不相往来的界限。"小国寡民，使有什伯之器而不用；使民重死，而不远徙；虽有舟车，无所乘之；虽有甲兵，无所陈之；使民复结绳而用之。甘其食，美其服，安其居，乐其俗，邻国相望，鸡犬之声相闻，民至老死，不相往来。"② 应该说老子所建构的理想社会就是不需要远离故土的长途跋涉，不贪恋于外物的美好与锦华，安于自然无为之道的智慧与魅力，享受自然无拘无束的自在、恬淡之境，怀念古人淳朴之德，以显示对当时社会贪念之人的憎恶。老子处于春秋晚期，遭遇

---

① 《老子》，饶尚宽译注，中华书局2016年版，第191页。
② 《老子》，饶尚宽译注，中华书局2016年版，第197页。

列国纷争的袭扰,致使人心不古,而不可反归。故设想以远古之理想气象,复归以无为之治,以寄伤今思故之情。因此,老子极力描绘了一个至纯至真、清静无为,世人所艳羡的极乐精神世界,以此昭示天下,从中体悟自然之大道的美好。在当今现实社会中,我们所处的外部环境条件已然大变,与几千年前的境况大不相同,既不能逃遁于丛林山野之间,也不能独立于尘世之外,而是要在入世中求出世,在逆流中行舟,在磨难中炼己。可以说,老子内心之中的大同社会是封闭式的,在这个封闭的理想社会中,所有人相安无事、自给自足,每个小国内部都有着自我运作的规律,各个国家切实做好"小同"的治理状态,就能达到最终"大同"社会的基本目标。

在庄子那里,虽然没有老子所描绘的"小国寡民"的唯美画卷,但是庄子在《庄子》篇中有这样的记载:"古之人,在混芒之中,与一世而得澹漠焉。当是时也,阴阳和静,鬼神不扰,四时得节,万物不伤,群生不夭,人虽有知,无所用之,此之谓至一。当是时也,莫之为而常自然。"[1] 庄子以古代的美好社会与战国的乱世进行对比。庄子认为古时候的人,在混沌蒙昧的环境中生活,跟外界淡漠相处。阴阳之气和谐宁静,四季按节令运行。不管是妖魔鬼怪,还是麟凤龟龙都互不干扰,万物顺应、四季流转,众生不会死于非命,人们虽然葆有心智,也一如老子的"虽有舟车,无所乘之",这样的社会,再聪明的心智也丝毫没有用武之地,以恬淡颐养智慧,以无为哺育道德。一切都无所作为,这是一个纯粹的、自然的、美好的境界。在这样一个时代中,人们无须作为,只需顺其自然,便能社会和谐,天下大治,这便是庄子所谓理想社会的雏形。

总而言之,在老子、庄子建构的理想社会中,人人保持淳朴与本真。因为在上古时候,可能真的存在过一段很长的民风淳朴、人心真善的时光。因此,儒家的《礼运·礼运》才会有"盗窃乱贼而不作,故外户而不闭"的大同理想的社会状态,也许这并不仅仅是一种理想与愿望,或许在现实生活中它是真真切切的存在,正是因为如此,我们才会对大同社会充满着憧憬,相信它必定能够重新呈现在世间。一个真正有慧根的人,一个真正有洞见的人,也许更应该相信从圣贤经典中汲取智慧,去认识自然万物的根本,从而去挽救人心,恢复人内在的本真与真性情,

---

[1] 《庄子》,孙通海译注,中华书局2016年版,第140页。

指引人类找到那个蒙尘已久的"性灵",找寻到人类的这种"性灵",无论是粮食问题、人口问题、能源问题、环境污染问题以及地区、国家冲突问题,甚至包括当下的俄乌冲突等棘手问题都会迎刃而解。

三 墨家思想与大同理想的社会构建

墨家的大同理想是主张"兼爱""尚同"思想。《墨子·尚贤下》对理想中人与人的关系有过唯美的描述:"有力者疾以助人,有财者勉以分人,有道者劝以教人。若此,则饥者得食,寒者得衣,乱者得治。若饥则得食,寒则得衣,乱则得治,此安生生。"墨子认为有力气的能够尽己所能地去帮助别人,有钱财的人能竭尽全力地去分给别人,有学问的人能够勉励自己去教授别人。如果都能做到这样,饥饿之人可以有食物充饥,寒风中无衣可穿之人也能得到御寒的衣服,混乱的社会便可以得到治理。那么,这样的社会可以让每个人都能各尽其能、各安其生。这便是墨子所向往的理想社会,而这种慈善理念所建构的理想社会与儒家所谓的大同理想有着很大的契合性。墨子旨在告诉世人衡量一个人是圣贤还是凡夫俗子的基本标准不是看其能力有多突出,更重要的是要衡量其德行,那就是不仅仅要有能力照顾自己,还要有帮助别人的高尚道德。

墨子特别重视民心、民意的问题,在他看来,民心向背决定战争的成败。他以古之圣贤治理国家事务的成功案例来说明行德政、爱百姓才能收获民心,最后成为"王天下"的道理。如周文王封于岐山,封地方百里,《墨子·非命上》所谓"与其百姓兼相爱,交相利,是以近者安其政,远者归其德,闻文王者,皆起而趋之,罢不肖股肱不利者,处而愿之"。墨子认为能与百姓兼相爱、交相利、行德政,就可通达不战而胜,最终达到王天下的目的。人与人、家与家、国与国之间,只要相互爱护、相互关心,不要发动战争、不要相互攻伐便可以共同得利。否则,以兵刃、毒药、水火相攻伐,大家都会深受其害。因此,墨子主张"务求兴天下之利,除天下之害"便可以如《墨子·兼爱下》所谓"国都不相攻伐,人家不相乱贼"的"天下之利"局面。

墨家深信社会中的不平等和不和谐基本原因在于人与人之间不相互关爱。于是《墨子·兼爱下》又描绘另一个理想的社会图景:"今吾将正求与天下之利而取之,以兼为正。是以聪耳明目相为视听乎,是以股肱毕强相为动宰乎,而有道肆相教诲。是以老而无妻子者,有所侍养以终其寿。幼弱孤童之无父母者,有所放依以长其身。今唯毋以兼为正,即若其利也。"墨子的兼爱思想是其墨家学说的纲领和精髓,换言之,那就要实现全人类都没有血缘关系的没有亲疏之分,身份等级没有高低贵贱之分,全社会都能达到一种普遍、平等、相爱、互助的局面。因此,孟子希冀达到的是一个如《孟子·滕文公上》所言"死徙无出乡,乡田同井,出入相友,守望相助,疾病相扶持,则百姓亲睦"的理想社会。在这样的理想社会里,人们出入劳作时相互陪伴,抵御盗寇时能够互相帮助,有疾病事故时能够互相照顾,只有这样老百姓才能过着友爱和睦的日子。因此,墨子的理想社会建构在很多地方与儒家大同理想有诸多的契合之处。

墨子"兼爱"原则,就是对待别人就像对待自己一样的不偏不倚。《墨子·兼爱下》曰:"无言而不应,无德而不报,投我以桃,报之以李,即此言爱人者必见爱也,而恶人者必见恶也。"墨子认为没有什么话是不可以不答应的,也没有什么恩德是不能不报答的,你把桃子投给我,我用李子回报你,这就是人与人之间最融洽的关系。这就是说,爱别人的必定会得到别人的爱,而憎恶别人也必定会遭到别人的憎恶。显然,墨子的这句话源自于《诗经·大雅·抑》的"无言不雠,无德不报。惠于朋友,庶民小子"。墨子"兼爱"思想是墨子仁义学说的主要内容,只是墨子对儒家"仁义"思想进行了出色的发挥,如《墨子·经说下》"仁,爱也。义,利也。仁,爱也;义,利也。爱利,此也所爱、所利,彼也。"这里的"仁"的实质是"爱",而"义"的实质是"利"。于是墨子把"仁爱"和"义利"紧密相连,又把"兼相爱"和"交相利"进行有机融合,这样就把"爱人"解释为"利人"。应该说,墨子的"兼爱"思想,是当时的手工业各成员之间互助互利原则的理想化,更是农业、工商业者最朴素平等愿望的理论升华,是其希冀实现的一种道德理想、道德要求和道德愿望。因此,儒家大同思想中的"同"与墨家的"兼爱"思想有着密切联系。墨家思想对于大同思想的产生提供了理论来源。

第三节 大同思想的主要内容

儒家经典著作《礼记·礼运》篇提出了"大同"社会理想的基本雏形,其所建构的社会理想就是实现其大同理想,主要体现在诸多方面。

"大道之行也，天下为公。选贤与能，讲信修睦，故人不独亲其亲，不独子其子，使老有所终，壮有所用，幼有所长，鳏寡孤独废疾者皆有所养。男有分，女有归。货恶其弃于地也，不必藏于己；力恶其不出于身也，不必为己。是故谋闭而不兴，盗窃乱贼而不作，故外户而不闭，是谓大同。"[1]

《礼运》篇指出：在大道施行的时候，天下是天下人的，天下是大家所共有的，把品德高尚的人、能干的人选拔出来去管理社会，形成了一种讲求诚信，培养一个和睦的、良好的社会氛围。人们不单单是奉养自己的父母，不仅仅是哺育自己的子女，更是要使老年人能够终其天年，中年人能为社会效力，让年幼的孩子有一个健康成长的外部环境，让老而无妻的人、老而无夫的人、幼而无父的人、老而无子的人以及残疾人、不能自理的人都能得到社会的供养，男人有事做，女子有归宿。对于财货，人们憎恨那种随处乱扔、铺张浪费的可耻行为，但是也不会发生据为己有，自己私藏财物的违法行为；人们都愿意为社会、为国家、为公众之事竭尽全力，而不一定是为自己谋私利。因此奸邪之事不会发生，盗窃、造反和害人的事情能够杜绝，人们根本就不担心会有盗贼出现，各家各户都不用关闭自家的大门，这就是理想中的大同社会。这里所谓的"大同"不是纯理念化的概念，而是具体化的社会现实，儒家经典《礼记》中的《礼运》篇描述的大同世界社会景象包括了六个方面的内容。

一 "天下为公"的社会制度

《礼运》的"大道之行也，天下为公"中的"天下为公"所要达到的是全民公有的基本目标，就是包括权力、财物以及生产资料的全社会公有。之所以要明确"天下为公"的权力公有，是人们从实践中得出的一个亘古不变的真理：权力可以改变一切，也可以攫取一切。只有坚持全社会的公有，才能保证社会其他方面的公有；只有取消个人的权力垄断，才能保证社会其他方面不受垄断。因此，"天下为公"的口号是针对封建主义的垄断、是针对王权统治提出来的，是和王权根本对立的。最负盛名的柳宗元《封建论》一文对秦始皇废除封建行郡县的做法进行了讴歌和赞颂："秦之所以革之者，其为制，公之大者也；其情私也，私其

---

[1] 《礼记》（上册），胡平生、张萌译注，中华书局2017年版，第419—420页。

一己之威也，私其尽臣属于我也，然而公天下之端自秦始。"秦始皇以天下为一人一家之天下，自称始皇要千世万世而为君，私之至极，没有任何"天下为公"的意思。但是在柳宗元看来，其对秦始皇的赞许也只是对其"行郡县"的认可，但是柳宗元直言其出发点是出于个人之"私"，这就是后来王夫之在《读通鉴论·秦始皇》评价的："秦以私天下之心而罢侯置守，而天假其私以行其大公。"其实所谓"废封建，行郡县"仅仅是将"天下"由其众多子孙共同统治而已，所谓的封建制度都是一家一姓的私天下，与大同世界的"公"相比相去甚远。

到了近代，作为激进的资产阶级民主主义先行者的孙中山主张通过革命，以暴力手段彻底推翻封建君主专制统治。他的思想主要代表了中国新兴资产阶级新民主主义革命派的主张，在很大程度上体现并满足了封建专制统治下人民大众共同的利益诉求。他为了解救民众疾苦，率先提出了"民族、民权、民生"的三民主义。在"旧三民主义"基础上，他进一步接受了马克思主义科学社会主义的某些主张，提出了新三民主义纲领并反复强调"天下为公"的"大同"理想，包含反对封建统治压迫，反对帝国主义侵略、解救民众的资产阶级民主革命，制定了一整套资产阶级的社会制度，但是囿于阶级和时代的局限性，最后以失败而告终。

毛泽东同志在《人民民主专政》一文中提出："经过人民共和国到社会主义和共产主义，到达阶级的消灭和世界的大同。"[1] 这是中国共产党人把共产主义理想与中华民族"大同"理想以及建构"天下为公"的社会制度进行有机结合的卓越见解和精彩论述。毛泽东同志的《念奴娇·昆仑》中的"太平世界，环球同此凉热"[2] 这一句极具深意，这里的"太平世界"即"大同"社会，"环球同此凉热"意指共产主义社会的实现。在毛泽东看来，在未来的和平世界里，全人类终将共享一个冷暖适应的气候，"不要这高，不要这多雪"，其言下之意是要坚信捍卫共产党人奉行的崇高理想——大道中正，这一崇高理想的光辉也必将普照全人

---

[1] 毛泽东：《毛泽东选集》第4卷，人民出版社1991年版，第1471页。
[2] 毛泽东在1953年10月写下的《念奴娇·昆仑》一词的原文：横空出世，莽昆仑，阅尽人间春色。飞起玉龙三百万，搅得周天寒彻。夏日消溶，江河横溢，人或为鱼鳖。千秋功罪，谁人曾与评说？而今我谓昆仑：不要这高，不要这多雪。安得倚天抽宝剑，把汝裁为三截？一截遗欧，一截赠美，一截还东国。太平世界，环球同此凉热。

类。"我们要拓展世界眼光，深刻洞察人类发展进步潮流，积极回应各国人民普遍关切，为解决人类面临的共同问题做出贡献，以海纳百川的宽阔胸襟借鉴吸收人类一切优秀文明成果，推动建设更加美好的世界。"①这个"美好的世界"就是我们大同理想追求的目标，这就是我们坚持胸怀天下所要达到的终极目标。这"太平世界"的共产主义理想终将取得最后的胜利，也必将彻底埋葬西方国家主导的单边主义和霸权主义。毛泽东同志是把共产主义最高理想同中华优秀传统文化的"大同"社会理想进行有机结合的典范。表现了伟大的无产阶级革命家改造自然、改造社会，反对帝国主义、造福人类的斗争精神，展现了实现共产主义"大同"社会的崇高理想和远大抱负。2017年12月，习近平总书记在谈到命运共同体的时候指出："人类命运共同体，顾名思义，就是每个民族、每个国家的前途命运都紧紧联系在一起，应该风雨同舟，荣辱与共，努力把我们生于斯、长于斯的这个星球建成一个和睦的大家庭，把世界各国人民对美好生活的向往变成现实。"②

中国共产党的信仰是实现共产主义，而共产主义要达到的目标就是要让大同理想成为现实。中国共产党人之所以能够真正带领人民切实实现共产主义，实现大同社会理想，是因为中国共产党是中国工人阶级领导的无产阶级政党，工人阶级是代表先进生产力、最大公无私、最富有战斗力的政党，没有本阶级的一己之利，代表的是全人类的根本利益，并肩负着消灭阶级、消灭剥削，从而为实现大同社会理想、实现共产主义而终生奋斗的使命和担当的最具前途的政党。中国共产党是以马克思主义为指导的政党，马克思主义在人类思想史上第一次以科学的形态阐述了共产主义学说，它既以唯物史观的立场、观点和方法论证了共产主义即大同社会的历史必然性，同时又指明了实现共产主义即大同社会的现实道路。这个现实道路就是要通过工人阶级领导的无产阶级革命，经过无产阶级专政的社会主义过渡到共产主义的"大同"社会。科学社会主义理论使人类的大同社会理想成为真正的科学学说，具有现实的可能性。

"天下为公"、世界大同是中华优秀传统文化的精粹，也是千百年来

---

① 习近平：《高举中国特色社会主义伟大旗帜 为全面建设社会主义现代化国家而团结奋斗——在中国共产党第二十次全国代表大会上的报告》，人民出版社2022年版，第21页。

② 习近平：《习近平谈治国理政》第三卷，外文出版社2020年版，第433页。

中国人民为之不懈奋斗的理想和信念。中华优秀传统文化的"大同"思想虽有很大的历史局限性，但是作为精华之一的大同社会的理论建构是全人类那种不分贫富贵贱，充满真正自由、平等和博爱的崇高理念和精神，也体现了人类社会发展的最终必然归宿，也应当是当今全球化核心内涵中最宝贵的东西，并永远值得我们继承和弘扬。

二 "选贤与能"的人才选拔体制

《礼运》中开篇讲道："大道之行也，天下为公，选贤与能，讲信修睦。"[1] 这里的"选贤与能"，就是要选拔任用贤能之人来管理社会、治理国家。这里的"与"通"举"，亦作"选贤任能"或者"选贤举能"，重在对人才选拔体系的概括。这个人才选拔体制是包括中央与地方的各级人才的选拔。天下既然是天下人的天下，那么管理天下就需要社会上每个人的参与，不管是中央还是地方，都需要有贤能的人去管理。地方和中央都应该通过民众选举的形式选举出贤能之士负责管理，这里的选举指的是"民举"，而不是"官举"。

尧、舜一方面选择"禅让帝位"，一方面又推崇"选贤与能"，其本质是所谓的"选贤"并没有让民众参与其中，其选举权也并不在民众手中，因而其所谓的"选贤与能"并不是大同世界原本意义上的选举。《史记·五帝本纪》写道："尧知子丹朱之不肖，不足授天下，于是乃权授舜。授舜，则天下得其利而丹朱病；授丹朱，则天下病而丹朱得其利。尧曰：终不以天下之病而利一人，而卒授舜以天下。"从这里可以看出，尧、舜的禅让制与大同理想还是有着根本的区别。因为尧、舜的禅让是权宜之计，尧、舜的帝位同样是由个人指定的。而大同理想的选贤方式是经过"天下"人选举出来的，是要建立一种可以沿袭的制度，有着制度化的考量。尧、舜却是终身制的，而"大同"是非终身的。在"大同"世界里，就根本不存在永远的"帝"或者"王"。但随着时间的推移，民选的可能性越来越少，及至隋唐，科举考试日臻成熟，日益成为朝廷选拔人才的主要手段，从诸多士人中选拔出那些有能力的人出仕做官，自《唐书》直至《明史》，均有对《选举志》的详细记载，纵观科举制的发展，这种重要的选官模式基本与民众的民选彻底划清了界限。

大同理想中要想做到"天下为公"，最具体的措施就是"选贤与能"，

---

[1] 《礼记》（上册），胡平生、张萌译注，中华书局2017年版，第419页。

选拔出贤德之人才是实现"天下为公"的必要条件。大同社会所谓的"贤能"集中体现了天下人的意志。中国共产党人在马克思主义指导下,确立了实现共产主义大同理想的初衷、使命和抱负。中国共产党是把马克思主义同中国具体实际相结合,同中华优秀传统文化相结合的马克思主义政党,这一政党具有中华优秀传统文化中大同思想的中国精神基因,既坚持了共产主义的大同理想为其最远大的目标,又为实现这个远大目标设计了一系列不同时期的当前目标和切实可行的具体步骤。中国共产党人的最高纲领就是实现共产主义大同理想,为了这个目标,中国共产党在社会主义革命、建设和改革的各个阶段,在总结汲取社会主义建设经验教训基础上,做出了中国正处于社会主义初级阶段的科学判断,开创了中国特色社会主义事业的新局面,把实现远大的共产主义大同理想与中国特色社会主义共同理想有机结合起来,为实现中华民族伟大复兴中国梦到实现共产主义大同社会理想进行不懈努力。

三 "礼仪之邦"的社会道德

《礼记》中记载:"是故谋闭而不兴,盗窃乱贼而不作,故外户而不闭,是谓大同。"[①] 这句话旨在对大同理想"治世""礼制"完美的社会理想的描述,在这样的"礼仪之邦"里,人人都有高度的责任心,不仅爱自己的家人,也能推己及人,爱别人的家人,"不独亲其亲,不独子其子"。也一如孟子所坚守的"老吾老,以及人之老;幼吾幼,以及人之幼"。[②] 在大同社会里反对任何自私自利的行为,每一个人都对全社会财富倍加珍惜,能够做到《礼记·礼运》所谓"货恶其弃于地也,不必藏于己"的高度自觉,在人人为公的社会里,人们有高度的责任心,对社会财富十分珍惜,憎恶一切浪费现象,反对任何自私自利的行为。这就是"货恶其弃于地也,不必藏于己"。所谓"货弃于地"是可耻的,私藏货物同样也是可耻的道理。如果每个人都具有了高尚的品德,就会达到"以和为贵""亲仁善邻"以及"协和万邦"理想的大同社会。

中华优秀传统文化源远流长,在五千年历史演进过程中创造了灿烂的文化,形成了高尚的道德准则以及完整的礼仪规范等传统美德,素有"文明古国,礼仪之邦"之称。中国古代的"礼"和"仪",实际是两个

---

① 《礼记》(上册),胡平生、张萌译注,中华书局2017年版,第420页。
② 朱熹:《四书章句集注》,中华书局2011年版,第194页。

不同的概念。"礼"是制度、规则和一种社会意识观念；"仪"是"礼"的具体表现形式，它是依据"礼"的规定和内容，形成的一套系统而完整的程序。《礼记》描绘的大同理想彰显的传统礼仪文明是中华民族宝贵的精神财富。中国人的道德形象意识是实用型的道德形象意识，有别于西方以基督文化为基础的原罪型道德意识。

礼仪文明作为中华优秀传统文化的重要组成部分，对中国社会历史发展起到广泛而深远的影响，其内容十分丰富，涉及范围非常广泛，几乎渗透于古代社会的诸多方面。因此，大同理想要倡导的道德理想对于良好个人素质的修养，协调和谐人际关系，塑造文明的社会风气以及进行社会主义精神文明建设的重要作用。中华传统文化的优秀品德是中华民族为实现大同之道，是"为世界谋大同"的基石。

四 "各得其所"的社会保障体系

《礼记·礼运》提到："男有分，女有归"，最后要达到的是"故人不独亲其亲，不独子其子，使老有所终，壮有所用，幼有所长，鳏寡孤独废疾者皆有所养"[①] 的理想社会。这就是在社会中的每一个人都有发挥自己才能的地方，然后每个人的才能也真正的得以体现，都能找到合适的职位去发挥自己的潜能，就是合适的人放在合适的职位上，人才和事情都相宜，更重要的是每一个人都能劳有所得，都能"各得其所"。大同社会里人人敬老，个个爱幼，在这种有序的大同社会里，不仅人们的道德水平明显提高，最重要的是能够形成一个有效的社会保障体系，意即达到《礼记·礼运》"老有所终，壮有所用，幼有所长，鳏寡孤独废疾者，皆有所养"的臻美之境。在这样的社会里人人都能得到社会的关怀，每个人都会主动关心社会。

大同世界就是要实现"人得其所""各得其所"的全民的社会保障。大同世界描绘的是人人敬老，人人爱幼，无处不均匀，无人不饱暖的理想社会。《礼记》尽管繁杂，却有贯穿全书的主旨，那就是儒家的礼治主义，让社会中的每一个人都能"各得其所"，都得到相应的社会保障，这也是儒家礼治思想、以礼治国所要达到的基本目的。儒家认为远古时代"天下为公"思想是一个没有私欲的美好的理想社会，后来天下被君主私家占有，就产生了种种社会弊端。为了维持封建秩序，就规定出种种礼

---

① 《礼记》（上册），胡平生、张萌译注，中华书局2017年版，第419页。

法来约束人们的行为，所以社会也还算得以安定。但是春秋时代，由于社会动荡，旧的礼法不再发挥作用，在儒家看来，那就是"礼坏乐崩"，天下大乱。为了扭转这种局面就要恢复古代尤其是西周的礼法制度并加强礼制教育，以其维护封建宗法关系以求得社会的安定。这就是儒家礼治主义的基本思想，也是实现人人都有一个切实保障的基本方法。"男有分，女有归"，实际是指男女都有自己婚嫁的权利与机会，不至于因为战乱和不合理的社会制度而出现《孟子·梁惠王下》的"内无怨女，外无旷夫"的良好局面，规避旷夫怨女，同时也是社会保障体系完善的具体表现。

五 "讲信修睦"的和谐人际关系

"讲信修睦"见之于《礼记·礼运》篇的"大同"理想"大道之行也，天下为公。选贤与能，讲信修睦"。"天下为公"是"选贤与能""讲信修睦"的前提和基础，"选贤与能"是"天下为公"的具体措施，而"讲信修睦"是"天下为公"的具体体现。"讲信修睦"是良好人际关系的核心，而良好人际关系的建立又离不开"天下为公"的大同理想。

《礼记·正义》中说"讲信修睦者，讲，谈说也；信，不欺也；修，习；睦，亲也。此淳无欺，谈说辄有信也。"这里可以看出，"讲信修睦"被视为一种人们交往的方式，重在强调人与人之间地位平等、共同劳动、衣食共享、相互依赖、诚实不欺以及互相信任的含义，与远古氏族社会的人际关系有诸多不同之处。所谓"讲信修睦"之"讲"可理解为"讲究""讲求"之义，"信"是诚信，"修"是谋求建立，"睦"是亲密和睦。具体表现在待人处事中，自己对待别人要做到讲求信用、诚实不欺、坚守信义，对别人要选择相信、信赖、不怀疑的态度。从字面意义来看，"讲信"与"修睦"具有一定的逻辑关系，前者是后者的前提，后者是前者的结果，不讲求信用、诚信，也就没有和睦之说。因此，"讲信修睦"是一种自然而然的人际关系。

"讲信修睦"是古往今来进步思想家、政治家在实现自己政治理想时都尤其强调"讲信修睦"对于执政者治国理政的重要作用，认为凡事要慎言，政令一经发出，就不能朝令夕改。《论语·颜渊》讲"民无信不立"，《中庸》主张"至诚"无伪；道家也强调执政者要讲诚信，如果"信不足"，民则"有不信"。《礼运》对"大同"理想的描绘虽只有百余字，但其蕴涵的内容十分丰富。"天下为公"是大同社会的总原则，"选贤与能"是政治措施，"讲信修睦"是其人际关系的具体表达。

六 "各尽其力"的劳动态度

《礼记·礼运》有:"货恶其弃于地也,不必藏于己;力恶其不出于身也,不必为己。"这里前半句讲的是对于财货,人们不会据为己有,憎恶那种随处乱扔、铺张浪费的可耻行为,后半句是讲人们不是为自己谋私利,都愿意为社会、为国家、为公众之事竭尽全力。尤其是后半句讲的就是"各尽其力"的劳动态度。大同社会里,劳动成为人们自觉而又习惯的日常行为,有劳动能力而不去劳动的人是可耻的,劳而不尽其力,不能尽其所能地去工作的行为也是可耻的,劳动不是为了社会,为了国家的利益,只为了个人谋福利同样也是可耻的。正是这种不计报酬、自觉奉献的劳动态度支撑着大同社会的正常运转。让全社会形成一种各尽其力的劳动新风尚。大同世界高度民主的"天下为公"的政治制度和切实可靠的"男有分,女有归"的社会保障制度又是这种劳动风尚产生的前提和基础。社会给人们提供了和谐优越的生存条件,人们回报社会的是高度自觉的劳动,二者互为条件,互为因果,而又互相促进。大同世界作为一种社会理想,可谓是思之深刻而虑之长远的,除了所有制问题谈得不够明确之外,与当代的社会主义社会有很大的契合性。

在中国漫长的封建社会中大同理想成为广大贫苦农民阶级反对封建地主阶级剥削压迫的思想武器,成为号召、鼓舞人民追求社会进步的旗帜,其基本主张一直延续下来。不管是南宋农民起义钟相、杨幺提出的"等贵贱、均贫富"口号,还是明朝农民起义领袖李自成提出的"均田免粮"号召,甚或是太平天国运动《天朝田亩制度》主张的"有田同耕,有饭同食,有衣同穿,有钱同使"的主张,都是要实现其所向往的"无处不均匀,无人不饱暖"的理想社会,都体现了中国封建社会农民阶级追求公正、平等的理想诉求,都是被统治阶级对大同社会理想精神的清晰表达。只有在这样的社会里,人们才能够心甘情愿地倾其所有,心甘情愿地付出自己的辛勤劳动,才能够激发"各尽其力"的劳动态度。

第四节 "讲大同"思想的现代价值

儒家的大同理想汲取其他各家思想之长,扶摇而上并定居一尊,成为千古绝唱。它对古代农民起义纲领的提出、对历代思想家政治理想蓝图的构想，都曾对未来理想社会的设计产生了极其深远的影响。大同理想所涵具的以民为本、诚实守信、选贤与能、尊老爱幼等汇聚为"天下为公"信仰、慷慨奉献精神、崇尚实干作风以及中国梦的现代表达等方面都具有重要的现代价值。中华优秀传统文化的大同思想经过创造性转化和创新性发展，并内化为伟大"中国梦"的重要思想资源。"我们认为它所包含的精神价值不可抹杀，其思想可以经过现代化的转化、改造，为实现中国梦提供宝贵的思想资源。"①

一 "天下为公"思想是中国共产党人"为世界谋大同"的精神信仰之源

"天下为公"思想是"为世界谋大同"的重要信仰之源。儒家思想认为，要实现大同理想、实现人类的真正和平，要有一个坚定的信仰。孔子处在"礼崩乐坏"春秋晚期的"无道之世"，为匡正救世，孔子高扬"克己复礼"理念，孔子认为只有人们克服了自己的贪欲、邪念、偏差的观念，让自己的行为完全符合人间正道，达到"礼"的要求，才能一步步达到"仁"的境界。孔子还认为"克己复礼为仁。一日克己复礼，天下归仁焉"。② 也就是说，如果社会中的每一个个体都能做到"克己复礼"，那么就可以实现天下太平的大同之境。

孔子和孟子有一个共同之处在于，他们都认为人事和天命是可以合在一起的，而"天人合一"的思维模式是对这一认知的最充分表达。孔子以"礼"来规定"仁"，依"礼"而行就是"仁"的根本要求。因此，"克己复礼"就是通过人们的道德修养自觉地遵守"礼"的规定。《论语·学而》谓之："礼之用，和为贵"，从内心深处保持一种和谐、和平的精神尤为重要，特别是在当今社会，诸多不确定因素依然存在，单边主义、霸权主义依然存在，要想做到内心和谐、家庭和谐、社会和谐以及国家的和谐，最后才能通向世界和谐的"大同"大道。

儒家倡导的"大同世界"的实现条件是"大道之行"。就是世界上不再有尔虞我诈，不再有强取豪夺，不再有地区差异的限制，不再有世界霸权。"天命""天理"属于同一范畴的一对概念，具有终极意义，能够做到这些就是符合了"天道"的要求，而道德修养就是体悟"天道"的过程。

---

① 田杰英：《〈礼运〉社会理想研究》，博士学位论文，中共中央党校，2015年。
② 朱熹：《四书章句集注》，中华书局2011年版，第125页。

并不断地使"人道"合于"天道"的发展从而达到"仁"的最高境界。这就是"为仁由己，而由人乎哉?"① 在孔子看来，"仁"是依靠自己主观努力所追求的崇高境界，"欲仁""为仁"是一种自觉、自主的道德行为，不可过分强调客观条件。"学"不仅是单纯的学习知识，也是一种实践活动，是学习如何做一个好人的、自主的实践活动，也就是为己之学与为人之学的区别，强调一个人要注意修己、克己，注重学习与训练，培养自己多方面的品质，尤其要注重个人的道德修养。也就是"自天子以至于庶人，壹是皆以修身为本"。② 可见，修身是做人的基本要求，其要旨就是如何按照善的原则来设计和塑造人，使人真正成为人。只有这样才能让真理的光辉永放异彩，避免被尘嚣所遮掩。要坚定大同理想的信仰，不断加强自身修养，才能从内心深处接受"大同"世界理念，增强人类一体信仰和世界公民意识，从而自觉推动人类社会事业的向前发展。

习近平新时代中国特色社会主义思想充满着对马克思主义的坚定信仰，充满着对社会主义和共产主义的"大同"社会的坚定信念，展现了当代中国共产党人的政治品格、价值追求和精神风范。"为人民谋幸福、为民族谋复兴、为世界谋大同是深刻理解和全面把握习近平新时代中国特色社会主义思想的金钥匙。"③ 这一思想坚守中国共产党人为人民谋幸福的初心，坚持人民主体地位，坚持一切为了人民、一切依靠人民，彰显了人民是历史的创造者、人民是真正的英雄的唯物史观，彰显了以人为本、人民至上的价值取向，彰显了立党为公、执政为民的执政理念。"人民性是马克思主义的本质属性，党的理论是来自人民、为了人民、造福人民的理论，人民的创造性实践是理论创新的不竭源泉。一切脱离人民的理论都是苍白无力的，一切不为人民造福的理论都是没有生命力的。"④ "为世界谋大同"不仅承载了中国共产党人为人民谋幸福、为民族谋复兴的初心使命，更是承载了为世界、为人类找到一条出路即"大同世界"的崇高理想。我们要弘扬中华民族伟大创造精神、伟大奋斗精

---

① 朱熹:《四书章句集注》，中华书局2011年版，第125页。
② 朱熹:《四书章句集注》，中华书局2011年版，第5页。
③ 中共中央宣传部:《习近平新时代中国特色社会主义思想学习纲要》，人民出版社2019年版，第10页。
④ 习近平:《高举中国特色社会主义伟大旗帜为全面建设社会主义现代化国家而团结奋斗——在中国共产党第二十次全国代表大会上的报告》，人民出版社2022年版，第19页。

神、伟大团结精神、伟大梦想精神，传承和弘扬中华优秀传统文化，为实现中华民族伟大复兴提供强大的精神力量。这一思想担负着中国共产党人"为世界谋大同"的重要使命，饱含着对人类发展重大问题的睿智思考和独特创见，洞察时代风云，把握时代脉搏，引领时代潮流，为应对全球共同挑战、共同问题提供了中国智慧和中国方案，为推动构建人类命运共同体、维护人类共同利益和共同价值做出了重要贡献。

从中华民族最早提出的"大同"社会理想，到中国梦的提出、人类命运共同体的构建，中华民族在悠久的历史长河中一代接一代地承继并发展着这一理想，是中国共产党人把共产主义学说同中华民族"大同"思想进行有机结合、与世界先进思想相结合并进行创造性阐发的具体典范，在阐述并践行"大同"思想的历史进程中，始终如一地坚持自觉的担当、不懈的追求、扎实的践行，从而"为世界谋大同"贡献自己的力量。大同世界的社会思想对中国文化影响深远，在两千多年的历史长河中，中华各民族文化在保持各自特色的前提下，相互认同、和谐共处，汇合成统一的中华民族文化。多样性与同一性并行不悖的历史经验，为当今人类社会多元文化的和平发展提供了借鉴。这一历史经验不仅有利于各国善待友邦，也有利于国际社会化解矛盾，促进地区安定和世界和平。儒家思想提出的"天下为公"的大同理想社会，集中反映了中华民族先民们对美好社会制度的向往和追求。它不仅具有超越性，而且具有高尚的道德情操，把真、善、美融为一体，成为中华民族走向文明的精神信仰，即使到了全球化的今天，也仍然有着不可磨灭的现实价值。

二 我将无我、竭尽全力的奉献精神是社会主义现代化建设的重要动力

《礼记·礼运》中提到"货恶其弃于地也，不必藏于己；力恶其不出于身也，不必为己"。"力恶其不出于身"指的是人人愿意为社会、为国家、为公众奉献自己的一切，为"公众"事业竭尽全力，为不努力工作、不尽到责任而感到可耻。也是陆游在《病起书怀》讲到的："位卑未敢忘忧国，事定犹须待阖棺。"虽然职位低微却从未敢忘记忧虑国事，但若想实现祖国统一大业的宏愿，只有死后才能盖棺定论。其实这种精神就是习近平总书记所谓"我将无我、不负人民"的鞠躬尽瘁精神。"无论是仁，礼，敬，信，还是大同，和谐，都使我们可以体味到儒家道德观念的博大深厚与勃勃生机，体会到中华优秀传统文化对构建社会主义核心

第六章　求大同：中华优秀传统文化追求的社会理想 / 261

价值观的作用与意义。"①

中华民族是一个具有奉献精神的伟大民族，中华优秀传统文化的基本精髓就是无私的奉献精神，在吸收外来文明的同时，不断回馈对方，始终不忘对世界、对人类发展做出自己的积极贡献。"当今和谐社会的理念继承了儒家大同思想的合理成分，并赋予了新的时代内涵。"② 从古至今，中华民族已经为世界文明进步做出了自己应有的贡献。从汉唐时期起就逐步开创了陆地和海上的丝绸之路，诸多中国的茶叶、丝绸等物产风靡亚洲各国，远达欧洲，在相互交换中发展，在相互发展中促进。中国提出的"一带一路"倡议，其实就是古代丝绸之路的继续和发扬。"一带一路"倡议促进相关国家和地区的政策沟通、设施联通、贸易畅通、资金融通与民心相通。事实表明，大同社会理想昭示的基本精神是中华民族的一种"毫不利己、专门利人"的无私奉献精神。也正如鲁迅在《自题小像》抒发的"寄意寒星荃不察，我以我血荐轩辕"的爱国情怀。他密切注视当时的政治局势，关心国家大事，关心民族命运，唯独没有顾及个人的安危，在祖国处于垂危之中，人民遭逢苦难之时，鲁迅本人就像是被神箭射中了一样，使他无时无刻不为祖国和人民的命运担心和忧虑，表现出作者热爱祖国、热爱人民，把挽救国家危亡看作自己神圣职责的革命胸怀。我们要汲取中华优秀传统文化的精华，"将古代的大同思想与当今的和谐社会理念相比照，我们能更清楚地认识到建设和谐社会在整个社会发展中的地位与作用，增强历史责任感和文化自信心，坚定构建和谐社会的信念"。③ 为国民忧虑，为国家忧虑，为世界忧虑，这种奉献精神也使中国人民一直以来都在做世界和平的建设者、人类发展的贡献者、国际秩序的维护者以及人类命运共同体的构建者。

中华民族是一个崇尚奉献、崇尚实干精神的优秀民族，这在《礼记·礼运》得到了充分的彰显，因为理想中的"大同社会"不是简单的空想，是需要努力奋斗才能取得的，只有付出，只有努力拼搏才能成功，这就是"力恶其不出于身"，才能得到自己理想中的生活。中华优秀传统

---

① 谢伟铭：《儒家道德观念的传承与发展》，《中国哲学史》2019 年第 6 期。
② 宋思伟、孙建成：《儒家大同思想与当代和谐社会理念》，《山东社会科学》2009 年第 12 期。
③ 宋思伟、孙建成：《儒家大同思想与当代和谐社会理念》，《山东社会科学》2009 年第 12 期。

文化自古以来就始终强调知行合一、躬身实践、埋头苦干、毫不利己、专门利人的优良传统，而所有这些都是我们进行中国特色社会主义现代化建设的宝贵财富。大同社会作为理想社会的代名词，在世界观、方法论和价值观上为构建人类命运共同体提供有益的启发。"坚持问题导向的人类命运共同体理念，以尊重传统、古为今用、推陈出新的方式挖掘儒家文化基因的时代价值，为世界秩序的重建、人类困境的解决提供新理念、新规则、新模式和新路径。"[1]

中国特色社会主义现代化建设以及人类命运共同体的构建不是简单的口号或者自己的一厢情愿，而是需要每个人的付出，需要每个人不遗余力地去争取，只有这样，中华优秀传统文化中的大同理想才有可能实现，才会具有现实意义。"大同儒学要有天地纬度，要能尽性、知命、知天，能参天地、赞化育。个人、社会、天地根本上是一个贯通的整体，宋儒说'仁者浑然与物同体'，这种万物一体的精神是大同儒学的哲学本体论基础。"[2] 习近平总书记在党的十八大期间参加上海代表团时提出了"空谈误国、实干兴邦"重要论断。也就是说"空谈误国"一词是对明朝末年"清谈误国"的继承与发展，也是对当时顾炎武论断的深刻总结：正所谓南朝宋刘义庆在《世说新语·言语》说的，"虚谈废务，浮文妨要，恐非当今所宜"。不管是两晋是否亡于清谈之风，还是明末顾炎武提出的"清谈误国"之说，都说明脚踏实地的重要性，而这一点也是大同社会的精华所在，也是大同世界可能实现的最重要条件。

中华优秀传统文化中的大同理想将实现天下大同作为毕生的追求和理想，在不同朝代都对这一思想进行着不断的丰富和完善，形成了独特的价值追求和中华文化的特有标识。当今社会，在推进中国式现代化的进程中仍然需要汲取大同理想社会的精华，我们仍然要追求这种天下大同的理想状态，并将其同实现共产主义的伟大理想结合起来，合理借鉴其中的有益成分，为社会主义现代化建设服务。大同思想对于今天的我们倡导共同富裕、走共享发展道路具有高度的契合性和启发性，对于社会主义现代化建设具有重要的借鉴意义。"'大同'理想与共产主义，都

---

[1] 秦龙、赵永帅：《人类命运共同体理念对儒家文化基因的当代承继》，《学术界》2019年第1期。

[2] 翟奎凤：《大同儒学论：关于儒学与社会主义融合的一些思考》，《社会科学家》2019年第8期。

在文化原型的层面上显示出马克思主义与儒学会通的学理上的可能性。"①

对于一个社会来说，我们必须要满足每一位社会成员的基本生活需求，我们只有在满足最基本的日用住行的生存资料的前提下，才会有更高的精神追求，必须要坚定地走共同富裕之路，也才能更好地避免贫富两极分化现象的出现。天下大同、世界大同的"同"不是要排斥异己、千篇一律，而是要"和而不同"，在现代社会发展中要注重满足差异性的需要，尤其是注重社会的公平正义，使社会成员之间能够发挥自己最大限度的力量，安排到最恰当的位置上，使每个人都能够取长补短，都能够实现自身的全面发展，切实提升每个人的生活质量。儒家思想所"倡导人类命运共同体信念，是为了引导人类实现世界大同理想，而我们今天为了信守人类命运共同体信念，谋求世界各国互利、共赢的良性发展之道"②，为了实现"天下为公"的社会理想，在推进中国式现代化的进程中，也要通过稳定高效的制度来维护基本的社会秩序，促进社会和谐稳定，为实现天下为公、世界大同理想提供良好的社会氛围和制度保障，更好地让大同理想成为社会主义现代化建设的重要精神动力和智力支持。

三 "中国梦"对大同的继承与发展

习近平总书记提出的实现中华民族伟大复兴的"中国梦"具有重要意义，与中华优秀传统文化的大同理想具有重要的契合之处。2017年12月，习近平总书记在讲话中指出："我们要努力建设一个远离恐惧、普遍安全的世界，纵观人类文明发展进程，尽管千百年来人类一直期盼永久和平，但战争从未远离，人类始终面临着战火的威胁。人类生存在同一个地球上，一国安全不能建立在别国不安全之上，别国面临的威胁也可能成为本国的挑战。"③ 这就是说，世界人民面对日益复杂化的安全威胁，迷信武力，希冀通过战争解决问题的方法是不可取的，世界人民只有团结起来才是未来人类社会发展的归宿。

"中国梦"是习近平总书记提出的重要指导思想和重要治国理念，它集奋斗目标、具体内容与实现路径于一体，无疑是一种整体和系统性设计。"'中国梦'作为中国道路的发展战略新构想，有着深厚的历史根源

---

① 何中华：《马克思主义与儒学的会通何以可能》，《文史哲》2018年第2期。
② 蒋国保：《论培育人类命运共同体信念的儒家思想资源——以原始儒家的命运说为论域》，《孔子研究》2018年第6期。
③ 习近平：《习近平谈治国理政》第三卷，外文出版社2020年版，第433页。

和现实意义,她不仅是中国的梦想,也是世界的梦想。"① "中国梦"的提出和发展,标志着中国共产党人对中华优秀传统文化的大同世界基本内容的发展与创新,同时标志着中国社会政治理想的理论建构提高到了新水平、跃升到了一个新的理想境界。中华优秀传统文化中的"大同社会"对中华民族文化认同具有重要意义,对于民族共同体的形成和民族成员的团结具有重要的导向性价值。"文化保守主义者以传统'大同'思想资源去附会现代社会主义,去思考儒家与社会主义的关系,从而建构出具有近代色彩的儒家大同社会主义模式。"② 应该说,大同理想体现了中国古代受压迫人民的意志,却又囿于阶级和时代的局限性,是难以实现的空想,如今在马克思主义科学社会主义理论的指导下,这一被中国人世代憧憬的理想将要成为现实。

习近平总书记提出并阐发的"中国梦"理论,不仅实现了对《礼记·礼运》之大同社会理想表现形式的传承和发展,而且基于中国式现代化新进展和新任务、新使命作了具体内容的发展和创新,对大同理想的发展和创新的内涵加以补充与拓展,是对其体系的完善与发展,其核心目标可以概括为"两个一百年"的奋斗目标:实现国家富强、民族振兴、人民幸福的现实诉求,坚定地走中国特色的社会主义道路、坚持中国特色社会主义理论体系、从而达到弘扬民族精神、凝聚中国力量的目的,实现政治、经济、文化、社会、生态文明五位一体现代化建设,最终实现中华民族的伟大复兴。

第一,"中国梦"的提出打破了"大同"社会理想与现实的疏离和隔绝。实现了"两个一百年"奋斗目标的圆融互摄。在《礼记·礼运》中,"大同"之世的社会理想虽然得到了集中阐述,但"大道之行"中"天下为公"的实现缺乏必要的物质准备和思想准备,理想与现实之间存在着不可逾越的鸿沟,从而造成理想与现实的相互疏离和隔绝。我们也应该看到,"传统儒学的现代转型应打开社会儒学发展的广阔空间,传承修身齐家之道,使儒学在社会组织中灵根再植,推动人类社会走向大同世界"。③ 习近平总书记提出和阐发的"中国梦"理论是对儒家大同理想的

---

① 吴龙灿:《中国道路与儒家理想社会》,《孔子研究》2015年第1期。
② 俞祖华、赵慧峰:《社会主义:现代中国三大思潮的共同取向》,《中国文化研究》2010年第3期。
③ 韩星:《社会儒学的逻辑展开与现代转型》,《东岳论丛》2015年第10期。

继承和创新，是立足于中国特色社会主义现代化建设的现实国情，着眼于实现中华民族伟大复兴的根本追求，通过实现中华民族伟大复兴这个全中国人民普遍的社会理想进行了渐进式、递进式的阶段划分，从而在实现了"两个一百年"奋斗目标的现实与理想之间形成一个有机统一、圆融互摄的整体，从而让二者之间建立了一种必然的逻辑勾连。

习近平总书记对"两个一百年"奋斗目标的每个百年目标都做了极为全面和具体的阐发，从而具有更大的可行性，让理想变成现实成为可能。"大同理想在中国接受马克思主义的过程中起到了重要的促进作用，这说明马克思主义与中国文化的某些观念之间存在着亲和性。"[①] 这种亲和性根源于马克思主义与儒家大同理想具有重要的契合性。习近平总书记从理论高度高屋建瓴地把建成富强民主文明的国家与和谐美丽的社会主义现代化强国进行有机统一，从而展现出卓越的辩证思维、系统思维和贯通思维，这是对大同社会理想的继承与发展。习近平总书记指出："中华民族是世界上伟大的民族，有着5000多年源远流长的文明历史，为人类文明进步作出了不可磨灭的贡献。1840年鸦片战争以后，中国逐步成为半殖民地半封建社会，国家蒙辱、人民蒙难、文明蒙尘，中华民族遭受了前所未有的劫难。从那时起，实现中华民族伟大复兴，就成为中国人民和中华民族最伟大的梦想。"[②] 这个梦想就是"中华民族伟大复兴的中国梦"[③]，习近平总书记对"两个一百年"奋斗目标及其与"中国梦"的理论构建的融会贯通，实现了理想与现实的有机统一，无疑是对中华优秀传统文化大同理想的发展和创新。

第二，"中国梦"是对大同理想中"民本主义"思想的继承与发展。大同理想"大道之行也，天下为公"以及"男有分，女有归"。都旨在阐明老百姓的重要性，也是民本主义思想的彰显，就是让老百姓当家做主，每一个人都能有一个好的归宿。《礼记·礼运》的大同理想留给我们最为宝贵的精神遗产，而"中国梦"理论继承和发展了大同理想的民本主义

[①] 付洪泉：《大同理想：马克思主义与中国文化之亲和性探源》，《马克思主义与现实》2018年第5期。

[②] 习近平：《在庆祝中国共产党成立100周年大会上的讲话》，人民出版社2021年版，第2页。

[③] 习近平：《在庆祝中国共产党成立100周年大会上的讲话》，人民出版社2021年版，第23页。

思想，高扬"以人民为中心"的价值理念。"大同主义、仁爱主义与民本主义是李大钊从传统文化走向共产主义的三大思想桥梁，而且每一桥梁之中都有几个中间环节或发展阶梯。它们是儒家理想社会观走向民主主义的转变形态，并由此再转变为共产主义。"①

不可否认，《礼记·礼运》关于大同之世的描述中提到的"选贤与能"凸显出了儒家思想对于贤能政治的推崇并高扬英雄主义的特质。我们应该明白"中国梦是国家的、民族的，也是每一个中国人的"②，而"中国梦"是所有中华儿女的中国梦，社会中的每一个个体都是国家的主人，社会的主人。"大同理想与和谐社会之间虽然有着传统文化上的内在传承关系，有着华夏儿女共同存在的对理想社会的价值取向。"③

习近平总书记指出："人民是历史的创造者，群众是真正的英雄。人民群众是我们力量的源泉。我们深深知道，每个人的力量是有限的，但只要我们万众一心、众志成城，就没有克服不了的困难；每个人的工作时间是有限的，但全心全意为人民服务是无限的。责任重于泰山，事业任重道远。我们一定要始终与人民心心相印、与人民同甘共苦、与人民团结奋斗，夙夜在公，勤勉工作，努力向历史、向人民交出一份合格的答卷。"④ 因此，"以人民为中心"和"为人民造福"既是实现中国梦的出发点，也是它的落脚点和归宿，全党同志必须深怀爱民之心、恪守为民之责、善谋富民之策，真正做到发展为了人民、发展依靠人民、发展的成果由人民共享是检验我们一切工作优与劣、好与坏的标准。习近平总书记一再强调："中国梦归根到底是人民的梦，必须紧紧依靠人民来实现，必须不断为人民造福。"⑤ 人民的地位至高无上，只有把人民放在心中最高位置、牢固树立和坚定坚持"以人民为中心"的理念，实现中国梦才有可能，同时也才有意义。

第三，大同理想"选贤与能"基本原则为实现中国梦的人才需求提

---

① 吕明灼：《李大钊对儒家理想社会观的继承与创新》，《文史哲》2000年第5期。
② 习近平：《在同各界优秀青年代表座谈时的讲话》，《人民日报》2013年5月5日。
③ 宋思伟、孙建成：《儒家大同思想与当代和谐社会理念》，《山东社会科学》2009年第12期。
④ 习近平：《人民对美好生活的向往就是我们的奋斗目标》，《人民日报》2012年11月16日。
⑤ 习近平：《习近平在第十二届全国人民代表大会第一次会议上的讲话》，《人民日报》2013年3月17日。

供重要借鉴。儒家大同理想是中国古代的中国梦,也是当代习近平总书记"中国梦"理论的重要思想资源。尽管儒家大同理想在历史上没有实现,但其中所蕴含的诸多思想智慧能为我们今天实现中国梦提供重要思想启迪。尤其是大同思想的"选贤与能"原则是实现中国梦的基本人才要求,儒家历来强调用人要知人善任。

鲁哀公问孔子如何治理朝政才能让老百姓臣服的问题,孔子在《论语·为政》回应:"举直错诸枉,则民服;举枉错诸直,则民不服。"孔子认为推选任用贤明正直的人,就会使民众信服,还会产生良好的导向作用;推选任用品行不端的人并置之于贤明正直的人之上,民众就不会信服。孔子通过回答鲁哀公询问如何让百姓服从的问题,阐述了用什么人和怎么用人的治国方略。孔子认为,选用正直贤能的人,不用不合正道的人,只有"任人唯贤",才能让老百姓心悦诚服。

儒家大同理想中明确指出要选贤与能,即要把有德有能之人选拔出来,在社会上形成尊重人才的良好氛围,让人才得到充分施展。这不仅是实现儒家大同理想社会所需要的,也是大同理想社会的重要特征。"当今社会核心价值体系的构建也应该把'仁'放在其核心地位,立仁之大本,实现天下归仁的大同理想。"[①] 我们实现中国梦,实现人类的大同理想,归根到底要靠人才。"我们同青年朋友们到航天城来,就是要实地感受载人航天精神,激励包括广大青年在内的全国各族人民为实现中华民族伟大复兴的中国梦而奋斗。……在你们身上,充分体现了当代青年报效祖国的远大志向、朝气蓬勃的精神风貌、自强不息的意志品格、甘于奉献的思想境界,也充分体现了广大青年对中国特色社会主义的坚定信念、对实现中华民族伟大复兴的必胜信心。"[②] 中华民族伟大复兴的中国梦的实现需要德才兼备的人才,这也是儒家大同理想给予我们的重要启示。

第四,大同思想的"讲信修睦"思想是实现中国梦的重要社会条件。儒家大同理想中强调"讲信修睦",这里的"讲信"是"货恶其弃于地也,不必藏于己"讲的诚信思想,"力恶其不出于身也,不必为己"其实也包含着诚信思想,应该说"谋闭而不兴,盗窃乱贼而不作,故外户而不闭",讲的是没有偷盗、没有盗贼的人以及讲求诚信的和谐生活氛围,

---

① 韩星:《儒家核心价值体系——"仁"的构建》,《哲学研究》2016年第10期。
② 习近平:《习近平同各界优秀青年代表座谈时的讲话》,《人民日报》2013年5月5日。

同样体现的是诚信思想。不管是人与人之间,还是国与国之间都要讲究诚信,只有这样才能实现人际间的和谐,国家间的和睦,世界的大同。而儒家大同理想追求的"独立自由,要与社会、天地协同,不是个人主义,要在个人与社会群体之间寻求一种中道和谐,在个人与群体利益冲突时,强调要以大局为重、群体优先"。① 在《论语》有诸多谈及诚信重要性的句子,诸如《论语·颜渊》所谓的"自古皆有死,民无信不立"。讲的自古以来人总是要死的,如果老百姓对施政者不信任,那么国家就会遭遇倾覆的危险。

儒家不仅把"信守诺言"看作是君子的良好操守,更把"取信于民"视为国家治理的重要根基。《论语·卫灵公》曰:"言忠信,行笃敬,虽蛮貊之邦行矣;言不忠信,行不笃敬,虽州里行乎哉?"孔子认为说话要忠信,行事要笃敬,即使到了蛮貊地区,也可以行得通。说话不忠信,行事不笃敬,就是在本乡本土,也是寸步难行。在实现中国梦的过程中,我们的社会还在遭遇着道德失范和诚信缺失的困境,强大起来的中国在与世界各国交往过程中难免会有摩擦与冲突,所有这些都是与"中国梦"的美好追求背道而驰的。这就需要大同思想的"讲信修睦"的深邃的智慧,"中国梦"所要达到现代化的良序状态,不仅要有一个物质生活极大富有的社会,更需要一个诚信善治的和谐社会。任何美好的社会理想的实现都需要一个漫长的历史发展过程。"以儒家为主导的传统文化中被表述为'大同',在马克思主义思想中体现为共产主义的伟大理想。"② 正是这种文化精神关联的存在,使马克思主义在中国落地生根,开启了马克思主义在中国的新篇章,推动了中国特色社会主义文化的不断发展,进而促成了习近平总书记"中国梦"的提出。今天,我们实现"中国梦"的过程不会是一帆风顺的,也不会是一蹴而就的,要准备随时面对各种风险与挑战,只要经过一代又一代中国人的共同努力,我们就一定能够开创民族复兴的光明前景,伟大的"中国梦"就一定能变成现实。

---

① 翟奎凤:《大同儒学论:关于儒学与社会主义融合的一些思考》,《社会科学家》2019 年第 8 期。

② 姜华、李刚:《"大同"思想与马克思主义的内在文化精神关联研究》,《广东社会科学》2022 年第 1 期。

第七章 传承与发展中华优秀传统文化的现代价值

传承与发展中华优秀传统文化是一个根本性、战略性、全局性的重大问题，中华优秀传统文化是全国各族人民共同创造与书写的，我们需要以中华优秀传统文化沉淀而厚重的滋养作为精神食粮，遵循马克思主义基本原理与方法论为指导，在治国理政过程中制定一系列方针、政策、措施并服务于中国特色社会主义现代化建设实践，从中国特色社会主义文化自信中找寻其精神动力和智力支撑。中华优秀传统文化厚植于每一个中国人内心深处，潜移默化中国人的思想方式、思维方式和行为方式的精神力量。深入挖掘中华优秀传统文化蕴涵的道德规范、思想观念与人文精神等核心价值，并随着时代发展进行传承、发展与创新，让其绽放时代风采与永久魅力。传承、发展中华优秀传统文化的未来与发展，是要实现其创造性转化与创新性发展，而这种转化与发展将佑护着中华民族伟大复兴中国梦的前行之路。

第一节 弘扬和发展中华优秀传统文化的四个维度

中华优秀传统文化具有跨越时空、超越国界的价值，凝聚着亿万中国人和中华民族厚重的历史底蕴并汇聚着磅礴力量。习近平总书记指出，弘扬中华优秀传统文化就要"处理好继承和创造性发展的关系，重点做好创造性转化和创新性发展"。[①] 习近平总书记在庆祝中国共产党成立100周年重要讲话中指出："坚持把马克思主义基本原理同中国具体实际

---

① 习近平：《习近平谈治国理政》，外文出版社2014年版，第164页。

相结合、同中华优秀传统文化相结合，用马克思主义观察时代、把握时代、引领时代，继续发展当代中国马克思主义、21世纪马克思主义！"①十九届六中全会会议公报再次强调："以习近平为主要代表的中国共产党人，坚持把马克思主义基本原理同中国具体实际相结合，同中华优秀传统文化相结合……从新的实际出发，创立了习近平新时代中国特色社会主义思想。"② 中国共产党发展的历史就是一部基于中国实际，"让马克思主义植根于中国土壤，与具体实际相结合，与时代发展同进步"③ 的历史。要立足于中华优秀传统文化的本土性文化资源，立足于中国社会现实，让马克思主义在建设有中国特色社会主义道路中闪烁着耀眼的光芒，更加彰显真理的力量。积极推进中华优秀传统文化与马克思主义中国化的融合与发展，不仅是对马克思主义在中国发展壮大现实的科学研判，也是坚定中国特色社会主义文化自信，化解文化危机、信仰危机的必然要求，更是中华优秀传统文化创新性发展与创造性转化的客观要求。

一 历史形成之维：中华优秀传统文化是全国各族人民共同创造和书写的

中华优秀传统文化是生活在中华大地上众多民族的人们在多民族大家庭里共同创造和书写的。各民族之间在差异中包容、包容中同一，其所涵具的共同的价值认同、共同的文化认同、共同的民族认同成为连接各民族人民共同的坚韧纽带。在多民族互融、互鉴的历史长河中取长补短、博采众长，形成了以"民本思想""和合思想""大同思想"为特质的共同价值内核。

（一）传承发展中华优秀传统文化，遵循中华民族历史演进的发展规律

"历史是最好的教科书"④，中华民族的历史演进过程是各民族融合发展的过程，切实推进马克思主义中国化进程，才能深刻把握和领会马克思主义理论的精髓与实质。中华民族几千年历史演进的发展规律一再证

---

① 习近平：《在庆祝中国共产党成立100周年大会上的讲话》，人民出版社2021年版，第15页。
② 《中国共产党第十九届中央委员会第六次全体会议文件汇编》，人民出版社2021年版，第10页。
③ 王立胜：《"七一"重要讲话的重大理论创新及意义》，《人民论坛》2021年第21期。
④ 习近平：《习近平谈治国理政》，外文出版社2014年版，第405页。

明:"中国人民不但善于破坏一个旧世界,也善于建设一个新世界。"① 这里的"破"与"立"都是遵循全国各族人民诉求以及历史发展规律的结果,坚持以马克思主义为指导的核心地位,是应对一切风险与挑战的必然要求,是中华民族伟大复兴的必由之路。"马克思主义与中国传统文化具有强烈的契合性和通约性"②,大力发展具有中华优秀传统文化底色的中国特色社会主义文化,也是"马克思主义经过改造,不断融入中国文化的过程"。③ 中华优秀传统文化是中华文明发展的结晶,历经时间涤荡,仍然历久弥新,流淌在中华民族血液之中、蕴含于中华文明精神内核之内,更是中华民族生生不息、延绵不绝内生性力量。中华优秀传统文化蕴涵着深刻的哲理,不仅塑造了中华民族内在的精神品格,也是中华民族坚韧不拔、自强不息的力量源泉,更是中国人民的历史根脉与精神追求。"中国共产党从成立之日起,既是中国先进文化的积极引领者和践行者,又是中华优秀传统文化的忠实传承者和弘扬者"④。

(二) 弘扬发展中华优秀传统文化,铸牢中华民族共同体意识

在中华各民族融合发展的历史上,华夏民族是由不同地域、不同部落聚合而成,特别是秦统一六国之后,汉民族与各少数民族历经无数次的冲突、碰撞、交融、聚合,终于形成了我们今天多元一体的民族发展格局。中华优秀传统文化作为各民族文化的集大成者,在漫长的历史发展长河中,引领各民族互鉴融通,彼此学习、相互尊重,成为世界文化宝库中璀璨的明珠,在推动各民族文化创新发展、文化传承交融上起到巨大的引领作用。我们要传承和发扬中华优秀传统文化,共同构筑中华民族共有的精神家园。在中华优秀文化的滋养和浇灌下,中华文化焕发出勃勃生机,放射出耀眼的时代光芒。中华优秀传统文化培育了一代又一代为国为民的仁人志士,古代有林则徐这样"苟利国家生死以,岂因祸福避趋之"的舍己为民、不屈不挠的民族英雄;近代有董必武这样

---

① 习近平:《在庆祝中国共产党成立100周年大会上的讲话》,人民出版社2021年版,第5页。

② 王成、丁凌:《马克思主义中国化对传统文化现代化的指导向度》,《理论探讨》2019年第6期。

③ 黄凯锋:《马克思主义中国化与中国传统文化现代化的互动融合》,《毛泽东邓小平理论研究》2010年第8期。

④ 习近平:《决胜全面建成小康社会夺取新时代中国特色社会主义伟大胜利——在中国共产党第十九次全国代表大会上的报告》,人民出版社2017年版,第44页。

"只有精忠能报国,更无乐土可为家"的精忠报国、舍小家为大家的仁人志士;进入新时代,有"我将无我,不负人民"的鞠躬尽瘁地为民胸怀。中华优秀传统文化为铸牢中华民族共同体意识提供了厚重的文化滋养,崇尚和平、勤劳勇敢、团结友爱、自强不息的中国人民是中华优秀文化的创造者和传承者,伟大的中华民族塑造了以爱国主义为核心的精神力量,是全国各族人民共建美好家园的精神支柱。中华优秀传统文化与当代社会主义文化相适应,与现代社会相协调,是传统文化最基本的文化基因,是中华民族能够屹立于世界民族之林的最强大的精神血脉,是实现中华民族伟大复兴最深厚、最持久的文化软实力。深刻理解和把握统一多民族国家的基本国情和中华优秀传统文化蕴藏的时代价值,充分发挥其作为"精神家园""黏合剂"的社会功能,汇聚全民族力量,铸牢中华民族共同体意识。中华文明历经五千多年的传承与发展始终不曾中断,成为汇聚中华民族聚合力的"根"与"魂"。中华优秀传统文化所涵泳的内驱力,不仅是中华民族生生不息的精神底色,更是实现中华民族伟大复兴与构建人类命运共同体的思想源泉与价值指引,蕴涵了人类社会发展的共同追求。

(三)传承发展中华优秀传统文化,实现各族人民大团结的局面

中国是统一的多民族国家,其演变发展的历史也是全国各族人民团结一心、并肩作战的奋斗史。中华优秀传统文化孕育于全国各族人民之中,植根于中华民族的血脉深处,是中华民族连绵不绝、生生不息的文化基因和动力之源,更使得千千万万中华儿女在历史长河里薪火相传、命脉延续。"优秀传统文化是一个国家、一个民族传承和发展的根本,如果丢掉了,就割断了精神命脉。"[1] 中华优秀传统文化是一个国家和民族发展的根基,如果断续了这个生生不息的血脉联系,就会国家倾覆、民族危亡。"历史和现实都表明,一个抛弃了或者背叛了自己历史文化的民族,不仅不可能发展起来,而且很可能上演一幕幕历史悲剧。"[2] 只有以马克思主义为指导,在中华优秀传统文化的滋养下,中国人的精神世界才会得到极大丰富,民族凝聚力才能得到不断的增强与提高,促成各民族大团结的局面,成为各民族共同繁荣发展的重要保证。

---

[1] 习近平:《习近平谈治国理政》第二卷,外文出版社2017年版,第313页。
[2] 2016年11月30日习近平总书记在中国文联十大、中国作协九大开幕式上的讲话。

二 理论根基之维：中华优秀传统文化为推进马克思主义中国化提供了沃土

"人民有信仰，民族有希望，国家有力量"①，从理论体系来说，中国共产党人的信仰是马克思主义，从奋斗目标来说，中国共产党人的信仰是共产主义，弘扬和发展中华优秀传统文化为推进马克思主义中国化提供了坚实的土壤。习近平总书记指出："坚持把马克思主义基本原理同中国具体实际相结合、同中华优秀传统文化相结合，用马克思主义观察时代、把握时代、引领时代，继续发展当代中国马克思主义、21世纪马克思主义！"② 十九届六中全会会议公报再次强调："习近平新时代中国特色社会主义思想是当代中国马克思主义、二十一世纪马克思主义，是中华文化和中国精神的时代精华，实现了马克思主义中国化新的飞跃。"③ 所有这些表述充分揭示了马克思主义中国化与中华优秀传统文化的深度融合与发展，彰显了"两个相结合"重要论断具有的划时代意义，从理论高度对马克思主义思想的重要内涵进行了系统阐发，在"百年未有之大变局"的重要时期开辟了马克思主义中国化的新境界。

（一）中华优秀传统文化对马克思主义思想的传入具有巨大的包容性

"古老的中国传统文化因马克思主义的融入而枯木逢春。"④ 要激活中华优秀传统文化、激活5000多年悠久的中华文明，要依靠马克思主义中国化的真理力量，汲取中华优秀传统文化博大精深的智慧，为中华民族伟大复兴提供丰厚的文化滋养，为马克思主义在中国的传播提供最适宜的土壤。因此，"马克思主义是行动指南和立身之本，中华优秀传统文化则是精神家园和命脉滋养"⑤，正是二者水乳交融、相得益彰的关系，使得"实现并确证了马克思主义同以儒家为代表的中国传统文化之间的融合和会通"⑥ 成为可能。中华民族在漫长的历史演进中让中国人在情感认

---

① 习近平：《习近平谈治国理政》第二卷，外文出版社2017年版，第323页。
② 习近平：《在庆祝中国共产党成立100周年大会上的讲话》，人民出版社2021年版，第15页。
③ 《中国共产党第十九届中央委员会第六次全体会议文件汇编》，人民出版社2021年版，第11页。
④ 秦博、王虹、徐实：《推动中华优秀传统文化与马克思主义中国化的深度融合》，《红旗文稿》2018年第6期。
⑤ 高长武：《马克思主义与中华优秀传统文化相结合四题》，《红旗文稿》2018年第5期。
⑥ 何中华：《历史和自由：马克思主义与儒学契合的两个侧面》，《社会科学战线》2020年第12期。

同、意志坚定、行动自觉上内化为一种不畏强暴、攻坚克难的优秀品质。中华民族在五千年的文明发展史中，在不同时期都展现出中华优秀传统文化多元多姿、百家争鸣、有容乃大的特质，它以厚德宽容之气魄接纳、融合周边民族文化，汇聚成绵延悠远的中华优秀文化长河。但是进入近代以来，中华文化走向衰落，在其跌下神坛的危难时刻，古老的中国再次看到黎明的曙光，俄国十月革命给我们送来了马克思列宁主义，正是马克思主义同中国具体实际的深度结合，尤其是中华优秀传统文化有容乃大的特质，为马克思主义传播提供了适宜的土壤。马克思主义中国化的伟大实践唤醒了我们本土文化的觉醒并尝试从极具包容性的中华优秀传统文化中追根溯源。

（二）马克思主义中国化需要寻求一种适宜其生存的沃土

马克思主义基本原理同中华优秀传统文化一经发生作用，就爆发了巨大的合力。马克思主义思想根植于中华优秀传统文化之中，找寻马克思主义思想与中华优秀传统文化在精神品质、价值追求诸方面的契合点，充分挖掘其有益成分并进行发展、创新与转化，"不忘历史才能开辟未来，善于继承才能善于创新"。① 尤其是在人文社会科学领域，知识创新是主体开展创新活动的根本，将知识做好创造性转化和创新性发展，使之适应现代化社会的发展。正是马克思主义基本原理与中华优秀传统文化的融合与创新，才使得中华优秀传统文化现代价值得到更好的彰显，其创新能力得到持续提升。

"文化是一个国家、一个民族的灵魂。"② 实现中华民族伟大复兴必然受到其自身文化传统的影响，"弘扬本民族文化及其优秀传统，以彰显其时代价值和积极意义"③，也是传承和发展本土优秀文化的重要手段，中华优秀传统文化作为一种精神力量对人们的生存与发展起着潜移默化的作用，而中国共产党百年发展的历史也恰恰是马克思主义与中国本土的优秀传统文化相作用，从而发生蝶变的过程。历史与实践充分证明，马克思主义在中国的传播需要寻求一种最适宜其发展的文化土壤，而中华优秀传统文化积极包容和接纳了马克思主义。因此，在实现社会主义现代化强国建设的征程中，以马克思主义思想为指导，对中华优秀传统文

---

① 习近平：《习近平谈治国理政》第二卷，外文出版社2017年版，第313页。
② 习近平：《习近平谈治国理政》第二卷，外文出版社2017年版，第349页。
③ 何中华：《为什么必须弘扬中华优秀传统文化》，《人民论坛》2017年第17期。

化的弘扬与发展,不是一味"生搬硬套""咬文嚼字",而是在"传承""创新""创造"基础上的转化与发展,才能共同谱写中华民族伟大复兴中国梦的壮丽篇章。

(三) 中华优秀传统文化与马克思主义思想具有天然的契合性

中华优秀传统文化与马克思主义思想在诸多方面具有天然的契合点和相通之处,"使马克思主义在中国具体化,使之在其每一表现中带着必须有的中国的特性"[1],二者之间相互依存,相互影响,前者为推进马克思主义中国化提供文化的沃土,而后者为中华优秀传统文化的现代化转型提供世界观和方法论的指导。中华优秀传统文化作为本土性基础性思想资源,其"先在的精神性的中国元素"[2]顺应了时代发展的趋势,同样也更好地助推了马克思主义中国化的进程。在面对第二个百年奋斗目标的新征程中,一方面,要时刻警醒"西化"思潮、资本主义流毒的侵蚀,要保持特有的免疫力;另一方面,也要摒弃所谓"夷夏之辨"的儒家"道统"论的局限,把马克思主义归结为异族文化,从而割裂中华优秀传统文化与马克思主义思想的必然联系的错误倾向。中华优秀传统文化特别是儒家思想的"内圣"之学是现代社会彰显新"外王"学的必要条件,而不是充要条件,博大精深、源远流长的中华优秀传统文化奠定了中国特色社会主义文化自信的底气,同时又离不开马克思主义思想的指导作用。我们要正确把握、深入挖掘并科学阐发二者之间的内在关联,切实推动二者的融合与发展。用马克思主义基本观点与方法论为指导,融入对中华优秀传统文化精髓要义的挖掘与阐发的工作中去,从而彰显其新的时代内涵与文化精神力量,让中华优秀传统文化展现时代风采、焕发新的思想光华。要充分运用马克思主义基本原理客观地、辩证地分析中华传统文化,并在结合时代需求的基础上对中华优秀传统文化进行去伪存真、去粗取精的改造、提升并赋予其新的生机与活力,构筑起具有中国底色和时代特征的社会主义新文化。因此,中国共产党的理论自觉既归功于对中华优秀传统文化所葆有的重要性、深刻性的认识,也归功于伟大、勇敢、勤劳的中国人民对优秀传统文化传承、发展、创造的思想自觉,只有马克思主义与中华优秀传统文化的深度融合并发生质变,才

---

[1] 毛泽东:《毛泽东选集》第2卷,人民出版社1991年版,第534页。
[2] 何中华:《正确处理马克思主义与中华优秀传统文化的关系》,《党的文献》2021年第3期。

能开创出民族复兴伟业的新局面,才能坚定马克思主义信仰,才能站在时代前沿,引领风气之先。

三 文化自信之维:中华优秀传统文化是坚定社会主义文化自信的重要资源

弘扬和发展中华优秀传统文化,坚定中国特色社会主义文化自信是进行社会主义现代化建设的前提与基础。习近平总书记指出,推进马克思主义中国化的进程具有重要意义,"马克思主义是我们立党立国的根本指导思想,是我们党的灵魂和旗帜"①,要坚持"立党建国"的"根本指导思想",守住中国共产党人的"灵魂和旗帜"。"中国共产党为什么能,中国特色社会主义为什么好,归根到底是因为马克思主义行!"② 只要把马克思主义基本原理同中华优秀传统文化进行有机结合,继承和发展好中华优秀传统文化的本土性资源,就是守住了中华民族的根与魂,就是守住了中华民族独特的精神血脉,中国特色社会主义文化自信便有了最根本的精神支撑。坚定中国特色社会主义文化自信,就要以马克思主义思想为指导,不断汲取、吸收作为本土性思想资源的智慧,"努力实现传统文化的创造性转化、创新性发展"。③ 自觉运用马克思主义基本原理,坚定用马克思主义的基本立场、观点与方法对中华优秀传统文化进行正确认识和定位并进行深度分析,才能更好地传承和发展我们本土性的基础性文化资源。"中国古典学术、传统文化正在从边缘重返主流,向着更加本土化的方向发展"④,只有真正把握中华优秀传统文化的本质特征及其规律性,才能更好地增进中国特色社会主义文化自信。

"文化自信是更基本、更深沉、更持久的力量。"⑤ 中国特色社会主义文化自信展现了中国人顶天立地的勇士雄风,雕刻了中华文化的风骨,捍卫了中国人、中华民族的尊严。在中华民族生死存亡的关键时刻,正是在中国共产党的领导下,团结和带领全国各族人民,不负历史担当,

---

① 习近平:《在庆祝中国共产党成立100周年大会上的讲话》,人民出版社2021年版,第12页。
② 习近平:《在庆祝中国共产党成立100周年大会上的讲话》,人民出版社2021年版,第13页。
③ 习近平:《习近平谈治国理政》第二卷,外文出版社2017年版,第313页。
④ 刘星:《应该对若干重大史学倾向进行再平衡、再调整——王学典先生近年新思考简论》,《济南大学学报》2021年第4期。
⑤ 习近平:《习近平谈治国理政》第二卷,外文出版社2017年版,第329页。

不辱人民嘱托，实现中华民族的凤凰涅槃。中国人民用血肉之躯和百折不挠的意志取得一个又一个伟大的胜利，谱写了中华民族梦幻般的英雄史诗。所有这些丰功伟绩的取得，靠的就是坚守中国特色社会主义文化自信，勇担时代使命，传递中华民族复兴使命的接力棒，为中华民族伟大复兴中国梦的实现保驾护航。因此，积极吸收和借鉴本土性思想和文化资源是传播和发展马克思主义的应有之义。中华优秀传统文化融合了包括儒、道、释等各家各派思想的精华，具有极为重要的社会功能。以儒家思想为例，作为本土性思想资源，能够成为古代中国两千多年的主流意识形态，不管是"官方普及"还是"下沉民间"都发挥至关重要的作用。塑造中国特色社会主义文化自信，需要在传承和发展中华优秀传统文化的基础上，让马克思主义思想镶嵌在每一个中国人心中。马克思主义中国化的过程也是马克思主义在中国传播、发展的过程，需要学习和借鉴儒家文化普及的经验与教训，吸收、借鉴并遵循儒家思想等本土性思想资源以及传承发展的规律，坚守马克思主义信仰，坚定中国特色社会主义文化自信。

一个国家和民族，要实现其伟大复兴，就需要这个国家的国民同心同德、有着共同的理想与信念。对于以实现中华民族伟大复兴为己任的我们来说，"让中华民族文化基因在广大青少年心中生根发芽"[1]，让中华优秀传统文化的精华温润到每一个中国人的内心之中，是传承发展中华优秀传统文化义不容辞的责任。中华优秀传统文化作为本土性的文化资源与先进的、"以人民为中心"的马克思主义思想具有更大的融合、共存、共生的文化基因，二者一旦发生作用便形成了巨大的能量，使马克思主义从"外来的""西方的"理论形态一朝变成"本土的""中国化的"理论形态。马克思主义中国化的进程，也是对中华优秀传统文化再认识、再发掘、再提炼的过程，马克思主义思想以其独特的阐释方式、思维模式以及话语体系对中国本土的优秀文化进行有机融合，建构出具有我们特定民族风格、民族特色、民族内涵的当代中国马克思主义，从而更好地坚定中国特色社会主义文化自信。让马克思主义思想适应中国现状，"按照中国的特点去应用它，成为全党亟待了解并亟须解决的问

---

[1] 习近平：《习近平谈治国理政》第二卷，外文出版社2017年版，第324页。

题"①，这就需要用中华优秀传统文化充实、提高马克思主义思想的深度和厚度。应该说，二者的融合与发展，不仅体现了中国共产党人以及中国共产党领导的最广大人民群众对马克思主义思想的信仰与坚守，更体现中国共产党从建党之初就葆有的对中华优秀传统文化极大的热情和极大的耐心。因此，传承和发展中华优秀传统文化与推进马克思主义中国化的进程并不矛盾，马克思主义中国化的过程是"不断汲取中华优秀传统文化精粹，实现中华思想文化现代化的过程"②，同时彰显了马克思主义的旺盛生命力以及中华传统文化"和而不同""兼容并包"的特质，二者的深度融合是坚定中国特色社会主义文化自信的内在依据。

党的十九大报告明确提出："文化是一个国家、一个民族的灵魂。文化兴国运兴，文化强民族强。没有高度的文化自信，没有文化的繁荣兴盛，就没有中华民族伟大复兴。"我们已经找到了中国特色社会主义文化自信的光明坦途，这是以马克思主义思想为指导的重要结果。"新时代的中国青年要以实现中华民族伟大复兴为己任，增强做中国人的志气、骨气、底气，不负时代，不负韶华，不负党和人民的殷切期望！"③ 实现中华民族伟大复兴的主要群体就是"新时代的中国青年"，要"让世界更好认识中国、了解中国，需要深入理解中华文明，从历史和现实、理论和实践相结合的角度深入阐释如何更好坚持中国道路、弘扬中国精神、凝聚中国力量"。④ 中华优秀传统文化具有统摄性作用，是中国革命文化和社会主义先进文化的"思想渊源"和"文化母体"，是涵养社会主义核心价值观的源头活水，也是坚定社会主义文化自信的根源性价值，更是扎根于每一个中国人内心深处的精神基因。在中华民族伟大复兴的战略全局中，中国人才是实现中华民族伟大复兴最重要的内因，在世界百年未有之大变局中，只要中国人团结一心，同仇敌忾，坚定中国特色社会主义文化自信，中国特色社会主义建设就一定会无往而不胜。

---

① 张神根、黄晓武：《中国共产党与马克思主义中国化》，《当代世界与社会主义》2021 年第 4 期。

② 顾海良：《以史为鉴、开创未来，继续推进马克思主义中国化》，《马克思主义与现实》2021 年第 4 期。

③ 习近平：《在庆祝中国共产党成立 100 周年大会上的讲话》，人民出版社 2021 年版，第 21 页。

④ 习近平：《习近平给〈文史哲〉编辑部全体编辑人员回信》，2021 年 5 月 10 日。

四 未来发展之维:实现中华优秀传统文化的创造性转化与创新性发展

习近平总书记指出:"既要向前、准确判断中国特色社会主义发展趋势,又要向后看,善于继承和弘扬中华优秀传统文化精华。"① 中华优秀传统文化是中华文明发展过程中厚重的积淀,伴随着一代又一代中华儿女相生相伴的漫长道路,能够穿越时代并焕发出勃勃生机。我们要珍惜时代赋予我们的良好机遇,尤其是对于当下的年轻一代,只有具备良好的前沿知识和技能,并将所拥有的知识和技能进行创造性转化和创新性发展,使之适应现代社会的发展。要不断推进中华优秀传统文化创造性转化与创新性发展,实现其内在的价值生长,不断焕发出新的时代光彩。

(一) 实现的前提:坚持以马克思主义思想为指导

中国传统文化中重要的内涵包括"变"有"常",所谓"变"就是其中已经不适合当今时代发展而需要革新、变革的部分,所谓"常"就是传统文化中具有超越时空具有长久价值的内容。儒家所谓"仁义礼智信""忠孝廉耻勇"的人文道德价值、道家"道法自然""齐物平等"思想以及佛家"慈悲为怀""普度众生"的价值观念是中国人为人、为学、为政的基本道德规范与行为准则。中华优秀传统文化中蕴涵着"讲仁爱、重民本、守诚信、崇正义、尚和合、求大同"② 时代价值,为构建公平正义、合作共赢、相互尊重的国际秩序提供了重要的思想资源,进而为推动构建人类命运共同体提供了可资借鉴的重要范式,"既体现了社会主义的本质要求,继承了中华优秀传统文化"③,又彰显了中国特色社会主义制度旺盛的生命力。

习近平总书记强调:"未来属于青年,希望寄予青年。一百年前,一群新青年高举马克思主义思想火炬,在风雨如晦的中国苦苦探寻民族复兴的前途。"④ 今天,我们在马克思主义思想指引下找到了复兴民族的最锐利武器,这就是中华优秀传统文化蕴涵的丰富的思想智慧与精神力量。新中国成立至今,我们的社会主义文化建设始终以马克思主义思想为主导,并在社会主义革命、改革和建设时期的每一个阶段都熔铸了

---

① 习近平:《习近平谈治国理政》第二卷,外文出版社2017年版,第329页。
② 习近平:《习近平谈治国理政》,外文出版社2014年版,第164页。
③ 习近平:《习近平谈治国理政》,外文出版社2014年版,第169页。
④ 习近平:《习近平谈治国理政》第二卷,外文出版社2017年版,第313页。

时代的特点。改革开放40多年来，中国经济取得举世瞩目的成就，但是道德滑坡、人心荒芜现象依然存在，因此，中国特色社会主义文化建设面临着重大的挑战，因此，要推动社会主义先进文化的推陈出新、革故鼎新，坚持以马克思主义思想为指导，更好地弘扬和发展中华优秀传统文化，坚定中国特色社会主义文化建设。我们只有深入古典文献之中、深入历史史实之中，扎实推进中华优秀传统文化的学理研究；深入剖析中国历史上各思想流派的基本观点、演进脉络、表现形式和历史影响；深刻、全面地理解中华优秀传统文化精髓，才能给予其更为客观而公允的评价，才能将其中的优秀元素进行充分挖掘并结合时代需要对其蕴涵的思想观念、人文精神、道德规范等进行创造性转化与创新性发展。

（二）实现的着力点：回应时代需要，服务社会发展

推动中华优秀传统文化创造性转化与创新性发展的重要着力点就是要符合中国社会发展的现实状况，适应时代的发展与要求。中华优秀传统文化涵泳着中华民族在认识自然和改造自然过程中对外部世界的深刻认识，不仅是中国古代圣人先贤的智慧结晶，也凝结了中华民族历经数千年发展沉淀的智慧与经验的精华。我们要"正本清源、守正创新，一个国家、一个民族不能没有灵魂"①，而中华优秀传统文化则是我们传承和发展的根本，是我们的灵魂与精神支柱。作为四大文明古国中唯一一个没有断续文明的国家，在全球一体化日益发展的今天，如何彰显中华民族的独特优势与民族特色，向世界展示一个独立、民主、文明的大国形象，就需要我们对中华优秀传统文化进行创造性转化与创新性发展。中华优秀传统文化熔铸于每一位中国人的文化心理结构之中，根植于每一位中国人的灵魂深处，塑造和形成了中国人不屈不挠、坚毅勇敢的性格，潜移默化中国人的处世方式和思维模式。当今世界，霸权主义、单边主义依然存在，中华优秀传统文化对"大同理想""包容和谐"以及"和而不同"的追求与倡导，所昭示的智慧和力量对我国维护世界和平与塑造负责任大国形象具有重要意义。因此，如何服务社会并直面现实、回应重大时代关切，是中华优秀传统文化在新时代所应担负的重要历史使命。

---

① 习近平：《习近平谈治国理政》第三卷，外文出版社2020年版，第322页。

要不断挖掘中华优秀传统文化的内涵意蕴和外延样态，坚持有鉴别地对待、有扬弃地继承，"努力实现传统文化的创造性转化、创新性发展，使之与现实文化相融相通，共同服务以文化人的时代任务"。① 要切实把握中华优秀传统文化与时俱进的精神实质，结合时代语境更好地丰富和发展，从而保持中华优秀传统文化的旺盛生命力。我们要切实遵循中华优秀传统文化的发展脉络，将中华优秀传统文化资源融入治国理政的社会主义现代化建设的伟大实践之中，为中华优秀传统文化注入生机与活力，为推动世界和平发展、构建和谐共生的国际秩序贡献了中国智慧，彰显中国力量。

（三）实现的宏大视野：立足本土化资源，吸收外来先进文化

推动中华优秀传统文化创造性转化与创新性发展的具体实践，需要处理好中华优秀传统文化与外来文化的关系。要在世界文化交流、交融过程中对国外的各种文化要素进行甄别与取舍，要让中华优秀传统文化在新时代继续发挥其耀眼的光芒。这就需要我们以马克思主义思想为指导，积极汲取本土文化的精华，以宽阔的胸怀借鉴、吸收、包容外来文化的有益成分，对外来文化要采取兼收并蓄的态度，做符合本国特点的文化选择，而不是一味地采取拿来主义进行盲目的接受。传承与发展中华优秀传统文化不是简单地再现历史的文化场景或者是回到过去的僵死历史，而是要让其精神内核适应当代社会实践进行有机融合，并内化为人们思维模式和行为方式的基因序列，从而转化为推进中国式现代化的伟大实践，以更为充沛的文化养分以及更为强劲的精神动力滋润人们的心灵，实现中华优秀传统文化的创造性转化与创新性发展。

在外来文化大量涌入、文化交流日益频繁的当代社会，我们要更加珍视中华优秀传统文化的优质资源，要在不断自我反省、自我批判、自我更新中对其进行创新性发展与创造性转化，在保持本土化资源的基础上积极吸收异质文化中先进成分以充实自身，只有博采众长、兼收并蓄，才能为子孙后代守住我们的精神家园，使中华优秀传统文化在新的时代展现出勃勃生机。中华优秀传统文化之所以称得上"优秀"，其最根本原因不是一味地盲从，而是立足于那个时代并结合现实社会需要做出相应的取舍、变革和创新，以获得更为强烈的民族归属感和文化认同感。积

---

① 习近平：《习近平谈治国理政》第二卷，外文出版社2017年版，第313页。

极学习借鉴国外的优秀文明成分，在文明交流互鉴中对中华传统文化进行创造性转化和创新性发展。我们在大力推进中华民族伟大复兴的壮丽征程中，必须用马克思主义思想指导我们的实践，顺应文化发展规律，对于中华优秀传统文化要以"创造性转化"为依托，激活其生机活力；以"创新性发展"为关键并赋予其新的时代气息。

五 结语

中华优秀传统文化历经五千年沉淀厚积而薄发，彰显其旺盛的生命力。中华优秀传统文化是全国各族人民共同创造和书写的，是中国特色社会主义文化自信的重要思想来源，为马克思主义中国化提供了更加适宜的土壤并起到催化剂、助推剂的作用，其未来发展的归宿和命运是以马克思主义思想为指导，凝聚中国精神，提升中华文化国际竞争力，实现其创造性转化与创新性发展。中华优秀传统文化蕴藏着应对人类重大时代关切的力量并为人类社会共同关注的诸多难题提供了重要启示与中国智慧。中华优秀传统文化与马克思主义中国化的融合与发展为人类社会的进步和发展贡献了原创性的中国方案与中国力量。中华民族五千多年的历史演进创造了博大精深的中华优秀传统文化，成为中华民族世代相传、生生不息的"根"和"魂"，而中国共产党发展的历史就是立足于中国具体实际，积极吸收中华优秀传统文化精华并推进马克思主义中国化的历史。

传承与发展中华优秀传统文化是一个根本性、战略性、全局性的重大问题，中华优秀传统文化是全国各族人民共同创造与书写的，我们需要将中华优秀传统文化沉淀的厚重滋养作为精神食粮，遵循马克思主义基本原理和方法论为指导，在治国理政过程中制定一系列方针、政策、措施并服务于中国特色社会主义现代化建设实践，从中国特色社会主义文化自信中找寻其精神动力和智力支撑。中华优秀传统文化是厚植于每一个中国人内心深处，潜移默化中国人的思想方式、思维方式和行为方式的精神力量。深入挖掘中华优秀传统文化蕴涵的道德规范、思想观念与人文精神等核心价值，并随着时代发展进行传承、发展与创新，让其绽放时代风采与永久魅力。传承、发展中华优秀传统文化的未来是要实现其创造性转化与创新性发展，而这种转化与发展将佑护着中华民族伟大复兴中国梦的前行之路。

第二节　中华优秀传统文化与马克思主义中国化的契合

习近平总书记指出：要"以史为鉴、开创未来，必须继续推进马克思主义中国化"。[①] 中国共产党的发展历史是中国共产党人基于中国的具体实际，立足于中华优秀传统文化的本土化资源，以马克思主义基本原理与方法论为指导的历史，是"与具体实际相结合，与时代发展同进步"[②]的历史，也是不断推进马克思主义中国化的历史。中国共产党近百年来取得了举世瞩目的成就，其不断发展壮大的事实表明，只有坚定中国共产党的领导，立足于中华优秀传统文化肥沃的土壤，尊重客观规律、发挥主观能动性，才能让马克思主义中国化的实践在中国特色社会主义道路中闪耀着耀眼的光芒，更加彰显真理的力量。积极推进马克思主义中国化与中华优秀传统文化的融合与发展，既是对马克思主义在中国大地必然取得重大突破的科学判断，又是坚定文化自信、保障文化安全、化解文化危机以及坚定共产主义信仰的必然要求。

一　中华民族五千年的演进史是二者契合的历史前提

习近平总书记指出："中华民族拥有在5000多年历史演进中形成的灿烂文明，中国共产党拥有百年奋斗实践和70多年执政兴国经验"[③]，表明我们接受一切善意的批评和有益的建议，我们要坚定走中国特色社会主义道路，坚定社会主义文化自信，积极吸收一切外来的优秀文明成果、虚心接受一切有益的建议与批评，传承发展好中华优秀传统文化的同时还要有虚心向学、坚强不屈的优秀品质，但是绝不接受西方国家毫无根据的指手画脚。中国人民在中国共产党的领导下昂首阔步向前，不受任何其他国家的左右，牢牢把中国发展进步的命运掌握在中国人民自己手中。正是中华民族几千年的演进史孕育了兼收并蓄、海纳百川的中华优

[①] 习近平：《在庆祝中国共产党成立100周年大会上的讲话》，人民出版社2021年版，第12页。
[②] 王立胜：《"七一"重要讲话的重大理论创新及意义》，《人民论坛》2021年第21期。
[③] 习近平：《在庆祝中国共产党成立100周年大会上的讲话》，人民出版社2021年版，第14—15页。

秀传统文化，形成了博大精深的中华文明，而"中华文化"和"中华文明"为马克思主义在中国的传播与发展提供了最为适宜的土壤，也正是二者的融合与发展才迸发出巨大合力，使中国发生了翻天覆地的变化并一跃成为世界第二大经济体，在世界舞台上发挥着举足轻重的作用。开辟了中国共产党70年来"治国理政"的成功经验，也是中华优秀传统文化与马克思主义深度契合的最成功的典范。毛泽东说："我们必须尊重自己的历史，决不能割断历史"[1]；习近平也强调："我们不是历史虚无主义者，也不是文化虚无主义者，不能数典忘祖、妄自菲薄。"[2] 两位伟人的话有异曲同工之妙，都旨在表明中华民族五千年发展史是不断沉淀我们优秀传统文化，经历了一个漫长的发展过程。正是勤劳勇敢的中国人民抵抗外国侵略、维护国家统一、捍卫民族尊严的不懈努力以及百折不挠、坚忍不拔的必胜信念，向全世界展现了一个不畏强暴、血战到底的英雄国家。

中华民族的历史演进过程，是一个各民族融合发展的过程。先秦时期夏、商、周三代并不是同一部族的前后相继历史演进，而是由不同血缘关系的三个部族为取得领导权——亦即为中原支配权进行的既相互斗争又相互融合的长期发展的过程，这便是"华夏"的由来。西周以后，中华民族也是由许多源自不同地域、不同血缘关系的不同种族密切交往中形成"你中有我、我中有你"的各民族的亲密关系。秦国统一六国，建立了第一个统一的多民族的国家；汉武帝派遣张骞出使西域，打通东西方的贸易走廊；唐朝让万朝膜拜，以霸道灭敌国，以王道收其心，建立了大东亚的国际新秩序。元代和清代是少数民族建立的王朝：元朝开疆拓土，清朝也功绩卓著，从而奠定了中国广袤的疆域。近代以来，中国进入半殖民地半封建社会，西方列强开始侵略中国并割占大片国土。应该说，一般意义上的中国疆域并不是以汉、唐或元、明的疆域，而是就清代版图而言的。西方列强在"地理大发现"后对世界各地进行殖民掠夺之时，诸如在非洲、美洲、包括亚洲的印度等地，他们一贯的做法是以沿海某一口岸为据点，利用其邦国林立的弱点逐一击破，最后达到占领的目的。而我国是统一的多民族国家，这样的做法很难在中国奏效，

---

[1] 毛泽东：《毛泽东选集》第2卷，人民出版社1991年版，第708页。
[2] 习近平：《牢记历史经验　历史教训　历史警示为国家治理能力现代化提供有益借鉴》，《人民日报》2014年10月14日第1版。

这是我们的祖先留给今人的一笔最丰厚的遗产。

"历史是最好的教科书"①，不管是农民阶级领导的太平天国运动，还是封建地主阶级为了救亡图存发起自保的洋务运动；不管是资产阶级维新派的戊戌变法运动，还是资产阶级革命派领导的辛亥革命，都没有带领中国走向光明的坦途，唯有以马克思主义为指导，在中国共产党的领导下，依循中国社会的国情和具体的发展实际，并得益于本土化中华优秀传统文化的滋养，才获得了今天的伟大成就。中华民族五千年历史演进的规律一再证明："中国人民不但善于破坏一个旧世界，也善于建设一个新世界。"② 这里的"破"与"立"既是遵循历史发展规律的结果，更是马克思主义中国化的重要贡献。我们要立足于中华民族千百年来的发展规律，坚持以马克思主义为指导的核心地位，应对一切风险与挑战，与西方国家试图歪曲、丑化中国人、中国制度，甚至抹黑中华民族的敌对势力进行最坚决的斗争，才是实现中华民族伟大复兴中国梦的必由之路，才是全国各族人民对美好生活向往的必然选择。不屈不挠的奋斗民族是中华民族的历史底色，中华民族演进史中让中国人在情感认同、意志坚定、行动自觉等方面都内化为一种不畏强暴、战胜艰难险阻的优秀品质。坚持和推进马克思主义中国化是中国特色社会主义最重要的价值遵循，坚定中国共产党领导、坚定马克思主义信仰，才能在风云变幻、波谲云诡的世界复杂局势中永葆智慧和勇气，才能在重大变故与艰难困苦面前永葆气节和定力。因此，"马克思主义与中国传统文化具有强烈的契合性和通约性"③，马克思主义在中国的生根发芽是历史发展的必然，是中华民族发展演进规律的重要体现，是与中国具体实际相结合的重要理论的升华与深化，也是马克思主义中国化的历史性飞跃。要切实推进马克思主义中国化的进程，将其上升为国家的重要指导思想，并转换为一种具有中华优秀传统文化为底色的本土性文化，同时也是"马克思主义经过改造，不断融入中国文化的过程"④。

---

① 习近平：《习近平谈治国理政》，外文出版社 2014 年版，第 405 页。
② 习近平：《在庆祝中国共产党成立 100 周年大会上的讲话》，人民出版社 2021 年版，第 5 页。
③ 王成、丁凌：《马克思主义中国化对传统文化现代化的指导向度》，《理论探讨》2019 年第 6 期。
④ 黄凯锋：《马克思主义中国化与中国传统文化现代化的互动融合》，《毛泽东邓小平理论研究》2010 年第 8 期。

二　中华优秀传统文化的传承与发展是二者契合的理论根基

党的十九届六中全会会议公报中强调：习近平新时代中国特色社会主义思想是马克思主义在中国的伟大创造，是二十一世纪的马克思主义、是"以人民为中心"的马克思主义，是与时俱进的当代中国马克思主义，是"中华文化和中国精神的时代精华，实现了马克思主义中国化新的飞跃"。① 这里对"中华文化"和"中国精神"以及"时代精华"三个关键词的重要定义以及全新阐发具有重要意义，这三个关键词旨在表明习近平新时代中国特色社会主义思想是经过实践检验的重要思想，是有着重要理论来源的思想体系，不是无源之水、无根之木，正所谓"根之茂者其实遂，膏之沃者其光晔"（韩愈：《答李翊书》）。习近平新时代中国特色社会主义思想深深植根于"中华文化"，立足于"中国精神"，是具有鲜明中国风格和中华悠久绵长的文化底蕴，充分体现了马克思主义中国化迸发的巨大力量，也是"中国精神"发展史和"中华文化"发展史上的奇迹，是坚持"把马克思主义基本原理同中国具体实际相结合、同中华优秀传统文化相结合"② 的重要典范。

习近平总书记关于推进中华优秀传统文化创造性转化、创新性发展的重要论断具有划时代的意义，习近平总书记从理论高度对马克思主义中国化的重要内涵进行系统阐发，既是对中国共产党人运用马克思主义指导中国革命、建设和改革实践的具体化的践行，也是把中国革命、建设和改革的历史经验和实践经验进行系统化、理论化的总结，而所有这些都是要将马克思主义植根于中华优秀传统文化之中的具体表达。"马克思主义是行动指南和立身之本，中华优秀传统文化则是精神家园和命脉滋养"③，在"百年未有之大变局"的重要时期，坚持以马克思主义为指导，充分挖掘中华优秀传统文化的精华，"博大精深的中华优秀传统文化，是我们中华民族文化底蕴和文化自信的重要来源"④，是推进马克思主义中国化进程的关键，也必将开辟马克思主义中国化的新境界。正是

---

①　《中国共产党第十九届中央委员会第六次全体会议公报》，人民出版社2021年版，第10页。
②　习近平：《在庆祝中国共产党成立100周年大会上的讲话》，人民出版社2021年版，第15页。
③　高长武：《马克思主义与中华优秀传统文化相结合四题》，《红旗文稿》2018年第5期。
④　刘从德、王晓：《习近平新型国际关系思想中的中华优秀传统文化基因》，《社会主义研究》2017年第3期。

马克思主义中国化与中华优秀传统文化之间水乳交融、取长补短、相得益彰的关系，才得以"实现并确证了马克思主义同以儒家为代表的中国传统文化之间的融合和会通"。①

中华优秀传统文化经历了产生、发展、昌盛的发展过程，不同时期都展现了本土文化多元多姿、百家争鸣、有容乃大的特质，它以厚德宽容之气魄接纳、交融周边民族文化，汇聚成绵延悠远的文化长河。商代甲骨文的发现让中华民族有了文字的记载；春秋战国的诸侯争霸，让中华优秀传统文化进入百家争鸣的辉煌时期；秦汉帝国的大一统，蕴涵着开拓创新精神气象；隋唐王朝儒释道共存互补，成就了兼收并蓄的宏大气派，促进了各民族的融合与交流。两宋以后，中华优秀传统文化进入重要转型期，较之隋唐文化有轩昂开放的恢宏气势；元朝文化内敛而精致，其版图的空前扩大，对东西方文化交流具有重要意义。进入近代以来，中华文化走向衰落，虽然1840年鸦片战争前夕，中国经济总量仍然占世界财富的1/3左右，仍然相当于当时主要欧洲国家的总和，但是西方列强的坚船利炮打开了中国的大门，西方资本—帝国主义不断地对近代中国进行军事侵略、政治控制、经济掠夺以及文化渗透，迫使古老的中华传统文化进入被诋毁、被胁迫、被肢解的状态，最终导致中华传统文化走向衰落、走向式微的命运。

俄国十月革命的胜利，建立了第一个无产阶级政权，马克思列宁主义获得了更为广泛的宣传，也正是世界各地无产阶级纷纷登上历史舞台的重要时刻，马克思列宁主义传入中国。马克思主义中国化的伟大实践唤醒了本土文化的觉醒，并试图从中华优秀传统文化中追根溯源。中华优秀传统文化是一个国家、一个民族发展的根基，如果抛弃了传统，就失去了生生不息的血脉联系，甚至遭遇到倾覆的危险，也一如习近平总书记所言："优秀传统文化是一个国家、一个民族传承和发展的根本"②，如果抛弃了中华优秀传统文化，抛弃了我们祖宗留下的深邃的智慧，也就割断了中华民族的精神命脉。中华优秀传统文化是中华文明发展的结晶，历经时间的涤荡，仍然历久弥新，流淌在每一个中国人的血液之中、蕴涵于中华文明精神的内核之内，更是中华民族延绵不绝、生生不息的

---

① 何中华：《历史和自由：马克思主义与儒学契合的两个侧面》，《社会科学战线》2020年第12期。

② 习近平：《习近平谈治国理政》第二卷，外文出版社2017年版，第313页。

重要源泉。中国传统文化蕴涵着深刻哲理，不仅塑造了中华民族内在的精神品格，也是中华民族本土化资源的力量源泉，更是中国人民的历史根脉与精神追求。"中国共产党从成立之日起，既是中国先进文化的积极引领者和践行者，又是中华优秀传统文化的忠实传承者和弘扬者。"①

习近平总书记特别强调，传承和发展中华优秀传统文化至关重要，要始终坚持中华优秀传统文化是中华民族最深沉的、最深厚的、最笃定的精神追求，要从国家战略的高度推进中华优秀传统文化的创造性转化和创新性发展。马克思主义中国化与中华优秀传统文化之间有着相互契合的基因，二者的融合与发展必将迸发出巨大合力。我们要用辩证唯物主义和历史唯物主义的观点科学判断、科学认识党和国家事业所处的发展阶段和历史方位，由于社会主要矛盾的变化，也必然带来社会发展新特征和新要求的变化。推动马克思主义中国化同中华优秀传统文化的深度融合，才能真正坚定马克思主义的基本立场，才能更好地传承和发展好中华优秀传统文化，马克思主义根植于中华优秀传统文化之中，寻求二者之间在精神品质、价值追求等诸方面的契合点，才能开辟马克思主义中国化新境界。"不忘历史才能开辟未来，善于继承才能善于创新。"②要充分发挥中华优秀传统文化作为本土性思想资源的重要优势，挖掘其"先在的精神性的中国元素"③，才能顺应中华民族伟大复兴的发展趋势。一方面，在面向开启第二个百年奋斗目标的新征程上，要对"西化"思潮、西方资本主义流毒保持特有的免疫力，时刻提防其消极思想的侵蚀。另一方面，固守所谓"夷夏之辨"的儒家"道统"论，把马克思主义归结为异族文化，从而割裂中华优秀传统文化与马克思主义思想的必然联系的做法也是极其错误的，要切实在意识形态领域确立以马克思主义为指导思想的核心地位。近现代以来，中国社会变迁的事实充分证明：中华优秀传统文化特别是儒家思想的"内圣"之学是现代社会所彰显新"外王"学的必要条件，而不是充要条件，源远流长、博大精深的中华优秀传统文化是中国人坚定其文化自信的底气和本钱，同时也为马克思主

---

① 习近平：《决胜全面建成小康社会夺取新时代中国特色社会主义伟大胜利——在中国共产党第十九次全国代表大会上的报告》，人民出版社 2017 年版，第 44 页。
② 习近平：《习近平谈治国理政》第二卷，外文出版社 2017 年版，第 313 页。
③ 何中华：《正确处理马克思主义与中华优秀传统文化的关系》，《党的文献》2021 年第 3 期。

义中国化的发展提供了更为适宜的土壤。

"文化是一个国家、一个民族的灵魂。"① 实现中华民族伟大复兴的历史任务必然受到其自身文化传统的影响,"弘扬本民族文化及其优秀传统,以彰显其时代价值和积极意义"② 是传承和发展本土文化的重要手段,中华优秀传统文化作为一种精神力量对人们生存与发展起着潜移默化的作用,而中国共产党百年发展的历史也恰恰是西方传入的马克思主义与本土化的、中国化的优秀传统文化相作用、相契合,从而发生蝶变的过程。中国共产党的理论自觉既归功于对中华优秀传统文化有益成分的继承和发展,也归功于勤劳勇敢、伟大的中国人民对中华优秀传统文化传承、发展、创造的思想自觉,只有马克思主义与中华优秀传统文化的深度融合并发生质变才能开创出民族复兴伟业的新局面。因此,马克思主义中国化与中华优秀传统文化之间的契合具有客观性并且涵具着相互亲和的基因。

三 马克思主义中国化的发展进程是二者契合的实践基础

习近平总书记强调坚持马克思主义指导思想、推进马克思主义中国化进程具有重要意义,"马克思主义是我们立党立国的根本指导思想,是我们党的灵魂和旗帜"③,自从马克思主义传入中国,中国共产党终于找到了唤起民众意识与人民解放的觉悟,寻求民族独立,谋求民族复兴的根本途径。要坚持"立党建国"的"根本指导思想",守住中国共产党人的"灵魂和旗帜",在推进马克思主义中国化的进程中,发展和传承好中华优秀传统文化本土性资源,就是守住了中华民族的根与魂,就是守住了中华民族独特的精神血脉。"古老的中国传统文化因马克思主义的融入而枯木逢春。"④ 习近平总书记指出:"中国共产党为什么能,中国特色社会主义为什么好,归根到底是因为马克思主义行!"⑤ 这里的基本内涵就是在积极推进马克思主义中国化的过程中,不断汲取、吸收本土性的中华优

---

① 习近平:《习近平谈治国理政》第二卷,外文出版社 2017 年版,第 349 页。
② 何中华:《为什么必须弘扬中华优秀传统文化》,《人民论坛》2017 年第 17 期。
③ 习近平:《在庆祝中国共产党成立 100 周年大会上的讲话》,人民出版社 2021 年版,第 12 页。
④ 秦博、王虹、徐实:《推动中华优秀传统文化与马克思主义中国化的深度融合》,《红旗文稿》2018 年第 6 期。
⑤ 习近平:《在庆祝中国共产党成立 100 周年大会上的讲话》,人民出版社 2021 年版,第 13 页。

秀传统文化思想资源的结果。传承与弘扬中华优秀传统文化是共产党人义不容辞的重任，要"努力实现传统文化的创造性转化、创新性发展"。① 以马克思主义为指导、以中华优秀传统的本土性文化为基础性资源，也是习近平总书记关于中华优秀传统文化创造性转化、创新性发展重要论断的价值和意义。要自觉运用马克思主义基本原理，坚定用马克思主义的基本立场、观点与方法对中华传统文化进行正确认识和定位并进行深度分析，因为作为本土性资源的"中国古典学术、传统文化正在从边缘重返主流，向着更加本土化的方向发展"。② 马克思主义中国化的伟大实践就是要真正领会和发掘中华优秀传统文化最本质特征以及在与马克思主义相结合的规律性，二者在历史观和自由问题上的深层次会通与一致性具有重要价值，"这种一致性和会通，为马克思主义的中国化提供了文化上的可能性"③，最终实现马克思主义中国化与中华优秀传统文化的深度融合与发展。

马克思主义作为外来文化，积极吸收和借鉴本土性思想文化资源，也是传播和发展马克思主义的应有之义。中华优秀传统文化包括儒、道、释等各家各派的思想具有极为重要的社会功能，以儒家思想为例，作为本土性思想资源，它之所以能够成为古代中国千百年来主流意识形态，不管是"官方普及"还是"下沉民间"等层面都发挥着至关重要的作用。马克思主义中国化需要进行中国式、中国化的发展与创新，"使马克思主义在中国具体化，使之在其每一表现中带着必须有的中国的特性"④，让马克思主义思想镶嵌在每一个中国人心中。马克思主义中国化的过程也是马克思主义在中国传播、发展的过程，这个过程需要学习和借鉴儒家文化普及的经验与教训，吸收、借鉴并遵循儒家思想等本土性思想资源传承发展规律，寻求马克思主义思想传播与发展的适宜土壤，只有这样才能经得住时间和实践的检验。

历史不断地证明，抛弃传统就会失去我们前行的方向，就会割断我

---

① 习近平：《习近平谈治国理政》第二卷，外文出版社 2017 年版，第 313 页。
② 刘星：《应该对若干重大史学倾向进行再平衡、再调整——王学典先生近年新思考简论》，《济南大学学报》2021 年第 4 期。
③ 何中华：《历史和自由：马克思主义与儒学契合的两个侧面》，《社会科学战线》2020 年第 12 期。
④ 毛泽东：《毛泽东选集》第 2 卷，人民出版社 1991 年版，第 534 页。

们的精神血脉，放弃自己的历史就会割裂历史与现实的联系，从而导向历史虚无主义，要"讲清楚中华文化积淀着中华民族最深沉的精神追求，是中华民族生生不息、发展壮大的丰厚滋养"①，积极汲取中华优秀传统文化的养分，从中华优秀传统文化中获得智慧和力量，继承好、弘扬好优秀传统文化就是对割裂历史和现实的做法和历史虚无主义的有力回击。要巩固马克思主义对意识形态的指导地位，更要避免马克思主义教条化、经验主义的错误倾向，就要把马克思主义与中华优秀传统文化、中国悠久历史文化以及中国社会具体实际相结合，只有这样才能在实践中真正做到维护和巩固马克思主义指导地位。中华优秀传统文化与"以人民为中心"的、先进的马克思主义有着相互融合、共存、共生的文化基因，具有重要的契合性。中国共产党破除了几千年封建社会落后的、与人民利益相悖的僵死化教条，真正做到将过去的帝王"家天下"变成全国各族人民的"公天下"，这本身就是对"天下为公"的中华优秀传统文化精髓的最好诠释，也契合了习近平总书记提出的"江山就是人民，人民就是江山"的重要内涵。俄国革命的胜利是马克思主义的胜利，也是最广大的"庶民的胜利"，更要立足于人民立场，高扬以天下人福祉为旨归的"天下为公"情怀，凸显"我将无我，不负人民"的鞠躬尽瘁的人民情怀。所有这些都凸显了马克思主义人民性与中华优秀传统文化民本性在中国的具体践行，二者是相融相通的。"不忘本来才能开辟未来，善于继承才能更好创新"②，推进马克思主义与中国现状相适应，"按照中国的特点去应用它，成为全党亟待了解并亟须解决的问题"③，马克思主义作为一种外来文化，由于历史原因、中西方文化差异等问题，二者之间存在或多或少的偏差，其深度融合是"不断汲取中华优秀传统文化精粹，实现中华思想文化现代化的过程"。④ 改革开放以来四十多年快速发展的现实表明：马克思主义中国化的过程，不仅需要汲取除马克思主义之外的一切西方文化的优点，更要从中华优秀传统文化、中国历史经验教训中汲取智慧，

---

① 习近平：《习近平谈治国理政》，外文出版社2014年版，第155页。
② 习近平：《习近平谈治国理政》，外文出版社2014年版，第164页。
③ 张神根、黄晓武：《中国共产党与马克思主义中国化》，《当代世界与社会主义》2021年第4期。
④ 顾海良：《以史为鉴、开创未来，继续推进马克思主义中国化》，《马克思主义与现实》2021年第4期。

从而更好推动马克思主义与中华优秀传统文化的深度融合与发展。

四　中国人的志气、骨气、底气是二者契合的精神之源

习近平总书记强调:"未来属于青年,希望寄予青年。一百年前,一群新青年高举马克思主义思想火炬,在风雨如晦的中国苦苦探寻民族复兴的前途。"① 今天的我们已经找到了这样的一条光明坦途,这是马克思主义指引的结果。习近平总书记又说:"当下的中国青年要以实现中华民族伟大复兴为己任,增强做中国人的志气、骨气、底气,不负时代,不负韶华,不负党和人民的殷切期望!"② 实现中华民族伟大复兴最核心的群体就是"新时代的中国青年",靠的是中国人的"志气""骨气"和"底气",靠的是马克思主义为指导的共产主义信仰,这就是"人民有信仰,民族有希望,国家有力量"。③ 要"增强做中国人的骨气和底气,让世界更好地认识中国、了解中国,需要深入理解中华文明"④ 才能为中国找到未来的出路。中国未来的发展也是要立足于本土性的文化资源,没有任何一个民族只有唤起其内生性的力量才能实现复兴,"一副药方不可能包治百病,一种模式也不可能解决所有国家的问题。生搬硬套或强加于人都会引起水土不服"。⑤ 习近平总书记多次提到中国人的"骨气"和"底气",在中华民族伟大复兴的战略全局中,当下的中国青年才是未来中国发展的重要的内驱力,当下的青年只有深谙中华优秀传统文化,从优秀传统文化中汲取养分,才能让新时代的青年人更有"骨气"和"底气"。从人民群众中涌现出来的感人事迹和先进典型汲取智慧和力量,传承发展好中华优秀传统文化,从而实现"丰富人民精神世界,增强人民精神力量,满足人民精神需求"⑥ 的目的。当下的中国青年是实现中华民族的伟大复兴中国梦的主要力量和最根本的内在动力。"中华文明源远流长,孕育了中华民族的宝贵精神品格,培育了中国人民的崇高价值追

---

① 习近平:《在庆祝中国共产党成立 100 周年大会上的讲话》,人民出版社 2021 年版,第 21 页。
② 习近平:《在庆祝中国共产党成立 100 周年大会上的讲话》,人民出版社 2021 年版,第 21 页。
③ 习近平:《习近平谈治国理政》第二卷,外文出版社 2017 年版,第 323 页。
④ 习近平:《习近平给〈文史哲〉编辑部全体编辑人员回信》,《人民日报》2021 年 5 月 10 日。
⑤ 习近平:《习近平谈治国理政》第三卷,外文出版社 2020 年版,第 459 页。
⑥ 习近平:《习近平谈治国理政》,外文出版社 2014 年版,第 154 页。

求"①，在世界百年未有之大变局中，西方国家的霸权主义、单边主义以及强权政治依然存在，只要全世界中国人尤其是当下青年人能从中华优秀传统文化中汲取团结进取、勤劳勇敢、坚韧不拔、自尊自信、自强不息、厚德载物等精神力量，让每个中国人都充满着"志气""骨气"和"底气"，散发着时代的魅力、时代的风采，我们就一定能够取得最后的胜利，最终实现中华民族伟大复兴的中国梦。

中国人自古以来就是有"骨气"和"底气"的。从以济民志向为旨归的"忧世之乱而思有以拯救之"的诸子百家，到"亦余心之所善兮，虽九死其犹未悔"忧国忧民的屈原，再到"王师北定中原日，家祭无忘告乃翁"至死不忘中原统一的陆游，以及"苟利国家生死以，岂因祸福避趋之"磊落胸襟的林则徐，他们无不饱含了中国人的"志气""骨气"和"底气"。改革开放以来，中国经济展现出强大的韧性和持久力，伟大的中国人取得的丰功伟绩凝聚着我们从站起来、富起来到强起来的巨大转变中，也充分体现了中国人志气更强、底气更足、骨气更硬。中国人齐心协力、奋发图强，取得了一个又一个伟大胜利。正是中国人所涵咏的愈挫愈勇、砥砺奋进的志气，厚积薄发、浑厚绵长的底气以及自强不息、攻坚克难的骨气，贯穿了中华文明演进的辉煌历史，谱写着实现中华民族伟大复兴的壮丽篇章。

"骨气"是一种"志气"和精神的体现，而"底气"则是根基与自信的彰显。对个人而言，只有凛然的"骨气"、浩然的"正气"以及浑厚的"底气"才是令人景仰的民族英雄、时代英雄，才是锻造出英雄人民与优秀民族最重要的品质，也是一个国家和民族责任的承接与使命的托举，只有在这样的价值观指引下，才能诞生时代的英雄和英雄的时代。中华民族自古以来就有"志气""骨气"和"底气"的优秀基因。对于一个国家、一个民族而言，只有铁骨铮铮，站得直、立得正的形象才能不断增强国家自豪感、民族自信心以及全社会凝聚力。不管是基于个人还是基于国家、民族而言，这种"骨气"源自于中华优秀传统文化深厚的底蕴，来自建党百年孕育的社会主义先进文化，这种独一无二的民族特质、这样悠久文化沉淀的精神品质才是我们实现中华民族伟大复兴中国梦的强大底气。因此，"志气""骨气"与"底气"三方面相互依存，玉汝于成。

---

① 习近平：《习近平谈治国理政》，外文出版社2014年版，第158页。

在借鉴与甄别西方文化的过程中,我们要张扬中国人的"志气""骨气"和"底气",推动本土性的中华优秀文化强起来、走出去,从而为国际话语权争取一席之地,力求实现对西方以"霸权""特权"与"资本"为主导的文化价值观念的双重超越,切实有效化解西方国家在政治、经济、文化冲击下形成的话语困境,只有增强中国人的"志气""骨气"和"底气",才能迎来中华民族伟大复兴的光明前景。我们的"志气""骨气"和"底气"源自于源远流长的中华文明,不屈服于任何外部压力,敢于表达我们的价值和追求。更要以习近平新时代中国特色社会主义思想为指导,彰显中华优秀传统文化的时代价值,"我们生而为中国人,最根本的是我们有中国人的独特精神世界,有百姓日用而不觉的价值观"。[1] 传承和深化中华优秀传统文化的精华,"特别是要让中华民族文化基因在广大青少年心中生根发芽"。[2] 让当下的青年人承担起弘扬中国精神、凝聚中国力量、增强中国人"志气""骨气""底气"的重大责任和历史使命。

回顾中华民族几千年历史演进的漫长过程,中国广袤的土地上吸吮着中华民族千百年来积累和沉淀的文化养分,聚合着全国各族人民迸发的磅礴之力,"具有无比深厚的历史底蕴,具有无比强大的前进定力"[3],说到底,就是新中国成立以来,为当下的青年人提供了无比广阔发挥其聪明才智的舞台,创造了无比坚定的文化自信。中国人顶天立地的勇士雄风展现了我们高昂的"志气";中华优秀传统文化雕刻着中国人高风峻节的"风骨";每每在中华民族到了最危险的时刻,中国人捍卫国家尊严的决心更彰显了中国人敦实厚重的"底气"。在抗日战争时期,在中国民族处于存亡绝续的关键时刻,正是中国共产党人领导的全国各族人民点燃了中国人的"志气""骨气"和"底气",不负历史担当,与日本军国主义血战到底,成为抗战的砥柱中流,实现了中华民族的凤凰涅槃。中国共产党人也正是靠着我们的"志气""骨气""底气"开始的伟大长征,留下"星星之火"的种子;正是靠着我们的"志气""骨气"和"底气",中国人民志愿军出国作战,取得了抗美援朝的伟大胜利;正是靠着我们的"志气""骨气"和"底气",粉碎了敌人的阴谋,取得了援越抗美、自卫反击战的胜利;正是靠着我们的"志气""骨气"和"底

---

[1] 习近平:《习近平谈治国理政》,外文出版社 2014 年版,第 171 页。
[2] 习近平:《习近平谈治国理政》第二卷,外文出版社 2017 年版,第 324 页。
[3] 习近平:《习近平谈治国理政》第二卷,外文出版社 2017 年版,第 339 页。

气",实行了改革开放,取得举世瞩目的成就。中国人用血肉之躯和百折不挠的意志取得一个又一个伟大的胜利,担负起时代使命,传递中华民族复兴使命的接力棒,谱写了中华民族梦幻般的英雄史诗。

五 结语

马克思主义中国化与中华优秀传统文化之间具有重要的契合性,前者对后者具有重要的指导作用;而后者又是前者的源头活水,在其中国化的进程中起到催化剂、助推剂的重要作用。中华优秀传统文化与马克思主义中国化的契合体现在中华民族五千年的演进史、中华优秀传统文化的传承与发展、马克思主义中国化具体实践以及中国人的志气、骨气、底气四个维度之中。基于历史与现实的四个视域,在两者的融合与发展中发挥着重要作用,对推进马克思主义理论深度中国化,更好地理解当代中国化的马克思主义理论具有重要意义。

中华民族五千年的历史演进过程创造了博大精深的中华优秀传统文化,成为中华民族世代相传、生生不息的"根"和"魂",而中国共产党发展的历史就是立足于中国具体实际,积极吸收中华优秀传统文化精华,积极推进马克思主义中国化进程的历史。马克思主义中国化的实践说明:要认真研究本土化思想资源,积极挖掘中华传统文化的优秀成分并加以继承与发展,使之更好地与马克思主义中国化相适应,不断增强马克思主义基本原理、方法论原则认识、分析、解决实际问题的能力,从而为实现中华民族伟大复兴提供精神支柱与理论支撑。

推进马克思主义中国化进程是一个根本性、战略性、全局性的重大问题,需要从中国人的"志气""骨气""底气"中找寻精神源泉,从中华优秀传统文化丰厚的、本土化资源中汲取精神食粮,用马克思主义基本原理分析问题、解决问题并以此为先导制定出一系列方针、政策、措施来指导社会主义现代化建设的实践。中华优秀传统文化作为本土化的思想资源厚植于每一个中国人灵魂深处,对中国人的思维方式、行为方式等起到潜移默化的作用。挖掘中华优秀传统文化所涵具的人文精神、思想观念以及道德规范等核心价值具有重要意义。随着时代发展和社会进步对其进行创造性转化和创新性发展必将为推进马克思主义中国化进程贡献重要力量,并绽放出时代风采与永恒的魅力。传承和发展中华优秀传统文化和推进马克思主义中国化的进程之间具有重要的契合性,二者相辅相成、相得益彰,共同佑护着中华民族的复兴之路。

结　　论

　　2014年2月，习近平总书记在主持政治局集体学习时指出，培育和弘扬社会主义核心价值观必须立足中华优秀传统文化。要深入挖掘和阐发中华优秀传统文化的时代价值，使中华优秀传统文化成为涵养社会主义核心价值观的重要源泉。习近平总书记用六句话对中华优秀传统文化进行了概括："讲仁爱、重民本、守诚信、崇正义、尚和合、求大同。"这一概括言简意赅，意义重大。

　　"讲仁爱"就是提倡"仁者爱人""老吾老以及人之老，幼吾幼以及人之幼"等仁爱观念以及孔子一以贯之的"忠恕之道"，既能做到"己欲立而立人，己欲达而达人"的仁爱之道，又能做到"己所不欲，勿施于人"的忠恕之道。"仁爱"是中华民族最核心的价值理念。孔子关于"仁"的概念与"仁爱"的思想已经日臻成熟，孔子明确把"仁爱"作为礼乐文明的核心精神，把"仁"界定为"爱人"。"仁"的内涵包括尽己之"忠"与推己之"恕"，这两者是互动的、一体之两面。一方面，"己欲立而立人，己欲达而达人"，也就是自己想要在社会上立得住，同时要想到别人，让别人也站得住；另一方面，"己所不欲，勿施于人"，即自己不想要的东西，不要强加给别人，也就是尊重、宽容别人，设身处地为别人着想。宋儒所谓"民胞物与"思想其包容性极强，表明天、地、人、物、我之间的情感相通，表达了一种普遍的同情心、仁爱心与正义感。"仁爱"也是"孝悌忠信，礼义廉耻"等四维八德的基本精神。"仁爱"思想是全国各族人民的基本诉求。各种蒙学、家训及口耳相传的人文教化，以润物细无声的方式把这种大爱普及到千家万户，传承于世世代代。"讲仁爱"在当今公民社会的公德重建中有着巨大的生命力，是社会主义核心价值观的重要源泉，现代的社会、国家、个人发展，必须以"爱人""成己""成人""成物"为前提和基础。

　　"重民本"就是提倡"民为邦本"的民本思想，倡导"为政以德"

"以德治国"主张。"重民本"思想在中华文化史上源远流长,代表着中华民族独特的精神标识。在几千年的中国政治思想传统中,"民本"是其最为耀眼的思想明珠,蕴涵着丰富的优秀传统文化资源。其一,它是"立君为民"的理论来源。民本思想的倡导者坚持一切政治权力的依据都来源于人民。孟子的"民贵君轻"思想是中国古代最精彩的民本思想命题之一。其二,"民为邦本"的国家基础。中国传统的思想家、政治家认同"民惟邦本,本固邦宁"理念,意思是只有人民才是国家社稷的基础、政治稳定的条件。其三,"爱民养民"的执政目标。能让人民过上好日子,是比尧舜更强的圣人。儒家主张执政者应该能让老百姓过上好日子,这是必须确立的执政目标。要继承中华传统民本思想中关于权力来源于人民、人民是国家政治的基础、人民的幸福生活是执政的终极目标的"以人民为中心"的重要思想,要充分深入挖掘和阐发中华优秀传统民本思想中的潜在价值和现代意义。另一方面,我们则要做好由中华传统民本思想向社会主义民主的创造性转化和创新性发展的重要工作,进一步完善具有中国特色的社会主义政治制度。

"守诚信"就是提倡做人要言行一致、一诺千金等重承诺的原则,只有"内诚于心",才能"外信于人"。党的十八大报告提出的培育和践行社会主义核心价值观中,"诚信"这个古老的"德目"被列入倡导公民核心价值观的准则之中。从"守诚信"思想的形成、发展和传承诸领域来看,诚信具有丰富的内涵,它由"诚"与"信"两个既有差异,又相互联通的道德范畴融为一体。"诚"既有外在的朱熹所谓"真实无妄",又有内心的真诚、忠实、专一,重在内心修养。"信"既讲外在的孔子所谓"言忠信",又有内心的信任、守信、不欺,重在为人准则。而诚信相通,亦即程颐的"诚则信矣,信则诚矣","诚"是"信"的前提,"信"是"诚"的保证;"诚"是"信"的内在自觉,"信"是"诚"的外在展现。"诚"是神,"信"是形,"诚信"合一,立德立人,形神兼备。"诚信"是为人之本、立国之本。"诚信"既是治国为政之本,也是进德修业之根。中华民族有着诸多优秀传统美德的民族,历经数千年的社会发展、文化变迁之后,许多德目已经熔铸在中华民族的血脉之中,唯有"诚信"历久而弥新,这既说明"诚信"是民族精神之魂,又是我们实现中华民族伟大复兴中国梦的丰富精神滋养和珍贵的文化资源,也标志着我们在面对社会巨变、文化转型、全球化的背景下,继承、发展、创新"守诚信"思想的重要性和迫切性。建设诚信社会、诚信政府、诚信企业、诚信家庭，人人诚信是实现中华民族伟大复兴的根本所在。

"崇正义"提倡"君子义以为上""有勇而无义为乱"等公正公平观念，主张"见利思义""见得思义"。近代以来，我国学人多以西方的"justice"一词为基础谈论"正义"问题，大量引进西方的"正义"理论，许多社会问题的论述也以此为依据展开。但却忽略了我国有关"正义"学说、有关"正义"的论述更加源远流长，更具有丰富的时代内涵，它是我们核心价值观念的深厚土壤以及牢固根基。首先，"正义"是天下和谐、和顺的前提。人类文明的普遍法则与基本价值在于"公平"和"正义"，它首先表现为社会秩序上的和谐与和顺。我们今天追求的自由、平等、公正、法治都以"公义"和"正义"为前提。人人"讲信修睦"，才能社会和谐，人心和顺。其次，"正义"是人之为人的社会性要求。中华传统文化尤其儒家学说，其突出特色在于思索人性与人的价值，思索"人之所以为人"的问题。在个人修为方面，要明理正心，推延亲情，放大善性，循道而行，以"止于至善"。我国历代士人都遵循着道义为先的价值取向、舍生取义的大丈夫精神，影响既深且广，是我们中华民族的宝贵财富。最后，"正义"是社会伦理中的责任担当。要遵守人伦秩序。解决最基本的"人之为人"的问题，还需要有更高的要求，这就是要履行社会的责任和道德的义务。儒家主张为人处事要符合"中道"，这里的"中"首先是其思维或行为的正当性、合宜性，它要求人们认真把握"人心"和"道心"的统一，思考"人欲"和"天理"的平衡，让"中"一定要合乎"义"的要求。作为社会角色主体，人应有履行社会义务的自觉性与能动性。中国自古以来"崇正义"的传统具有重要意义。一个富强、民主、文明、和谐的国家，一定是崇尚正义的国度。在这样的国度里，社会成员应按照个人的社会角色自觉修行，涵养浩然正气，以天下为己任，勇于担当，爱国敬业，信义至上，不偏不倚。"正义"是诚信之本、友善之根，在弘扬民族精神和重塑价值体系的过程中，人们要遵循正义性原则，富于奉献精神，自觉履行社会义务，使义利有机统一，只有这样，才能找到自己的人生价值，使社会公平与公正得以维护。

"尚和合"主张"君子和而不同"，推崇"四海之内皆兄弟"，倡导"家庭和睦""与邻为善""协和万邦"，与西方国家奉行的单边主义、霸权主义以及与邻为壑的做法形成鲜明的对比。"尚和合"思想是中华优秀传统文化的思想精华，是中华民族人文精神的基本理念和最核心的价值，是中华文化的时代精神与生命智慧的结晶，也是中华心、民族魂的体现。"尚和合"的现代价值是指自然界、人类社会、人际关系以及人的内在心灵等诸多有形和无形的冲突与融合，并产生新事物、新生命的过程。其一，是具有包容性的特点，天地化生万物，各种差异、矛盾事物共同发育而不相互戕害，是中华民族共有，具有多元性、包容性的理论思维方式，其有别于西方所谓排他性的思维模式。其二，是"民胞物与"的民为同胞，物为同类的"爱人"与"爱物"的完美统一。不管是对自我生命价值的关照，还是对人与自然、人与社会以及人与人之间的侧重，都指向人际关系最高境界"和"的互动关系。其三，是"和和共赢"的发展关照。这就是《中庸》所谓"和也者，天下之达道"的合作共赢的普遍通达之路。在全球化信息革命时代，国际社会已成为像"太极图"一样，阴中有阳，阳中有阴，你中有我，我中有你的命运共同体。唯有合作共赢、共同发展，人类才能共同绘出文明、幸福、美好璀璨的未来；才能实现"天下为公"的公平与正义。中华民族自古以来就以"协和万邦"作为处理国际关系的基本原则；以"己所不欲，勿施于人"作为指导自身行为和化解国家、民族、种族、宗教之间冲突的基本原则；以"和而不同"原则与世界各国、民族、地区、联盟、宗教和平共处的基本原则；以"和衷共济"原则与世界各国、民族包容互鉴、互利共赢、互信安全、合作发展，以维护世界和平共处的基本原则。所有这些，为构建人类命运共同体贡献着中国智慧。

"求大同"是孔子对未来理想社会蓝图的具体描绘，"大道之行也，天下为公"。自古至今，"求大同"一直是中国人关于理想社会的梦想，并不断地被注入新的内容和精神力量。"大同"思想是较之于"小康"思想提出的，以彰显出其伟大之精神。小康社会奠基在家、国、天下的基本社会结构之上，以宗法制度和伦理道德为核心，以区别和差等的精神来建构一个理想的世界。而"大同"思想是克服了家天下制度的局限并打破人我关系的界限，以通达"天下为公""选贤与能""各得其所""世界太平"的臻美之境。在近代到现代的政治实践和思想探索中，"大同"思想发挥着极为重要的作用。一方面，它成为接引西方先进思想与本土性思想资源的纽带，另一方面，它又是批判和超越传统专制政治、社会伦理的工具。一言以蔽之，大同和小康的区别，使得儒家传统思想保持了更大的思想张力，蕴涵着超越某种具体政治制度和价值观念的可能性，而"仁"的价值的彰显更可能超越"亲亲"的维度，转向对天地万物一体的关怀。同时相对于西方的自由、民主、平等、公平、正义等核心价值观念，"求大同"可以更好地对之进行接纳与吸收，在"旧邦新命"中实现中华民族的伟大复兴。

参考文献

一　基本古籍

《春秋左传注》，中华书局 2016 年版。
《春秋公羊传》，中华书局 2016 年版。
《春秋谷梁传》，中华书局 2016 年版。
《尔雅》，上海古籍出版社 2015 年版。
《孝经》，上海古籍出版社 2014 年版。
《汉书》，中华书局 2012 年版。
《吕氏春秋》，中华书局 2011 年版。
《周易译注》，上海古籍出版社 2018 年版。
司马迁著：《史汉文统·史记统》（《史记》选本丛书），商务印书馆 2019 年版。
孙中山：《孙中山全集》（第 1 卷），中华书局 1981 年版。
王弼：《周易注》，中华书局 2011 年版。
《管子》，李山译注，中华书局 2016 年版。
《鬼谷子》，许富宏译注，中华书局 2012 年版。
《礼记》，胡平生、张萌译注，中华书局 2017 年版。
《国语》，陈桐生译注，中华书局 2016 年版。
《孟子》，万丽华、蓝旭译注，中华书局 2016 年版。
《吕氏春秋》，杨红伟译注，中华书局 2016 年版。
《淮南子》，陈广忠译注，中华书局 2016 年版。
朱熹：《四书章句集注》，中华书局 2011 年版。
《韩非子》，高华平、王齐洲、张三夕译注，中华书局 2016 年版。
《老子》，饶尚宽译注，中华书局 2016 年版。
《墨子》，李小龙译注，中华书局 2016 年版。
《贞观政要》，骈宇骞译注，中华书局 2011 年版。

《尚书》，王世舜、王翠叶译注，中华书局2012年版。
《尚书》，顾迁译注，中华书局2016年版。
《庄子》，孙通海译注，中华书局2016年版。
《周易》，杨天才译注，中华书局2011年版。
《礼记孝经》，胡平生、陈美兰译注，中华书局2016年版。
《孔子家语》，王国轩、王秀梅译注，中华书局2016年版。
《左传》，郭丹译注，中华书局2014年版。
《诗经》，王秀梅译注，中华书局2016年版。
《荀子》，安小兰译注，中华书局2016年版。
《老子》，饶尚宽译注，中华书局2016年版。
《论语》，张燕婴译注，中华书局2011年版。
《老子今注今译》，陈鼓应译注，商务印书馆2009年版。
《论语译注》，杨伯峻译注，中华书局2018年版。

二 相关论著

艾恺：《最后的儒家：梁漱溟与中国现代化的两难》，王宗昱、冀建中译，生活·读书·新知三联书店2013年版。

艾四林、王明初：《社会主义主流意识形态与当今中国社会思潮》，人民出版社2014年版。

曹德本：《儒家治国方略》，吉林大学出版社1994年版。

曹晓宏主编：《中国传统文化指要》，四川出版集团巴蜀书社2008年版。

常怀林编著：《中国善良慢品善文化》，北京工业大学出版社2012年版。

陈方刘：《马克思主义与中国传统文化相结合研究》，上海人民出版社2014年版。

陈来、甘阳主编：《孔子与当代中国》，生活·读书·新知三联书店2008年版。

陈来：《传统与现代》，生活·读书·新知三联书店2009年版。

陈来：《人文主义的视界》，广西教育出版社1997年版。

陈龙山编译：《蒙汉合璧蒙古族谚语》，辽宁民族出版社2015年版。

陈梦雷：《周易浅述》，上海古籍出版社1982年版。

陈书禄主编：《中国文化概说》，南京大学出版社2004年版。

陈卫平：《反思：传统与价值——中国文化十二讲》，上海文艺出版社 1991 年版。

陈先达：《马克思主义和中国传统文化》，人民出版社 2015 年版。

陈先达：《文化自信中的传统与当代》，北京师范大学出版社 2017 年版。

陈先达：《文化自信——做理想信念坚定的中国人》，吉林人民出版社 2017 年版。

成中英：《新觉醒时代：论中国文化之再创造》，中央编译出版社 2014 年版。

杜维明：《否极泰来：新轴心时代的儒家资源》，北京大学出版社 2016 年版。

杜维明：《儒家精神取向的当代价值：20 世纪访谈》，北京大学出版社 2016 年版。

杜维明：《文化中国：扎根本土的全球思维》，北京大学出版社 2016 年版。

段联合、王立洲、桑业明：《当代中国马克思主义文化观》，中国社会科学出版社 2011 年版。

方克立等：《马魂中体西用——中国文化发展的现实道路》，人民出版社 2015 年版。

费孝通：《全球化与文化自觉》，外语教学与研究出版社 2013 年版。

费孝通：《文化与文化自觉》，群言出版社 2010 年版。

费孝通：《中国文化的重建》，华东师范大学出版社 2014 年版。

冯友兰：《中国哲学史》，华东师范大学出版社 2011 年版。

付春、王善迈、任勇：《文化资本与国家治理基于对中国传统治国之道的考察》，中国社会科学出版社 2015 年版。

干春松：《制度化儒家及其解体》，中国人民大学出版社 2003 年版。

顾友仁：《中国传统文化与思想政治教育的创新》，安徽大学出版社 2011 年版。

郭沫若：《甲骨文字研究·释支干》（上），大东书局 1931 年版。

郭建宁编著：《中国文化强国战略》，高等教育出版社 2012 年版。

郭居敬：《二十四孝》，陕西人民出版社 2007 年版。

郭齐勇主编：《儒家伦理争鸣集》，湖北教育出版社 2004 年版。

郭齐勇:《中国儒学之精神》,复旦大学出版社 2009 年版。

郭齐勇主编:《大国声音:中华优秀传统文化与时代精神》,湖北教育出版社 2016 年版。

韩永进:《中国特色社会主义文化理论体系概论》,湖北人民出版社 2012 年版。

何怀宏:《新纲常:探讨中国社会的道德根基》,四川人民出版社 2013 年版。

何君陆:《中华传统文化与和谐社会的构建》,中国经济出版社 2008 年版。

何兆武、柳卸林:《中国印象:外国名人论中国文化》,中国人民大学出版社 2011 年版。

何兆武:《文化漫谈——思想的近代化及其他》,中国人民大学出版社 2004 年版。

何中华:《马克思与孔夫子——一个历史的相遇》,中国人民大学出版社 2021 年版。

何中华:《重读马克思主义——一种哲学观的现代诠释》,山东人民出版社 2009 年版。

胡适:《中国文化的自觉》,华东师范大学出版社 2013 年版。

黄俊杰:《传统中华文化与现代价值的激荡》,社会科学文献出版社 2002 年版。

寇清杰:《中国新文化的方向》,天津人民出版社 2002 年版。

黄力之:《先进文化论》,上海三联书店 2002 年版。

黄平:《中国与全球化——华盛顿共识还是北京共识》,社会科学文献出版社 2005 年版。

黄卓越:《文化的血脉》,中国人民大学出版社 2004 年版。

纪宝成:《重估国学的价值》,中国人民大学出版社 2012 年版。

季国清:《文化嬗变的时代色彩》,人民出版社 2008 年版。

李程:《传统文化精神与大学生思政教育》,光明日报出版社 2013 年版。

李方祥:《中国共产党的传统文化观研究》,中共党史出版社 2008 年版。

李国娟主编:《中华优秀传统文化与马克思主义中国化》,文汇出社 2015 年版。

李华峰：《英国工党主流思想的嬗变研究》，中国社会科学出版社 2018 年版。

李江涛：《当代文化发展新趋势研究》，中央编译出版社 2009 年版。

李军：《治国理政的思维艺术》，人民出版社 2018 年版。

李君如：《邓小平治国论》，人民出版社 2017 年版。

李申申等：《传承的使命：中华优秀传统文化教育问题研究》，人民出版社 2011 年版。

李泽厚：《中国古代思想史论》，人民出版社 1985 年版。

李泽厚：《中国古代思想史论》，人民出版社 1986 年版。

李中元：《文化是什么》，商务印书馆 2014 年版。

李宗桂：《传统与现代之间——中国文化现代化的哲学省思》，北京师范大学出版社 2011 年版。

李宗桂：《文化批判与文化重构——中国文化出路探讨》，陕西人民出版社 1992 年版。

李宗桂：《中国文化概论》，中山大学出版社 1988 年版。

梁济著，黄曙辉编校：《梁巨川遗书》，华东师范大学出版社 2008 年版。

梁漱溟：《东西文化及其哲学》，上海人民出版社 2015 年版。

梁漱溟：《中国文化要义》，上海人民出版社 2011 年版。

梁颂成：《中国传统文化思想精华》，中南大学出版社 2005 年版。

林毓生：《中国传统的创造性转化》，生活·读书·新知三联书店 2011 年版。

刘冰莉：《唐宋义兴蒋氏家族文化研究》，中国社会科学出版社 2020 年版。

刘梦溪：《大师与传统》，广西师范大学出版社 2013 年版。

刘浦江：《正统与华夷——中国传统政治文化研究》，中华书局 2017 年版。

刘溪：《道统、治统与科技——康熙皇帝与西方科学》，人民出版社 2021 年版。

刘泽华、葛荃：《中国古代政治思想史》，南开大学出版社 2001 年版。

鲁力：《中国传统文化的思想政治教育价值研究》，中国社会科学出版社 2017 年版。

罗本琦：《传统文化与马克思主义中国化》，安徽师范大学出版社2018年版。

罗钢等主编：《文化研究读本》，中国社会科学出版社2000年版。

骆郁廷等：《文化软实力战略、结构与路径》，中国社会科学出版社2012年版。

马勇：《儒学研究与现代化》，广西师范大学出版社1995年版。

牟宗三：《牟宗三哲学与文化论集》，南京大学出版社2010年版。

庞朴：《儒家辩证法研究》，中华书局1984年版。

庞朴：《文化的民族性与时代性》，中国和平出版社1988年版。

钱穆：《国史大纲》，商务印书馆1994年版。

钱穆：《中国文化精神》，九州出版社2011年版。

钱穆：《中国文化史导论》，上海三联书店1988年影印本。

钱穆：《中国文化精神》，台北三民书局1971年版。

曲文军：《中国传统文化与现代化》，山东人民出版社2011年版。

阙道隆主编：《中国文化精要》，中国青年出版社1994年版。

任剑涛：《当经成为经典：现代儒学的型变》，社会科学文献出版社2018年版。

任剑涛：《道德理想主义与伦理中心主义——儒家伦理及其现代处境》，中国人民大学出版社2003年版。

荣开明、曾成贵等：《毛泽东治国方略》，武汉大学出版社2003年版。

商志晓、万光侠、王增福：《中华传统文化弘扬与现代化发展研究》，中国社会科学出版社2021年版。

邵汉明：《中国文化精神》，商务印书馆2000年版。

沈壮海：《先进文化论》，高等教育出版社2003年版。

宋元林：《中国优秀传统文化与思想政治教育研究》，湖南大学出版社2012年版。

宋立林：《孔门后学与儒学的早期诠释研究》，人民出版社2021年版。

孙宝：《南北朝选官制度与文化兴变》（全二册），中华书局2021年版。

孙熙国、刘志国：《全球化与中国传统文化的现代转换》，山东大学出版社2009年版。

汤一介:《国故新知:中国传统文化的再诠释》,北京大学出版社1993年版。

唐君毅:《中国文化之精神价值》,广西师范大学出版社2005年版。

田杰英:《〈礼运〉社会理想研究》,博士学位论文,中共中央党校,2015年。

王浩斌:《马克思主义中国化动力机制研究》,中国社会科学出版社2009年版。

王伟光:《马克思主义中国化的最新成果——习近平谈治国理政思想研究》,中国社会科学出版社2016年版。

王学俭:《十八大以来党的治国理政思想研究》,人民出版社2017年版。

王中江:《中国哲学的转化与范式》,中州古籍出版社2006年版。

谢春涛:《中国共产党如何治理国家》,新世界出版社2012年版。

徐复观:《徐复观全集——儒家思想与现代社会》,九州出版社2014年版。

许俊:《中国人的根与魂——中华优秀传统文化通识》,人民出版社2016年版。

杨朝明等:《儒家文化面面观》,齐鲁书社2000年版。

杨凤城:《中国共产党与当代中国文化发展研究》,中共党史出版社2013年版。

杨国荣:《善的历程:儒家价值体系的历史衍化及其现代转换》,上海人民出版社1994年版。

毅松等著:《达斡尔族鄂温克族鄂伦春族文化研究》,内蒙古教育出版社2007年版。

殷海光:《中国文化的展望》,上海三联书店2002年版。

于憬之:《传统文化中的治国理政智慧》,人民日报出版社2015年版。

余秋雨:《何谓文化》,长江文艺出版社2012年版。

余英时:《士与中国文化》,上海人民出版社2003年版。

虞崇胜、舒刚、张星:《治国安邦的政治艺术》,湖北人民出版社2012年版。

张岱年、程宜山:《中国文化精神》,北京大学出版社2015年版。

张岱年、方克立主编:《中国文化概论》,北京师范大学出版社2004

年版。

张岱年：《国学要义》，北京大学出版社 2012 年版。

张岱年：《文化与哲学》，教育科学出版社 1988 年版。

张岱年：《张岱年全集》（第 6 卷），河北人民出版社 1996 年版。

张岱年：《中国观念史》，中州古籍出版社 2005 年版。

张岱年：《中国哲学史》，中国大百科全书出版社 2014 年版。

张继功、李反修、李森：《中国优秀传统文化概论》，陕西师范大学出版社 1998 年版。

张立文：《传统文化与东亚社会》，中国人民大学出版社 1992 年版。

张立文：《和合学概论——21 世纪文化战略的构想》（上卷），首都师范大学出版社 1996 年版。

张立文：《中国和合文化导论》，中共中央党校出版社 2001 年版。

张立文等：《传统文化与现代化》，中国人民大学出版社 1987 年版。

张岂之主编：《中华优秀传统文化核心理念读本》，学习出版社 2012 年版。

张兴：《经学视野下的〈大学〉学史研究》，中国社会科学出版社 2019 年版。

张兴：《宋代〈大学〉思想演变研究》，中国社会科学出版社 2021 年版。

张允熠：《中国文化与马克思主义》，山西教育出版社 1999 年版。

赵吉惠：《中国传统文化导论》，江苏教育出版社 2007 年版。

赵建华：《社会主义核心价值观与中华优秀传统的传承》，河北美术出版社 2016 年版。

赵金平著：《雷蒙·威廉斯共同文化思想研究》，黑龙江人民出版社 2016 年版。

赵磊：《技术恐惧的哲学研究》，科学出版社 2020 年版。

赵行良：《中国文化的精神价值》，上海古籍出版社 2003 年版。

赵行良：《中国文化的精神价值——中国人文精神之检讨》，上海古籍出版社 2003 年版。

郑师渠：《中国共产党文化思想史研究》，中共中央党校出版社 2007 年版。

郑永年：《大格局：中国崛起应该超越情感和意识形态》，东方出版社 2014 年版。

周熙明、李文堂：《中国共产党的文化使命》，江苏人民出版社 2006 年版。

周向军：《马克思主义理论与马克思主义观发展研究》，中国人民大学出版社 2018 年版。

周向军等：《代表中国先进文化的前进方向研究》，中国人民大学出版社 2004 年版。

朱海风、史鸿文：《治国范畴论》，中国政法大学出版社 1999 年版。

朱康有：《中华优秀传统文化与马克思》，重庆出版社 2019 年版。

朱谦之：《文化哲学》，中国社会科学出版社 2001 年版。

邹广文：《当代文化哲学》，人民出版社 2007 年版。

三　相关译著

［英］阿诺德·约瑟·汤因比：《展望二十一世纪》，荀春生、朱继征、陈国梁译，国际文化出版社 1999 年版。

［英］马丁·雅克：《当中国统治世界：中国的崛起和西方世界的衰落》，张莉、刘曲译，中信出版社 2010 年版。

［俄］尤里·塔夫罗夫斯基：《习近平：正圆中国梦》，埃克斯莫出版社 2015 年版。

［美］爱德华·希尔斯：《论传统》，傅铿、吕乐译，上海人民出版社 1991 年版。

［美］本杰明·史华兹：《古代中国的思想世界》，程钢译，江苏人民出版社 2012 年版。

［美］杜维明：《儒家传统与文明对话》，彭国翔编译，河北人民出版社 2006 年版。

［美］费正清：《美国与中国》，孙瑞芹、陈泽宪译，商务印书馆 1971 年版。

［美］费正清、赖肖尔、克雷格：《东亚文明：传统与变革》，黎鸣等译，天津人民出版社 1992 年版。

［美］亨利·基辛格：《论中国》，胡利平等译，中信出版社 2015 年版。

［美］李侃如：《治理中国：从革命到改革》，胡国成、赵梅译，中国社会科学出版社 2010 年版。

［美］劳伦斯·哈里森、塞缪尔·亨廷顿：《文化的重要作用：价值

观如何影响人类进步》，程克雄译，新华出版社 2002 年版。

［美］莫里斯·迈斯纳：《毛泽东与马克思主义、乌托邦主义》，中央文献出版社 1991 年版。

［美］乔治·麦克林：《传统与超越》，干青松、杨凤岗译，华夏出版社 2000 年版。

［美］熊玠：《习近平时代》，时代·华纳出版公司 2015 年版。

［美］沈大伟：《中国共产党：收缩与调适》，吕增奎、王新颖译，中央编译出版社 2011 年版。

［美］塞缪尔·亨廷顿：《文明的冲突与世界秩序的重建》，周琪等译，新华出版社 2010 年版。

［美］约瑟夫·奈：《软实力》，马娟娟译，中信出版社 2013 年版。

［美］约瑟夫·列文森：《儒教中国及其现代命运》，郑大华、任普译，中国社会科学出版社 2000 年版。

［美］詹姆斯·罗尔：《媒介、传播、文化：一个全球性的途径》，董洪川译，商务印书馆 2005 年版。

四 相关论文

［美］安靖如：《儒家领袖与儒家民主》，《文史哲》2018 年第 3 期。

傲登、韩玉兰：《青海蒙古族人的风情与民歌谚语》，《青海民族研究》1998 年第 4 期。

巴晓津：《中华优秀传统文化教育与大学生思想道德素质的培养》，《思想理论教育导刊》2014 年第 7 期。

包文汉：《清代儒学在蒙古人中的传播与影响》，《内蒙古大学学报》（人文社会科学版）2005 年第 2 期。

包晓光：《新时代语境下传统文化"双创"的几个问题》，《湖南社会科学》2018 年第 3 期。

包心鉴：《中国共产党与中国优秀传统文化——兼论中国优秀传统文化的现实意义与当代价值》，《学术交流》2015 年第 7 期。

毕国帅：《中华优秀传统文化创造性转化和创新性发展探析》，《实事求是》2018 年第 1 期。

卞丽娟、王康宁：《儒家孝道的原生精神探微》，《山东社会科学》2018 年第 4 期。

栗霞、李丽杰：《蒙古族谚语中的隐喻及文化内涵分析》，《内蒙古民族大学学报》（社会科学版）2017 年第 5 期。

曾加荣：《儒家文化与社会主义精神文明建设》，《理论与改革》1997 年第 4 期。

曾镇南：《关于民族精神、先进文化与文艺评论的创新的思考》，《甘肃社会科学》2003 年第 3 期。

陈桂蓉：《习近平"两创"方针与中华人文精神的跃升实践》，《理论与评论》2018 年第 6 期。

陈继红：《从"契约"事件看儒家的诚信之辨》，《哲学研究》2016 年第 1 期。

陈来：《二十世纪思想史研究中的"创造性转化"》，《中国哲学史》2016 年第 4 期。

陈来：《孔子、儒学与治国理政》（上），《紫光阁》2012 年第 8 期。

陈来：《论儒家的实践智慧》，《哲学研究》2014 年第 8 期。

陈来：《仁统四德——论仁与现代价值的关系》，《江苏社会科学》2016 年第 4 期。

陈立旭：《和合文化的内涵与时代价值》，《浙江社会科学》2018 年第 2 期。

陈敏：《论马克思主义与中国传统文化的内在相关性》，《学校党建与思想教育》2011 年第 1 期。

陈卫平：《论马克思主义与中国传统文化相结合的五个问题》，《思想理论教育》2014 年第 5 期。

陈卫平：《社会主义核心价值观：优秀传统文化的传承和升华》，《上海师范大学学报》（哲学社会科学版）2018 年第 5 期。

陈先达：《中国传统文化的创造性转化和发展》，《前线》2017 年第 2 期。

陈晓英、刘春福：《秉承传统文化精髓与构筑当代核心价值观》，《学术论坛》2016 年第 1 期。

戴立兴：《毛泽东人民观对儒家民本思想的超越》，《马克思主义研究》2019 年第 2 期。

邓遂：《论和合文化及其现实功能》，《兰州学刊》2008 年第 6 期。

翟奎凤：《大同儒学论：关于儒学与社会主义融合的一些思考》，《社会科学家》2019 年第 8 期。

丁素：《传统文化与当代中国实际相结合的若干问题论析兼论党的三代领导核心对传统文化的当代继承与发展》，《社会主义研究》2002 年第 3 期。

都培炎：《马克思主义与中国传统文化关系辨析》，《马克思主义研究》2013 年第 10 期。

杜维明：《儒家论做人》（上），《人民教育》2017 年第 8 期。

房广顺、郑宗保：《马克思主义与中国传统文化相契合的当代选择》，《社会主义研究》2015 年第 2 期。

冯晨：《儒家从"修身"到"成圣"的理论"奇点"》，《道德与文明》2015 年第 4 期。

付洪泉：《大同理想：马克思主义与中国文化之亲和性探源》，《马克思主义与现实》2018 年第 5 期。

傅才武、岳楠：《论中国文化创新性发展的实现路径——以当代文化资本理论为视角》，《同济大学学报》（哲学社会科学版）2020 年第 1 期。

干春松：《多重维度中的儒家仁爱思想》，《中国社会科学》2019 年第 5 期。

高长武：《马克思主义与中华优秀传统文化相结合四题》，《红旗文稿》2018 年第 5 期。

顾海良：《以史为鉴、开创未来，继续推进马克思主义中国化》，《马克思主义与现实》2021 年第 4 期。

桂立：《和谐文化建设中的中国传统文化和西方文化》，《民族艺术研究》2009 年第 6 期。

韩美群：《新时代传承与发展中华优秀传统文化的方法论探析》，《马克思主义与现实》2020 年第 5 期。

韩星：《内圣外王之道与当代新儒学重建》，《新疆师范大学学报》（哲学社会科学版）2016 年第 6 期。

韩星：《社会儒学的逻辑展开与现代转型》，《东岳论丛》2015 年第 10 期。

何中华：《历史和自由：马克思主义与儒学契合的两个侧面》，《社会科学战线》2020 年第 12 期。

何中华：《马克思主义与儒学的会通何以可能?》，《文史哲》2018 年第 2 期。

何中华：《为什么必须弘扬中华优秀传统文化》，《人民论坛》2017年第17期。

何中华：《正确处理马克思主义与中华优秀传统文化的关系》，《党的文献》2021年第3期。

黄凯锋：《马克思主义中国化与中国传统文化现代化的互动融合》，《毛泽东邓小平理论研究》2010年第8期。

黄前程：《中华传统文化创造性转化的理论基础、历史经验与当下思考》，《贵州社会科学》2016年第12期。

黄涛：《采录和书写俗语的语境：新时期俗语搜集整理的学术准则以〈中国民间文学大系·俗语卷〉编纂为重点的讨论》，《民俗研究》2021年第1期。

黄玉顺：《荀子的社会正义理论》，《社会科学研究》2012年第3期。

霍垒杰：《当论中华传统文化创造性转化的原则与方法》，《江南论坛》2018年第9期。

姜广辉：《儒家经学中的十二大价值观念——中国经典文化价值观念的现代解读》，《哲学研究》2009年第7期。

姜华、李刚：《"大同"思想与马克思主义的内在文化精神关联研究》，《广东社会科学》2022年第1期。

蒋国保：《论培育人类命运共同体信念的儒家思想资源——以原始儒家的命运说为论域》，《孔子研究》2018年第6期。

景怀斌：《孔子"仁"的终极观及其功用的心理机制》，《中国社会科学》2012年第4期。

鞠忠美：《论中华传统文化的创造性转化》《理论学刊》2017年第4期。

李朝阳：《对马克思主义与中国传统文化相结合的思考》，《天津师范大学学报》（社会科学版）2006年第6期。

李成贵：《杜尔伯特蒙古谚语简述》，《黑龙江民族丛刊》1988年第4期。

李存山：《儒家文化的"常道"与"新命"》，《孔子研究》2016年第1期。

李方祥：《社会主义和谐文化与中国传统文化中的和谐思想》，《高校理论战线》2007年第8期。

李国娟主编：《中华优秀传统文化与马克思主义中国化》，文汇出版社 2015 年版，第 67 页。

李建嵘：《关于传统文化创造性转化创新性探讨》，《文化创新比较研究》2018 年第 15 期。

李军：《引领中华文化走向新辉煌》，《求是》2015 年第 19 期。

李树新：《中华多民族谚语的文化特性和文化价值研究》，《民族学刊》2021 年第 2 期。

李维武：《传统文化的创造性转化与创新性发展——对习近平文化观的思考》，《武汉大学学报》（哲学社会科学版）2018 年第 3 期。

李向振：《转向现代性的民俗学的几个关键词》，《华东师范大学学报》（哲学社会科学版）2021 年第 1 期。

李学林：《人类命运共同体思想的哲学意蕴》，《云南社会科学》2018 年第 1 期。

李宗桂：《文化的顶层设计对国家治理至关重要》，《国家治理》2014 年第 9 期。

栗霞、李丽杰：《蒙古族谚语中的隐喻及文化内涵分析》，《内蒙古民族大学学报》（社会科学版）2017 年第 5 期。

梁红军：《儒家德性精神与社会主义核心价值观涵养》，《深圳大学学报》（人文社会科学版）2015 年第 3 期。

梁涛、顾家宁：《超越立场，回归学理——再谈"亲亲相隐"及相关问题》，《学术月刊》2013 年第 8 期。

梁涛：《仁学的政治化与政治化的仁学——荀子仁义思想发微》，《哲学研究》2020 年第 8 期。

林红：《民本思想的历史逻辑及其现代价值》，《中国人民大学学报》2017 年第 3 期。

林坚：《文化观——马克思的丰富遗产》，《探索与争鸣》2008 年第 3 期。

林晓平：《先秦儒家诸子著作与民俗史研究》，《求索》2016 年第 6 期。

刘从德、王晓：《习近平新型国际关系思想中的中华优秀传统文化基因》，《社会主义研究》2017 年第 3 期。

刘星：《康有为"大同之世"的理论建构及其现代价值》，《孔子研究》2020年第6期。

刘星：《论儒学思想核心价值与新时代治国理政思想的契合》，《山东社会科学》2020年第9期。

刘星：《试论恩格斯〈自然辩证法〉生态思想的现代价值》，《北京科技大学学报》（社会科学版）2021年第1期。

刘星：《应该对若干重大史学倾向进行再平衡、再调整——王学典先生近年新思考简论》，《济南大学学报》2021年第4期。

刘子平：《中国共产党社会整合的百年探索与基本经验》，《探索》2021年第2期。

罗晓东：《传统文化与有中国特色社会主义文化》，《理论与当代》1998年第5期。

吕明灼：《李大钊对儒家理想社会观的继承与创新》，《文史哲》2000年第5期。

马福山、陈亚军：《日语蒙古语谚语的共性特征》，《日语学习与研究》2015年第3期。

马秋丽：《儒家对民众政治地位的设计及其现代转化》，《山东大学报》（哲学社会科学版）2012年第3期。

梅荣政：《正确对待中国传统文化之我见》，《文化软实力》2016年第4期。

蒙培元：《略谈儒家的正义观》，《孔子研究》2011年第1期。

苗润田：《论儒家的诚信学说及其现代意义》，《社会科学战线》2003年第4期。

敏泽：《关于建设有中国特色的社会主义文化问题——论以传统文化为基础的综合创造》，《社会科学战线》1993年第2期。

穆占劳：《论中国传统文化中的"和合"思想》，《理论前沿》2008年第3期。

彭博：《元史中所见蒙古族古代谚语和格言》，《中南民族大学学报》（哲学社会科学版）2008年第6期。

秦博、王虹、徐实：《推动中华优秀传统文化与马克思主义中国化的深度融合》，《红旗文稿》2018年第6期。

秦龙、赵永帅：《人类命运共同体理念对儒家文化基因的当代承继》，《学术界》2019年第1期。

萨茹拉：《蒙古族谚语中的和谐思想研究》，博士学位论文，中国石油大学，2016年。

鄢爱红：《儒家诚信道德的现代转化》，《孔子研究》2002年第5期。

尚珍：《试论中国儒家"诚信"思想的理论、困境及完善》，《政治与法律》2007年第5期。

邵培仁、姚锦云：《寻根主义：华人本土传播理论的建构》，《新疆师范大学学报》（哲学社会科学版）2013年第4期。

沈慧芳：《儒家诚信的内容及其改造》，《云南民族大学学报》（哲学社会科学版）2005年第1期。

沈永福：《论传统儒家诚信的内在根据》，《道德与文明》2012年第3期。

沈永福：《论传统儒家诚信的意志之维》，《首都师范大学学报》（社会科学版）2013年第3期。

施炎平：《儒商的经济伦理精神及其现代意义》，《华东师范大学学报》（哲学社会科学版）1998年第1期。

史焕翔：《中国优秀传统文化的当代价值》，《红旗文稿》2018年第12期。

宋思伟、孙建成：《儒家大同思想与当代和谐社会理念》，《山东社会科学》2009年12期。

宋义明、张士海：《数字经济与我国经济高质量发展》，《中国高校社会科学》2022年第2期。

孙晓春：《先秦儒家王道理想述论》，《政治学研究》2007年第4期。

汤一介：《儒学的现代意义》，《江汉论坛》2007年第1期。

唐明贵：《吕留良〈论语讲义〉的经世致用特色》，《孔子研究》2020年第6期。

涂可国：《儒家诚信伦理及其价值观意蕴》，《齐鲁学刊》2014年第3期。

涂可国：《儒家君子理想人格的八大社会气象解读》，《学术界》2020年第12期。

涂可国：《儒家正论的五元结构》，《齐鲁学刊》2017年第2期。

王保国：《孟子民本思想渊源考辨》，《郑州大学学报》（哲学社会科学版）2006年第4期。

王成、丁凌：《马克思主义中国化对传统文化现代化的指导向度》，

《理论探讨》2019 年第 6 期。

王处辉：《论中国社会价值系统的一主多元特性》，《江海学刊》2008 年第 5 期。

王富仁：《重温大同梦——人类大同理想与现实社会和人性本质之间的文化解读》，《西南师范大学学报》（人文社会科学版）2000 年第 1 期。

王加华：《个人生活史：一种民俗学研究路径的讨论与分析》，《民俗研究》2020 年第 2 期。

王杰、顾建军：《儒家治国方略对构建和谐社会的启示》，《中共中央党校学报》2009 年第 4 期。

王钧林：《儒家文化：定位、定义与功用》，《孔子研究》2008 年第 5 期。

王钧林：《儒家智慧：当今儒学转型的初步构想》，《齐鲁学刊》2019 年第 6 期。

王钧林：《孙中山的民权主义与儒家的民本主义》，《文史哲》2001 年第 1 期。

王俊杰：《儒家和谐思想与社会主义和谐社会建设》，《黑龙江社会科学》2008 年第 5 期。

王历荣：《新时代中国特色社会主义思想与传统文化的传承发展》，《马克思主义文化研究》2020 年第 1 期。

王立胜：《"七一"重要讲话的重大理论创新及意义》，《人民论坛》2021 年第 21 期。

王琳：《弘扬核心价值观要实现传统文化创造性转化》，《理论导报》2015 年第 4 期。

王南湜：《当代中国的哲学精神构建的前提反思》，《中国社会科学》2015 年第 10 期。

王伟光：《全面准确把握习近平新时代中国特色社会主义思想关于文化的理论》，《马克思主义研究》2018 年第 1 期。

王学典：《中国向何处去：人文社会科学的近期走向》，《清华大学学报》（哲学社会科学版）2016 年第 2 期。

王艳华、许以民：《论传统文化创造性转化的基本途径》，《长春师范学学报》2006 年第 11 期。

王云萍：《儒家社会正义观的思考》，《哲学研究》2016 年第 11 期。

吴超、张烨：《构建中国特色社会主义话语体系怎样汲取中华优秀传统文化的滋养》，《思想理论教育导刊》2016年第4期。

吴竞红：《略论谚语中的传统文化内涵》，《山东社会科学》2010年第4期。

吴龙灿：《中国道路与儒家理想社会》，《孔子研究》2015年第1期。

吴增礼、王梦琪：《中华优秀传统文化创造性转化与创新性发展的维度和限度》，《湖南大学学报》（社会科学版）2020年第1期。

伍志燕：《中华传统价值观念的现代转换》，《长白学刊》2017年第5期。

武林杰：《中国传统诚信文化的现代性转化》，《伦理学研究》2016年第3期。

夏勇：《民本与民权——中国权利话语的历史基础》，《中国社会科学》2004年第5期。

肖永明、郑明星：《礼俗融会的书院文化空间》，《民俗研究》2015年第4期。

谢伟铭：《儒家道德观念的传承与发展》，《中国哲学史》2019年第6期。

徐光木、江畅：《习近平总书记对中华优秀传统文化的创造性转化和创新性发展》，《思想理论教育》2019年第2期。

徐志远、张灵：《文化软实力与社会主义核心价值观》，《马克思主义研究》2017年第11期。

徐忠明：《传统中国乡民的法律意识与诉讼心态——以谚语为范围的文化史考察》，《中国法学》2006年第6期。

许全兴：《论马克思主义与中国传统文化相结合》，《党的文献》2009年第3期。

许相全：《蒙文版〈论语〉在蒙古畅销的文化分析》，《中国图书评论》2013年第9期。

言岚：《方言谚语的地域文化解读——以醴陵方言谚语为例》，《船山学刊》2009年第2期。

颜世元：《自觉传承优秀传统文化中的道德理念大力弘扬社会主义核心价值观》，《东岳论丛》2014年第12期。

宴振宇、孙熙国：《传统文化创造性转化路径的思考》，《中国特色社会主义研究》2015年第6期。

杨芳：《儒家核心价值理念及其当代价值》，《学术论坛》2011年第9期。

杨飞龙：《儒家思想的诚信准则及其当代启示》，《中南大学学报》（社会科学版）第4期。

杨国荣：《政治实践与人的德性——儒学视阈中的为政和成人》，《道德与文明》2017年第2期。

杨万娟：《"南船北马"析——谈游牧民族与农耕民族民间谚语中的民俗价值》，《西北民族研究》2003年第1期。

杨鑫辉、彭彦琴：《孔子孟子的治国思想研究》，《南京师范大学学报》（社会科学版）2004年第5期。

杨泽波：《从德福关系看儒家的人文特质》，《中国社会科学》2010年第4期。

易善秋：《儒家诚信思想的精髓与启示》，《人民论坛》2019年2月中旬刊。

余治平：《儒家"和"理念的普世价值》，《江汉论坛》2007年第2期。

俞红、徐长安：《传统文化：马克思主义中国化的双刃剑》，《南京政治学院学报》2009年第5期。

俞祖华、赵慧峰：《社会主义：现代中国三大思潮的共同取向》，《中国文化研究》2010年秋之卷。

袁慧玲：《关于中国传统文化与现代化几个问题的思考》，《江西农业大学学报》（社会科学版）2003年第2期。

云峰：《清代蒙古族汉文创作及其儒学影响》，《中央民族大学学报》2004年第4期。

允春喜：《耶律楚材"以儒治国"思想初论》，《北京工业大学学报》（社会科学版）2009年第4期。

张岱年：《生命与道德》，《北京大学学报》1995年第5期。

张分田：《儒家的民本思想与帝制的根本法则》，《文史哲》2008年第6期。

张立文：《儒家伦理与廉政》，《中州学刊》2014年第6期。

张立文：《儒学是中华民族发展壮大的重要滋养》，《社会科学战线》2015年第8期。

张神根、黄晓武：《中国共产党与马克思主义中国化》，《当代世界与社会主义》2021年第4期。

张维娜、陈玉屏：《少数民族谚语中与儒家思想相通的价值观述论》，《西南民族大学学报》（人文社会科学版）2005年第12期。

张文桂：《民间叙事诗〈嘎达梅林〉中的蒙古谚语》，《内蒙古社会科学》1981年第2期。

张文智：《"崇阳抑阴"，还是"崇阴抑阳"？——〈周易〉中的阴阳观新论》，《哲学研究》2020年第12期。

张周志：《和谐发展与社会正义》，《马克思主义与现实》2009年第4期。

张少恩：《从"以西释中"到"化西为中"：近代以来孟子学研究的方法演进与范式转型》，《中国哲学史》2022年第6期。

赵磊：《人工智能恐惧极其存在语境》，《西南民族大学学报》（人文社会科学版）2021年第11期。

赵少峰：《拿破仑形象在中国的塑造与传衍》，《史学史研究》2018年第4期。

赵廷彤：《如何看待孔子的民本思想》，《红旗文稿》2015年第3期。

赵晓翠：《创造性转化与创新性发展何以可能》，《红旗文稿》2019年第14期。

郑林华：《马克思主义与中国传统文化相融合新论》，《党的文献》2010年第2期。

仲呈祥：《关于中华优秀传统实现创造性转化与创新性发展的思考》，《文化软实力研究》2017年第2期。

周秋光、曾桂林：《儒家文化中的慈善思想》，《道德与文明》2005年第1期。

朱承：《天下归仁：孔子的公共性思想》，《中国哲学史》2020年第5期。

朱汉民：《道统论探源》，《求索》2020年第1期。

朱汉民：《宋代儒家经典与民间教化——从〈四书〉学到家训家规的生成》，《文史哲》2020年第4期。

朱康有：《中华优秀传统文化与马克思》，重庆出版社2019年版，第319页。

朱璐：《儒家"中"道的政治哲学解读》，《哲学研究》2015年第4期。

锥树刚：《坚持创造性转化、创新性发展》，《毛泽东研究》2018年第3期。

后　记

　　本书基于近年来著者对中华优秀传统文化的持续关注，尤其是习近平总书记提出的要"深入挖掘和阐发中华优秀传统文化讲仁爱、重民本、守诚信、崇正义、尚和合、求大同的时代价值"重要论断，本人作了持续而深入的思考，历经一年多的努力才完成此部书稿。在《中华优秀传统文化传承发展研究》一书即将付梓之际，我思绪万千。历经数年的思考，一朝将本人对中华优秀传统文化的一腔热忱付诸笔端还是遇到诸多困难，能够以专著的形式呈现给读者，我倍感欣慰，同时也鼓励我在以后的学术道路上只有更加努力拼搏，争取在此一研究领域取得更大进步，这也是我一直以来的期待。人文社会科学研究，尤其是思想史以及经典诠释研究能否取得较大成就，很多时候取决于对材料占有的程度，否则就失去了研究的根柢，学界同行以及一般读者对我的研究工作能否接受、认可，甚至是接受、认可到何种程度都是一个未知数，我期待学界同仁不吝赐教。

　　传承和发扬中华优秀传统文化就是要推动其创造性转化与创新性发展。本书虽洋洋洒洒几十万言，也阅读、学习了大量书籍和相关论文，但依然觉得对于中华优秀传统文化领域而言，诸多问题的探究尚欠火候，更多重要问题还需深入挖掘。传承和发展中华优秀传统文化具有重要价值，对其进行深入探究、诠释并进行现代化的解读以彰显其内生性的价值居功至伟，对中华优秀传统文化核心价值进行系统化解读又正好是研究中华优秀传统文化、挖掘中华优秀传统文化最重要的抓手。对我个人而言，基于对中华优秀传统文化的崇拜与敬意，对其进行传承与弘扬是我一生矢志不移的追求，这种追求是笃定而深沉的，本人也想通过这一著作为中华优秀传统文化的传承与发展贡献自己的绵薄之力。

　　本著作围绕中华优秀传统文化在"讲仁爱""重民本""守诚信""崇正义""尚和合""求大同"六个领域的核心价值，聚焦中华优秀传统文化与现代性、时代性价值的辩证统一关系，在全面总结其历史进程、核心内容以及当代价值等几个侧面深入研究的基础上，对其一系列带有整体性、全局性和根本性的基础性理论问题以及学理内涵进行深度、细致思考、缜密研究与系统完整的阐发。具体说来，本书重在对中华优秀传统文化及其思想内涵进行理性辨析；对中华传统文化的核心内容与现代价值予以系统梳理；对中华优秀传统文化及其传承创新等时代问题予以深入论证。

当代中国正着力于传承和弘扬中华优秀传统文化的核心价值，协调推进社会主义现代化文化强国建设。我们党高度重视中华优秀传统文化的创造性转化与创新性发展，把传承创新中华传统文化问题摆在突出、重要的位置。时代赋予我们新的时代使命与历史责任，虽然我们做出了一定努力，但距时代要求、现实需要还有很大差距，书稿本身也还存在这样那样的问题，敬请专家、学者多提批评意见和指导建议，以促使本人在以后的学术道路上更好地推进此项研究工作。

在写作过程中，特别感谢内蒙古师范大学科学技术史研究院的董杰教授，董教授为本书的题目的拟定与框架的设定付出了更多的辛劳，感谢内蒙古民族大学刘泉同学在书稿校对修改等方面做出的努力，感谢中国社会科学出版社的戴玉龙为本书编辑出版付出的辛勤劳动。内蒙古师范大学马克思主义学院的杨艳辉、张博、马原、郭帅、鲁玲玲、王月等几位研究生同学承担了庞杂的引文校勘工作，以及对来自各方面的支持帮助，谨致深深的敬意！在本书写作过程中，参考了许多教材与论著，查阅参考了大量相关文献和资料，有的已经列出，也有一些从中受到启发的观点和思路尚未一一赘列，在此对相关论著者与编译者表示感谢并予以说明。囿于自身的能力和学识，书中疏漏之处在所难免，尚请方家指正。

母亲是全天下最勤劳、最善良的人，也是我心中最敬爱的人，母亲永远活在我的心中。2022年12月31日，母亲永远离开了这个让她魂牵梦萦、无限牵挂的世界。母亲"抚我畜我，长我育我，顾我复我，出入腹我"，而我无从补报母亲之万一，"树欲静而风不止，子欲养而亲不待"，悔不当初，"欲报之德，昊天罔极"。正值母亲周年祭，就让这本小册子寄托儿子对母亲无限地追思与缅怀吧！

2023年12月31日于泉城济南